Den Freunden Grachels

herzlich zugeeignet

Hermann

HERMANN EBERHARDT

Praktische Seel-Sorge-Theologie

Entwurf einer Seelsorge-Lehre im Horizont
von Bibel und Erfahrung

1990
LUTHER-VERLAG BIELEFELD

ISBN 3-7858-0322-2

© Luther-Verlag Bielefeld 1990
Alle Rechte vorbehalten
Umschlaggestaltung: Hans Hug, Stuttgart
Druck: Buchdruckerei G. Meiners GmbH, Schwelm

Vorwort

Die vorliegende Arbeit zur Seelsorge-Theologie hat ihre innere Geschichte. Ich werde in der Einleitung auf diese zu sprechen kommen. Zur inneren Geschichte fügen sich für mich benennbare äußere Gegebenheiten, die ich vorab dankbar erwähnen möchte. Da sind die Kollegen, die Brüder und Schwestern im Konvent der Westfälischen Krankenhausseelsorger und in der EKD-Konferenz, sowie im Kreis der Psychiatriepfarrer und vor allem in meinen Seelsorgekursen, die mich mit ihrem Dasein und ihren Fragen anfeuerten, den einmal begonnenen Weg der Suche nach einer schlüssigen Theologie der Seelsorge weiterzugehen. Da sind die Freunde, die ich im Laufe meiner eigenen Seelsorge-Ausbildung gewann, die mir mit ihrem Zutrauen Mut machten und mir wichtige und förderliche Gesprächspartner waren. Armin Volkmar Bauer und Hans-Christoph Piper möchte ich hier namentlich nennen. Da ist nicht zuletzt Klaus Winkler, dem ich etliche klärende Fragen verdanke. Schließlich ist da die Begleitung durch die Kollegen im Pastoralkolleg und das Gespräch im Ausschuß für Seelsorge und Beratung der Westfälischen Kirche unter Leitung von Hans Berthold.

Auch meiner Landeskirche habe ich zu danken. Ihr verdanke ich den Arbeitsplatz der letzten 6 Jahre, der mir Raum gab, das Abenteuer der seelsorgerlichen Praxis im Krankenhaus und in der Seelsorgeausbildung mit dem des Studierzimmers zu verbinden. LKR G. Senn, zuständig für Pfarrerfortbildung, sorgte für Entlastung durch junge Kollegen im Hilfsdienst. Mit P.A. Lipinski und K.-D. Obach konnte ich mir im Laufe der Jahre die seelsorgerliche Arbeit in der Klinik teilen. OKR Dr. U. Beyer hat meinen Weg und das Fortkommen meiner Arbeit gefördert. Daß die Arbeit eines Anonymus in der Wissenschaft über die Schwelle der Veröffentlichung kommt, verdanke ich wesentlich seiner freundlichen Anteilnahme und Fürsprache. Schließlich wäre ohne finanzielle Hilfe durch die Kirchenleitung und das freundliche Entgegenkommen von Dr. Gerhard E. Stoll und dem Luther-Verlag der Druck der Arbeit kaum möglich gewesen.

Endlich habe ich meiner Frau zu danken. Selbst von Hause aus Theologin, hat sie mir zugestanden, die Berufsrolle allein und ungeteilt wahrzunehmen und auch Verständnis gezeigt für den Mann, der von seiner Theologie oft auch in seiner Freizeit nicht lassen kann. Wie wenig selbstverständlich das heute ist, ist mir bewußt. So gilt meiner gnädigen Frau Almut mein besonderer Dank. Und letztendlich danke ich unserem Gnädigen Gott für das beträchtliche Maß an Lebenskraft, das er mir gab und welches nötig war, um den Weg zu ertasten und aufzuzeichnen, von dem ich mit der vorliegenden Arbeit Kunde gebe.

Dortmund, im Herbst 1989   Ernst Hermann Eberhardt

INHALTSÜBERSICHT

Einführung Zum Verständnis des Standortes und worum es geht 5

Erster Teil: Das biblische Verständnis von "Seele" 15

A. "Seele" im Alten Testament 15
1. "Seele" als 'nefesch' 15
2. "Herz" ('leb') als psychologischer Begriff 18
3. Die psychologische Sprache des Leibes bzw. der Körperorgane . . 20
    a) Gesicht etc. 20
    b) Hand und Fuß 21
    c) Knochen/Gebein 22
4. "Geist" ('ruach') als Lebenskraft 23
5. Folgerungen 25
6. "Seele" nach dem Tode? 27

B. "Seele" im Neuen Testament 28
1. 'Psychè' als leibhaftiges Leben 28
2. "Herz" ('kardia') als psychologischer Begriff 31
3. Sprache des Leibes im Neuen Testament 33
4. Der 'psychè'-Begriff an der Grenze - Mk 8,34ff. 34
5. Polarisierter Gebrauch von 'psychè' 37
    a) Mt 10,28 38
    b) Joh 12,25 (Offb 12,11) 38
    c) 'Psychè' als Glaubens-bedingtes Leben in den späten Briefen . . 39
6. "Geist" ('pneuma') als Kraft des Alten und Qualität des Neuen Lebens . . 43
    a) 'Pneuma' als Lebenskraft 44
    b) 'Pneuma' als psychologischer Begriff 44
    c) 'Pneuma' als Schlüsselbegriff des "Neuen Lebens" 46
7. Zusammenfassung: "Seele" im Neuen Testament - ein Begriff mit verschiedenen Perspektiven 50

C. "Seele" im griechischen Umfeld des Neuen Testaments 54
1. 'Psychè' im Mythos und in der Philosophie 54
2. 'Psychè' in der griechischen Gnosis 56
3. Grundlinien - Abstraktion als Weg der Selbsterlösung 57

D. "Seele" nach biblischem Profil. Eigenart und Grundaussagen der Biblischen Psychologie 58
1. Glaubende ganzheitliche Psychologie 59
2. Jenseits der Trichotomie 60
3. Jenseits der Subjekt-Objekt-Spaltung 61
4. Demarkationslinien 62
5. In die Um-Welt eingebunden 65

Zweiter Teil: Von der "Seele" zur Seel-Sorge-Lehre Lehrtradition auf dem Prüfstand 66

A. Perspektiven einer Auseinandersetzung mit der vorhandenen Seelsorge-Lehre 66

1. "Seelsorge" beim Wort genommen 68
2. Orientierung am biblischen Befund - Dogmatische und pragmatische
   Merkmale des Standorts 73
3. "Seele" zwischen "Trichotomie" und "Dichotomie", "Vertikaler" und
   "Horizontaler", Denken in "Bereichen" und Denken in "Dimensionen" -
   Die Frage nach den Denkkategorien als Schlüsselfrage 75

**B. Seel-Sorge-Lehre seit 1928 - Eine Problemgeschichte
eindimensionaler Sicht von "Seele"** 82

1. Die Tradition des späten Neuen Testaments 82
2. Die neue Situation unter den Bedingungen der modernen Humanwissenschaft 86
3. Eduard Thurneysen 1928 (1948) 86
4. Hans Asmussen 1933/34 88
5. Otto Riecker 1947 89
6. Eduard Thurneysen 1948/68 91
7. Wolfgang Trillhaas 1950 92
8. Alfred Dedo Müller 1950 94
9. Ludwig Köhler 1954 97
10. Herbert Girgensohn 1955 97
11. Otto Haendler 1957 99
12. Adolf Allwohn 1958 101
13. Joachim Scharfenberg 1959 102
14. Theodor Bovet und Dietrich Rössler 1962 103
15. Werner Jentsch 1963 107
16. Hans-Otto Wölber 1963 109
17. Adelheid Rensch 1963/67 111
18. Walter Uhsadel 1966 113
19. Heije Faber / Ebel van der Schoot 1968 117
20. Dietrich Stollberg 1969ff 119
21. Howard J. Clinebell 1971 122
22. Hans-Joachim Thilo 1971 124
23. Joachim Scharfenberg 1972 125
24. Richard Riess 1973 128
25. Helmut Tacke 1975 129
26. Werner Schütz 1977 130
27. Manfred Seitz 1978 132
28. Jay E. Adams 1970/80 134
29. Hans-Christoph Piper und Hans van der Geest 1973ff. 137
30. Hans-Joachim Thilo und Joachim Scharfenberg 1985 140
31. Seelsorgelehre der "Bekenntnisbewegung" 1986 144

**Dritter Teil: Seel-Sorge-Lehre auf der Grundlage
der Biblischen Psychologie** 147

A. Vorgegebenheiten 147
1. Konsequenter Ansatz nach dem Schriftprinzip 147
2. Stellung zur Tradition - Zur Frage dogmatischer Vorgaben . . 148
3. Jenseits der "Tricho-tomie" 150
4. Erkenntnistheoretische Gegebenheiten 151
   a) Theologischer Zirkel 152

  b) Jenseits der Subjekt-Objekt-Spaltung 153
  c) Wissenschaft und lebendige Erkenntnis 154
 5. Folgerungen für die Praktische Theologie 155
 6. Zum Aufbau der Seelsorge-Lehre 157

B. Biblischer Befund und theologische Reflexion 159
 1. "Seele" nach biblischem Befund und das allgemeine Seelsorge-Verständnis . . . 159
  a) Vorbemerkung - Zur Bedeutung des Urtextes 159
  b) "Seele" als lebendiges, mehrdimensionales Leben 160
  c) "Seele" als leibhaftiges Leben - Seelsorge als handfeste Lebenshilfe . . . 162
  d) "Seele" als Leben-in-Beziehung - Auf der Spur eines speziellen
   Verständnisses von Seelsorge 164
 2. Theologische Psychologie - Zu den theologischen Grundbegriffen
  der (speziellen) Seelsorge 167
  a) Beziehung - "Haben" im "Sein" 167
  b) "Sünde" und "Schuld" als Grundbegriffe der Beziehungsstörung 169
  c) Die Gebote und das Liebes-Gebot als Orientierung lebendiger Beziehung . . 170
  d) "Seele" als Beziehungsgeschehen von "Leib" und "Geist" 171
   - Abstrakter (verabsolutierter) "Geist" und Subjekt-Objekt-Spaltung . . . 172
   - Zur Unterscheidung von 'sooma' ("Leib") und 'sarx' ("Fleisch") -
     'Sarx' als Synonym der "Sünde" (der Verabsolutierung) 174
  e) 'Sarx'("Fleisch") - 'pneuma'("Geist") - Dualität 175
   - Zur Frage der angemessenen Unterscheidung von "Horizontaler" und
     "Vertikaler" 176
   - Zur Frage des EXTRA NOS und der Überwindung eindimensionaler Sicht . . . 178
   - Mehrdimensionalität des "Geistes" 181
  f) Zusammenfassung: "Seele" mehrdimensional in-Beziehung und (verabsolutierte) "Sünder"-Seele. Die geistliche Engführung der Seelsorge unter
   dem Dilemma dualistischer Sicht 183
 3. KOINONIA als Leitkategorie der Seelsorge 185

C. Seelsorge als alltägliche Sorge um Leben-in-Beziehung 186
 Wider eine dramatische Verkürzung der Seelsorge - Auseinandersetzung mit
 dem soteriologischen Ansatz der Tradition und seinen Konsequenzen 187

D. Seelsorge als Hilfe im/zum Leben-in-Beziehung 196
 1. Der Horizont der Seelsorge 196
 2. Psychologische Vergewisserung dimensionaler Sicht 197
  a) "Sünde" als Begriff der Verabsolutierung einer Dimension 197
   - Sünde - Gesetz - Evangelium 197
   - Christologie aus der Sicht der Biblischen Psychologie 199
   - 'Sarx' als "Verkörperung" der "Sünde" 201
  b) Zur Unterscheidung der Dimensionen von Beziehung 202
 3. Dimension der Gottes-Beziehung 205
  a) Leben in Gott/Christus - dem Tode entnommen 206
  b) Bleiben in der Liebe 209
  c) Altlasten der Tradition des Dualismus 212
  d) Vitale Gottesbeziehung - Vom Wesen des Gebets 214
   - Zur Intimität des Gebets 217
   - Hilfe im Gebet 219
  e) Gottesbeziehung im WIR der Liturgie 221

    f) Gottesbeziehung und Beziehung zur Tradition 223
4. Dimension der Selbst-Beziehung 226
    a) ICH-Beziehung und Tradition 227
        - Selbst-Beziehung und Liebesgebot 227
        - ICH-Stärke "im Herrn" 229
        - Selbst-Beziehung unter der Macht der Selbst-Geschichte 230
    b) Evangelische Freiheit wider elementare Abhängigkeit 234
    c) Korrespondenz(geschehen) von "Geist" und "Leib" 236
        - Im Spiegel der Kommunikationswissenschaft 238
        - Altlasten der Geistestradition in der Beziehung zum "Leib" und
          zum lebendigen Ausdruck der "Psyche" 240
    d) Nachlese: Von der Korrespondenz der Beziehungsdimensionen und der
       Übereinstimmung biblischer und humanwissenschaftlicher Sicht 246
5. Dimension der Beziehung zum Mitmenschen 249
    a) Grundpolaritäten des Lebens in-Beziehung 250
    b) Korrespondenz der Beziehung Selbst - Mitmensch - Gesellschaft 251
    c) Seelsorge als Beziehungsgeschehen 253
    d) Beziehungsstörung und Prägungsgeschichte 255
    e) Kränkung, Schuld und Vergebung als Beziehungsphänomene 257
        - Kränkung 257
        - Schuld 258
        - Vergebung 261
        - Schuld(gefühl) als Problem der Selbst-Beziehung 262
6. Dimension der Beziehung zu Mit- und Umwelt 263
    a) Mit- und Umwelt als "Leib" der Schöpfung - Auseinandersetzung
       mit der Geistestradition 264
    b) Beziehung zu den Dingen: Relativierung - nicht Verneinung 266
    c) Beziehung im Verbund der Dimensionen - Zur Wiederentdeckung
       des Symbolischen 267

E. Bilanz - Auf der Brücke zwischen Dogma und Pragma der Seel-Sorge-Lehre 268

F. Praxisbezogene Seelsorgeausbildung als Konsequenz des theologischen Ansatzes . . 272
    1. Lehrelement: Gesprächsanalyse 273
    2. Lehrelement: Selbst-Erfahrung 274
    3. Einzelsupervision (Seelsorge am Seelsorger) 275
    4. Geistliches Leben 276
    5. Lehrelement: Predigtanalyse 277
    6. Lehrdimension: "Geist" und "Leib" 278
    7. Lehrdimension: "Zeit" 278
    8. Maßstäbe 279

Schlußwort 280

LITERATURVERZEICHNIS 281

REGISTER DER BIBELSTELLEN 285

REGISTER DER NAMEN 290

STICHWORTREGISTER 291

Einführung
Zum Verständnis des Standortes und worum es geht

Seit bald 20 Jahren bin ich Pastor, seit gut 13 Jahren hauptamtlicher "Seelsorger", seit mehr als 5 Jahren nehme ich einen Auftrag zur Seelsorge-Ausbildung im Rahmen der Pfarrer-Fortbildung wahr. Die Theologie treibt mich schon 30 Jahre lang um. Biblische Geschichten und Worte begleiten mich 50 Jahre - von Mutterleibe an.
In der Wissenschaft ist es nicht ohne weiteres üblich, am Anfang von sich selbst zu reden. Ich tue es bewußt, weil die Arbeit, die ich hier vorlege, einen Weg darstellt, richtiger: meinen Weg zu meinem praktisch-theologischen Verständnis von Seelsorge. Indem ich meinen Entwurf von Seel-Sorge-Lehre im Horizont von Bibel und Erfahrung vorstelle, lade ich sozusagen dazu ein, meinen Weg nachzuvollziehen. Wer bereit ist, dieser Einladung zu folgen, hat ein Recht darauf, alsbald zu erfahren, worauf er sich einläßt. Und da steht nun einmal an erster Stelle die Tatsache, daß die von mir vorgetragene Sicht und jegliches Urteil, welches aus ihr erwächst, so allgemein sie auch immer scheinen mögen, zunächst als meine persönliche Äußerung aufzufassen sind. M.a.W.: Was ich hier vortrage, hat seinen Sitz in meinem Leben als Theologe und Seelsorger und spiegelt einen persönlichen Erkenntnisweg wider, der als solcher natürlich nicht den Anspruch erheben kann, allgemein verbindlich oder gar zwingend zu sein.
Aus vielen persönlichen Berichten von Pastoren und Pastorinnen weiß ich, daß die Begegnung mit der wissenschaftlichen Theologie in eine tiefe Krise der eigenen Frömmigkeit führen kann. Die von Hause aus mitgebrachte Weise des Glaubens und des Umgangs mit der Bibel verträgt sich nicht mit dem, was nunmehr gefordert erscheint. Der Konflikt zwischen Prägung und theologischer Zumutung wird dann häufig entweder zugunsten einer "kritischen Theologie" oder zugunsten der hergebrachten Frömmigkeit und gegen die Theologie entschieden. Unter diesen Bedingungen ist Theologie so oder so, bewußt oder unbewußt, unvermeidlich auch mit negativem Erleben besetzt. Sie zwingt entweder

dazu, sich vom eigenen Herkommen und "Herzensgrunde" loszusagen, oder sie begegnet als lästige Daueranfrage, wenn nicht gar Anfechtung. Beides behindert die Liebe zur Theologie.

Demgegenüber traf ich selbst es einfach gut mit der Theologie. Das Muster der Frömmigkeit, darin ich aufwuchs, programmierte in mir keinen Konflikt mit der (kritischen) Theologie. So, wie mein Herz geprägt war, war da Raum für die geistige Auseinandersetzung, ohne daß sich dabei mögliche Gegensätze unversöhnlich hätten in ihm stoßen müssen. Die Theologie nahm mir nichts, sie bereicherte mich durchweg. Besonders bereichernd war, daß ich an der Schwelle zwischen Universität und Praxis (im Zusammenhang intensiver Beschäftigung mit Fragen der Sozialethik) an Paul Tillich geriet. Mit seiner Hilfe tat sich für mich ein theologischer Horizont auf, vor dem mir das Pastorenamt nicht anders denn als reizvolle praktisch-theologische Herausforderung im umfassenden Sinne erschien. Ich ging gern in die Praxis, und ich trug dabei einen Leitsatz im Herzen: "Theologie und Praxis müssen zueinander stimmen", sagte es in mir. "Es darf keine Praxis geben, die nicht theologisch überzeugend unterfangen wäre, und es darf keine Theologie geben, die sich nicht praktisch bewahrheitete."

Wie es in der ersten Pfarrstelle nicht anders sein konnte, überfluteten mich zunächst die Wogen der vielfältigen praktischen Anforderungen des Gemeindepastorats. Doch Schritt um Schritt traten mir die Anfragen der Seelsorge besonders herausfordernd entgegen. Wie war ich - Herbst 1969 examiniert - zur Seelsorge gerüstet? Mit schmalem Examenswissen der alten Schule. Mit Eduard Thurneysens These von der Seelsorge als "Spezialfall der Predigt" von der "Rechtfertigung des Sünders" auf der einen Seite, und mit spärlichen Informationen über die "neue Seelsorgebewegung" bzw. zum neuen Stichwort "Pastoralpsychologie" auf der anderen Seite. Schließlich mit dem Verstand eines gut 30jährigen vom Umgang mit Menschen. Dergestalt ausgerüstet machte ich mich daran, mir die Seelsorge zu erobern, und tat dies, den Gegebenheiten entsprechend, zunächst einmal pragmatisch. Welch einen Schub bekam ich von Faber/v.d. Schoot's Vorstellung der "klientenzentrierten Seelsorge"! Welche Befreiung bedeutete es mir, zu entdecken, daß Seelsorge eine "handwerkliche" Seite hat, die sich zu erarbeiten möglich war. Welche bedeutsamen persönlichen Erfahrungen brachte mir die Klinische Seelsorgeausbildung!

Aber wie stand es dabei mit der theologischen Reflexion? Die Formel vom "inkarnatorischen Verständnis" des Seelsorgegeschehens erschien mir bei genauerem Zusehen als ein allzu gefügiger theologischer Passepartout. Auch beobachtete ich, daß sie auf seiten der traditionellen Seelsorgeauffassung nicht recht griff. Wenn sie es nicht tat, konnte es doch nicht nur daran liegen, daß die Kritiker der neuen Pastoralpsychologie im "Widerstand" gefangen waren.

Um im Bilde zu sagen, was ich empfand: Mir war die theologische Decke zu kurz, die mich in meiner Seelsorgearbeit und dem, was ich darin erfuhr, deckte, und hier und dort ärgerte ich mich auch über die zuständige Theologie, die mich dabei am Kopf oder an den Füßen frieren ließ. Aber jener Ärger war noch ziemlich diffus und obendrein bei den Kollegen rundum nicht selbstverständlich zu landen. Man kann sich in der Praxis schnell daran gewöhnen, daß die erlernte Theorie nicht alles deckt. Sagt nicht schon Goethe: "Grau, teurer Freund, ist alle Theorie und grün des Lebens goldner Baum"? Nicht jeder, der diesen Satz zitiert, macht sich klar, daß er aus Mephistos Munde stammt!

Rechtfertigt das Zeugnis vom praktischen Vorbild des Seelsorgers Eduard Thurneysen, sich einer Theologie zu getrösten, welche zugestandenermaßen Verkürzungen enthält? (Auch Hans Asmussen vermag ich mir als einfühlsamen Seelsorger vorzustellen!) Kann, nun zur anderen Seite gefragt, "Pastoralpsychologie" außenstehende Theologen anziehen, solange sie sich weitgehend in fremden Begriffen darstellt und Selbsterfahrung als einzige Möglichkeit anbietet, sich ihr zu nähern und sie zu prüfen? Wie ist das mit der Formel von der "eigentlichen Seelsorge"? Wirft sie nicht lange Schatten der "Uneigentlichkeit" auf den Löwenanteil pastoraler Kontakte? - Nicht, daß sich solche Fragen für mich sogleich so spitz formulierten, aber ich spürte, wie gesagt, daß mir die theologische Decke zu kurz war, und begann selbst an ihr zu weben. Ich tat es im Horizont der Praxis, nach dem Motto: Finde

die Theologie, welche deine alltägliche Erfahrung wirklich unterfängt.
Als Gemeindepastor machte ich selbstverständlich Hausbesuche. Nicht nur die lange Liste von Altengeburtstagen forderte das so. Seit 1975 besuchte ich tagaus tagein Menschen im Krankenhaus als "Krankenhauspastor". Gelernt hatte ich - ich berichte verkürzt -, daß Seelsorge der Leitkategorie der Verkündigung, der MARTYRIA, untersteht. Die inzwischen erstarkte Pastoralpsychologie bot an, Seelsorge der Leitkategorie der DIAKONIA zu unterstellen. Das behagte mir auch nicht. Ich war kein "Psychotherapeut im Kontext der Kirche". Dazu reichte zum einen meine Qualifikation nicht, und zum anderen wehrte es sich in mir, mich unbesehen in die "therapeutische Szene" einzufügen. Was ich im Krankenhaus bei meinen Besuchen am Krankenbett erlebte, als "Diakonie" zu firmieren, war keine treffende Lösung für mich. Schließlich geschah hier auch MARTYRIA und LEITURGIA...
Eines Tages stellte sich eine Lösung ein: "Was du tust als Seelsorger, was sich in der seelsorgerlichen Begegnung vollzieht - es läßt sich selbstverständlich und angemessen unter der Leitkategorie der KOINONIA fassen! KOINONIA ist der Grundbegriff von Kirche. KOINONIA beschreibt die Erlebnisweise des seelsorgerlichen Geschehens. KOINONIA stimmt theologisch und phänomenologisch, um schließlich mit Dietrich Stollberg zu reden. "Wenn ich mit Menschen und mit Engelszungen redete, und hätte der Liebe nicht", sagt Paulus, dann bringt es nichts. MARTYRIA will eingebettet sein in KOINONIA. "Ich bin krank und gefangen gewesen", sagt Christus, "und ihr habt mich besucht". "Besucht", einfach besucht! - nicht: "Ihr habt mir das Wort Gottes verkündigt". An erster Stelle steht das Besuchen.
Besuch ist eine leibhaftige Angelegenheit. Ich betrat leibhaftig Krankenzimmer und erlebte seelsorgerliche Begegnung leibhaftig. Immer noch sehe ich den alten Mann in seinem Krankenhausbett vor gut 10 Jahren vor mir. Schon von weitem versuchte er, mich in ein Gespräch zu ziehen. Er tat das, wie er es verstand. Er stellte Fragen der Glaubenslehre, präsentierte sich als frommer Katholik und als Leidender, hofierte mich zugleich: "Herr Pfarrer" hinten und "Herr

Doktor" vorne... Ich setzte mich zu ihm, hörte ihm zu und sagte schließlich: "Wissen Sie, ich glaube, das Wichtigste ist doch, daß wir begreifen, daß Christus unser Bruder ist und wir Brüder untereinander sind". Ich weiß nicht mehr, wie das Gespräch im einzelnen weiterging. Es handelte sicher auch von seinem Krankheitserleben. Meine Botschaft an ihn war klar: "Du mußt Dich mir nicht andienen. Ich höre Dir zu. Wir sind Brüder in Christus". Ich verabschiedete mich schließlich und streichelte ihm dabei spontan die Wange. Im gleichen Augenblick spüre ich die Einseitigkeit solcher Nähe. Ich nehme seine Hand und berühre damit auch meine Wange. Da bricht es aus ihm heraus: "Ja, D u bist ja auch mein Bruder!" - Nicht: "Herr Pfarrer", nicht: "Herr Doktor" - "Du, mein Bruder"!
KOINONIA - Seelsorge l e i b h a f t i g! Ich könnte das Geschilderte unter der Rubrik "nonverbale Verkündigung" verbuchen, aber nicht das vertraute Stichwort "nonverbal" führte mich weiter, sondern daß ich weiter über die "Leibhaftigkeit" der Seelsorge nachdachte. "Wenn Seelsorge s o leibhaftig geschieht", sagte ich mir, "dann muß "Seele" auch leibhaftig sein. Ich will das theologisch überprüfen. Was sagt eigentlich die Bibel von "Seele"? Wir reden doch als Theologen von "Seel-Sorge". Muß nicht richtungweisend für uns sein, was die Urkunde der Theologie von dem sagt, worum wir uns sorgen?!"
Wie nahe diese letzte Frage liegt, und doch war sie für mich eine Entdeckung. Mir wurde schlagartig bewußt, daß ich sie bisher nicht gestellt und daß mich auch die Literatur nicht deutlich zu ihr geführt hatte. Lag es an meiner mangelnden Übersicht? Lag es an der Literatur? Ich machte mich an die Untersuchung des biblischen Befundes. Ich hatte jetzt einen Ansatz für einen mir schlüssigen theologischen Weg und eine klar umrissene Frage an die "theologische Szene"...

Mein persönlicher Bericht könnte an dieser Stelle enden. Hinführung bis zu dem Punkt, an dem der theologische Diskurs anhebt, den nachzuvollziehen ich mit seiner Veröffentlichung einlade, ist geschehen. Doch mir scheint nötig, noch einige Hinweise zu geben.

Zum ersten: Mir ist deutlich, daß besonders mein Durchgang durch die Seelsorge-Literatur 'c u m ira et studio' geschieht. Die kritische Auseinandersetzung herrscht vor. Aggressive Töne schlagen durch, manchmal sogar Bitterkeit. Erst im Nachhinein ist mir bewußt, wie deutlich sich damit auch alte Trauer und Zorn des Seelsorgers manifestieren, der sich in der Zeit des Umbruchs in der Seelsorge-Landschaft über weite Strecken theologisch allein gelassen fühlte und dieses Gefühl um so deutlicher spürt, je weiter er auf eigene Faust voranschreitet. Da formuliert sich manche Schärfe zugunsten des eigenen Profils. Da fällt weitgehend unter den Tisch, was immer auch würdigend zu diesem und jenem zu sagen wäre. Einmal auf selbständigem Wege legt sich ein absoluter Stil im Urteil nahe, und Differenzierung und Selbstrelativierung geraten ins Hintertreffen. Es ist schwer, in der Begeisterung durch die eigene Sache und unter der Forderung prägnant, allgemein und in zumutbarer Ausführlichkeit zu reden, den Eindruck des Hochmuts auf jeden Fall zu vermeiden.

Um so energischer gemahne ich auch mich selbst an den Satz: "Was dem einen sin Uhl ist, ist dem anderen sin Nachtigall"! Wie sollte die Weisheit des Volksmundes vor den Schranken der Wissenschaft haltmachen? Ich kann und will mich ihr nicht entziehen. Und das heißt: Mit Sicherheit kann Seelsorge und ihre Lehre auch anders schlüssig begriffen werden, als ich es tue. W i e , das mögen dann freilich auch die anderen darlegen oder verdeutlichen.

Ich stelle also ein M o d e l l Praktischer Theologie (unter möglichen anderen) vor. Und ich hoffe zugleich, daß dieses dazu anregt, über Seelsorge und ihre Vermittlung wieder einmal oder auch erneut nachzudenken. Ich möchte vor allem Mitstreiter in der Seelsorge anreizen, sich ihrer Theologie zu besinnen, und ich möchte Theologen, welche die Praxis noch vor sich haben, Mut machen, sich ruhig und ganz auf Seelsorge einzulassen. Ich möchte allen, die mich als Seelsorge-Ausbilder anfragen und auch mir selbst theologische Rechenschaft geben.

Zum zweiten: Ich bin mir bewußt, daß mein Ansatz beim biblischen Zeugnis von "Seele", oder auch bei der "Biblischen Psycho-Logie", geradewegs "schlicht", "naiv" oder auch "erwecklich" genannt werden kann. Schlicht-naives wie erweckliches Vorgehen ist theologisch natürlich nicht einfach aller Fragen enthoben. Naivität kann ins Schwarze treffen und eine Zierde sein, ebenso aber auch Kehrseite einer tiefgehenden Kritikfeindlichkeit. In diesem Fall läuft sie theologischem Ethos unbedingt zuwider. Doch der "Gang durchs Unendliche" der kritischen Theologie (genauer: des historisch-kritischen Umgangs mit biblischen Texten) hat eben auch sein Ziel, und dies kann m. E. kaum ein anderes sein, als eine natürliche (oder auch - mit Scharfenberg zu reden - : identifikatorische) Beziehung zur Urkunde des Glaubens.

Daß ich es so einfach mit dieser Beziehung wage, hat nicht nur seinen tiefen Grund in meiner religiösen Prägung. Es legt sich für mich auch von seelsorgerlichen Erfahrungen im nachkritischen Umgang mit dem Biblischen Zeugnis her nahe. Die Reformatoren bauten darauf, daß die Heilige Schrift sich selbst auslegt. Ist sie (ich betone:) a l s G a n z e gegenwärtig, bedeutet ihr direkter Gebrauch in Fragen der Seelsorge-Theologie nichts anderes, als Theologie im Prinzip mit eben denselben Mitteln zu treiben, welche auch in der praktischen Seelsorge unmittelbar zuhanden sind.

Seelsorge ist für mich nicht nur das Geschäft examinierter Theologen. Sie ist eine Funktion des Priestertums aller Gläubigen. Sie hat im konkreten Vollzug immer einen gesunden Schuß Naivität im Umgang mit der "Schrift" gebraucht und bedarf seiner m. E. auch bei ihrer theologischen Begründung, um eben dadurch auch für "Laien" nachvollziehbar zu sein. Ich wünsche mir sehnlich, daß mein Modell Praktischer Theologie auch von Nicht-Theologen verstanden wird, und mühe mich um eine griffige Darlegung. Auf der Strecke innerfachlicher Auseinandersetzung ist das freilich schwierig. Doch ist diese für Laien ja vermutlich nicht wesentlich.

Seelsorge vollzieht sich m. E. unweigerlich unter dem Horizont von Erfahrung, d.h. gelebtem und reflektiertem Leben. Daß dieser sich dem Horizont biblischer Sicht einfügt, ist für mich eine wesentliche Entdeckung und bedeutet mir Erweiterung, nicht Einschränkung. Es ist mein Wunsch, das überzubringen. In diesem Sinne hat "Erweckung" für mich in mehrfacher Hinsicht trefflichen und damit auch programmatischen Klang.

Zum dritten: Wenn ich meine Abhandlung einen "Entwurf" nenne, drücke ich damit nicht nur aus, daß ich mir meiner persönlichen Grenzen bewußt bin. Es bleibt mir auch aus allgemeinen Erwägungen zur Seelsorge-Lehre keine andere Wahl.

Seelsorge-Lehre kann, wenn ich es recht sehe, als Abhandlung zwangsläufig nicht "vollendet" sein. Wer praktisch-theologisch nach Seelsorge fragt, möchte sich dergestalt mit ihr befassen, daß er am Ende "was von ihr versteht". So einfach dieses Ziel zu benennen ist, so komplex ist es bei genauerem Zusehen, denn theologische Erkenntnis und praktische Fertigkeiten wollen hier miteinander korrespondieren. Man kann Seelsorge-Lehre nicht einfach nur rezipieren, man muß i n d i e L e h r e (von) der Seelsorge g e h e n. Wer das weiß, wird vorsichtig, von "Lehre" zu reden und es mit ihr in anderer als in pragmatischer Gestalt zu wagen. Doch ich meine, es ist an der Zeit, zumindest den Versuch zu machen - und sei es, um darzulegen, was es besonders mit der Praktischen Seelsorge-Theologie auf sich hat. Auch in diesem Sinne möchte ich meine Arbeit verstanden wissen, als Vor- oder Nachrede zu einer Lehre, in die der Leser schon gegangen ist oder zu gehen motiviert werden möge.

Worum geht es nun im einzelnen? Was ist zu erwarten? Wie oben schon angedeutet, steige ich beim biblischen Begriff von "Seele" ein und nehme damit "Seel-Sorge" theologisch beim Wort - freilich nicht beim zweiten, sondern beim ersten. Denn erst, nachdem geklärt ist, was "Seele" bedeutet, kann m. E. "sach-gemäß" verhandelt werden, wie die "Sorge" um sie aussieht. "Sorge" um "Seele" muß ihrem Wesen nach dem Wesen von "Seele" entsprechen. Wie denn - um ein Bild zu gebrauchen - das Besorgen eines Ackers eben unterschiedlich aussieht, jenachdem, ob Weizen, Rüben oder Kartoffeln darauf gezogen werden.

Der Ansatz zeichnet den Fortgang der Abhandlung vor und damit ihre Gliederung in drei Hauptteile. Geht der erste Teil dem biblischen

Befund zu "Seele" nach, so folgt aus ihm m. E. geradezu zwangsläufig die Frage, wie von der Biblischen Psycho-Logie her Lehre von der "Sorge" um "Seele" zu sehen ist und sich vollzieht. Jeder Auffassung von "Seelsorge" liegt, auch wenn sie nicht reflektiert wurde, eine bestimmte Anschauung von "Seele" zugrunde. Seelsorge-Lehre pflegt und propagiert, bewußt oder unbewußt, ihren jeweiligen Begriff von "Seele". Die Geschichte der Seelsorge-Lehre spiegelt seine Entwicklungsgeschichte wieder. Die Wissenschaft von der "Seelsorge" ist älter als diejenige, welche sich um die sogenannte "Psyche" gruppiert und ein "Psycho..." im Titel trägt. Wie erstere mit letzterer umgeht, ist jeweils bedeutsam und sagt nicht nur allgemein etwas zur Beziehung zwischen Theologie und (profaner) Humanwissenschaft aus.

Es liegt auf der Hand, daß ich mich in einem zweiten Teil zunächst mit der vorhandenen Seelsorge-Lehre auseinandersetze und diese in dem, was sie ausrichtet und was sie nicht ausrichtet, zu verstehen suche, ehe ich daraufhin in einem dritten Teil Seelsorge-Lehre auf der Grundlage der Biblischen Psychologie soweit entfalte, wie es mir, unter den ihr eigenen Bedingungen, nötig erscheint und möglich ist.

Doch damit genug der Einführung. Leserin und Leser, die mir bis hier hin gefolgt sind, bitte ich nun, sich gleichsam von mir in Seilschaft nehmen und meine Rede im traditionellen "Wir"-Stil[1] gefallen zu lassen. Beginnen wir den gemeinsamen Weg. Wenden wir uns dem biblischen Verständnis von "Seele" zu.

---

1) Zum "Traditionellen" gehört auch eine Verlegenheit. Ich weiß, daß ich sensibelere Leserinnen fast durchweg weiter der Zumutung unserer männlich geprägten Sprache ausliefere. Dies ist mir nicht einfach recht. Aber ich bin auch ratlos, was eine schreibsame Alternative betrifft. Reicht die Versicherung, daß ich mir vice versa aus der Feder einer Seelsorgerin gefallen lassen würde, auch als solche angesprochen zu werden?

Erster Teil:
Das biblische Verständnis von "Seele"

A. "Seele" im Alten Testament

Das Alte Testament ist in hebräischer Sprache geschrieben. Im griechischen Sprachraum fand es seine Verbreitung in griechischer Übersetzung. Die gängigste Übersetzung ist hier die Septuaginta. Die Septuaginta ist für unsere Untersuchung insofern hilfreich, als in ihr der uns fremdwortlich vertraute Begriff "Psyche" ('psychè') für "Seele" steht.

Die erste Entdeckung, die wir nun im Alten Testament machen, ist, daß die Septuaginta durchaus unterschiedliche hebräische Begriffe mit dem nämlichen griechischen Wort 'psychè' wiedergibt. D.h. 'psychè' hat offenbar verschiedene Seiten, und der hebräische Urtext stellt mit seiner urtümlich differenzierten Sprache eben verschiedene Seiten des Seelenbegriffs vor.

1. "Seele" als 'nefesch'

An erster Stelle begegnet uns das Wort 'nefesch' (oder: 'näfäsch'). Über 800 mal taucht es im AT auf.[1] Die Wurzel des Wortes 'nefesch' ist "hauchen", "atmen". Was atmet, lebt.[2] 'Nefesch' meint Lebendigkeit. In den beiden Schöpfungsberichten wird 'nefesch' in Verbindung mit dem Adjektiv 'haja'="lebendig" verwendet. Es ist die Lebendigkeit, die Lebewesen zu Lebewesen macht. 1.Mose 1,20.21.24 braucht 'nefesch' für tierische Lebewesen (vgl. die Zürcher Übersetzung),

---

1) Ich ziehe zu diesem Kapitel natürlich besonders den Artikel: 'psychè ktl' aus dem Theologischen Wörterbuch zum Neuen Testament heran. THWbNT Bd IX (1973), S.605-661.

2) Jer 15,9 spricht vom "Verhauchen der Seele". 1.Mose 2,7 ist es der "Lebensodem", der eingehaucht wird. Wo der Atem kurz wird, ist das Leben bedroht. 4.Mose 21,4 spricht wörtlich vom "Kurzwerden der 'nefesch'" und schildert damit urtümlich die murrende Ungeduld Israels, der alsbald die Todesdrohung durch die Schlangen folgt.

weshalb Luther hier einfach mit "Getier" übersetzt. 1.Mose 2,7 schildert die Erschaffung des Menschen (Adam). Gott bläst dem Erdenkloß seinen lebendigen Odem ein, "und also ward" - um mit der alten Lutherübersetzung zu reden[1] - "der Mensch eine lebendige Seele".

'Nefesch' bezeichnet mithin deutlich die schöpfungsbedingte Lebendigkeit. Mensch und Tier sind als lebendige Kreaturen Gottes 'nefesch'. Adam, der Mensch, bekommt nicht eine Seele, er w i r d Seele. "Seele" heißt: Lebendigkeit von Gott her. Sie ist dynamische Essenz, nicht Akzidenz - um mit den Alten zu reden.

Selbstverständlich gebraucht das AT den Begriff 'nefesch', wo es von erhalten, verlieren, retten usw. von Leben spricht.[2] Dabei müssen wir uns vergegenwärtigen, daß es Leben/'nefesch' nicht abstrakt gibt. Die begriffliche Abstraktion ist ein Gedankenprodukt. Real erscheint 'nefesch' immer individuell und an eine konkrete leibhaftige Gestalt gebunden. Es gibt sie nicht abgesehen davon. So kann 'nefesch' selbstverständlich für das Individuum bzw. die Person stehen.

Der Brauch, Personen nach "Seelen" zu zählen, ist alttestamentlich.[3] 'Nefesch' als Zähleinheit findet bezeichnenderweise nur bei Menschen Verwendung, nicht aber bei Tieren.[4] 'Nefesch' ist der Mensch als verantwortliche Person vor Gott. 3.Mose 5 braucht 'nefesch' für den Einzelnen ("jemand"), der sich auf diese oder jene Weise schuldig gemacht und Sühne zu leisten hat. 'Nefesch' hält sich als Synonym für Person auch dort durch, wo es um einen Toten geht. Zur Klarheit wird dann freilich meistens vermerkt, daß es sich um eine "tote" 'nefesch' handelt.[5] 'Nefesch' ist immer die in ihrer körperlichen Realität

---

1) Ich werde im folgenden laufend Texte in Übersetzung zitieren. Ich ziehe dazu vor allem die Zürcher Bibel oder die Lutherübersetzung nach der jüngsten Revision von 1984 heran. Nur in besonderen Fällen erfolgt ein Hinweis, um welche von beiden Übersetzungen es sich handelt.
2) Jos 23,11 - Um 'nefesch', des Lebens willen, gilt es, Gott zu lieben. Elia flieht vor Isebel, um seine 'nefesch' zu retten (1.Kg 19,3). 4.Mose 31,19 wird 'nefesch' absolut gebraucht und meint Menschen-Leben im Zusammenhang von Töten im Kampf.
3) 1.Mose 12,5; 2.Mose 1,5; 5.Mose 10,22 u.a.m.
4) Vgl. 4.Mose 31,32ff.(V.34 u. 46!)
5) Vgl. 4.Mose 6,6; 19,3

befangene Person und steht für Identität. So vertritt 'nefesch' auch das Personalpronomen "Ich" bzw. das "Selbst".[1] Hier dürfen wir allerdings nicht an ein verabsolutiertes "Ich" denken. Es geht vielmehr darum, daß "Ich" zu sagen Ausdruck der Fähigkeit ist, eine Beziehung wahrzunehmen. 'Nefesch' ist das Organ dafür. Entsprechend nimmt 'nefesch' auch wahr, was im Bereich der Empfindungen geschieht.

'Nefesch' ist (als Träger der Lebendigkeit) Subjekt sowohl der Triebe als auch der Affekte und inneren Regungen und Gedanken. Ob es sich um leiblichen oder religiösen Hunger, um körperliche oder um geistliche Lust handelt, das AT differenziert da bezeichnenderweise nicht. "Leib", "Seele" und "Geist" begegnen uns als Einheit. Es ist die e i n e 'nefesch', die nach Speise hungert[2] und nach dem lebendigen Gott dürstet[3], die gierig ist nach Sex und Aggression[4] und Liebe empfindet, ungeachtet, ob gegenüber der begehrten Frau[5] oder gegenüber Gott[6]. Es ist die e i n e 'nefesch', die sich andächtig zu Gott erhebt[7], die weint[8] und sich freut[7], die sich erinnert[9] und die "auszuschütten" (vor Gott)[10] Erleichterung bringt. 'Nefesch' vom Leib zu trennen, oder im Gegensatz zu ihm zu sehen, ist nicht möglich. Ps 84,3 heißt es[11]: "Meine Seele sehnte sich, ja schmach-

---

1) 1.Mose 27,25 sagt Jakob: "...daß dich meine Seele segne...", statt: "...daß ich dich segne..."
2) Ps 107,5-9: "...die hungrig und durstig waren, daß ihre Seele verzagte...sie sollen danken...daß er die...hungrige Seele mit Gutem gelabt hat." Spr 6,30 wörtlich: "Füllen der 'nefesch'" aus Hunger.
3) Ps 42,3: "Wie der Hirsch...so lechzt meine Seele..."
4) Jer 2,24 - Anschaulicher Vergleich mit einem brünstigen Kamel. Jes 26,9 begegnet die gleiche Wendung für die Sehnsucht nach Gott. Ps 27,12 spricht wörtlich von der 'nefesch' des Feindes, der der Beter nicht preisgegeben sein will.
5) 1.Mose 34,3 übersetzt die Zürcher: "...sein Herz hing an Dina, der Tochter Jakobs".
6) 5.Mose 6,4 - Das 'schema jisrael'
7) Ps 86,4: "Erfreue die Seele deines Knechtes, o Herr; denn zu dir erhebe ich meine Seele".
8) Ps 119,28: "Meine Seele tränt vor Kummer..."
9) KlLieder 3,20
10) 1.Sam 1,5: Hanna schüttet so heftig ihre 'nefesch' bzw. ihr Herz vor Gott aus, daß Eli meint, sie sei betrunken.
11) Zitiert nach der Zürcher Übersetzung. Bei Luther heißt es: "Mein Leib und Seele freuen sich in dem lebendigen Gott."

tete nach den Vorhöfen des Herrn. Nun jauchzen mein Herz und mein Leib dem lebendigen Gott entgegen."

Freilich kann das Leibliche, das "Fleisch" ('baßar'), auch für sich in den Blick kommen. Dann steht "Fleisch" für die Schwäche und Vergänglichkeit der Existenz[1] abgesehen von Gott[2].

Wir fassen zusammen: 'Nefesch' ist leibhaftige persönliche Lebendigkeit von Gott her. Sie ist das, was den lebendigen Menschen in seiner Beziehung zu Gott, zu sich selbst und zum Mitmenschen ausmacht. Der Mensch h a t nicht 'nefesch', er i s t 'nefesch'. Doch sehen wir weiter.

2. "Herz" ('leb') als psychologischer Begriff

Neben 'nefesch' liegt der griechischen Übersetzung mit 'psychè' im Urtext des AT häufiger der Begriff 'leb'="Herz" zugrunde. Nicht nur nach unserem bisherigen Befund[3], auch im Blick auf den vertrauten deutschen Sprachgebrauch wird uns das nicht wundern. Wer wüßte z.B. nicht, daß ein seelischer Vorgang gemeint ist, wenn es heißt, daß einer "sein Herz ausschüttet"[4]? 'Leb'="Herz" wird im AT nur ausnahmsweise in seiner physiologischen Bedeutung verwendet.[5] Ungemein reich dagegen ist der psychologische Gebrauch des Begriffs.

Des Menschen Herz ist im AT unübersehbar ein psychologisches Organ. Wo das Herz ist, ist die Mitte[6]. Im Herzen zentriert sich Lebendigkeit des lebendigen Lebens greifbar und in umfassendem Sinn. Das AT

---

1) Jes 40,6: "Alles Fleisch ist wie Gras..." - Vgl. 1.Mose 6,3
2) Jer 17,5: "Verflucht ist der Mann, der auf Menschen vertraut und das Fleisch zu seinem Arm macht, während sein Herz vom Herrn weicht."
3) 1.Mose 34,3 und 1.Sam 1,15 übersetzt die Zürcher 'nefesch' mit "Herz". Luther dagegen übersetzt Ps 84,3 'leb' mit "Seele". Vgl.o.S.17 Anm 5 und u. Anm 11.
4) Vgl. Ps 42,5; 62,9
5) Ps 37,15 spricht vom Schwert der Gottlosen, das in ihr eigenes Herz dringt. 1.Sam 25,37 schildert so etwas wie einen Herzinfarkt. Nabals Herz war vorher "guter Dinge". Bei Abigails Nachricht wird es "wie ein Stein", und 10 Tage später stirbt Nabal.
6) Ez 27,4 wörtlich: "Im Herzen des Meeres" - Vgl. Ps 46,3

trennt "Kopf" und "Herz" nicht, wie unser intellektualistisches Zeitalter das zu tun gewohnt ist.

Das Herz ist es, das wahrnimmt. Wahrnehmung abstrakt kognitiv zu sehen, fällt dem AT nicht ein. Einsicht und Verstand siedeln im Herzen.[1] Mit dem Herzen wird gedacht und geplant. Spr 16,9 heißt es: "Des Menschen Herz denkt sich einen Weg aus, aber der Herr lenkt seinen Schritt". Der Volksmund gibt wieder: "Der Mensch denkt, und Gott lenkt"! Die Verkürzung im Sprichwort zeigt den Trend, unter den Tisch fallen zu lassen, wie das Herz bei allem Denken und Planen beteiligt ist. Macht denn nicht überhaupt die emotionale Beteiligung erst wirkliches Leben aus? Nachdem Absalom seinem Vater David "das Herz der Männer Israels" gestohlen hat, kann dieser nichts anderes tun als fliehen.[2]

"Herz" steht für Lebenskraft.[3] "Herz" ist Zentrum des geistigen und emotionalen Lebens[4], aller Aktionen und Regungen. Im "Herzen" schlägt das Gewissen.[5] Das "Herz" ist es, das die Beziehung zu Gott wahrnimmt.[6] Seine Eigenschaften[7] spiegeln, wie es der Mensch mit Gott und den Mitmenschen hält[8]. Wo das Herz "versteinert" ist, da besteht keine lebendige Gottesbeziehung und das Leben hat keine Zukunft.[9]

---

1) Jes 6,10 Blinde Augen, taube Ohren = uneinsichtiges Herz.
   Spr 15,32 wörtlich: "Wer auf Kritik hört, erwirbt Herz".
2) 2.Sam 15,6ff.
3) Jes 1,5: Kranker Kopf - siechea Herz. Ps 104,15: Wein erfreut das Herz und Brot stärkt es. Ps 40,13: "Mein Herz (=Mut) hat mich verlassen".
4) Jer 4,19: "Ach meine Brust, meine Brust! ich zittre! ihr Kammern des Herzens! Es stürmt in mir meine Seele..." (Zürcher)
5) 1.Sam 24,6 wörtlich: "...schlug das Herz Davids..."
6) Ps 27,8: "Mein Herz hält dir vor dein Wort..."
7) Ps 51,12: reines Herz; Ps 105,25: verkehrtes Herz;
   3.Mose 26,41: unbeschnittenes Herz.
8) 5.Mose 6,4: ganzes Herz, ganze 'nefesch' = mit aller Kraft.
9) Ez 11,19f.; 35,26 - vgl. 1.Sam 25,37 (s.o.S.18 Anm 5)

3. Die psychologische Sprache des Leibes bzw. der Körperorgane

Mit unserer Untersuchung des alttestamentlichen Gebrauchs des Wortes "Herz" sind wir auf ein Phänomen gestoßen, das jedem von uns aus dem Volksmund und aus der dichterischen Sprache vertraut ist: die Leibhaftigkeit in der Schilderung innerer Zustände und Vorgänge. Die Sprache des AT ist urtümlich. Sie ist (noch) nicht "von des Gedankens Blässe angekränkelt". Sie bedient sich - um ein Fachwort zu gebrauchen - analoger Begrifflichkeit[1]. Dementsprechend können wir erwarten, daß für das AT nicht nur das "Herz" zum Träger psychologischer Aussagen wird. Wie sehr sich diese Erwartung bestätigt, beweist schon ein oberflächlicher Blick ins Alte Testament. Im Folgenden will ich einige gezielte Beobachtungen zusammentragen.

a) Gesicht etc.

Der naheliegendste Weg, mir über die Gemütsverfassung meines Gegenüber Auskunft zu verschaffen, ist, daß ich in sein Gesicht schaue. Aus seinen Gesichtszügen vermag ich in der Regel zu lesen, welcher Stimmung er ist und was ich erwarten kann. Ob ihn Freude oder Trauer, Angst oder Zorn bewegt, ob er offen oder verschlossen, mir zugetan oder abweisend, energisch oder weich ist, erfahre ich auf diese Weise. Nicht nur, daß jeder Mensch s e i n Gesicht hat als Ausdruck seiner Identität[2], jeder Mensch hat v i e l e Gesichter, und sie wechseln seiner Gemütsverfassung entsprechend[3]. Gesicht leibhaftig ist ein Plural. Das AT braucht das Wort "Gesicht" bezeichnenderweise im Plural ('pan_im_).

---

1) S.u.a. Paul Watzlawick u.a., Menschliche Kommunikation, Bern 4. Aufl. 1974. Dazu s.u. S.238f.
2) Vgl. die Redensarten: "das wahre Gesicht zeigen", "das Gesicht verlieren".
3) Spr 15,13: "Ein frohes Herz macht das Angesicht heiter; bei Kummer im Herzen ist der Geist gedrückt".

Im Gesicht zeigt sich der Charakter[1], und die Veränderung des Gesichtes bringt auch die Veränderung der Stimmung oder Beziehung zum Ausdruck. Auf den anderen in dieser Hinsicht einzuwirken, heißt für das AT: auf sein Gesicht einwirken.[2] Entsprechend wappnet sich Jesajas Gottesknecht mit einem "kieselharten Angesicht" gegen alle Kränkung.[3] Begegnung "von Angesicht zu Angesicht" bedeutet Konfrontation. Mit Gott konfrontiert zu sein, heißt: "vor Gottes Angesicht" zu stehen.

Das Gesicht steht für die Person. 2.Mose 20,3 heißt es im 1. Gebot wörtlich: "Für dich soll es keine anderen Götter geben neben/vor meinem Gesicht"[4]. Im Gesicht ist präsent, wer und was der andere/Gott ist in seiner Beziehung zu mir. Das Gesicht ist das Fenster des Lebendigen. Der Teil steht für das Ganze. Gelegentlich kann das AT auch Details des Gesichtes sprechen lassen. Z.B. finden wir die Redensart "Auge in Auge" schon Jer 32,4 für eine bedrohliche persönliche Begegnung verwendet; und von einer "harten Stirn" kann Ez 3,8 im gleichen Atemzug wie von einem "harten Gesicht" die Rede sein, um uneinsichtige Haltung zu kennzeichnen.[5]

Daß ein starrer Nacken Unbeugsamkeit und Trotz kundtut, ist in dem Wort "halsstarrig" anschaulich ausgesprochen.[6]

b) Hand und Fuß

Jedermann weiß, was gemeint ist, wenn bemerkt wird, eine Sache habe "Hand und Fuß". Was "Hand und Fuß hat", ist solide, verläßlich und

---

1) Vgl. 5.Mose 28,50 - Die harten Gesichter der Leute sagen schon, daß von ihnen keine Rücksicht zu erwarten ist.
2) Spr 19,6 - Man nimmt den Freigebigen für sich ein, indem man (wörtlich) "sein Gesicht besänftigt", der Volksmund sagt: "ihm um den Bart geht". - Ps 119,58: Der Beter "besänftigt Gottes Angesicht".
3) Jes 50,7 - vgl. Ez 3,9
4) Vgl. 2.Mose 33,14: "Mein Angesicht wird vor dir hergehen".
5) Vgl. die Redensart: "Die Stirn bieten". Jer 3,3 spricht von der "Stirn der Dirne" = unbeeindruckt von jeglicher Scham.
6) Vgl. 2.Mose 32,9; 5.Mose 9,6 u.ö. - Unsere lockere Wendung: "Halt die Ohren steif!" wünscht Festigkeit, ein analoger Sprachgebrauch, der ebenso einleuchtet, wie die konträre Redensart, daß jemand "die Ohren hängen läßt".

ausgereift. Ein "fester Händedruck" spricht für innere Festigkeit und Tatkraft. Wer "mit beiden Füßen im Leben steht", den kann so schnell nichts umwerfen. Unsere analoge Sprache hat hier ganzheitliches Wissen erhalten, das uns auf Schritt und Tritt schon im AT begleitet. So ist 1.Sam 23,16 offensichtlich ein Akt der Ermutigung gemeint, wenn dort steht, daß Jonathan Davids "Hand in Gott stärkt". "Schlaffe Hände" und "wankende Knie" sind für Jesaja Ausdruck eines "verzagten Herzens".[1] An den Händen wird "greifbar", wie es um die innere Kraft bestellt ist.[2] Wo die "Füße auf weitem Raum" stehen[3], kann man "Stand halten" und braucht keine Angst zu haben[4]. Wer dagegen verunsichert ist, kommt leicht "aus dem Tritt" und "strauchelt".[5]

c) Knochen/Gebein

Daß die Knochen das Haltbarste sind am menschlichen Körper, prädestiniert sie nach alttestamentlichem Denken dazu, wesentliche Aussagen[6] zur inneren Verfassung des Menschen zu tragen. Wie "liebliche Reden...süß für die Seele und Arznei dem Gebein" sind[7], so können Kummer und unausgesprochene Schuld die Gebeine "zerfallen" lassen.[8] Die "Fassung" ist "verloren", das Leben trägt sich nicht mehr. "Aufgelöst" von Verzweiflung vermag der Mensch nur noch "seine

---

1) Jes 35,3f. - "Schlaffe Hände" können nichts "im Griff" behalten, sind "haltlos". Wem die "Knie weich werden", der "hält nicht Stand".
2) Ps 76,6: "Allen Kriegshelden versagte die Kraft" (Zürcher) - wörtlich: "...(sie) fanden ihre Hände nicht".
3) Ps 31,9
4) Ps 118,5: "In der Angst rief ich den Herrn an, und der Herr erhörte mich und tröstete mich" (Luther). Wo Luther "tröstete mich" übersetzt, ist im Urtext vom "weiten Raum" die Rede. "Weiter Raum" ist das Gegenteil von Angst=Enge. Vgl. Martin Bubers Übersetzung z.St. (in: "Das Buch der Preisungen"): "...in der Weite gab mir Antwort..."
5) Ps 73,2 schildert, wie die Theodizee-Frage den Frommen ins Straucheln bringt.
6) Wie 2.Mose 24,10 und Hi 21,23 im Urtext zeigen, kann die Formulierung: "in den Knochen" auch so viel wie "selbst" bzw. "in eben dem" bedeuten - und damit verstärkende Funktion haben.
7) Spr 16,24
8) Ps 31,11; Ps 32,3

Knochen (zu) zählen".[1] Wem der Schreck "in die Knochen fuhr", der weiß, was eine "erschrockene Seele" ist.[2] Wie denn umgekehrt Freude die "Gebeine...frohlocken" macht.[3] Man sieht das "Tanzbein schwingen".

Die Sprache des AT entwickelt das Substantiv "Mutterleib" und das Verbum "sich-jemandes-erbarmen" aus dem gleichen Wortstamm[4]. So etwas ist nicht von ungefähr. Die Psychoanalytiker könnten hier viel dazu sagen. Aber es bedarf kaum des Fachwissens, um z.B. nachzuvollziehen, daß Kränkung und Ärger "Bauchschmerzen" bereiten, und "Angst-" und "Schiß-haben" Synonyme sind. Leibhaftige Erfahrung seelischen Befindens hat es immer gegeben. Im AT ist viel davon aufbewahrt, und seine Sprachgewalt rührt nicht zuletzt daher.

Wir sahen, wie sich geradezu unvermeidlich lebendige Redensarten einstellen, wenn wir die Ausdrucksweise des AT untersuchen. Ist Sprache Spiegel inneren Wissens, dann repräsentiert das AT ein tiefes Wissen von der Ganzheit des Menschen.[5] "Seele" ist für das AT kein Abstraktum. Unter dem Hohlspiegel ganzheitlicher Wahrnehmung tritt "Seele" in einzelnen Körperorganen zutage. Im AT hat "Seele" "Hand und Fuß". Der ganze leibhaftige Mensch ist "Seele".

4. "Geist" ('ruach') als Lebenskraft

Zwei Stellen gibt es im AT, deren Septuagintaübersetzung mit 'psychè' das hebräische Wort 'ruach' zugrunde liegt. 1.Mose 41,8 spricht von dem durch die seltsamen Träume beunruhigten 'ruach' Pharaos, und

---

1) Ps 22,18
2) Ps 6,3f.: "Heile mich, o Herr, denn meine Gebeine sind erschrocken, tief erschrocken ist meine Seele."
3) Ps 51,10 vgl. Ps 35,9f.: "Meine Seele wird frohlocken, meine Gebeine werden sagen..."
4) 'Rächäm' = der "Mutterleib", Plural: "Eingeweide". Verbum: 'racham' = "sich-jemandes-erbarmen" - Vgl. Ps 103,13. Die Evidenz der Verbindung von Mutterleib und Erbarmen ist freilich in einem Zeitalter verschüttet, in dem ein Kind zu tragen nicht mehr "guter-Hoffnung-", sondern "in-Umständen-sein" heißt.
5) Luthers dem "Maul des Volkes" abgeschaute Übersetzung ist deshalb so kongenial, weil das AT so urtümlich redet.

2.Mose 25,21 meint die Willensbereitschaft der Israeliten zur Spende für das Heilige Zelt - und zwar eines jeden, "den sein Herz (!) dazu trieb". Die deutschen Übersetzungen verwenden anstandslos das Wort "Geist". Dabei wird aus dem Zusammenhang deutlich, daß es sich um seelische Funktionen handelt. Hier könnte auch 'nefesch' stehen, wie denn nicht von ungefähr bei der zweiten Stelle parallel vom "Antrieb des Herzens" die Rede ist.[1]

Daß 'ruach' nicht häufiger synonym zu 'nefesch' erscheint, dürfte daran liegen, daß der Begriff insbesondere die dynamische Kraft ausdrückt, die allem Lebendigsein zugrunde liegt. 1.Mose 6,3 nennt Gott als ihren Ursprung.[2] Im Zusammenhang mit Gefühlen und Zuständen bringt 'ruach' ihren zwingenden Charakter zum Ausdruck.[3] Unsere Sprache kennt den Begriff der "Begeisterung"[4]. Wer mit seelischen "Zwängen" zu tun hat, weiß, was es bedeutet, daß der "Geist" unwiderstehlich ist.

In Ps 34,19 erscheint 'ruach' parallel zu 'leb' ("Herz") und wird angemessen mit "Gemüt" übersetzt.[5] Wir haben also auch mit dem "Geist" im AT einen psychologischen Begriff vor uns. Nicht übersehen werden darf dabei freilich seine theologische Einbettung. 4.Mose 16,22 und 27,16 weisen 'ruach' als (von) Gott gegebenen Grund der Lebendigkeit "alles Fleisches" aus[6]. In der großen Vision Ezechiels (Kap 37) von der Auferstehung der Totengebeine sind zunächst die Knochen da. Mit Fleisch u.a. umgeben werden sie lebendig in dem Augenblick, wo der Geist als Odem Gottes in sie kommt. So gesehen ist "Geist" nichts, was dem Menschen gehörte oder zur Verfügung stünde. Er meint weder "Esprit" noch "Intellektualität, schon gar nicht so

---

1) Vgl. das als altes (sprich: alttestamentliches) Lied ausgewiesene Magnificat: "Meine Seele erhebt den Herrn, und mein Geist freuet sich..." Lk 1,46f.
2) Zeit des 'ruach' = Lebenszeit - dazu weiter unten zu Ps 104,29 und Ez 37,9.
3) Hos 4,12: "Hurengeist"; Jes 29,10: "Schlaf-Geist"
4) Vgl. 1.Sam 6,6.10 - prophetische Begeisterung/Ekstase
5) "Der Herr ist nahe denen, die zerbrochenen Herzens sind und hilft denen, die ein zerschlagen Gemüt haben."
6) Die Zürcher Bibel übersetzt hier mit "Lebensodem". In der neuen Lutherfassung ist vom "Lebensgeist" die Rede. Vgl. Ps 104,29 und 1.Mose 2,7, wo freilich ein anderes Wort für "Odem" steht.

etwas, wie einen Wesenskern des Menschen, der ihn seinen kreatürlichen "Erdenrest zu tragen peinlich" überdauern ließe. "Geist" ist vielmehr konzentrierter Ausdruck der Gottesangewiesenheit alles Lebens. Der Stärke aus dem "Geist" Gottes[1] entspricht vice versa die Schwäche des "Fleisches" ohne Gott[2]. Wenn "Geist" und "Fleisch" nach dem AT einander gegenübergestellt werden können, dann im theologischen Zusammenhang Schöpfer-Geschöpf. Adam wird als Geschöpf Gottes in d e m Augenblick der, der er ist, nämlich "lebendige Seele" vor Gott, in dem Gottes Odem in ihn kommt.

5. Folgerungen

Aus der Anthropologie kennen wir die alte Unterscheidung von "Leib" und "Seele" bzw. "Geist", "Seele" und "Leib". Es hat sich inzwischen herumgesprochen, daß wir es hier mit dem theoretischen Versuch zu tun haben, verschiedene Seiten bzw. Dimensionen des Menschlichen zu orten. So etwas kann für den Systematiker hilfreich und nötig sein, halten wir uns jedoch an das, was das AT über den Menschen sagt, dann tritt das Konstruierte einer solchen Unterscheidung offen zutage. Die analoge Sprachebene ist verlassen. Die Begriffe sind abstrakt geworden, abgezogen vom wirklichen Leben. Nach dem AT gibt es Intellektualität und Emotionalität nicht abgesehen voneinander und von Leibhaftigkeit. Es geht immer um den leibhaftigen Menschen in seiner Ganzheit und Lebendigkeit.

Nur unter diesem Horizont zeichnet sich der alttestamentliche Begriff von "Seele" ab. "Seele" - das ist der ganze Mensch in seiner individuellen, personhaften, leibhaftigen Lebendigkeit, der Mensch im Vollzug seines Lebens in Beziehung zu Gott, zu sich selbst, zu den Mitmenschen und zur Umwelt[3]. Nach dem AT h a b e ich nicht eine "See-

---

1) Vgl. Jes 11, wo die "Geistes-Gaben" des Messias aufgezählt werden.
2) S.o.S.18
3) Daß sich lebendiges Leben notwendig auch in einer lebendigen Beziehung zu den Dingen, zu Tieren und Pflanzen vollzieht, ist für das AT keine Frage. Der alt-

le", ich b i n vielmehr "Seele", und ich bin es von Gott her und auf Gott zu, wenn ich denn leibhaftig und lebendig bin. "Seele", das ist - einfach gesagt - Leben. Und in allem, was menschliche Lebendigkeit ausmacht, begegnet "Seele". "Seele" umfaßt Intellektualität wie Emotionalität, Individualität wie Sozialität, und dieses sub specie dei, d.h. unter dem Angesicht Gottes, und leibhaftig.

Daß Leben Leben-in-Beziehung ist, bestimmt den alttestamentlichen Begriff von "Seele" grundlegend. Deshalb berührt jede Störung von Beziehung die "lebendige Seele" unmittelbar und leibhaftig. Unerledigte Schuld läßt den Lebenssaft vertrocknen, wie eine Pflanze unter der Glut der Sommersonne verdorrt.[1]

Spitzen wir zu, was das AT zu "Seele" sagt, dann stellen wir fest: "Lebendige Seele" ist nicht eine Substanz oder etwas Materiales. Sie ist vielmehr Beziehungsgeschehen. Und dieses Beziehungsgeschehen definiert in seinen verschiedenen Dimensionen Leben, wie denn umgekehrt lebendiges Leben mit dem Vollzug von Beziehung ineins gesetzt werden kann.

Dementsprechend kann das AT den Tod auch nicht einfach physiologisch begreifen. Tod ist wesentlich Abbruch von Beziehung. "Im Tode gedenkt man deiner (Gottes) nicht", sagt der Psalmbeter[2], wie er denn den Verlust von Beziehungen (Ps 31,13) mit den Worten beklagen kann: "Ich bin dem Gedächtnis (meiner Bekannten) entschwunden wie ein Toter".

Damit ist im Prizip auch die Frage beantwortet, wie das AT "Seele" nach dem Tode sieht bzw. eben nicht sieht. Ich will dieser Frage noch einige Zeilen widmen, spielt sie doch eine wichtige Rolle in der uns überkommenen Vorstellung von "Seele".

---

testamentliche Mensch lebt in, mit und von der Natur. Selbstverständlich bezieht das Sabbat-Gebot auch die Ruhe des Viehs mit ein (2.Mose 20,10). Totale Ausbeutung der Natur ist ausgeschlossen. Mag man ein Vogelnest ausnehmen, die brütende Vogelmutter bleibt geschützt (5.Mose 22,6f.).

1) Sehr anschaulich Ps 32,3f.: "Denn da ich's wollte verschweigen, verschmachteten meine Gebeine...daß mein Saft vertrocknete, wie es im Sommer dürre wird".

2) Ps 6,6 - Vgl. Jes 38,18f. aus dem Lied Hiskias: "Denn nicht lobt dich die Unterwelt, der Tod preist dich nicht; die zur Grube hinunterfahren, harren nicht auf deine Treue. Der Lebende, nur der Lebende, der lobt dich, wie ich es heute tue." (Zürcher)

6. "Seele" nach dem Tode?

Aus allem, was wir bisher herausfanden, ergibt sich, daß die Frage, was denn mit der "Seele" nach dem Tode sein könnte, eine dem AT gänzlich fremde, ja ungemäße Frage ist. Wo "Seele" leibhaftige Lebendigkeit und Beziehungsfähigkeit meint, da bedeutet der Tod zwangsläufig das "Aus". Tod - das ist eben gerade nicht "Seele", nicht leibhaftiges Leben, nicht Beziehung. Leben nach dem Tode kann kein Gegenstand der alttestamentlichen Psychologie sein, ist doch der alttestamentliche Begriff von "Seele" an leibhaftige individuelle Lebendigkeit geknüpft.

Wenn etwas das Sterben zu überdauern vermag, dann ist es - anschaulich, wie der Hebräer denkt - das "Gebein". Es stellt so etwas wie eine leblose Kontinuität über die Grenze des Todes hinaus dar. Die Gebeine sind es konkret, "die in die Grube fahren"[1], ist doch die "Grube" tatsächlich nichts anderes als das Sammelbecken am Fuße der Grablege, worein die alten Gebeine gefegt werden, wenn ein neuer Leichnam in die Grablege kommt.

Es gibt für das Alte Testament Seelen-Leben nicht losgelöst von der jeweils konkreten Person in ihrer individuellen Leibhaftigkeit. Auch im Tode lassen sich "Seele" und "Leib" nicht scheiden. In jedem Fall kennt auch das palästinensische Judentum keine Abwertung des Leibes zugunsten eines abstrakt überhöhten Begriffes von "Seele" als den Tod überdauernden Wesenskern. Die Rede vom "Erdenrest zu tragen peinlich" ist ebenso unbiblisch wie die Vorstellung einer vom Leibe und Tode unabhängigen "Seele". "Auferstehung der Toten" bedeutet dann vom AT her auch folgerichtig "Auferstehung des Leibes". Die Auferstehungsvision des Propheten Ezechiel (Ez 37) macht das sehr anschaulich. Würde eine personhafte Kontinuität über den Tod hinaus gedacht, sie wäre nach biblischem Zeugnis in jedem Fall einzig und allein in Gott gegründet zu denken. Jede anders geartete Vorstellung verläßt den biblischen Boden.

Doch wenden wir uns nun dem Neuen Testament und seinem Befund zu.

---

1) Vgl. Ps 28,1; 49,10 u.ö.

B. "Seele" im Neuen Testament

Das Neue Testament fußt auf dem Alten Testament. Durchgehend begegnen wir Zitaten. Es ist selbstverständlich, daß die Anschauungen des AT im NT fortwirken. Zugleich läßt sich eine Weiterentwicklung der Anschauungen aus dem Geist des Neuen Testaments erwarten. Die Sprache des NT ist griechisch. Von der Sprache her hat das NT unvermeidlich Teil an der griechischen Geisteswelt.

Wenn wir dem Begriff der "Seele" im Neuen Testament nachgehen, werden wir in dreifacher Hinsicht aufmerksam sein. Wir werden sehen, wie das NT den alttestamentlichen Befund bestätigt. Wir haben festzustellen, in welcher Weise und Richtung der Begriff von "Seele" weiterentwickelt wird. Und wir achten darauf, ob und wo das biblische Profil des "Seele"-Begriffs im Kontext griechischen Sprachgebrauchs verschwimmt.

1. 'Psychè' als leibhaftiges Leben

In Jesu Wort über das Sorgen Mt 6,25ff. erscheinen 'psychè' und "Leib" ('sooma') parallel als Objekt alltäglicher menschlicher Sorge um Nahrung und Kleidung. Jesus widerspricht übertriebener Sorge um das leibhaftige Leben mit dem Hinweis auf die Kreatur: "Seht doch, wie Gott seine Geschöpfe versorgt", sagt er. Gott gibt Leib und Leben und erhält sie auch. Hier ist 'psychè' leibhaftiges Leben. Auch für das NT ist mithin die Einheit von "Seele", Leib und Leben selbstverständlich.

'Psychè' meint leibhaftiges individuelles Leben. Herodes und seine Häscher trachten nach der 'psychè' des Jesuskindes (Mt 2,20). Der Predigtschläfer Eutychus überlebt den Fenstersturz. "Seine 'psychè' ist in ihm" - "er lebt", sagt Paulus (Apg 20,10). Lebensgefährlich ist die Seereise bei beginnenden Winterstürmen, warnt Paulus (Apg 27,10). Und aus dem dann auch folgenden Schiffbruch werden die

Betroffenen nur das nackte Leben retten.[1]

Wie im AT begegnet uns der Gebrauch von 'psychè' als Zähleinheit für eine Person[2] und in der Bedeutung von "jedermann"[3]. Auch die Gleichung: 'psychè' = Ich/Selbst treffen wir im NT an. Mk 10,45 spricht von der Selbsthingabe des Menschensohnes.[4] Wo Markus vom "Einbüßen der 'psychè'" redet, kann Lukas einfach das Reflexivpronomen verwenden[5]. Der Heilandsruf Jesu Mt 11 zitiert in Vers 29 ein Stück aus Jer 6,16, wo von der "Ruhe/Erquickung für die Seelen" die Rede ist. Auch hier denkt man am ehesten an 'psychè' in der Bedeutung von "Selbst". Kaum schlüssig wäre vom Textzusammenhang her jedenfalls ein Begriff von 'psychè', der diese auf die sogenannte "Innerlichkeit" reduzierte. Zu deutlich beginnt das Kapitel mit dem Hinweis auf Jesu Wunderheilungen.[6]

Wie sehr übrigens 'psychè' für Jesus den ganzen Menschen meint, zeigt sich in der Szene von der Heilung des Mannes mit der verdorrten Hand (Mk 3,1-6). Jesus heilt "nur" die Hand, aber es geht nach seinen Worten dabei um Lebensrettung.[7] Entschieden widerspricht er damit einer Abwertung des Leiblichen zugunsten höherer Werte. Fromm zu unterscheiden zwischen "eigentlichem" und "uneigentlichem" Leben läßt Jesus nicht zu. Mag Jesus mit seiner Streitfrage auch die Krankheit des Mannes rhetorisch totalisieren - mit der Hand steht das Leben ('psychè') des Mannes auf dem Spiel -, deutlich leuchtet die alttestamentliche Anschauung hervor: Der ganze Mensch ist krank, wenn seine Hand untüchtig ist! Erst kommt die leibhaftige Not, dann das Sabbatgebot.[8]

---

1) Apg 27,22 wörtlich: "...es wird keinen Verlust einer 'psychè' geben". Vgl. das alte "SOS" = "Save our Souls". Übrigens erscheint Apg 27,10 'psychè' im Plural, womit klar sein dürfte, daß 'psychè' das je individuelle Leben meint.
2) Apg 2,41; 7,14 u.ö.   3) Röm 2,9.13
4) "...daß er diene und gebe seine 'psychè' zur Erlösung..." - vgl. 1.Joh 3,16.
5) Mk 8,36 par Lk 9,25: "Was nützt es einem Menschen, die ganze Welt zu gewinnen, wenn er dafür sich selbst verlieren oder einbüßen müßte?" (Nach der Übersetzung von U. Wilckens. Ich werde im folgenden diese genaue Übersetzung häufiger heranziehen.)
6) Die ganze Komposition auch der vorherigen Kapitel ist darauf abgestellt.
7) Vers 4: 'soosai psychèn'
8) Die Geschichte vom Ährenraufen (Hungerstillen) am Sabbat geht voraus (Mk 2,23-28).

Freilich finden wir im NT auch 'psychè' in einem Sinne verwendet, der auf eine differenzierende Anschauung schließen läßt. Wir werden uns dieser Weiterentwicklung gegenüber dem AT in einem späteren Abschnitt zuwenden. Zunächst gilt es aber festzustellen, wie deutlich im NT wiederkehrt, was wir bereits im AT fanden.

1.Kor 15,45 zitiert Paulus die Schlüsselstelle 1.Mose 2,7, um das vorfindliche irdische Leben in seiner Gebundenheit an die schöpfungsgegebene 'psychè' (='nefesch') zu kennzeichnen. Sie stellt sich im vergänglichen "Fleisch und Blut" dar[1]. Wo Gott dem Menschen seine 'psychè' fortnimmt, ist das Leben zuende. Beispielhaft erfährt das der selbstzufriedene reiche Kornbauer, mag er noch so selbstsicher seiner "lieben 'psychè'" eine genüßliche Zukunft zugesprochen haben[2]. In seiner naiven Selbstbezogenheit hatte er den Herrn des Lebens völlig aus dem Blick verloren.

Wie im AT ist 'psychè' auch im NT Träger der Triebe und Affekte, der inneren Regungen und Gedanken. Hunger und Durst betreffen, wie wir eingangs sahen, die 'psychè[3]. Sie ist es, die "erschüttert"[4] oder "betrübt" sein kann bis an den Tod[5]. Sie "erhebt den Herrn"[6]. Sie "hat Wohlgefallen"[7].

Das AT ist in zahlreichen Zitaten gegenwärtig. Wie zentral Maria durch das Geschick ihres Sohnes betroffen sein wird, drückt Simeon Lk 2,35 mit dem Bild von der "Seele" aus, die von einem Schwert durchbohrt wird. (Volkstümliche Darstellungen zeigen dann Maria mit durchbohrtem Herzen.) Und die liebevolle Beziehung des Apostels zu seiner Gemeinde drängt Paulus (1.Thess 2,8), den Thessalonichern nicht nur das Evangelium, sondern auch die eigene 'psychè' mitzuteilen[8], kurz: das Verhältnis nicht nur "dienstlich", sondern "persönlich" bzw. "herzlich" zu gestalten - wie wir sagen. Wo angemessen mit

---

1) 1.Kor 15,50: "Fleisch und Blut" sind untauglich, das Reich Gottes zu erlangen.
2) Lk 12,19f.
3) Mt 6,25 - s.o.S.28   4) Joh 12,27
5) Mt 26,38 par - vgl. Ps 42,6
6) Lk 1,46f. parallel zu "Geist" ('pneuma')!
7) Mt 12,18 - Zitat von Jes 42,1-4
8) Im Urtext der Plural des apostolischen "Wir"!

"von Herzen" übersetzt wird, steht im Urtext: "aus 'psyche' heraus".[1]

Damit sind wir im Gefälle unserer Untersuchung an die Stelle gekommen, wo sich die Einheit der Testamente bzw. der biblischen Anschauung geradezu selbstverständlich zeigt: beim psychologischen Gebrauch des Begriffes "Herz".

2. "Herz" ('kardia') als psychologischer Begriff

Physiologisch kommt "Herz" ('kardia') im Neuen Testament so gut wie gar nicht in den Blick. Entscheidend ist seine psychologische Bedeutung. Im "Herzen" zentriert sich das lebendige Leben. Leidenschaften und Empfindungen, Verstandeseinsicht und Gedanken, Wille und Entschlußkraft siedeln im "Herzen". Wie das AT unterscheidet das NT nicht zwischen "Kopf" und "Herz". "Herz" steht für Trieb und Gefühl, Verstand und Glaube, Wille und Gewissen.

Röm 1,24 prangert Paulus homosexuelle Praktiken als Ausfluß eines "unreinen Herzens" an. Geiz bzw. Habgier sind Übungen des Herzens.[2] "Wo dein Schatz ist, da ist dein Herz" (Mt 6,21). Gleicherweise kann das Herz mit Nahrung wie mit Freude gefüllt werden.[3] Freude und Trauer[4], Liebe[5] und Leid[6], Angst[7] und Starrsinn[8] sind Regungen des "Herzens". Wichtige Worte und Gedanken bewegen das "Herz", werden in ihm behalten oder kommen aus ihm[9]. Das "Herz" ist nicht nur Quelle böser Leiden-, Eigenschaften und Taten, auch die Dummheit gründet im Herzen[10], ja, das Denk- und Vorstellungsvermögen über-

---

1) Eph 6,6 vgl. Kol 3,23   2) 2.Petr 2,14
3) Apg 14,17 vgl. Joh 16,22: "Euer Herz soll sich freuen".
4) Joh 16,6: "Herz voll Trauer"
5) 2.Kor 7,3: Paulus hat die Korinther so "in sein Herz geschlossen", daß sie sich niemals mehr als "geschiedene Leute" verstehen können. Vgl. Phil 1,7.
6) Röm 9,2: "Großen Schmerz und unaufhörlichen Kummer habe ich im Herzen". (Wilckens)
7) Joh 14,27: "Euer Herz erschrecke nicht und fürchte sich nicht".
8) Mk 6,52: "verstocktes Herz"; Mt 19,8: "Härtigkeit des Herzens".
9) Lk 2,19: "Maria bewegte diese Worte in ihrem Herzen". Lk 8,15: "behalten (im)...Herzen". Mt 9,4: Böses denken im Herzen - vgl. Mt 24,48. Mt 15,18: "...was aus dem Mund kommt, kommt aus dem Herzen".
10) Mk 7,21f.

haupt[1]. Der Auferstandene schilt die Emmausjünger als Toren "trägen Herzens" (Lk 24,25).

Desgleichen hat das Gewissen seinen Ort im "Herzen". Ins "Herz" ist das Gesetz Gottes geschrieben[2]. Wo das "Herz" uns verdammt[3], da lebt das Bewußtsein von Schuld. Im "Herzen" nimmt man sich etwas vor[4] und trifft Entscheidungen[5]. Stehvermögen ist Sache des "Herzens"[6]. Wie denn auch der Glaube seinen Ort im "Herzen" hat. Wer "von Herzen glaubt, wird...gerettet"[7]. Christus "wohnt" durch den Glauben in den "Herzen"[8]. Am "Herz" macht sich die Gottesbeziehung fest. So gilt es denn, das "Herz" zu "beschneiden"[9]. Gott im "Herzen zu heiligen"[10], "Herz und Sinne in Christus zu bewahren"[11] und sich eines "reinen Herzens"[12] zu befleißigen. Mit der ganzen Kraft des "Herzens" heißt es, Gott zu lieben.[13] In das "Herz" gießt Gott seine Liebe aus.[14]

Ich fasse zusammen: Alles, was das innere Leben ausmacht, läuft im Begriff des "Herzens" zusammen. Sein eindeutig ganzheitlicher Gebrauch im NT ist unverkennbar und entspricht dem des AT. Es ist das gleiche Organ, das die Beziehung zu Gott, zu sich selbst und zu den Mitmenschen wahrnimmt. In ihm manifestiert sich "Seele" - nicht sichtbar, nicht äußerlich[15], aber leibhaftig und fühlbar[16].

---

1) 1.Kor 2,9: "...Was kein Auge je gesehen...und in keines Menschen Herz gekommen ist..."
2) Röm 2,15
3) 1.Joh 3,20: "So uns unser Herz verdammt..."
4) 2.Kor 9,7 ist es die Höhe der Kollektengabe.
5) Apg 11,23
6) Tychikus wird geschickt, um durch seinen Bericht die "Herzen zu ermutigen" bzw. zu "trösten" (Eph 6,22) - Hebr 13,9: "Es ist ein köstlich Ding, daß das Herz fest werde..." (Luther)
7) Röm 10,10
8) Eph 3,17
9) Röm 2,29
10) 1.Petr 3,15
11) Phil 4,7
12) Vgl. Mt 5,8; 1.Tim 1,5
13) Mt 22,37
14) Röm 5,5
15) 1.Thess 2,17 stellt Paulus die Gegenwart von Angesicht zu Angesicht der Gegenwart "im Herzen" gegenüber.
16) Lk 24,32: "Brannte nicht unser Herz...?"

3. Sprache des Leibes im Neuen Testament

Biblische Psychologie enträt der Abstraktion. Der Gebrauch des Begriffes "Herz" belegt das. Daß das NT nicht in gleichem Maße wie das AT die weitere psychologische Sprache des Leibes pflegt, liegt vermutlich nicht nur an seinem geringeren Umfang und Alter, sondern wesentlich auch an der anderen Art seines Schrifttums. Psalmen und Paränese haben nun einmal einen unterschiedlichen Sitz im Leben. Doch auch dies muß nicht bedeuten, daß die analoge Rede etwa in den neutestamentlichen Briefen ganz verloren ginge. "Beten" heißt 1.Tim 2,8 "heilige Hände aufheben". Demut bedeutet 1.Petr 5,6, sich "unter der gewaltigen Hand Gottes" zu wissen. Das "Herz (zu) heiligen" ist Jak 4,8 gleichbedeutend mit dem "Reinigen der Hände"[1]. Ein Abglanz leibhaftiger alttestamentlicher Sprache findet sich z.B. noch Hebr 12,12f. Aus dem Zitat von Jes 35,3[2] und Spr 4,26 entwickelt Hebr sozusagen einen Rat für den gesunden Tritt der geistlichen Füße.

Im Alten Testament waren wir auf ein Wort gestoßen, das "Mutterleib" und "sich-erbarmen" zusammenbindet. Im Neuen Testament begegnet uns etwas Entsprechendes. Der ursprüngliche Gebrauch des Wortstammes 'splanch-' ist noch Apg 1,18 erhalten. Dort wird drastisch geschildert, wie Judas durch einen Sturz ums Leben kommt, bei dem seine "Eingeweide" aus dem Bauch quellen. Im Allgemeingriechisch der Zeit steht 'splanchna' für "Eingeweide", "Mutterleib", "Unterleib" und "Zeugungskraft" und dann für die verschiedensten deftigen Empfindungen. Noch heute ist ja der "Bauch" im Volksmund für die sozusagen weniger edlen Gefühle zuständig.[3] Im NT indes bekommen Substantiv und Verbum unseres Wortstammes entschieden hohe Züge. In den Evangelien werden die vorbildliche Haltung des Barmherzigen Samariters (Lk 10,33) und das messianische Erbarmen Jesu[4] damit charakterisiert. Bei Paulus ist es starker Ausdruck für die liebevolle Zuneigung,

---

1) Pilatus "wäscht seine Hände in Unschuld" (Mt 27,24).
2) S.o.S.22
3) Man "hat Wut im Bauch". Ein "Kribbeln im Bauch" deutet auf sexuelle Regungen.
4) Mk 6,34; Mt 9,36

deren Christen fähig sein können. 2.Kor 6,11f. steht es parallel zu "Herz".[1] Wie man es auch wendet: das ursprüngliche Wissen von der Leibhaftigkeit der "Seele" schimmert auch im Neuen Testament durch.

4. Der 'psychè'-Begriff an der Grenze - Mk 8,34ff.

Wem die Lutherbibel vertraut ist, der hat Mk 8,36 im Ohr: "Was hülfe es dem Menschen, wenn er die ganze Welt gewönne, und nähme an seiner S e e l e Schaden? Der Neutestamentler Ulrich Wilckens übersetzt dagegen: "...was nützt es einem Menschen, die ganze Welt zu gewinnen, wenn er dafür sein L e b e n einbüßt?"[2] Wie kommt Luther dazu, 'psychè' einen Vers vorher mit "Leben" zu übersetzen, hier aber mit "Seele"? Mk 8,34f. lesen wir: "Wer mir nachfolgen will, der verleugne sich selbst und nehme sein Kreuz auf sich und folge mir nach! Denn wer sein Leben ('psychè') erhalten will, der wird's verlieren; und wer sein Leben verliert um meinetwillen und um des Evangeliums willen, der wird's erhalten."

Vers 36 gibt eine einfache Lebensweisheit wieder. Sie besagt: "Jeglicher Gewinn ist nutzlos, wenn dafür mit dem Leben bezahlt wird." Im Hintergrund ist dabei an Psalm 49 zu denken.[3] Luther verbaut durch seine Übersetzung die handfeste Pointe, welche den unersetzlichen Wert des Lebens in Erinnerung ruft. Er tut dies, weil er offenbar zum Verstehen des vorhergehenden Verses helfen will. Dieser Vers stellt "Verlieren" und "Erhalten"/"Retten" ('soozein') der 'psychè' einander dialektisch gegenüber. Jesus unterscheidet zwischen zwei Qualitäten des Lebens. Die eine aufzugeben, bedeutet

---

1) Dem "weiten Herzen" des Paulus steht die Enge in den 'splanchna' der Korinther gegenüber.
2) Vgl. auch die Zürcher Übersetzung. Dazu auch s.o.S.30 Anm 5
3) Ps 49,8f.: "Doch loskaufen kann sich keiner (von denen, die sich auf ihr Vermögen verlassen), keiner (kann) Gott das Lösegeld für sich bezahlen - zu teuer ist der Kaufpreis für ihr Leben". (Zürcher)

Gewinn der anderen und umgekehrt. Es empfiehlt sich, die geringere Lebensqualität der höheren zu opfern.

Luthers Übersetzung legt nahe, die geringere Qualität mit einem "bloß leiblichen" Leben und die höhere mit "Seele" gleichzusetzen. Gilt "Seele" im vornherein gegenüber der "bloßen Leiblichkeit" besser qualifiziert, bedarf es keiner weiteren Überlegungen mehr - allerdings um den Preis, daß "Seele" und "Leib" unbesehen in eine hierarchische Zuordnung zueinander geraten. Ein Leib-Seele-Dualismus wäre damit festgeschrieben. Doch eben dies würde allem, was wir bisher zu 'psychè' herausfanden, widersprechen. Nicht von ungefähr steht im Urtext 3 mal hintereinander der gleiche Begriff 'psychè' - und dieser Begriff ist von Haus aus ganzheitlich. Auf der anderen Seite ist nicht zu verkennen, daß Mk 8,35 zwei Bedeutungen von 'psychè' unterscheidet. Wie können wir diese Differenzierung des Begriffs fassen, ohne den Raum ganzheitlichen Denkens zu verlassen?

Ich meine, hier hilft der Aspekt der Qualität weiter. Auch unsere Alltagssprache kennt ja die Rede von der unterschiedlichen "Lebensqualität". Jesus setzt Mk 8,35 voraus, daß Leben ('psychè') verschieden qualifiziert sein kann. Aber nach welchen Kriterien? Vergegenwärtigen wir uns, wie selbstverständlich für das biblische Denken 'psychè' und Beziehung zusammengehören! Leben='psychè'="Seele" ist wesentlich Bezogenheit, d.h. In-Beziehung-sein zur Umwelt, zu sich selbst, zu den Mitmenschen und zu Gott. Bezogenheit auf Gott als Grund allen Lebens gehört konstitutiv zum biblischen Begriff von 'psychè'. 'Psychè' ist ein theonomer Begriff. Hinter Leben='psychè' steht der, von dem alles Leben herkommt. Weil das so ist, deshalb sind auch die anderen Dimensionen der Bezogenheit des Lebens, die Beziehung zur Umwelt, zum Selbst und zum Mitmenschen, entsprechend qualifiziert. Das In-Beziehung-sein ist es, welches dem Leben seine Fülle, seine Lebendigkeit und damit seine Qualität gibt. Geht es verloren, "geht" dem Leben sozusagen "die Luft aus". Der reiche Kornbauer muß dies in seiner gottvergessenen Selbstbezogenheit erfahren. Seine Geschichte warnt vor jedweder materialistischen Reduktion des Lebens. Auch ein rein physiologisches Verständnis bringt Leben='psychè' unter die Nullinie. Von jeglicher Bezogenheit des Lebens - und es geht ja immer um das individuelle Leben - abzusehen, ist ebenso abstrakt wie Gott-los.

Wie das "um meinet- und um des Evangeliums willen" von V.35 zeigt, ist die Gottesbeziehung der Boden der Argumentation Jesu. Jesus stellt beziehungsvolles dem beziehungslosen Leben gegenüber. Das eine erfüllt sich, das andere verdirbt. Es geht darum, erfülltes Leben zu leben. "In sich selbst verkrümmt" - um mit Luther zu reden - ist dies dem Menschen unmöglich. Erfülltes Leben lebt nur um den Preis der Offenheit, selbstverschlossenes Leben nur um den Preis der Beziehungslosigkeit. Offenheit schließt Selbstpreisgabe ein. Selbstpreisgabe aber kann - und dafür gibt Jesus in seiner eigenen Person das Beispiel - auch den Tod bedeuten. Gleichwohl spricht Jesus von "erhalten" bzw. "retten" ('soosai') des Lebens bzw. der 'psychè'.

Unverkennbar sind wir mit unserer Textstelle auf eine Weiterentwicklung des 'psychè'-Begriffs gestoßen und beobachten hier zugleich ein Überschreiten der Grenzen. 'Psychè' ragt nunmehr über das Sterben hinaus. War 'psychè' bisher leibhaftige Lebendigkeit vor Gott und mit physischer Lebendigkeit identisch, so sehen wir nun die Bindung des Begriffs an die physische Vitalität verlassen. 'Psychè' wandelt sich offenkundig zu einem abstrakten, theologischen Begriff, sofern nunmehr vom Physischen abstrahiert werden kann. Mk 8,35 sagt: Es gibt Leben n a c h dem Tode. Dieses Leben gründet in der Gottesbeziehung. Zugleich hören wir: Es gibt Tod v o r dem Tode. Es ist der Tod der Beziehungslosigkeit, und dieser Tod gründet in der Gottlosigkeit.

Ich befaßte uns mit Mk 8,34ff. so eingehend, weil dieser Text eine Station der Begriffsgeschichte darstellt, an der es unübersichtlich zu werden beginnt und daher auch Mißverständnisse und falsche Schlüsse lauern. Ein folgenschweres Mißverständnis begegnet dort, wo Leibhaftigkeit und physisches Leben unbesehen identifiziert werden. Leibhaftigkeit im biblischen Sinne ist nun aber auch ein psychologisches Phänomen. Leibhaftigkeit steht für Beziehungsfähigkeit und gehört zum Grundbestand biblischer Psychologie. So gesehen läßt sich Leibhaftigkeit nur einem Verständnis von "Seele" entgegensetzen, welches mit dem biblischen Begriff der 'psychè' nichts gemein hat.

Wird "Seele" biblisch über den Tod hinaus gedacht, eignet ihr notwendig Leibhaftigkeit, auch wenn die physische Organisation verfällt. Wie denn umgekehrt Leben als physiologische Abstraktion noch nicht leibhaftige Lebendigkeit im biblischen Sinn sein kann. Nicht von ungefähr liegt dem Apostel Paulus so viel daran, die Auferstehung der Toten leibhaftig zu begreifen. Zugleich - wir kommen noch darauf - beobachten wir bei Paulus, wie er offenbar bewußt auf den 'psychè'-Begriff verzichtet, wo er Aussagen über das dem Tode entnommene Leben macht. Der überkommene 'psychè'-Begriff hat sein Profil. Er verträgt es nicht ohne weiteres, über seine hergebrachten Grenzen hinausgedacht zu werden. Das dualistische Mißverständnis lauert im Hintergrund.

5. Polarisierter Gebrauch von 'psychè'

Wir beobachteten, wie sich Mk 8,35 die Auffassung bzw. der Begriff von 'psychè' in zwei Richtungen polarisiert. Der eine Pol ist Leben: physisch gesehen, der andere: Leben, von der Gottesbeziehung her gesehen. Solange der gesamtbiblische Grund des Begriffs gegenwärtig bleibt, so lange wird Leben in physiologischer Sicht weder einer materialistischen Überbewertung noch einer idealistischen Entwertung anheimfallen. Doch das Neue Testament wurde in griechischer Sprache geschrieben, und mit der Sprache hält auch griechisches Denken Einzug. Ein polarisierter Gebrauch des 'psychè'-Begriffs ist wie ein Tor, hinter dem außerbiblische Vorstellungen warten. Da sind der griechische Begriff von der "unsterblichen Seele" und das Ideal asketischer Lebensgestaltung mit seiner Tendenz zur Abwertung natürlicher Lebensvollzüge. Auch die selbstverständliche Begriffsdreiheit von "Geist/Seele/Leib" ist vorhanden und bietet spekulative Möglichkeiten.[1]) Doch lassen wir die Texte sprechen.

---

1) In seinem Schlußwunsch 1.Thess 5,23 bedient sich Paulus dieser Trias, um auszudrücken, daß Gottes Bewahren umfassend sein soll. Bewußt wählt Paulus aber für "Geist" nicht den Begriff 'nous', sondern den auch theologisch qualifizierten Begriff 'pneuma'.

a) Mt 10,28

In der Aussendungsrede Jesu (Mt 10) lesen wir Vers 28: "Fürchtet euch nicht vor denen, die den Leib ('sooma') töten, die Seele ('psychè') aber nicht töten können, sondern fürchtet vielmehr den, der Seele und Leib verderben kann in der Hölle". Ohne Zweifel liegt unser Vers auf der Linie der Polarisierung des 'psychè'-Begriffs. Zugleich macht er deutlich, wie selbstverständlich es offenbar ist, Leben in physiologischer Sicht einfach durch den Begriff "Leib" wiederzugeben. Die sonst geläufige Einheit von "Leib und Leben"[1] läuft bei dieser Praxis allerdings Gefahr, zu zerfallen. 'Psychè' steht hier dem "Leibe" gegenüber. Daß die Einheit gleichwohl festgehalten bleibt, zeigt der 2. Teil des Verses. Der "Leib" taucht hinter der Grenze des Todes zusammen mit der "Seele" wieder auf. Glücklich ist solch eine Redeweise natürlich nicht. Lukas muß das empfunden haben. Er vermeidet in seiner Wiedergabe des Jesuswortes (Lk 5,4f.) den Begriff 'psychè'.

b) Joh 12,25 (Offb 12,11)

Auf die johanneische Parallele zu Mk 8,35 stoßen wir in Joh 12,25. Dort heißt es: "Wer sein Leben ('psychè') liebt, verliert es, und wer sein Leben in dieser Welt haßt, wird es ins ewige Leben ('zooè') bewahren". Wir sehen, wie die Aussage deutlich um den 1. Pol kreist. 'Psychè' wird nicht einfach als physisches Leben gesehen. Sie wird ausdrücklich emotional und zugleich theologisch besetzt. Was Mk 8,35 nahelegt, nämlich für das den Tod überdauernde Leben Partei zu ergreifen, geschieht in für Johannes typischer Weise: Man muß die in "die Welt" eingebundene 'psychè' schon h a s s e n , um sie ins "ewige Leben" zu retten.

---

[1] Wir erinnern uns an die Redensart: "Gefahr für Leib und Leben". S. im übrigen o.S.28 - vgl. auch Offb 18,3, wo "Menschenleiber" neben "Menschenleben" als Handelsware erscheinen.

Zweierlei fällt hier auf: Johannes spricht vom "Haß" auf die 'psychè'. Das könnte er nicht tun, wenn 'psychè' für ihn die Vorstellung von einem unsterblichen Wesenskern des Menschen repräsentierte. Und Johannes läßt 'psychè' nicht, wie Markus, für sich stehen, wo er vom Leben im Sinne des 2. Pols spricht. Leben in ungetrübter Gottesbeziehung wird durch einen neuen Begriff gefaßt. Es ist ausdrücklich "ewiges Leben" ('zooè' aioonion').

Was Joh 12,25 empfiehlt, haben die Märtyrer der Offenbarung (Offb 12,11) ernst genommen: "Sie haben ihr Leben nicht geliebt bis hin zum Tode".[1)]

Es ist eines, sich um des Lebens willen nicht zu fürchten; und es ist ein anderes, das Leben "in dieser Welt" nicht zu lieben. Von der Freiheit zu Höherem bis zur Welt- und Leibfeindlichkeit ist der Weg nicht weit.

c) 'Psychè' als Glaubens-bedingtes Leben in den späten Briefen

Hebräerbrief

Leben-'psychè' über den Tod hinaus zu erhalten bzw. zu retten, ist nur über die lebendige Gottesbeziehung möglich. Hebr 6,19 verwendet daraufhin das Bild vom Hoffnungsanker der 'psychè'. Im festen Glauben an Gottes Verheißung ist das Bleiben der 'psychè' sicher und verläßlich bei Gott verankert. (Der Glaubensanker reicht "hinauf bis ins Allerheiligste".) Darum gilt es (Hebr 12,3), mit den Augen des Glaubens zu Jesus aufzusehen und dabei (mit der 'psychè') nicht müde oder matt zu werden.[2)] Der Glaube ist es, der die Gottesbeziehung realisiert. Wer hier - nach Hebr - mutig standhält und seinen Glauben

---

1) Entsprechend warten nun ihre "Seelen" auf die Vollendung des Gerichts (Offb 6,9f.) bzw. herrschen mit dem Messias (Offb 20,4).
2) Wir erinnern uns an Jes 35,3f. (s.o.S.33) - 'Psychè' ist hier Organ des Glaubens und kann so auch einfach für das Personalpronomen stehen.

behauptet, der geht nicht verloren, sondern bewahrt 'psychè' bzw. gewinnt sie - so sicher wie ein Eigentum.[1]

Wenn aber Glaube und 'psychè' in dieser Weise zusammenhängen, dann empfiehlt es sich auch, nach Hebr 13, denen besonders Folge zu leisten, die für das Glaubens-Leben zuständig sind, d.h. den Gemeindeleitern. Sie sind nicht nur Vorbild (V.7), sie "wachen" auch über die "Seelen", und ihnen dabei Mühe zu machen, bekommt keiner "Seele" gut (V.17).

Der Hebräerbrief, der diese Gedanken entwickelt, ist als eine Art Predigt charakterisiert worden. Es verwundert nicht, wenn wir die nämliche Auffassung im 1. Petrusbrief wieder antreffen.

1.Petrusbrief

Auch der 1. Petrusbrief kann von Haus aus eine Predigt genannt werden. Gleich im Eingang bezeichnet er die "Rettung" bzw. das "Heil der 'psychè'" als "Ziel des Glaubens".[2] Dieser Glaube kommt von Christus her und ist auf Gott gerichtet. Gott hat Christus von den Toten auferweckt. "Glaube und Hoffnung" (an/auf das "Heil") sind eines. Aus beiden ergibt sich folgerichtig, daß das Leben ('psychè') dem (Gottes-)Dienst der Bruderliebe geweiht ist, ist es doch aus "unvergänglichem Samen" des Wortes Gottes "neu erzeugt".[3]

Der Hebräerbrief verwies auf die Gemeindeleiter als Wächter der "Seelen", und darin lag eine Ermahnung zum Gehorsam. Der 1.Petrus vergegenwärtigt die vorlaufende Vorstellung vom Messias-Hirten - und dies im Indikativ: "Jetzt aber habt ihr euch zu eurem Hirten bekehrt,

---

1) Hebr 10,30 - Das griechische Wort ('peripoiesis'), welches die Konsequenz des Glaubens beschreibt, meint sowohl "Erhalten/Bewahren" wie "Erwerben/Gewinnen" wie "Besitz" und "Eigentum". Vgl. 1.Petr 2,9: "...ein Volk zum Eigentum".
2) 1.Petr 1,9 - Luther übersetzt: "...wenn ihr das Ziel eures Glaubens erlangt, nämlich der Seelen Seligkeit" ('sooteria psychès'). "Ziel" ('telos') bedeutet zugleich Vollendung.
3) 1.Petr 1,21-23 (nach Wilckens) - Vgl. Jak 1,21: "...nehmt...das Wort an, das in euch eingepflanzt ist: Es vermag eure 'psychai' (Plural) zu retten."

der euer Leben ('psychè') behütet", sagt er.[1] Im übrigen soll man, nach 1.Petr, seine 'psychè' "dem getreuen Schöpfer" anempfehlen und "Gutes tun".[2]

Wo die (neue) Gottesbeziehung im Glauben wahrgenommen wird, da folgt aus ihr auch eine neue Beziehung zu den "Brüdern", zur Umwelt und zum eigenen Selbst. Von der Bruderliebe war schon die Rede. Die Um-Welt erscheint nach 1.Petr 2,11 als "Fremde". Christen haben in ihr keine Heimat. "Als Fremdlinge und Pilger" redet Petrus seine Leser an[3] und nimmt damit etwas auf, was schon Paulus geäußert hatte[4]. Was dann folgt, zeigt, worin die neue Beziehung zum Selbst besteht: "Enthaltet euch von fleischlichen Begierden, die gegen die Seele ('psychè') streiten, und führt ein rechtschaffenes Leben unter den Heiden..."[5] Der Fremdheit gegenüber der Um-Welt entspricht es, sich zu "enthalten". Glaubensbedingtes Leben scheint dem Triebleben diametral gegenüber zu stehen.

Jakobusbrief

Bisher sahen wir die Rettung der 'psychè' (vom Tode) durch den Glauben stets mit dem eigenen Leben verknüpft. Es ging darum, das eigene Leben der Gottesbeziehung gemäß zu führen und damit die 'psychè' durch das Ende hindurch zu bewahren. In der Lehrschrift aus der Feder des Jakobus lesen wir, daß auch bekehrendes Wirken bei

---

1) 1.Petr 2,25 nach Wilckens. Luther übersetzt: "...bekehrt euch zu dem Hirten (='pastor') und Bischof eurer Seelen".
2) 1.Petr 4,19 nach Luther
3) Die Anrede erinnert an Ps 39,13. Ps 39 handelt von der Vergänglichkeit des irdischen Lebens. Am Ende aber heißt es: "Schaue weg von mir, daß ich h e i t e r blicke, e h e ich dahinfahre und nicht mehr bin" (Zürcher). Eine lebensbejahende Wendung! Demgegenüber zeigt 1.Petr eher ein lebenskritisches Gefälle.
4) Vgl. Phil 3,20f.: "Unsere Heimat/unser Bürgerrecht aber ist im Himmel..."
5) Text nach Luther. Das Wort, das im Urtext für "Begierden" bzw. Begehrlichkeit steht ('epithymiai' - die ältere Lutherübersetzung spricht von "Lüsten"), wird Offb 18,14 in gut alttestamentlichem Sinn für das "Verlangen der Seele" nach Obst verwendet!

einem Sünder zur Rettung der 'psychè' verhilft[1]. Sicher denkt hier Jakobus - so deutlich, wie er das Tätigsein des Glaubens herausstellt - an die missionarische Wirkung des Vorbilds. Aber er sagt es nicht. Jak 5,20 ist der Schlußsatz des Briefes. Und dieser Schlußsatz redet lediglich von der Besorgung der "Seele" des "Bruders", wobei dieser Bruder selbstverständlich ein "vom Wege abgeirrter Sünder" ist.[2] Wir haben mit Jak 5,20 den Grundsatz eines Verständnisses von Seelsorge vor uns, welches einlinig geistlich orientiert ist. Seine Spuren lassen sich unschwer bis in unsere Zeit verfolgen.

3. Johannesbrief

Wir gingen in den letzten Abschnitten den späten neutestamentlichen Aussagen nach, die sich um den 2. Pol des von Mk 8,35 her differenzierten 'psychè'-Begriffs gruppierten. Eine Aussage betrachteten wir noch nicht: den Eingangsgruß des 3. Johannesbriefes. Dort heißt es: "...Ich wünsche dir, daß es dir in allen Dingen gut geht und du bei guter Gesundheit bist, so wie es mit deiner Seele ('psychè') zum besten steht."[3]

Der Verfasser beginnt im gängigen antiken Briefstil - mit heute noch üblichen Wünschen. Er wünscht allgemeines Wohlergehen und Gesundheit. So etwas tut man als wohlerzogener säkularer Mensch auch. Gute Wünsche, was das "Reich der Welt" betrifft, sind geläufig. Aber sie sind hier nicht das, worum es in diesem christlichen Brief - ich pointiere - "eigentlich" geht. Christen haben das "Reich Gottes" und "die Seele" im Sinn. Und wie erfreulich ist es für 3.Joh festzustellen, daß "in religiöser Hinsicht" keine Wünsche offen bleiben!

Offenkundig werden hier Wohlergehen und Gesundheit auf der einen

---

1) Jak 5,20: "Wer einem Sünder von seinem Irrweg zur Rückkehr verholfen hat, der wird sein Leben vor dem Tode erretten" (Wilckens).
2) Oder eine "ungefestigte Seele", wie 2.Petr 2,14 sagt, der die "gerechte Seele" von 2.Petr 2,8 gegenüber steht.
3) 3.Joh 2 nach Wilckens

Seite und die "Seele" auf der anderen Seite gesehen. Unmittelbar haben sie nichts mehr miteinander zu tun. Aus der Ganzheit der 'psychè' ist etwas Halbes geworden, das man für sich betrachten und reflektieren kann: die "Seele" ausschließlich als geistliches Organ. Vielleicht ist 3.Joh 2 damit ein wenig überinterpretiert. Daß der Text im Gefälle einer Polarisierung des 'psychè'-Begriffs liegt, ist in jedem Fall deutlich. Der Apostel Paulus hat gute Gründe, sich in seinen theologischen Erwägungen solchem Umgang mit dem 'psychè'-Begriff zu entziehen. Wie er es tut, und ob es ihm gelingen kann, zu verhindern, daß die Nachgeborenen dem Sog der Polarisierung erliegen und schließlich ein eindimensionaler Begriff von "Seele" das Feld behauptet, zeigt sich, wenn wir uns nun der Frage nach dem "Geist" im Zusammenhang der Psycho-Logie des Neuen Testaments zuwenden.

6. "Geist" ('pneuma') als Kraft des Alten und Qualität des Neuen Lebens

Was im Alten Testament 'ruach' ist, ist im Neuen Testament 'pneuma'. Wir können uns vergegenwärtigen, was zu 'ruach' gesagt wurde, wenn wir den Gebrauch von 'pneuma' untersuchen. Zugleich beobachten wir, wie der 'pneuma'-Begriff in hervorragender Weise dazu dient, spezifisch neutestamentliche Aussagen zu tragen. Er übernimmt Aufgaben, welche der 'psychè'-Begriff nicht ohne Einbußen leisten kann, ja löst diesen v.a. bei Paulus geradezu ab. Wo es um die Gottesangewiesenheit des dem Tode entnommenen Lebens geht, verwendet Paulus 'pneuma' sogar gegen 'psychè' und hat dafür als Mann der "Schrift" gute Gründe. Zu deutlich sieht der Theologe Paulus die Gefahren, die von einem spezifisch griechischen Verständnis von 'psychè' her drohen. Daß freilich auch 'pneuma' seinen griechischen Kontext hat, wird man nicht ganz aus den Augen lassen dürfen. Doch sehen wir im einzelnen.

a) 'Pneuma' als Lebenskraft

Die allgemein vertraute Redensart, daß jemand "seinen Geist aufgibt", wenn er stirbt, findet sich im Zusammenhang der Schilderung des Todes Jesu bei Matthäus und Johannes.[1] Markus und Lukas verwenden hier bezeichnenderweise ein Verbum des nämlichen Wortstammes, das wörtlich mit "aushauchen" zu übersetzen ist.[2] Ohne Zweifel ist damit die alttestamentliche Vorstellung vom Lebensodem aus Gott aufgenommen. Auf den Ruf Jesu kehrt das 'pneuma' bei Jairi Tochter wieder zurück, und das Mädchen lebt[3]. "Ohne 'pneuma'" war - mit Jak 2,26 zu reden - "der Leib ('sooma') tot". Bei solcher Redeweise ist freilich zu beachten, wie der "Leib" und "Geist" zusammenbindende Begriff der "lebendigen Seele" verborgen bleibt. Daß "Leib" dem lebendigen Leben gleichsam die Substanz verleiht und "Geist" die Kraft, haben wir uns hier dazuzudenken.

b) 'Pneuma' als psychologischer Begriff

Im Zuge der Untersuchung des Begriffes "Herz" stießen wir darauf, daß auch das NT nicht zwischen "Kopf" und "Herz" unterscheidet. Daraufhin verwundert es nicht, nun auch den "Geist" als Träger übergreifender psychischer Funktionen vorzufinden.
Wie "Herz" steht 'pneuma' für Vorgänge und Regungen im Inneren des Menschen und repräsentiert so die Person bzw. das Selbst. Es ist das eigene 'pneuma', das Jesus durchschauen läßt, was seine Gegner "in (ihren) Herzen" erwägen[4]. Sein 'pneuma' "ergrimmt", läßt sich "erre-

---

1) Mt 27,50; Joh 19,30
2) Mk 15,37; Lk 23,46 - Die letzten Worte Jesu bei Lukas zitieren Ps 31,6: "...in deine Hände befehle ich meinen Geist". 'Ruach'= 'pneuma' steht für das lebendige Selbst und ersetzt das Personalpronomen.
3) Lk 8,55 - vgl. Offb 11,11: Gottes "Lebensgeist" ('pneuma zooès') kehrt in die Propheten zurück.
4) Mk 2,8

gen"[1], "freut sich"[2] und "seufzt"[3]. "Im 'pneuma'" nimmt sich Paulus eine erneute Reise nach Jerusalem vor[4] und erlebt Ruhelosigkeit, weil er Titus nicht in Troas antrifft[5].
Es ist folgerichtig, wenn die Übersetzer häufiger für 'pneuma' einfach das Personalpronomen wählen.[6] Nur in der liturgischen Erwiderung ("...und mit deinem Geist") des biblischen Grußes[7]: "Die Gnade/der Friede des Herrn.." bzw. "Der Herr sei mit Euch" ist noch gegenwärtig, daß ursprünglich 'pneuma' anstelle des Personalpronomens steht.
Auf den parallelen Gebrauch von 'pneuma' und 'psychè' zu Beginn des Magnificat (Lk 1,47) wurde schon verwiesen.[8] Eine weniger gehobene Sprache könnte hier auch einfach "Ich" sagen, wobei zugleich deutlich würde, welche Abstraktion die "Ich"-Rede darstellt.
In 'pneuma' zentriert sich die Lebendigkeit des Lebens in emotionaler und mentaler Hinsicht. 'Pneuma' steht für die innere Ausrichtung, für Gesinnung[9] und Selbstgefühl[10]. So gesehen läßt es sich vom leiblichen Leben unterscheiden, wobei das Körperliche sowohl durch den Begriff "Leib" ('sooma') als auch durch den Begriff "Fleisch" ('sarx') ausgedrückt werden kann[11]. Paulus mag körperlich abwesend sein, "im Geiste" ist er bei seiner Gemeinde und macht seinen Einfluß

---

1) Joh 11,33; 13,21 vgl. Apg 17,16
2) Lk 10,21 - der Zusatz: "im 'h e i l i g e n' Geist" ist textlich umstritten.
3) Mk 8,12
4) Apg 19,21
5) 2.Kor 2,12f. vgl. 2.Kor 7,13: Paulus freut sich mit Titus, daß dieser (wörtlich: "sein 'pneuma'") "eine so persönliche Erquickung erfahren hat" (Wilckens).
6) 1.Kor 16,18 wörtlich: "Sie haben mein 'pneuma' und das eure erquickt".
7) Vgl. Gal 6,18; Phil 4,23; Phlm 25
8) S.o.S.24 Anm 1 - vgl. Phil 1,27: "...in einem Geist...einer 'psychè'". Luther übersetzt: "einmütig" - Siehe die Redensart: "Ein Herz und eine Seele".
9) Eph 4,23: "Geist der Gesinnung ('nous')". S. auch 1.Kor 4,21, wo christliche Liebe und der "Geist der Milde/Sanftmut" parallel erscheinen. Vgl. Gal 6,1 - 1.Petr 3,4 übersetzt Wilckens 'pneuma' mit "Wesen".
10) Die "Armen im Geiste" (Mt 5,3) werden von Jesus vermutlich deshalb selig gesprochen, weil sie jeglicher "Eingebildetheit" entraten.
11) 1.Kor 7,34 spricht Paulus vom Heilig-sein der Unverheirateten an Leib ('sooma') und 'pneuma'. Wilckens übersetzt: "...an Leib und Seele"! In einer parallelen Formulierung 2.Kor 7,1 wählt Paulus statt "Leib" den Begriff "Fleisch" ('sarx').

geltend[1].

'Pneuma' repräsentiert die Kraft des Einflusses auf Menschen. Daher gilt es, kritisch zu prüfen, "wes Geistes Kind" einer ist[2], und die "Geister" zu unterscheiden[3]. 'Pneuma' nimmt die Gottesbeziehung wahr. Ein "anderes 'pneuma'" bedeutet so viel wie eine fremde Glaubensrichtung für Paulus[4]. "Gottes 'pneuma'" bezeugt unserem 'pneuma', daß wir Gottes Kinder sind", lesen wir Röm 8,16. "In seinem 'pneuma' dient" Paulus Gott.[5] Gott anbeten, heißt nach Joh 4,23: Gott "im Geist und in der Wahrheit" anbeten.[6] Deutlich schimmert nun die geistliche Qualität von 'pneuma' durch.

Je weiter sich der 3. Glaubensartikel im NT entwickelt, desto klarer werden seine Konturen auch als Hintergrund des neutestamentlichen 'pneuma'-Begriffs faßbar. 'Pneuma' ist als psychologischer Begriff eingebettet in den ersten u n d dritten Glaubensartikel.[7] Das macht diesen Begriff so vielseitig und prädestiniert ihn dazu, die Aussagen über das "Neue Leben" zu tragen.

c) 'Pneuma' als Schlüsselbegriff des "Neuen Lebens"

Im ersten Abschnitt wurde deutlich, wie 'pneuma' die Kraft lebendigen Lebens überhaupt repräsentiert. Hier waren alttestamentliche Vorstellungen ganz nahe. Der zweite Abschnitt zeigte uns 'pneuma' aktuell

---

1) 1.Kor 5,3 vgl. Kol 2,5 - Auch hier ist wieder einmal 'sooma', und das andere Mal 'sarx' "abwesend". - 1.Kor 5,4 erwähnt Paulus dann die Kraft Christi, die seinem 'pneuma' beigegeben ist.
2) Vgl. Lk 9,55 nach Luther (1964) - der Zusatz im Urtext ist strittig.
3) Die "Unterscheidung der Geister" ist nach 1.Kor 12,10 eine besondere Gnadengabe. 1.Joh 4,1ff. empfiehlt nicht nur, die Geister zu prüfen, sondern gibt zugleich auch das Kriterium an die Hand: das "Herr-ist-Christus"-Bekenntnis.
4) 2.Kor 11,4
5) Röm 1,9 - Wilckens übersetzt: "Gott, dem ich mit allem, was in mir ist...diene".
6) Auch "Wahrheit" ('alḛtheia') ist für Johannes kein neutraler Begriff. Joh 14,17 und 15,26 wird der "Paraklet" "Geist der Wahrheit" genannt.
7) Die Wurzeln des 3. Glaubensartikels reichen selbstverständlich ins Alte Testament hinein. Ps 51,12f. betet der Psalmist: "Schaffe in mir, Gott, ein reines Herz und gib mir einen neuen gewissen Geist ('ruach'). Verwirf mich nicht von deinem Angesicht und nimm deinen h e i l i g e n Geist nicht von mir."

als lebendiges menschliches "Ich" in Funktion. 'Pneuma' erscheint im NT weiter entfaltet als im AT und bekommt als psychologischer Begriff sozusagen mehr Eigenständigkeit. Diese Eigenständigkeit zeigt sich dort, wo 'pneuma' das lebendige "Ich" abgesehen vom vorfindlichen "Leibe" darstellen kann. Daß das auf der Linie der Eigendynamik des "Geist"-Begriffs liegt, läßt sich vermuten.

Die griechische Sprache ist eine Sprache des Geistes. Denkender Geist neigt zur Abstraktion. Von der Leibhaftigkeit abstrahieren zu können, eröffnet spekulative Möglichkeiten, hat aber auch seine Tücken. Schnell verabsolutiert sich der jeder Leibhaftigkeit[1] entnommene Geist, übersteigt die Grenzen von Zeit und Raum und verbindet sich selbstmächtig mit Gott. Die Grenze zwischen Schöpfer und Geschöpf verschwimmt. Es gehört zum Wächteramt der Theologie, darauf zu achten, daß dies nicht geschieht.

Am Ende des vorigen Abschnittes begegnet uns die Konsequenz des Wächteramtes in Gestalt der dritten Fassung des 'pneuma'-Begriffs: 'pneuma' als Geist Gottes 'extra nos'[2]. Deutlich stellt Paulus z.B. Röm 8,16 "Gottes 'pneuma'" "unserem", d.h. dem nach allgemeinem Verständnis zum Menschen gehörigen 'pneuma', gegenüber. Dieses ist schöpferisch, jenes kann allenfalls empfangen und weitergeben. Dieses erweckt vom Tode und wirkt Neues Leben[3], jenes läßt sich allenfalls affizieren.

Das alttestamentliche Bild vom wehenden Schöpfer-Geist kehrt Joh 3,8 wieder. Joh 20,22 "haucht" Jesus die Jünger mit dem "Heiligen Geist" an. "Gottes 'pneuma'" begegnet in Christus[4]. Kraft des "Geistes" ist er der Sohn Gottes[5], und an seiner Sohnschaft haben diejenigen teil,

---

1) Das AT gebraucht das Wort "erkennen" ('jada') als Ausdruck für die geschlechtliche Vereinigung. 1.Mose 4,1: "...und Adam erkannte...Eva, und sie ward schwanger" (Luther) - Leibhaftigkeit der Erkenntnis!
2) Theologischer Fachausdruck. Wörtlich: "außerhalb von uns", d.h. nicht aus dem Menschen heraus entwickel- und verstehbar.
3) Röm 8,11: "...der Geist dessen, der Jesus von den Toten auferweckt hat".
4) Vgl. Röm 8,9 - 2.Kor 3,18 nennt Paulus Christus den "Herrn, der der Geist ist".
5) Röm 1,4 - vgl. die Taufgeschichte Jesu (Mk 1,9-11 par), wo die Adoptionsformel die Sohnschaft bekundet.

denen sein Geist "ins Herz gegeben" ist[1]. Nur Gottes Geist selbst kann, nach Paulus, echte Erkenntnis Gottes vermitteln.[2] Er weist sich denn auch durch das Urbekenntnis der Christen: "Jesus ist der Herr/Christus" als Ausdruck des Glaubens aus.[3] Glauben, das ist ja lebendige Gottesbeziehung. Im Glauben wirkt Gottes 'pneuma'.[4] In ihm ist das "Neue Leben" gegenwärtig[5], ein Leben, gekennzeichnet durch die Freiheit der Gotteskindschaft[6], die Freiheit zu Gott, ein Leben, getragen vom 'pneuma' der Kraft, Liebe und Besonnenheit[7] im Umgang mit sich selbst und mit den Mitmenschen, kurz: ein Leben "im Geist", wie Paulus Gal 5,25 sagt.

Wo Gottes Geist in Menschen "wohnt"[8], da sind sie in der "Gemeinschaft des Geistes"[9] aneinander gewiesen. Die neue lebendige Gottesbeziehung prägt das alltägliche Leben und zeitigt ihre "Früchte".[10] Ohne Frage wirkt sie sich auch auf die Selbst-Beziehung aus. Nicht nur, daß sich der Glaubende in "seinem Geist" als Kind Gottes sehen darf[11], er ist in Ganzheit davon betroffen, "Tempel (des Geistes) Gottes" zu sein[12] - "mit Leib und Seele", möchte man sagen. Der Apostel Paulus spricht 1.Kor 6 allerdings nur vom "Leib"[13]: Wer "e i n Geist mit dem Herrn" ist, kann nicht "e i n Leib" mit der Hure werden. Es geht nicht an, nach gnostischer Manier vom Leibe abzusehen. Das neue Leben gilt leibhaftig. Nicht nur den "Geist" gilt es zu heiligen, auch den "Leib" bzw. das "Fleisch".[14]

---

1) Gal 4,6
2) 1.Kor 2,11ff.
3) Röm 10,9 vgl. 1.Joh 4,2 - 1.Joh kommt es auf die Inkarnation an. Paulus stellt eine Verbindung zum Auferstehungsglauben her.
4) 2.Kor 4,13 spricht vom "'pneuma' des Glaubens".
5) Röm 8,2 "Geist des Lebens" ('pneuma zooès')
6) Röm 8,15 "Geist der Sohnschaft" vgl. Gal 4,5f.; 5,1
7) 2.Tim 1,7
8) Röm 8,9
9) Phil 2,1 'koinonia pneumatos'
10) Gal 5,22.25
11) Röm 8,16
12) 1.Kor 3,16
13) 1.Kor 6,15: "Wißt ihr nicht, daß eure Leiber Christi Glieder sind?"...(V.19) "Wißt ihr nicht: Euer Leib ('sooma') ist ein Tempel des Heiligen Geistes, der in euch wohnt" (Wilckens).
14) 1.Kor 7,34; 2.Kor 7,1 - vgl. o.S.45 Anm 11

Daß Paulus in dem Zusammenhang, in dem er seine Gedanken über das "Neue Leben" entfaltet, den 'psychè'-Begriff vermeidet, fällt auf. Offenbar ist, was nach seinem Verständnis 'psychè' meint, in den Begriffen "Geist" und "Leib" gut aufgehoben, und zwar zunächst - ganz auf alttestamentlicher Linie - auf der Seite des dem Tode unterworfenen (alten) Lebens. So bemerkt er in dem Abschnitt, in dem er ausführlich menschliches und göttliches 'pneuma' gegenüberstellt: "Der durch 'psychè' bestimmte ('psychikos') Mensch vernimmt nichts von dem, was das 'pneuma' Gottes sagt..."[1] Und dort, wo er über den "Auferstehungs-Leib" nachdenkt, stellt er den neuen "geistlichen Leib" dem sterblichen "psychischen Leib" gegenüber.[2]
Zweierlei wird sichtbar: Dem Tode entnommenes Leben ist auch für den asketisch ausgerichteten Apostel Paulus[3] durchaus leibhaftig. Aber dieses leibhaftige Leben hinter der Grenze alles irdischen Lebens ist ausschließlich und allein von Gott her getragen. Da gibt es nichts, was der Mensch von sich aus hinüberretten könnte, es sei denn, seine Beziehung zu Gott. Nicht nur, daß der paulinische Umgang mit dem 'psychè'-Begriff der Vorstellung einer unsterblichen Seelensubstanz widerspricht. Auch der 'pneuma'-Begriff ist hier absolut widerständig. Daß schließlich auch das Tod-entnommene Leben leibhaftig ist, entzieht jeder Überhöhung des "Geistes" auf Kosten der Leiblichkeit den Boden.

---

1) 1.Kor 2,14: "Mit seinen seelischen Kräften allein (ohne Gottes Geist) vernimmt der Mensch nichts von dem, was der Geist sagt..." (Wilckens). "Der natürliche Mensch aber vernimmt nichts vom Geist Gottes..." (Luther) - Die Ausleger sehen hier eine Wendung aus der hellenistischen Mystik. Das dürfte vom Gegensatz "alte 'psychè'"-"neuer Geist" her einleuchten, bedeutet aber noch nicht, daß Paulus diese Formel nur deshalb zupaß kommt, weil sie das alte 'pneuma' negativ vom neuen absetzt. Auch die 'nefesch' kann ja verstockt und töricht sein.
Eindeutig hellenistisch ist Jud 19: "...Das sind die, die...selbst zur niedrigen Klasse der bloß 'seelischen' Menschen gehören, die den Geist nicht haben" (Wilckens).
2) 1.Kor 15,44f. 'sooma pneumatikon' - 'psychikon'
3) Vgl. 1.Kor 7 die Stellung des Paulus zu Ehe und Ehelosigkeit.

7. Zusammenfassung: "Seele" im Neuen Testament - ein Begriff mit verschiedenen Perspektiven

Unsere Untersuchung gilt der Frage, was nach dem Verständnis der Bibel mit "Seele" gemeint ist. Wir hatten zunächst den alttestamentlichen Befund erhoben und uns daraufhin dem Neuen Testament zugewandt. Es lag nahe, dabei der Spur zu folgen, die wir im AT angelegt fanden.

Das NT steht auf dem Boden des AT. So gesehen ist Kontinuität im Verständnis von "Seele" zu erwarten. Auf der anderen Seite bringt die Botschaft des NT notwendig neue Gesichtspunkte ein. Wenn "Seele" lebendiges leibhaftiges Leben meint, werden sich mit der Ausweitung der Frage nach dem Leben im NT auch weitere Perspektiven von "Seele" ergeben.

Es ist d a s Neue am Neuen Testament, daß es von Leben redet, welches den Tod hinter sich läßt. Für das AT bleibt "Seele" als leibhaftige Lebendigkeit stets anschaulich. Sie wird kaum über den Tod hinaus reflektiert, ist in diesem irdischen Leibe erfahrbar und hat "Hand und Fuß". Das NT überschreitet mit seiner Botschaft vom "Leben" die Grenze des in diesem Leibe Erfahrbaren. Die entscheidende Frage ist, was dabei mit der "Leibhaftigkeit" der "Seele" geschieht.

Folgendes nehmen wir wahr: Solange das dem Tode entnommene Neue Leben nicht im Blick ist, ist die vom AT her vertraute ganzheitliche Sicht des Lebens selbstverständlich. "Seele" hat wie eh und je "Hand und Fuß" und ist fraglos leibhaftig. Heil wird in Heilung anschaulich. Der 'psychè'-Begriff ist mit dem alltäglichen Begriff von "Leben" identisch. Ohne die Kenntnis des Urtextes kommt dem unreflektierten Leser des NT dabei möglicherweise gar nicht unter die Augen, daß von "Seele" die Rede ist. Daß es unterschiedliche Qualitäten von Leben gibt, weiß er freilich auch.

Richtet sich der Blick auf das dem Tode entnommene Leben, ändert sich der Blickwinkel. Man kann nicht über die Grenze des Todes hinüberschauen, ohne die Sterblichkeit alles Sterblichen zu realisieren.

Sterblichkeit wird zuallererst am sterblichen Leibe[1] anschaulich. Drastisch, wie die Alten waren, sprachen sie vom Leib als "Madensack". Es liegt nahe, Sterblichkeit mit Leibhaftigkeit gleichzusetzen. Ent-sterblichtes Leben wäre dann folgerichtig ent-leiblichtes Leben.[2]

Im Neuen Testament stoßen wir auf zwei unterschiedliche Weisen, das dem Tode entnommene Neue Leben begrifflich zu fassen. Da wird einerseits am 'psychè'-Begriff festgehalten, dieser aber in zwei Richtungen polarisiert. Hier erscheint 'psychè' im alten, dort im neuen Sinne. Die n e u e 'psychè', das "neue" bzw. "ewige" Leben profiliert sich geradezu unvermeidlich auf Kosten der a l t e n 'psychè', des Lebens im sterblichen Leibe. Das Leibliche gerät in den Sog der Abwertung des Sterblichen. Ein Riß zwischen "Leib" und "Seele" deutet sich an. Man wundert sich nicht, wenn "Leib" und "Seele" sozusagen auseinanderdriften.

Wie schnell dies tatsächlich geschieht, zeigt schon die alte Übersetzungspraxis: Auf der einen Seite finden wir 'psychè' mit "Leben" übersetzt, auf der anderen Seite mit "Seele". Wer den Urtext nicht kennt, kommt kaum darauf, daß "Leben erhalten" von Mk 3,4 und "der Seelen Seligkeit" von 1.Petr 1,9 auf die gleichen griechischen Vokabeln zurückgehen.[3]

Sehr viel hängt daran, daß aus der theologisch zwangsläufigen Relativierung des sterblichen Leibes nicht eine grundsätzliche Abwertung der Leiblichkeit überhaupt wird. Tendenzen dazu finden vor allem dort Nahrung, wo mit "Fleisch" unbesehen der Tummelplatz der Sünde assoziiert wird.[4] Aber auch die Um-"Welt" kann in den Sog der Abwertung des Sterblichen geraten. Der Ent-Leiblichung korrespondiert die Ent-Weltlichung. Ansätze dazu sind ohne Zweifel im Neuen Testament vorhanden.

---

1) Röm 8,11: "...so wird (Gott)...auch eure sterblichen Leiber lebendig machen..."
2) Vgl. die alte Redensart, daß sich einer "entleibt" habe, wenn er Selbstmord beging.
3) 'Psychè' und 'soozein' bzw. 'sooteria'
4) Vgl. 1.Petr 2,11 - s.o.S.41f.

Die neue Perspektive von "Seele" im NT bringt Komplikationen mit sich. E i n e Komplikation liegt schon im griechischen Grundbegriff 'psychè' selbst. Ihr zu entgehen, verzichtet z.B. Paulus auf den 'psychè-Begriff. Er entscheidet sich - und das ist die Alternative - für 'pneuma' als Schlüsselbegriff des Neuen Lebens. Damit macht er grundsätzlich deutlich, daß das biblische Verständnis von "Seele" und die griechische Vorstellung von einem unabhängigen unsterblichen Wesenskern des Menschen nichts miteinander gemein haben. 'Psychè' bleibt für Paulus im Tode zurück. Kontinuität wird mit 'pneuma' ausgesagt. Unumgänglich damit verbunden ist freilich, daß nunmehr "sterblicher Leib" und "Geist" einander gegenüber geraten[1], und wer hier unbedarft liest, könnte Gefahr laufen, Geistliches und Leibliches gegeneinander auszuspielen. Doch hier ist sozusagen eine Sicherung eingebaut. Nach Paulus muß gegebenenfalls zwischen "Leib" ('sooma') und "Fleisch" ('sarx') unterschieden werden. "Fleisch" ist dann kein physiologischer, sondern ein ungemein theologisch gefüllter Begriff[2] und kennzeichnet den "in sich selbst verkrümmten" Menschen. Was stirbt und dem Tod (als "der Sünde Sold"[3]) verfallen ist am sterblichen Leibe, ist genaugenommen eben das Sterbliche. Der Leib als Gestalt bleibt jedoch und gehört zum Neuen Leben dazu. Nicht von ungefähr spricht Paulus vom geistlichen Auferstehungs-l e i b.

So ist denn "Seele" auch im Neuen Testament leibhaftige Lebendigkeit des Lebens, d.h. Leben in seiner Ganzheit - getragen von der lebendigen Beziehung zu Gott Vater, Sohn und Heiligem Geist, zum leibhaftigen Selbst und zum leibhaftigen Mitmenschen. Leben - erfahren und geglaubt, bedroht und auf Hoffnung gerettet. Leben - bedroht durch

---

1) Vgl. z.B. Röm 8,10f.
2) Röm 8,3ff. vgl. 1.Kor 3,1 - Daß bei Paulus "Leib" und "Fleisch" auch als Wechselbegriffe erscheinen können, sahen wir schon (o. S.45 Anm 11). 'Sarx' ist kein grundsätzlich negativ gefärbter Begriff. Vgl. Röm 1,3 und Joh 1,14f.! Zu 1.Kor 5,5 s. U. Wilckens Anmerkung zur Stelle, die auf die jüdische Vorstellung verweist, "was an Sündenstrafen hier im irdisch-leiblichen Leben abgegolten werde, werde im Endgericht Gottes außer Betracht bleiben". (Wilckens, Das NT übersetzt und kommentiert...)
3) Röm 6,23

den Tod, nicht nur durch den physischen, sondern auch, und noch viel mehr, durch den Tod der Beziehung. Leben - gerettet im Letzten allein durch Gottes Gnade.

Dies ist die Mitte der Aussagen, welche wir im Neuen Testament finden. An seinen Rändern begegnen uns freilich auch Aussagen, die einen verengten "Seele"-Begriff anbahnen. Da scheint "Seele" zu einem religiösen Sonderbegriff zu degenerieren. Da leuchtet die Trennung oder gar Antithese von "Leib" und "Seele" auf. Da lauert die Abwertung alles Leiblichen. Da kommt "Um-Welt" nur als etwas in den Blick, das Christen nicht betrifft. Ohne Frage ist von großer Bedeutung, welche Spuren von "Seele" aus dem Neuen Testament in die Kirchengeschichte weiterführen. Das Verständnis von Seel-Sorge hängt unweigerlich davon ab.

C. "Seele" im griechischen Umfeld des Neuen Testaments

Unser Anliegen ist, herauszufinden, was die Bibel unter "Seele" versteht. Wir wandten uns daraufhin zunächst dem Alten und dann dem Neuen Testament zu. Schon beim AT war uns der Blick auf dessen verbreitetste griechische Übersetzung, die Septuaginta, hilfreich. Das NT rezipiert nicht nur das AT in griechischer Sprache, es hat, original in Griechisch abgefaßt, mit seiner Sprache unmittelbar Teil an der griechischen Geisteswelt. Solche Teilhabe ist natürlich bedeutsam. Bedenken wir obendrein, wie selbstverständlich sich auch die Überlieferung des Neuen Testaments und das Werk seiner Übersetzung unter dem Horizont der griechischen Geisteswelt vollzieht, liegt auf der Hand, daß wir uns hier ein wenig umtun. Wir müssen zumindest auch die außerbiblische Vorstellung von "Seele" bzw. das griechische Umfeld unseres Begriffs kennen, um zu ermessen, in welcher Weise sich dessen neutestamentliche Fassung von jenem abhebt, wo griechisches Denken möglicherweise ins NT hineinwirkt, und wo es schließlich eventuell auch die weitere Tradition beeinflußt.

Bei der folgenden kurzen Darstellung desjenigen Begriffs von "Seele", den wir um das NT herum vorfinden, stütze ich mich auf das Material, welches das "Theologische Wörterbuch zum NT" unter dem Stichwort 'psychè' bereitstellt.[1]

1. 'Psychè' im Mythos und in der Philosophie

Bei Homer meint 'psychè' so etwas wie die zum Menschen gehörende Lebenskraft. Stirbt der Mensch, entweicht sie aus seinem Munde bzw. aus der tödlichen Wunde und fristet dann als Schattenbild des Menschen in der Unterwelt ein unwürdiges Dasein.

Vermutlich, seit im 7. Jh. v. Chr. ein Vergeltungsglauben aufkommt, der einer bedeutsameren Vorstellung vom Jenseits bedarf, erscheint

---

1) Bd IX (1973), S.605-614.657-661

eine neue Fassung von 'psychè'. 'Psychè' vertritt nun die Kontinuität des Daseins zwischen Diesseits und Jenseits. Die pythagoreische Ethik entwickelt eine Seelenwanderungslehre, bei der 'psychè' das vom Körper loslösbare, in diesem zeitweise gefangene "Ich" darstellt. Mit dem Jahre 500 v.Chr. "ist dann 'psychè' als Gesamtbezeichnung für das Denken, Wollen und Fühlen des Menschen sowie für seinen vom Leib zu trennenden und an dessen Vergehen nicht teilhabenden Wesenskern ganz geläufig".[1]

In der Philosophie ist zunächst das ontologische Denksystem Platons bestimmend. Platon gliedert 'psychè' dreifach in hierarchischer Abstufung. An oberster Stelle steht der rein vom Denken bestimmte Teil, das 'logistikon', in der Mitte rangiert das 'thymoeides', unten das 'epithymetikon'. Letzteres hat mit Sinnlichkeit und Begierden zu tun. 'Psychè' spiegelt bei Platon damit deutlich den Zusammenhang von Seins-Lehre und Ethik bzw. Sittenlehre wider. Sofern 'psychè' als denkendes Sein am intelligiblen Sein (=Gott) teilhat, ist sie, nach Platon, präexistent und unsterblich.

Im lebendigen Wechselspiel ihrer 3 Teile bzw. Schichten repräsentiert 'psychè' überhaupt das Leben und findet ihr strukturelles Abbild in einem wohlgeordneten Staat. Es sind die Denker, die Philosophen, welche bei Platon den Staat lenken.

In der Folgezeit scheiden sich die Geister an der Frage, ob 'psychè' in die "Materie" eingehen könne oder selbst Materie sei. Epikureer und Stoiker können sie nicht anders denn als "Materie" denken. Sie stellen sie sich dann freilich als allerfeinste, gleichsam als eine Art Kernkraftmaterie vor. Diese besondere Materie verdichtet sich bei lebenden Individuen in Kopf und Herz und vereinigt sich nach dem Tode des Menschen wieder mit der "Weltenseele".

Aristoteles entfaltet, ausgehend von Platon, eine eigene Seelenlehre. 'Psychè' steht bei ihm für Lebenskraft und fächert sich in verschiedene Funktionen auf, die zugleich unterschiedliche Entwicklungsstufen der Natur repräsentieren. Zuunterst findet sich das vegetative Leben.

---

1) ThWbNT, a.a.O. S.608,4ff.

Es ist Pflanzen, Tieren und Menschen eigen. Am irrational-triebhaften Leben haben Tiere und Menschen Anteil, am rationalen nur der Mensch. Eindeutig nimmt das Denkvermögen ('nous') den höchsten Rang ein.
Aus einem dergestalt umfassenden Begriff von "Seele" kristallisiert sich dann zunehmend ein verengter 'psychè'-Begriff heraus. 'Psychè' rangiert als Mittelglied der Dreiheit von "Geist" ('nous'), "Seele" und "Leib". Der vorgestellten Hierarchie des Seins zufolge heißt dies, daß sie sowohl nach "oben" wie nach "unten" angrenzt. Jenachdem, ob 'psychè' am "Geist" teilhabend oder an den "Leib" gefesselt gesehen wird, bestimmt sich auch der ihr zugemessene Wert. Die Urteile fallen verschieden aus. Das Muster der Klassifizierung lebt davon, daß "Geist" und "Leib" (bzw. grobe "Materie") einander entgegengesetzt gedacht werden. Da Philosophie und Ethik nicht voneinander zu trennen sind, hat diese Entgegensetzung auch ethische Bedeutung. Es entspricht der Hochschätzung des "Geistes" bzw. Denkvermögens, daß Gott als "reiner Geist" ('nous') und in jedem Fall affektlos vorgestellt wird. Die "Seele" bzw. das "Ich" sittlich-geistig bzw. geistlich zu formen, kann demnach nur heißen, die Affekte der Kontrolle des "Geistes" zu unterwerfen, wenn nicht gar, von Affekten gänzlich frei zu werden. Orthodoxe Stoiker vertreten das Ideal der "Apathie", der völligen Affektlosigkeit.

2. 'Psychè' in der griechischen Gnosis

Zum Umfeld der neutestamentlichen Fassung von "Seele" gehören auch die Anschauungen der sogenannten Gnosis. Paulus setzt sich unverkennbar mit der Gnosis auseinander. Das Johannesevangelium ist mit gnostischem Redestil vertraut.
Wo das philosophische Schichtenmodell von 'nous' spricht, erscheint in der griechischen Gnosis der Begriff 'pneuma'. 'Pneuma' repräsentiert die obere, die göttliche Lichtwelt. Dieser entgegengesetzt erscheint 'sooma' bzw. 'sarx' der niederen Welt der Materie zugeordnet.

'Psychè' "markiert das umstrittene Gelände der Erlösung" dazwischen[1]
und wird einem Schöpfergott minderen Ranges zugeschrieben. Es gilt,
das durch das Eingehen in die 'psychè' wesensentfremdete 'pneuma'-
Fünkchen aus seiner Gefangenschaft im irdischen Leibe zu befreien und
zu seiner ewigen Lichtheimat zurückfinden zu lassen.
Offenkundig wertet die Gnosis den Leib grundsätzlich ab und auch
'psychè' erscheint gegenüber 'pneuma' disqualifiziert. Dem 'pneuma'
allein eignet ewige Qualität. Jeder Mensch besitzt es in sich. Die
Frage ist nur, ob es gelingt, den Schlüssel zum Besitz zu finden.

3. Grundlinien - Abstraktion als Weg der Selbsterlösung

Ich fasse meine Beobachtungen zusammen: Was wir bei Homer über "Seele" erfahren, spiegelt die archaische Sicht des Mythos. Auffällig
ist, wie hier "Seele" einerseits leibhaftige Gestalt hat, andererseits aber - da außerhalb des irdisch erfahrbaren Leibes - nur schat-
tenhaft und uneigentlich vorgestellt werden kann.[2] Das Eigentliche
ist das lebendige leibhaftige Leben, jenseits davon bleibt nur ein
Schemen. Von Freude am oder in diesem Jenseits kann keine Rede sein.
In diesem Leben hier west der ganze Mensch, wie er leibt und lebt.
Von seiner "Seele" gesondert gesprochen werden kann nur, wenn er tot
ist. "Seele" ist dann aber ein Abstraktum und entsprechend schemen-
haft, blaß und unscheinbar. Immerhin genügt sie in ihrem Vorhanden-
sein dem Bedürfnis, sich jenseits der Grenze des Todes etwas vorzustellen. Und was vorgestellt wird, bildet mitnichten Erlösung ab,
sondern bedarf ihrer.
Gänzlich anders sieht das in der griechischen Philosophie aus. Hier
feiert der Geist des abstrakten Denkens die ihm gemäßen Triumphe -

---
1) ThWbNT, a.a.O. S.658,46f.
2) Die archaische Sicht ist durchaus im Volksbewußtsein gegenwärtig. Man sehe, wie Wilhelm Busch in seinem "Humoristischen Hausschatz" den Tod der "Frommen Helene" darstellt.

auf Kosten des leibhaftigen Leibes. Unter dem Zugriff der Vergeistigung des Begriffs gerät auch der Begriff "Seele" in den Dienst einer umfassenden Spekulation und wird zum Glied einer Kette, deren Anfang Gott selbst ist. Weil bzw. insofern "Seele" am "Geist" teilhat, ist sie Träger bzw. Mittler der Unsterblichkeit. Dies freilich um den Preis, daß dann "Herz" und "Bauch", "Hände und Füße" dem "Kopf" einseitig zu gehorchen haben. Ohne Frage spricht aus all diesen Überlegungen ein tiefer sittlicher Ernst. Doch auch jenes ist deutlich: Wo Gott selbst seinen Platz vom "Geist" eingerichtet bekommt und deduzierbar wird, da bedarf es keiner Gnade. Der "Geist" erlöst sich selbst, und auch die "Seele" kann sich selbst erlösen - durch Abtöten aller Gefühle!

Die Gnosis hat sich, wenn man so will, noch das Empfinden dafür bewahrt, wie unentwirrbar die "Seele" in die "niedere Sinnenwelt" verwickelt ist. Dies tut aber ihrer geistlichen Spekulation keinen Abbruch. Es führt im Gegenteil dazu, daß nicht nur der "Leib", sondern auch die "Seele" der Abwertung verfällt. Der überhebliche "Geist" erlöst sich selbst - auf Kosten alles dessen, was lebendige Individualität ausmacht.

D. "Seele" nach biblischem Profil. Eigenart und Grundaussagen der Biblischen Psychologie

Wir sichteten den alttestamentlichen und den neutestamentlichen Begriff von "Seele". Und wir warfen einen Blick auf das griechische Umfeld des NT bzw. dessen Auffassung von "Seele". Was läßt sich daraufhin insgesamt sagen? Was für ein Profil zeigt der biblische Begriff von "Seele"? Verweilen wir aus gegebenem Anlaß einen Augenblick, ehe ich die Antwort ausführe.

Die Frage nach dem Profil stellt sich nicht von ungefähr. Sie bedeutet auch Aufruf zur Entscheidung, was als zentrale und was als Randaussage Biblischer Psychologie zu fassen ist. Randaussagen als solche zu kennzeichnen, ist unumgänglich. Zentrale Aussagen lassen sich vielfach entfalten. Aus Randaussagen weiterführende Schlüsse zu ziehen, ist bedenklich. Es ist ein Unterschied, ob als Beitrag zum Ganzen festgestellt wird, daß "Seele" mehr umgreift als das irdische Leben, oder ob die Relativierung alles Vergänglichen zum Ausgangspunkt jedes Nachdenkens über Seelsorge gemacht wird. Angesichts der griechischen Anschauung von "Seele" sind auch Demarkationslinien zu ziehen.

Noch ein Zweites: Das biblische Zeugnis von "Seele" ist mannigfaltig. Nehmen wir es insgesamt in Blick - an anderem kann uns nicht gelegen sein! -, dann ist es einem Mehrfarben-Druck vergleichbar. Solcher Druck entsteht durch Einsatz mehrerer Druckfolien mit jeweils unterschiedlicher Farbtönung. Wo das Interesse auf einen bestimmten Farbton fixiert ist, fällt die Wahrnehmung entsprechend unvollständig oder auch einseitig aus. Es ist z.B. ein Unterschied, von welchem Glaubensartikel her besonders auf "Seele" geschaut wird. Schon an der Übersetzung des Urtextes kann sich das zeigen. Doch kommen wir nun zu Eigenart und Grundaussagen der Biblischen Psychologie und damit zum Ergebnis unserer Frage nach dem biblischen Begriff von "Seele".

1. Glaubende ganzheitliche Psychologie

Unmittelbar zum Begriff von "Seele" selbst gehört das Datum des Glaubens. Schon die Grundbestimmung von "Seele" als "Leben" oder "Lebendigkeit" macht dies deutlich. Was der Mensch als "lebendige Seele" ist, ist er von Gott her und auf Gott, den Ursprung alles Lebens, hin.[1] Nach dem Schöpfungsbericht von 1.Mose 2 ist "lebendige Seele" das Resultat der Erschaffung des Menschen. "Seele" ist der

---

[1] "Tu exitas, ut laudare te delectet, quia fecisti nos ad te et inquietum est cor nostrum, donec requiescat in te", schreibt Augustinus in den ersten Zeilen seiner Confessiones. ("Du selber reizest an, daß Dich zu preisen Freude ist; denn geschaffen hast Du uns zu Dir, und ruhelos ist unser Herz, bis daß es seine Ruhe hat in Dir." - 4,S.12f.)

Mensch als lebendiges Subjekt[1] vor Gott.

"Seele" bedeutet Gott-gegebene und Gott-gewiesene Individualität und Personalität. Dieses nun aber nicht abstrakt, sondern lebendig - und das heißt: leibhaftig. Denn "Leib und Seele" gehören zusammen. Wie es denn auch die Einzigartigkeit des leibhaftigen Menschen ist, an der Individualität selbstverständlich erfahrbar wird.

"Seele" meint: Leben gelebt in-Beziehung. Wie menschliches Leben nur leibhaftig und individuell Gestalt gewinnt, so kann es in persona nur in-Beziehung er- bzw. gelebt werden. Der Gottesbeziehung ist die Beziehung zum Selbst, zum Mitmenschen und - ein freilich weniger entwickelter Zug - zur Umwelt zugeordnet. In allem lebt "Seele", ist sie, was sie ist, als "lebendige Seele": Subjekt des Erlebens, Chiffre für das Zentrum aller Lebensvollzüge, Bezeichnung für den ganzen konkreten Menschen in seiner Lebendigkeit als soziales Wesen.

2. Jenseits der Trichotomie

"Seele", biblisch verstanden, paßt in kein uns vertrautes Schema. Wir sind auf dem Boden der Tradition gewohnt, begrifflich zwischen "Seele" und "Leib" bzw. "Geist", "Seele" und "Leib" zu unterscheiden. Es liegt im Wesen solcher Unterscheidung, daß sie zumindest nahelegt, Abgrenzungen bzw. Zuordnungen vorzunehmen, die der gedanklichen Trennung dienen. Wir sprechen hier dann hinsichtlich Leib-Seele von "Dicho-" und Leib-Seele-Geist von "Trichotomie", wobei mit "Tomie" eine Trennung ausgedrückt ist, die prinzipiellen, ja möglicherweise weltanschaulichen Charakter annehmen kann. Doch, was abstrakten Denkmustern entspricht, taugt nicht, die Eigenart des biblischen Begriffs von "Seele" zu fassen. Biblisch gibt es "Seele" nicht abgesehen von "Leib" und "Geist". Diese sind Dimensionen der "Seele".

---

1) "Ich bin 'Seele' - also bin ich", können wir in Abwandlung des späteren Wortes von Descartes sagen. René Descartes (1596-1650) hatte gesagt: "cogito - ergo sum" - "Ich denke/reflektiere - also bin ich".

Biblische Psychologie denkt mehrdimensional. Wir müssen dies im Blick behalten, wenn wir uns, um zahlreicher Klärungen willen, auf ein trichotomisches Redeschema einlassen.

Es ist uns vertraut, zu sagen, der Mensch h a b e "Seele", "Leib" oder "Geist". Solche Redeweise setzt den Menschen als abstraktes Subjekt und legt die Vorstellung nahe, dieses Subjekt Mensch verfüge gleichsam im Haben über das Genannte. Sie entspringt abstraktem Denken, einem Denken, das sich abgehoben von der Wirklichkeit vollzieht. Biblisch gesprochen ist solche Art Denken seelen-los, ein Ausfluß des sich selbst verabsolutierenden "Geistes". Reden wir aus biblischer Anschauung heraus, dann gilt: Der Mensch i s t "Seele". Weil er das ist, deshalb muß auch gesagt werden, daß er nicht "Leib" h a t, sondern i s t. Denn leibhaftig, im Leibe, mit dem Leibe und durch ihn lebt er. Weil das so ist, kann genauso auch gesagt werden, daß der Mensch nicht "Geist" h a t, sondern i s t. Denn in geistigen Vollzügen, mit ihnen und durch sie lebt er. Als "Leib und Geist" i s t der Mensch "Seele". Biblische Psychologie wehrt im Prinzip jeder Verabsolutierung. Materialismus wie Idealismus finden bei ihr keinen Boden.

3. Jenseits der Subjekt-Objekt-Spaltung

Wo von "Seele" im biblischen Sinne die Rede ist, ist von lebendigem In-Beziehung-sein die Rede, und zwar nach außen wie nach innen. Es ist eine Abstraktion, wenn wir von "Leib" und "Geist" gesondert sprechen. Lassen wir uns aus Gründen der Differenzierung darauf ein, dann ist zugleich zu sagen: "Seele" stellt den Schnittpunkt der innermenschlichen Korrespondenz von "Leib" und "Geist" dar. "Seele" e r l e b t diese Korrespondenz. Sie nimmt das wechselseitige Bezogensein von "Geist" und "Leib" wahr.

Damit aber sind zugleich die überkommenen Denkbahnen einer Scheidung von Subjekt und Objekt verlassen. Erleben hat sowohl aktive wie passive Seiten. Beziehung geschieht immer in Wechselwirkung. Auch das

Subjekt-Objekt-Schema stellt eine Abstraktion dar und ist seelen-los. "Seele" kann nie einfach nur Subjekt sein und erst recht nicht bloßes Objekt. Und weil das so ist, können auch "Leib" und "Geist" in ihrer lebendigen Korrespondenz nie einfach Objekt oder Subjekt sein. Indem wir feststellen: Nach der Bibel i s t der Mensch "Seele", und er ist es in seiner Leibhaftigkeit und Geistigkeit, ist damit zugleich jede Art abstrakt objektivierenden Denkens infrage gestellt. Gerade theologisches Denken wird sich dies gesagt sein lassen. Es kann nicht seelen-los sein, wenn es das Leben, und damit auch sich selbst, nicht verfehlen will.

4. Demarkationslinien

Vor allem im Zuge der Untersuchung des Alten Testaments fiel uns auf, wie leibhaftig die Bibel von der "Seele" redet. Der lebensnahe Geist der Bibel bedient sich der Sprache des Erlebens. Diese Sprache atmet geradezu die Korrespondenz von "Leib" und "Geist". Wir haben "herzhafte" Sprache vor uns, um mit dem Volksmund zu reden. Nah, wie diese ist, kennt sie auch keine Hemmungen oder Tabus und spricht aus, was ist. Da werden Gefühle und Triebe beim Namen genannt. Da ist Raum für Licht und Schatten der "Seele". Lebendiges Leben wird in vollen Farben dargestellt. Auf Schritt und Tritt scheint durch, daß "Seele" "Hand und Fuß" hat und daß "Kopf", "Herz" und "Bauch" zusammengehören.
Am alttestamentlichen Begriff von "Seele" können wir ablesen, wie umfassend der erste Glaubensartikel gilt. Und das hat bleibende Bedeutung auch dort, wo wir mit dem Überschritt ins Neue Testament eindeutig in den Einflußbereich des zweiten und dritten Glaubensartikels treten und auch Einflüsse griechischen Denkens wirksam werden.
Ich brachte eingangs die Vorstellung vom Mehrfarben-Druck ein. Sie mag uns jetzt helfen, die Besonderheiten der Psychologie des NT von Fall zu Fall zu fassen. Zweifellos färbt sich unter dem Einfluß des zweiten und dritten Glaubensartikels das Bild von "Seele" anders ein

als im AT. Die Hamartiologie (Lehre von der Sünde), die Soteriologie (Lehre von der Erlösung/vom Heil) und die Eschatologie (Lehre von den "letzten Dingen") reden nunmehr z.B. deutlicher mit. Das führt am deutlichsten zu einer Veränderung in der Sicht des "Leibes". Die Farben des "Leibes" wandeln sich bzw. verschwinden teilweise, wo die Todesverfallenheit des Menschen von der Sündenlehre her ins Bild kommt. Eine entsprechende Wirkung läßt sich unter dem Einfluß der Soteriologie wahrnehmen. Es scheint zwangsläufig, daß die Konturen des "Leibes" verblassen, wo das dem Tode entnommene Leben den Blick bestimmt. Soteriologie relativiert den sterblichen Leib. Da geht es um Nuancen und alle seine Farben verflüchtigen sich. Zur N i c h t-achtung des vorfindlichen Leibes ist nur ein Schritt. V e r-achtung des Leibes liegt nicht weit dahinter. Auch eine undifferenzierte Sünden-Lehre kann schnell ihre Schatten auf den Leib und seine vitalen Lebensäußerungen werfen. Eines ist es jedoch, Sünde leibhaftig festzumachen, ein anderes, den Leib mit seinen Trieben generell in den Schatten der Sünde und damit der Abscheu zu stellen. Das griechische Umfeld des NT hält entsprechende Anschauungsmuster bereit.

Um so wichtiger ist es, daran festzuhalten, daß der erste Glaubensartikel gültig bleibt. Seinetwegen kann es keine generelle Abwertung des Leibes geben. Auch das Neue Leben hat Leibesgestalt. Zum biblischen Begriff von "Seele" in seiner vollen Gestalt gehört Leibhaftigkeit unbedingt dazu. Das macht sein Profil aus. Wo wir auf Aussagen treffen, welche in dieser Hinsicht unscharf oder unvollständig sind, sind sie notwendig als Randaussagen zu werten.

Der 3.Johannesbrief begreift z.B. "Seele" am Leibe und dessen Gesundheit vorbei. Er folgt damit griechischem Denkmuster. Das kann uns nicht veranlassen, "Leib" und "Seele" daraufhin gegeneinander zu profilieren. Schon gar nicht werden wir aus einer formelhaften Bemerkung am Anfang eines Briefes eine Art Zwei-Reiche-Lehre entwickeln: Hier die "Seele" und die Religion - dort der "Leib" und die Gesundheit. Wie sorgfältig Mk 8,34ff. aufgenommen werden muß, braucht nicht noch einmal ausgeführt zu werden. Entsprechend klar gilt es auch zu sehen, daß der in den späten Briefen anzutreffende Begriff von "Seele" einseitig ist. Wir haben Lehrschriften vor uns. Lehre neigt zur Abstraktion. Das Interesse ist auf das vom zweiten und dritten Glaubensartikel her begriffene Glaubens-Leben konzentriert. Fraglos übt auch die Denkpraxis des Umfeldes einen erheblichen Sog aus. Da verwundert es nicht, wenn der dieser vergänglichen Welt zugeordnete "Leib" nicht recht in den Blick kommt und auch die Dimension der "Psyche" keine positiven Umrisse gewinnt. Selbstverständlich stellt 1.Petr 2,11 (nach Luthers Übersetzung) fest, daß "fleischliche Begierden...wider die Seele streiten". Es bedarf schon der Bereitschaft zu einem so differenzierten Umgang mit dem Text, wie wir ihn etwa bei Ulrich Wilckens finden[1], wenn die Auffassung von "Seele" von dieser Stelle aus nicht geradezu zwangsläufig in ein dualistisches Schema einmünden soll: Hier "Leib", "Psyche" und sündige "Welt" - dort Glaubensleben und ein geist-lich verengter Begriff von "Seele".

Auch Jak 5,19f. legt nahe, das Heil der "Seele" abstrahiert von Leib und Psyche auf "rein" geist-liche Weise zu fassen, doch die vorhergehende Empfehlung der Krankensalbung deutet praktisch auf einen umfassenderen Horizont hin. Salben des Kranken mit Öl ist alles andere als abstrakt und eine leibhaftige Handlung. An seinem Leibe erfährt der Kranke heilende Zuwendung. Das Gebet spricht sein Hineingenommensein in die Leben-erhaltende Gottesbeziehung aus. Der "Hirte der Seelen" von 1.Petr 2,25 ist derselbe, der "das Haupt mit Öl salbt und voll einschenkt" - wenn Psalm 23 auch für Christen gilt und alle drei Glaubensartikel prinzipiell miteinander vereinbar und verbunden sind.

"Seele" im Licht der späten Briefe des NT repräsentiert nicht die Biblische Psychologie. Hier ist die Perspektive verengt, eingefärbt, jenseitsorientiert - möchte man sagen. Nur der e i n e Pol des umfassenden Verständnisses von "Seele" kommt zum Tragen. Das ist unter gewissen Voraussetzungen verständlich, kann aber nicht normativ sein.

---

1) Wilckens übersetzt: "...laßt ab von den selbstsüchtigen Begehrlichkeiten, die euch doch nur in Widerstreit bringen gegen das, was eurem Leben dient."

Gewinnt diese Fassung des Begriffs gleichwohl bestimmende Kraft und wird der "Leib" grundsätzlich zum Negativ der "Seele", erweist sich die Macht außerbiblischer Einflüsse, nicht diejenige der Bibel.
Bestätigt wird dieses Urteil auch aus pneumatologischer Sicht (d.h. durch die Lehre vom Heiligen Geist). Nach Paulus kann das Neue Leben nur ganzheitlich gewonnen und erfahren werden. Glauben etwa nur "geistig" zu fassen oder zu vermitteln, ist ausgeschlossen. Die in Christus wiedergewonnene Gottesbeziehung prägt auch die Beziehung zum Selbst und zum Mitmenschen neu - nicht nur "im Geiste", sondern in "einem neuen L e b e n".
Wenn "Seele" nach biblischem Verständnis Lebendigkeit meint, dann gehört sicher alles, was von der Pneumatologie her zum Leben gesagt ist, zum Profil des Begriffs. Doch das, was da gesagt ist, gilt eben b e i l e i b e nicht erst für das Jenseits, sondern will hier lebendig erfahren werden, so wahr das Wort "F l e i s c h ward" und die "Rechtfertigung des Sünders" hier und heute gilt.

5. In die Um-Welt eingebunden

Zum Schluß noch eine Bemerkung zu einer Dimension der Biblischen Psychologie, die im Neuen Testament kaum belichtet ist. "Lebendige Seele" schließt auch eine lebendige Beziehung zur Um-Welt bzw. Mit-Welt ein! Ausdrücklich dazu finden wir im NT so gut wie keine positiven Aussagen. Im Gegenteil, eher schieben sich Schatten ins Bild. Mit Sicherheit hat das damit zu tun, daß die neutestamentlichen Verfasser die "Umwelt" in mehrfacher Hinsicht eher bedrohlich als bedroht erlebten. Auch sind Parallelen in der Beziehung zum "Leib" zu sehen. Nach Mk 16,15 gilt jedoch "die Heilsbotschaft der gesamten Schöpfung". Franz von Assisi machte sich daraufhin auf den Weg, auch den Tieren zu predigen. Biblische Psychologie h e u t e in Seel-Sorge übersetzt, wird sich damit nicht begnügen. Die neuere Theologie ist der beseelten Schöpfung schon entschieden auf der Spur.

Zweiter Teil:
Von der "Seele" zur Seel-Sorge-Lehre
Lehrtradition auf dem Prüfstand

A. Perspektiven einer Auseinandersetzung mit der
vorhandenen Seelsorge-Lehre

"Seelsorge" ist ein Doppelwort. Es bindet "Seele" und "Sorge" in einem Wort zusammen. Wenn solche Wortverbindung einen selbstverständlichen Sinn hat, dann ist es der, daß "Seele" das Ziel bzw. den Gegenstand der "Sorge" bezeichnet. "Seelsorge" meint "Be-" oder "Umsorgen" der "Seele".

Theologisch verantwortete "Seelsorge" muß sich über den Begriff von "Seele" klar sein, der ihrem Denken und Handeln zugrunde liegt. Das Besorgen darf nicht in Widerspruch zu seinem Gegenstand stehen. "Seelsorge" ist nur dort trefflich begriffen, wo sie das, was "Seele" meint, auch voll trifft. Sie ist schon weitgehend definiert, wenn unmißverständlich darliegt, was "Seele" bedeutet. Ein enger Begriff von "Seele" hat ein enges Verständnis von "Seelsorge" zur Folge und ein weiter ein weites.

Wenn wir uns im Rahmen einer theologischen Grundlegung der Seelsorge zunächst des biblischen Begriffs von "Seele" bzw. der Biblischen Psychologie versichern, folgen wir gewissermaßen einfach der Theo-Logik des Doppelwortes "Seel-Sorge". Wir vergegenwärtigen uns, was es mit der "Seele" (theologisch) auf sich hat, um uns daraufhin, bzw. dann vor diesem Hintergrund, den Folgefragen der Lehre von der "Seelsorge" zuzuwenden.

So naheliegend solches Vorgehen ist, so wenig selbstverständlich erscheint es gleichwohl, schauen wir uns in der Lehrtradition um.[1]

---

1) Zum Abschluß desjenigen Kapitels (83,S.31-34), in welchem sich Walter Uhsadel in seiner "Evangelischen Seelsorge" von 1966 mit der "Seele" bzw. der "biblischen Anthropologie" befaßt, berichtet er auch von dem s.E. "lehrreichen" "Umriß einer biblischen Seelenlehre" des Tobias Beck aus dem Jahre 1843 (!). Beck setzt mit seiner Untersuchung bei 'näphäsch' an, kann sie als "Träger des Lebens" und dessen "Subjekt" bezeichnen und weist auf psychosomatische Zusammenhänge hin. Schon Beck

Wie ist das zu erklären? - Nicht nur diese Frage drängt zu einer
Auseinandersetzung mit der überkommenen Seelsorge-Lehre, ehe wir auf
eigenem Wege weitergehen. In der Fachliteratur - ich habe hier die
einschlägigen Veröffentlichungen der letzten 60 Jahre vor Augen -
zurück und nach rechts und links zu blicken, zu prüfen, was sie
her- bzw. nicht hergibt, und zu verstehen, warum das so ist, erweitert nicht nur den Horizont, es hilft auch entschieden, sich des eigenen Ansatzes zu vergewissern und dessen Profil herauszuarbeiten.
So widmen wir uns denn zunächst der Auseinandersetzung mit den Vätern
und Brüdern[1] bzw. mit der überkommenen Seelsorge-Lehre! Welchem An-

---

entdeckt das "Herz" als psychologisches Organ bzw. "Repräsentation der Lebensmitte".

Uhsadel ist übrigens neben E. Thurneysen (1948) der einzige in dem von mir überblickten Zeitraum seit Thurneysens grundlegendem Aufsatz von 1928, der sich ausführlicher dem Begriff von "Seele" widmet. Er tut dies freilich nicht aus allgemeinem Interesse am biblischen Befund, sondern - wie Thurneysen auch - deutlich unter systematischen Vorzeichen, z.B.: nicht, ohne vorher vom "Amt" geredet zu haben. Nach Uhsadel kann "nur dann vom Wesen der Seelsorge klar geredet werden.., wenn der Begriff des Amtes feststeht" (83,S.25). In Thurneysens Seelsorgelehre von 1948 kommt bezeichnenderweise "die Seele des Menschen als Gegenstand der Seelsorge" erst in §3 (75,S. 45ff.) zur Sprache. Reformierter L e h r e entspreend haben zuerst das "Evangelium" bzw. die "Ausrichtung des Wortes Gottes" (§1) und (dann) das "Gesetz", d.h. die "Kirchenzucht" (§2) das Wort.

1) "Mütter" und "Schwestern" gibt es hier noch selten. Im Ausschnitt der von mir im einzelnen erörterten Literatur bildet Adelheid Rensch die einzige Ausnahme in der Männergesellschaft. Neben ihr wären Dorothee Hoch, Margot Lücht-Steinberg und Helga Lemke zu nennen. Von Dorothee Hoch stammt eine kleinere Arbeit zur Frage von Theologie und Erfahrung (Titel: "Offenbarungstheologie und Tiefenpsychologie in der neueren Seelsorge"), in der sie sich aus der Perspektive von "KSA" mit E. Thurneysen auseinandersetzt. Bemerkenswert ist hier auch, was sie über ihre persönliche Begegnung mit dem Seelsorger Thurneysen berichtet. "Ich kann mich kaum an eines seiner gesprochenen Worte erinnern", schreibt sie (26,S. 9f.). "Aber meine Gefühle während solcher seelsorgerlichen Aussprachen sind mir jederzeit gegenwärtig: das Gefühl der Geborgenheit, des völligen Angenommenseins, des Staunens über so viel persönliche Zuwendung, des Vertrauens und der menschlichen Nähe...Von 'Vorhof' und 'Innenhof' des Gesprächs, vom 'Bruch im Gespräch' oder von hohen Worten 'senkrecht von oben' habe ich nichts bemerkt." - Solch Zeugnis korrigiert jede Vermutung, das Pragma der Väter sei tatsächlich so rigide gewesen wie ihr Dogma erscheinen mag!

Margot Lücht-Steinberg reiht sich mit ihren Veröffentlichungen (z.B.: "Seelsorge und Sexualität. Gesprächsanalysen aus der klinischen Seelsorgeausbildung") in die Reihe spezieller Arbeiten im Rahmen einer pragmatischen Seelsorge-Lehre ein. Helga Lemke bemüht sich (z.B. mit "Theologie und Praxis annehmender Seelsorge"), das Konzept einer klienten-zentrierten Seelsorge nach C. Rogers noch näher zu bringen, als es bereits Faber/v.d. Schoot taten.

satz folgt sie? Welche Denkstrukturen leiten sie? Wie hält sie es mit der "Seele"? Wie steht es überhaupt mit der theologischen Tradition der Lehre von der Seelsorge? Welcher Art ist ihr Bezug zur Urkunde des Glaubens bzw. der Theologie?

Die Fragen ließen sich fortsetzen, doch mein Interesse ist schon deutlich. Ich will versuchen, durchsichtig werden zu lassen, welchen Bedingungen m.E. die Seelsorge-Lehre bisher unterliegt, und welche Probleme sie kennzeichnen. Gehen wir darum nicht sogleich an die Betrachtung einzelner Titel, sondern sehen wir zunächst zu, klare Perspektiven der Durchsicht zu gewinnen.

1. "Seelsorge" beim Wort genommen

Als erstes nehme ich dazu die "Seelsorge" noch einmal eingehender beim Wort. Mein eigener Ansatz ist dadurch gekennzeichnet, daß ich das Doppelwort "Seelsorge" von der "Seele" her aufgreife. Vor dem Hintergrund der Tradition ist dies ein ungebräuchlicher Schritt. Die Tradition sieht das Wort als Einheit. Wenn lapidar bemerkt werden kann, "Seelsorge" käme in der Bibel s o nicht vor[1], spiegelt sich

---

[1] Dietrich Stollberg bezeichnet den Versuch, den "Begriff der 'Seelsorge'...biblisch zu begründen" ohne Federlesens als "umstritten" (66,S.13) und unternimmt selbstredend keinen eigenen. Sein theologischer Antipode Gerhard Maier, leitet seine "biblisch-exegetische(n) Erwägungen zum Thema Seelsorge" (20,S.139) mit der Bemerkung ein: "Bekanntlich gibt es im Neuen wie im Alten Testament kein Äquivalent für den deutschen Begriff 'Seelsorge', der letzterem genau entsprechen würde..." und schlägt daraufhin vor, "die Handlungsfelder abzuschreiten, in denen uns 'Seelsorge' begegnet".
Für Stollberg steht "ein platonisch-dualistisches Mißverständnis des Seelsorgebegriffs" (a.a.O.) offenbar fest. Er tritt diesem nicht durch eine eigene Erörterung der Biblischen Psychologie entgegen, sondern durch das (die Sorge) erläuternde Adjektiv "therapeutisch". "Therapeutische Seelsorge" ist für Stollberg angezeigt. Entsprechendes ist bei Titeln wie "Lebendige" (Bovet), "Beratende" (Clinebell und Thilo), "Befreiende" (Adams in Übersetzung) "Seelsorge", oder auch bei einem Firmenschild wie "Institut für ganzheitliche Seelsorge" (ein Ausbildungsinstitut der Diakonie im Siegerland, welches 1986 eröffnet wurde) zu beobachten. "Ganzheitliche" Seelsorge muß doch nur dort angezeigt werden, wo sonst "halbheitliche" Seelsorge selbstverständlich ist! Die "Seele" spricht offenbar auch 1986 noch nicht einfach für sich selbst in der "Seelsorge"!

darin, wie wenig Aufmerksamkeit der Wortverbindung als solcher gilt. "Seelsorge" läuft einfach als vertrauter Fachausdruck und ist unbesehen deutsch gefaßter Begriff dessen, was die Latein sprechenden Väter 'cura animarum' nannten.[1]

'Cura' meint "Sorge" im Sinne der "Fürsorge"; 'animarum' ist Genitiv-Plural (gen. objectivus) von 'anima' (="Seele") und steht, altem (auch biblischem!) Sprachgebrauch zufolge, für die menschliche Person. 'Cura animarum'="Seelsorge" ist die Sorge der Kirche um die Menschen, die "Seelen", die ihr - man denke etwa an die "Seelen", die nach Apg 2,41 der Gemeinde "hinzugetan" werden - zugehören oder noch zu gewinnen sind. Pastorale Tätigkeit und "Seelsorge" sind nach allgemeinem Vorverständnis identisch.[2] Man fragt, wenn überhaupt, nach der biblischen Anthropologie, nach dem Menschenbild, auf das hin die 'cura', die Sorge, wahrzunehmen ist; man fragt nicht ausdrücklich nach der Biblischen Psychologie. Die Weichen sind sozusagen längst gestellt, ehe eine neue, der Theologie von der Tradition her fremde Wissenschaft auftaucht, die sich selbst "Psychologie" nennt.

Natürlich kann von der Tradition der 'cura animarum' her der "ganze Mensch" gegen eine spezielle "psychologische" Sicht reklamiert werden.[3] Der "ganze Mensch" ist dann allerdings eine Formel der

---

1) W. Trillhaas verweist in seiner Seelsorgelehre (82,S.69) auf das Grimmsche Wörterbuch und darauf, daß der Begriff schon vor Luther vorkommt. - Nach A.D. Müller (42,S.27) findet sich der Begriff der 'cura animarum' schon in den "Bestimmungen der dritten (1197) und vor allem der vierten Lateransynode (1215)".

2) "Pastor", "Pfarrer", "Priester", "Geistlicher" und "Seelsorger" sind im gängigen Sprachgebrauch auswechselbare Begriffe. Ein Zeitungsbericht über das "goldene Priesterjubiläum" des Essener Bischofs Franz Hengsbach (RN vom 13.3.87) trägt z.B. die Leitzeile: "Populärer Seelsorger und dem Ruhrgebiet verbunden."

3) "Seelsorge ist", stellt E. Thurneysen 1928 fest (74,S.85), "nicht Sorge um die Seele des Menschen, sondern Sorge um den Menschen als Seele". Im Leitsatz von §3 seiner Seelsorgelehre von 1948 (75,S.45) schreibt er: "Seele ist nach der Heiligen Schrift zu verstehen als die personale Ganzheit des Menschen nach Leib, 'Seele' und Geist unter dem Anspruch Gottes".
W. Trillhaas betont (82,S.70) gegenüber der neuzeitlichen "Vorstellung von (Seele als) einem höherwertigen Teil des Menschen", daß "der Mensch immer als ein Ganzer begriffen werden" sollte - und könnte damit auch Thurneysen (75,§3) im Visier haben. Bei diesem lesen wir nämlich (S.51): "...Seele und Leib stehen nebeneinander, die Seele als das dem Leib übergeordnete (!), beide aber haben das Handeln Gottes

theologischen Lehre.[1] Wie dem auch sei (ich werde im nächsten Abschnitt darauf zu sprechen kommen), das Interesse der Lehrtradition entspricht nicht von ungefähr dem Gefälle der lateinischen Wortfolge (erst: 'cura' - dann: 'animarum'). "Seele" scheint einverständig, besonders zu klären ist für sie die Gestalt der "Sorge". Die lateinischen Väter unterscheiden denn auch zwischen 'cura animarum generalis' und 'specialis'.

Vergegenwärtigen wir uns daraufhin die Wortverbindung "Seel-Sorge" noch einmal vom deutschen Begriff der "Sorge" her, der sich unausweichlich aus der Übertragung der lateinischen Begriffsvorlage ergibt. Nehmen wir "Seelsorge" pointiert beim Wort "Sorge"!

"Seelsorge" meint ohne Zweifel ("Seele" steht im 'objectivus') "Sorge um" bzw. "Sorge für" die "Seele". Landläufigem Verständnis zufolge setzt "Sorge" um bzw. für die "Seele" einen Mangel der "Seele" voraus, dem es durch "Sorge" abzuhelfen oder vorzubeugen gilt. "Seele" erscheint der Sorge bedürftig. "Sorge" schließt ein Gefälle ein. Ist es nicht das Gefälle vom "Subjekt" zum "Objekt", dann doch jedenfalls das vom Sorgenden zum Be- oder Umsorgten, vom Geber zum Empfänger der "Sorge". Die lateinische Tradition der Kirche kennt den Titel "Kurat" für den "Geistlichen in der Seelsorge"[2]. Folgen wir konsequent der Spur dieses Sprachgebrauchs, zeichnet sich das Bild von der "Seele" unter "Kuratel" ab. Die "Seele" selbst weiß nicht von sich aus, was gut für sie ist. Der "Kurat(or)" weiß es bzw. das "Kuratorium" - die "Aufsichtsbehörde" zu deutsch.

---

sich gegenüber als ein Drittes..." In "Seelsorge im Vollzug" von 1968 findet Thurneysen den "übliche(n) Begriff 'Seelsorge'...wenig glücklich, weil er dazu verleiten kann, 'die Seele' als das sogenannte 'Seelische' im Menschen zu verstehen" (76,S.23). Für Manfred Mezger (40,S.119) "liegt (es) auf der Hand, daß die Vokabel 'Seelsorge', in ihrer schon mitgegebenen psychologischen Besonderung, zu eng und nicht geeignet erscheinen will, das alles in sich aufzunehmen, was ihr heute zugerechnet ...wird". Nach Herbert Girgensohn (23,S.54) ist "Seelsorge im eigentlichen christlichen Sinne... nicht nur ein Sich-beschäftigen mit den Vorgängen in der menschlichen Seele". "Insofern" findet er "schon die Bezeichnung 'Seelsorge' zu eng und darum irreführend". Weitere Belege ließen sich anfügen.

1) Thurneysen 1948, §3 (75,S.45): "...unsere Fragestellung (nach der Seele des Menschen) ist eine rein theologische."
2) So nach Duden, Fremdwörterbuch.

Solche Sicht von der "Sorge" her führt damit manchem vielleicht einen Schritt zu weit. Abwegig ist sie gleichwohl nicht, denken wir etwa daran, welche Rolle die "Kirchenzucht"[1] in der Geschichte der Seelsorge-Lehre bis in unsere Literatur hinein spielt, oder was der Vertreter der "Seelenführung"[2] über die Funktion der kirchlichen Oberbehörde sagt. Wie dem auch sei, der "Sorge" eignet jedenfalls das Sagen. "Seelsorge", traditionell beim Wort genommen, enthält unbesehen die Dominanz der "Sorge" über die "Seele"[3]. "Sorge" steht obenan. "Seele" muß schon recht kräftig sein, um mitzureden und nicht einfach über sich verfügen zu lassen. Auf der Linie der Tradition liegt genau dieses nicht. Die "Seele" ist hier nicht kräftig, sondern wird im Gegenteil deutlich defizitär gezeichnet.[4] Das Stichwort "Not" gehört zum Standard, wenn vom

---

[1] §2 der Seelsorgelehre Thurneysens von 1948 ist der "Seelsorge als Kirchenzucht" gewidmet (75,S.25ff.) 1968 spielt die Kirchenzucht für Thurneysen keine Rolle mehr. In seiner "Therapeutischen Seelsorge" will Stollberg die Kirchenzucht "evtl. ..als eigenen Kommunikationsmodus" sehen (66,S.151). - Ausgiebig Auskunft über die Tradition der Kirchenzucht erhalten wir im ersten, historischen Teil der Seelsorgelehre von Werner Schütz (62) von 1977.

[2] Für Hans Asmussen ist "Seelenführung...die bewußt und unbewußt geschehende Erziehung der Gemeine" (3,S.43). "Die Methode der Seelenführung wird jeweils von der Kirchenführung bestimmt" (S.51). "Das wäre ein schlechter Erzieher", lesen wir da weiter (S.63), "dem das Selbstbewußtsein abginge, er wisse besser, was dem Erzogenen nötig tue, als der Erzogene selbst". - Das Konsistorium wacht über die "Gesunde Lehre"!

[3] Würde statt "Sorge" das Wort "Hilfe" erscheinen, sähe es schon anders aus. "Hilfe" setzt nur in actu ein Gefälle vom Geber zum Empfänger voraus, "Nachbarschaftshilfe" geschieht grundsätzlich unter Gleichen. Um seines herabsetzenden Beigeschmacks willen wurde das Wort "Fürsorge" durch das Wort "Sozialhilfe" ersetzt.
Daß Helmut Tackes Seelsorgelehre im Obertitel "Glaubenshilfe als Lebenshilfe" heißt, ist nicht nur hinsichtlich des vermiedenen Wortes "Seele" bedeutsam. Anstelle von "Sorge" tritt "Hilfe".

[4] Nach A.D. Müller (42,S.298) ist das "Schaf" von Joh 10 in seiner "absoluten Verlorenheit und Willenlosigkeit" "das Symbol" für die "Lage" des Menschen bzw. seine "Seelsorgebedürftigkeit".
Selbstverständlich ist für Stollberg (66,S.148) Seelsorge als "Hilfeleistung vorwiegend auf den psychischen Aspekt des Menschen und seiner N o t" gerichtet. Weitere Belege ließen sich in breiter Front beibringen. Einzig Theodor Bovet fordert ausdrücklich, "hier gründlich um(zu)denken. Jesus", schreibt er (12,S. 167), "hat auch durchaus 'normalen' und 'glücklichen' Menschen das Evangelium verkündet...Seelsorge ist keine 'therapeutische Handlung, die sich nur an 'Kranke' wendet; sondern sie ist das Leben in der n o r m a l e n Beziehung zu Gott und dem Nächsten. Daß diese Normalbeziehung a u c h auf den Kranken anwendbar ist und ihn dann eben normal macht, ist ihre Besonderheit."

Woraufhin der Seelsorge gesprochen wird. "Sorge" um eine "fröhliche "Seele" gibt es von Hause aus nicht.

Ich sagte, "Seele" muß kräftig sein, soll sie Wortführung in der "Seelsorge" übernehmen. Eigenständiges Gewicht gewonnen zu haben, ist Voraussetzung. Mein Ansatz bei der "Seele" erwuchs bezeichnenderweise nicht aus der Tradition der Seelsorge-Lehre. Diese ist, wie dann im einzelnen nachzuweisen sein wird, weitgehend von der Dogmatik und der Zurückhaltung gegenüber der Psycho-logie bestimmt. Mein Ansatz ergab sich aus E r f a h r u n g. Er stellte sich im Laufe von Jahren lebendiger Begegnungen mit "Seelen" ein. Die Generation von Seelsorgern, deren Ausbildung bereits die Konfrontation mit der lebendigen (eigenen) "Seele" vorsieht, wird die Revolution, welche in der Gewichtsverlagerung von der "Sorge" zur "Seele" liegt, freilich kaum noch als solche empfinden. Für sie hat die "Neue Seelsorgebewegung" mit ihrer pragmatischen Seelsorge-Lehre "Seele" praktisch zu Wort gebracht, indem sie sich der "Erfahrung" zuwandte.

Nicht von ungefähr ist übrigens für die Zeit nach dem Aufbruch aus dem traditionellen theologischen Gehege der Seelsorgelehre auch die Kritik an den autoritären Zügen überkommener Sorge um "Seele" kennzeichnend.[1] Je konkreter "Seele" wird, desto deutlicher widersetzt sie sich der unangefochtenen Kuratel der "Sorge". "Pastoralpsychologie" umfaßt als Stichwort den Vorgang der Emanzipation der "Seele". Abgeschlossen ist dieser Vorgang theologisch allerdings erst, wo ihn auch die Biblische Psychologie bestätigt. Und sie tut es, wie wir sahen und noch im einzelnen nachzuzeichnen sein wird. Biblische Psychologie macht den "Gegenstand" der Seelsorge durchaus ansehnlich - nicht nur für Theologen!

---

1) In seinem Vorwort zur 2. Auflage (66,S.8) der "Therapeutische(n) Seelsorge" spricht D. Stollberg provozierend von "eine(r) Anthropologie der Freiheit", welche das Evangelium (Subj.) im Kern berge.

b) Orientierung am biblischen Befund - Dogmatische und pragmatische Merkmale des Standorts

Unser Vorhaben ist, zu einer Lehre von der Seelsorge zu kommen, welche theologisch wie praktisch, in ihrem Dogma wie in ihrem Pragma gleichermaßen einleuchtet. Der erste Schritt dazu führte uns - dem Trend der Tradition zuwider! - an die biblischen Quellen. Wir schauten nach, welche Auffassung vom "Gegenstand" der Seelsorge tatsächlich biblisch begründet ist. Stellen wir nun fest: In Übereinstimmung mit der Biblischen Psychologie kann Seelsorge und ihre Lehre theologisch schlüssig begründet werden, so ist das nicht nur ein dogmatisch richtiger, sondern auch ein pragmatisch bedeutsamer Satz.

Zur Seelsorge gehört ihr dogmatischer wie ihr pragmatischer Bezug auf die Urkunde des Glaubens - und zwar auf die ganze Urkunde, nicht nur auf Teile von ihr. Daß Seelsorge damit im Leben festgemacht ist, bewahrheitet sich im Erleben, oder Praktische Theologie geht zu Unrecht davon aus, daß Glaube und Leben eine unlösbare Einheit bilden und die Bibel ein lebenstüchtiges Buch ist. Sich der biblischen Grundlagen zu versichern, ist sowohl im Blick auf die theologische Begründung als auch auf das praktische Ziel von Seelsorge-Lehre unabdingbar.

Wir schauen jetzt auf rund 60 Jahre Lehre von der "Seelsorge" zurück. Zweifellos sind es bewegte Jahre. Zu Beginn bestimmt die Dialektische bzw. Wort-Gottes-Theologie das Feld, dann wird auch die Auseinandersetzung mit ihr bedeutsam. Die Forderungen der neuen Humanwissenschaft dringen auch auf die Seelsorgelehre ein. Pastoral-Psychologie etabliert sich. Die Seelsorgelehre verändert zwangsläufig ihre Gestalt und stellt sich dem unmittelbaren Bezug zur Praxis - wo sie bereit ist, die Türen ihres dogmatischen Gehäuses zu öffnen und sich auf Fragen ihres Pragma bzw. auf Erfahrung einzulassen.

Unserem Ansatz entsprechend begleitet uns bei der Durchsicht der Literatur die Frage, welchen "Seele"-Begriff diese jeweils hat. Es gibt eine Korrespondenz zwischen der Auffassung der "Sorge" und dem Begriff von "Seele". Auch wo "Seele" als Gegenstand der "Sorge" nicht ausdrücklich oder ausdrücklich nicht verhandelt wird, wirft dies ein Licht auf ihr Verständnis. W i e das Be-sorgen gefaßt wird, läßt Rückschlüsse auf seine Adresse zu. Es ist ein Unterschied, ob Sorge um Seele als "Verkündigung" oder "Glaubenshilfe", als "fürsorgliches Handeln" oder "Therapie", oder endlich als "aufmerksames pastorales Weggeleit" verstanden wird. Es ist ein Unterschied, ob das "Sorgen" - ich bediene mich hier inzwischen ökumenisch eingebürgerter Grundbegriffe - der theologischen Leitkategorie der MARTYRIA, der DIAKONIA, der LEITURGIA oder schließlich der KOINONIA unterstellt erscheint. Die hier aufgeführten Leitkategorien gilt es im Auge zu behalten. Sie kommen Flaggen gleich, an denen erkennbar wird, aus welchem "psycho-logischen" Heimathafen ("psychologisch" im die Grenzen der Fakultäten überschreitenden Sinne!) sozusagen die jeweilige Seelsorge-Lehre stammt.

Nicht nur der Inhalt der einzelnen Seelsorge-Lehren, sondern auch deren Gestalt, d.h. der Modus der Lehr-Vermittlung, spiegelt zwangsläufig ein bestimmtes Verständnis von "Seele" wider und gibt Aufschluß über den jeweiligen Standort. Die Lehre von der Praxis um "Seele" ist a u c h gefragt, was und wie viel sie als solche, d.h. als Lehr-Unternehmen von "Seele" transportiert bzw. ins Bild bringt. Es ist ein Unterschied, ob Seelsorge-Lehre ausschließlich, oder unter anderem, den "Geist", oder das theologische bzw. dogmatische Gewissen, anspricht, ob sie "Herz und Gemüt" des Seelsorgers bildet, und ob sie nur, oder auch, das "Hand"-Werk der Sorge kultiviert. Es sagt viel, ob in ihr "reine Lehre", Erfahrungen oder Handlungsanweisungen überkommen. In Sachen "Seele" zu lernen und zu lehren, kann nicht nur Sache des "Geistes" sein. Wo methodische Fragen als "bloß technische" Fragen abgetan werden, triumphiert der Geist der Abstraktion. Wir haben sozusagen eine Lehre vor uns, die der "Seele" ent-leibt ist. Das Pragma der Lehre hat wesentlich Bedeutung. Form sagt Inhaltliches. Darauf zu achten ist wichtig. Ob die Rede vom "ganzen Menschen" tatsächlich den ganzen Menschen meint, läßt sich hier p r a k t i s c h ablesen.

c) "Seele" zwischen "Trichotomie" und "Dichotomie", "Vertikaler" und "Horizontaler", Denken in "Bereichen" und Denken in "Dimensionen" - Die Frage nach den Denkkategorien als Schlüsselfrage

Die Frage nach der "Seele" führt uns unweigerlich in das "trichotomische" Modell vom Menschen hinein und damit in die Auseinandersetzung um die Drei-Einheit von "Leib"/"Seele"/"Geist". Von Anbeginn begleitet die Seelsorgelehre, welche wir vor Augen haben, die Formel vom "ganzen Menschen". Dies bedeutet jedoch keineswegs, daß sich die Lehre von der Sorge um "Seele" damit selbstverständlich um den Mittelbegriff der Trichotomie herum entfaltet. Die moderne "Psycho"-Wissenschaft tut dies mehr oder weniger, die Lehre von der "Seel"-Sorge vermag es bezeichnenderweise nicht. "Seele" hier ist nicht einfach "Seele" dort. Die Debatte um das "Proprium" und die Stellung der Seelsorge zur "Psychologie" zeugen davon. Die Lehre von der Sorge um "Seele" wendet viel Mühe auf, sich von der Sorge um "Psyche" zu unterscheiden, und offenbart in der Weise, wie sie das tut, die "geist"-liche Ausrichtung ihres Begriffs von "Seele" bzw. deren Tradition. Holen wir uns diese Tradition mit den ihr innewohnenden Gesetzen vor Augen, sind wir beim Kernproblem der Seelsorgelehre der letzten 60 Jahre.

Um gleich auf den springenden Punkt zu kommen: Ich behaupte: Wir finden die geistliche Tradition dem Schema der Unterscheidung von "Geist" ('pneuma') und "Fleisch" ('sarx'), d.h. dichotomischer Sicht oder auch dem Denken in "zwei Reichen" verpflichtet.

Denkstrukturen übergreifen die Fakultäten. Daß die Theologie Anleihen bei der Philosophie macht und umgekehrt, ist von alters her vertraut. Dualistische Denkstrukturen sind im griechischen Umfeld des Neuen Testaments tief verwurzelt und mit ihnen der Zug zu einer hierarchischen Zuordnung der Lebens-"Bereiche". Wir sahen, wie entscheidend es für die Wertschätzung der 'psychè' ist, ob sie dem Bereich des "Geistes" ('pneuma'/'nous') oder des "Leibes" ('sooma'/ 'sarx') bzw. der "Materie" zugeordnet wird. Platon entwickelt ein Schichtenmodell von der "Seele", in welchem sich das trichotomische Schema wiederholt. Die Schichten der "Seele" unterscheiden sich bei ihm auch unter qualitativen Gesichtspunkten. Es gibt ein Wertigkeitsgefälle. Das Gefälle ist bestimmt von der Nähe zum "Geist".

Um zur Theologie der Gegenwart zurückzukehren: Wenn der Theo-loge vor "Psycho"-logisierung gewarnt wird, spiegeln sich darin die nämlichen Denkstrukturen. Wenn "Seele" und "Psyche" selbstverständlich unterschiedlichen Bereichen zugeordnet werden und "Seelsorge" der "Psycho-Sorge" übergeordnet oder alternativ zu ihr erscheint, sehen wir die alte geistliche Tradition[1] am Zuge - und zugleich auch ihr Dilemma, notwendige Unterscheidung mit unzureichenden Denkkategorien anzugehen.

Betrachten wir ausführlicher, was es mit dem besagten kategorialen Dilemma auf sich hat. Wir stoßen auf unser Problem im Zusammenhang der Begegnung der Seelsorgelehre mit der modernen Psychologie und können es gut an der Auseinandersetzung um das sogenannte "Proprium" der Seelsorge festmachen.

Das unverwechselbar Eigene oder Eigentümliche der Seelsorge zu bestimmen, deutlich sagen zu können, was "Seelsorge" als solche kennzeichnet, ist, um ihres Selbstverständnisses und ihrer Identität willen, notwendig in dem Augenblick, in dem eine wie auch immer geartete Sorge um "Seele" anderer Herkunft neben sie tritt. Für Theologen ist einleuchtend, daß sich das Proprium der Seelsorge "geist-lich" definiert. Doch was heißt "geistlich"? Wie ist die Bestimmung "geistlich" angemessen zu fassen? Die Tradition hält hier - ich werde das noch ausführlicher belegen - Denkstrukturen bereit,

---

[1] Daß diese geist-liche Tradition sich mit dem Aufkommen der Dialektischen Theologie, entsprechend der Unterscheidung von 'pneuma' und 'nous', "Geistigem" und "Geistlichem", noch differenziert, macht die Dinge unter den gegebenen Verhältnissen nicht einfacher. Als streng geistlich qualifizierte Angelegenheit siedelt Sorge um "Seele" im geistlichen Trans- "natürlicher" Anthropologie und steht eben damit dem "ganzen Menschen" ("Leib-Seele-Geist"-Einheit) gegenüber. Dialektisch nicht gebrochen kommt sie gängigem immanenten Verständnis als Sorge um die höheren geistigen oder moralischen Werte, bzw. als pädagogisches Unternehmen, entgegen und hat mit dem Geschäft der Sorge um "Psyche" oder gar um den somatischen "Bereich" nicht unmittelbar zu tun. Hier sind andere Fakultäten zuständig.

welche Unterscheidung bzw. Definition mit Hilfe der Vorstellung von (verschiedenen) "Bereichen" zustandebringt. Der Denkkategorie des "Bereichs" läßt sich - ich habe es bei unserer Untersuchung längst getan - jedoch eine andere Kategorie gegenüberstellen, welche erlaubt, klar zu unterscheiden, ohne deswegen scheiden zu müssen: die Kategorie der "Dimension". Sehen wir genauer hin.

"Bereiche" grenzen sich linear oder planar voneinander ab und werden für sich jeweils als "Sektoren" oder "Schichten" vorgestellt. Ordnet man sie einander unter qualitativen Gesichtspunkten zu, stellt sich zwangsläufig auch ein Gefälle der Beachtung, wenn nicht gar Wertigkeit, ein. Unvermeidlich wird ein Bereich auf Kosten des anderen hervorgehoben. In einem Bereich zu sein, schließt zugleich das Sein im anderen aus, wenn man es genau nimmt. Man schreitet von einem zum anderen Bereich über eine "(Bruch-)Linie" hinüber oder über "Stufen". Zum Denken in Bereichen gehört das "Entweder-Oder". Ein "Sowohl-als-auch" ist dem Denken in Bereichen von Haus aus fremd. Welche Schwierigkeiten es bereitet, unterschiedene "Bereiche" gleichberechtigt ineins zu sehen, ohne daß deren jeweilige Identität verloren geht, zeigt die klassische "Zwei-Naturen-Lehre" von Chalkedon. Die Paradoxie des "Chalcedonense"[1] doppelseitig durchzuhalten, erweist sich als Dauerproblem der Dogmengeschichte. Ihr Dilemma dürfte sich auflösen, wo auch in der Christologie hinter den "Naturen" nicht "Bereiche", sondern "Dimensionen" gedacht werden.

Vermutlich stellt die Formel von Chalkedon den Versuch dar, das Denken in "Bereichen" auf das Denken in "Dimensionen" hin zu überwinden. "Unvermischt" und zugleich "ungetrennt" wollen Dimensionen einander zugeordnet sein, nicht Bereiche. Die Identität einer Dimen-

---

1) Der Text des "Chalcedonense" findet sich bei Denzinger (Lit.verz. Nr.17) S.108 Num 302.
Im Jahre "451 wurde in Chalkedon die Lehre zum Dogma erhoben: 'Christus ist wahrer Gott u n d wahrer Mensch, wesenseins mit dem Vater nach der Gottheit und zugleich wesenseins mit uns nach der Menschheit; er wird in zwei Naturen zwar u n v e r m i s c h t und unverwandelt...aber auch u n g e t r e n n t und ungesondert...erkannt, indem die Eigentümlichkeit beider Naturen, die zu einer Person zusammengehen, gewahrt wird'." (K.D. Schmidt, 60,S.108 - Hervorhebungen von mir.)

sion, als eben diese und keine andere, ist gerade dort deutlich und gesichert, wo sie nicht für sich, sondern im Verein mit der anderen Dimension erscheint, auf die sie eo ipso kategorial bezogen ist. Dimensionen schließen sich nicht gegenseitig aus, sondern ein. Sie durchdringen einander, gerade ohne sich selbst zu verlieren. Sie vermischen sich sozusagen "unvermischt" und gewinnen dabei ihr Sosein. Wenn wir in der Theologie zwischen "vertikaler" und "horizontaler" Dimension unterscheiden und das Proprium der Seelsorge über die Dimension der "Vertikalen" bestimmt erklären, eröffnen sich damit völlig neue Möglichkeiten - vorausgesetzt, die dimensionale Eigenart der "Vertikalen" wird tatsächlich wahrgenommen.

Auch wo von "Vertikaler" und "Horizontaler" die Rede ist, kann nämlich durchaus das Denken in "Bereichen" bestimmend sein. Wo vertikales und horizontales Bemühen um "Seele" z.B. alternativ gesehen wird, begegnet es uns. Wo mit dem Reden vom "Eigentlichen" eine abgestufte Wertung seelsorgerlichen Handelns Platz hat, lugt das Denken in "Bereichen" hervor. Wo die "Horizontale" von sich aus durchgehend "geistlich" verschlossen vorgestellt oder die "Vertikale" exklusiv wahrgenommen wird, bestimmt im Grunde das Denken in "Bereichen". Unter den Bedingungen konsequenten Denkens in "Dimensionen" läßt sich e i n e Dimension zwar abstrakt für sich betrachten bzw. reflektieren, nicht aber als solche tatsächlich auch lebendig verhandeln. Es gibt eben e i n e Dimension nicht für sich. Das Denken in "Bereichen" bewegt sich dagegen von Haus aus eindimensional. Trifft es zu, daß Sorge um "Seele" mindestens zwei Dimensionen (eben die vertikale und die horizontale) umfaßt, muß eindimensional bestimmtes Denken (in "Bereichen") zwangsläufig ins Dilemma führen. Dieses Dilemma wird freilich als solches nicht wahrgenommen, solange die überkommene Tradition der Seelsorgelehre allein das Sagen hat. Sie transportiert nämlich selbst einen eindimensionalen Begriff von "Seele".

Es entspricht eindimensionaler Tradition und streng vertikaler Bestimmung der Seelsorge, wenn festgestellt wird, daß Sorge um "Seele" "eigentlich" nur von Gott selbst oder dem Heiligen Geist geleistet werden kann. Mit solch einem Satz haben wir zugleich "Dialektische

Theologie" an sich vor uns. Daß es in von ihr geprägten Seelsorgelehren bei jenem Satz nicht bleibt, sondern dann doch munter weiter über das Seelsorgen verhandelt wird, zeigt, wie wenig eindimensionales Denken wirklich konsequent durchgehalten werden kann.

Es ist sinnvoll, das kategoriale Problem möglichst durchgreifend zu behandeln. Bisher geschah das nur verbal und auf die Frage nach dem Proprium gezielt. Da auch Anschauung im Spiel ist, versuche ich, auch Anschauung einzubringen, so weit dies mit bescheidenen graphischen Mitteln möglich ist. Da sich auch das trichotomische Schema in unsere Anschauung fügt, kommen wir damit zugleich auch einen Schritt weiter. Stellen wir uns vor:

A   Die Rede von "Bereichen":

   1. Lineare Unterscheidung der Bereiche ("Sektoren")

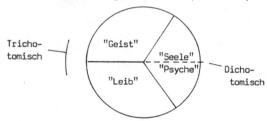

   2. Planeare Unterscheidung von Bereichen ("Schichten")

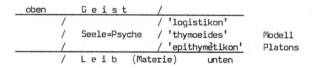

   3. Christologisches Modell von C h a l k e d o n

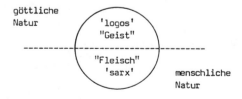

B Die Rede von "Dimensionen":

1. Z w e i d i m e n s i o n a l e Anschauung (Dualismus)

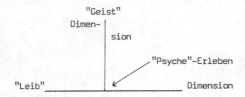

2. D r e i d i m e n s i o n a l e Anschauung

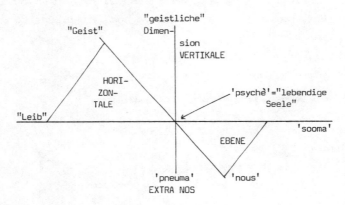

Wie wir sehen, stellt sich heraus, daß eine zweidimensionale und eine dreidimensionale Vorstellung entwickelt werden können. Modell 1 (zweidimensional) vermag auf den ersten Blick durchaus die Vorstellung wiederzugeben, hier seien "Vertikale" und "Horizontale" vertreten. Der "Geist" der klassischen Philosophie nimmt die vermeintliche "Vertikale" dieses Modells wahr. Gott wird mit dem "absoluten Geist" gleichgesetzt. "Geist" steht zugleich für Abstraktion im Gegenüber zur leibhaftigen Konkretheit der Materie. "Geist" transzendiert den "Leib" und seine konkreten Möglichkeiten.

Es ist das Verdienst der Dialektischen Theologie, Modell 2 im Prinzip theologisch verbindlich gemacht zu haben. Unter den Bedingungen des Denkens in "Bereichen" kann freilich Modell 2 unversehens zu einer Neuauflage des klassischen Dualismus (Modell 1) verflachen. 'Pneuma'

und 'nous', "Geistliches" und "Geistiges" werden sozusagen deckungsgleich und "Religion" transportiert den Idealismus. Die Gottesbeziehung wird mit dem Vertreten einer Lehre bzw. eines Dogmas gleichgesetzt...
Der "Seele" innerhalb des Modells ihren Ort dort anzuweisen, wo sich die Dimensionen sozusagen treffen, ergibt sich geradezu zwangsläufig. Im Raum der gegenseitigen Durchdringung der Dimensionen kommt die biblische Gleichung: "Seele"="Leben" ins Bild. Der in Modell 2 auftauchende biblische Begriff der 'psychè' schließt die "Psyche" von Modell 1 ein. "Psyche" einen "Teil" der 'psychè' zu nennen, ist problematisch. Solche Redeweise beschwört das Dilemma der "Bereiche".

Noch eine letzte Bemerkung: Es hat seine Gründe, daß sich die Anhänger einer Öffnung der Seelsorge für die "Horizontale" der christologisch gesicherten Formel von der "Inkarnation" bedienen, um jene zu begründen. Auf das Dogma von Chalkedon muß sich jeder Theologe einlassen. Inwieweit ihn dieses nun aber bis in ein Selbstverständnis von "Seelsorge" hinein trägt, welches dann "Seel"-Sorge auch als "psycho"-logische Angelegenheit auffaßt, und nicht als eine Angelegenheit, die dem "Bereich" des "Geistes" zuzuordnen ist, bleibt vom zugrundeliegenden Begriff von "Seele" abhängig. Faßt dieser sich eindimensional, entfaltet auch die Formel von Chalkedon keine mehrdimensionale Kraft. Die dogmatische Tradition kann sich selbst nicht durchbrechen.
Die Seel-Sorge-Lehre der letzten 60 Jahre kann als Geschichte eines Problems betrachtet werden. Sie spiegelt die Problematik eindimensionaler Sicht von "Seele". Schauen wir uns dies nun eingehender an.

B. Seel-Sorge-Lehre seit 1928 - eine Problemgeschichte eindimensionaler Sicht von "Seele"

1. Die Tradition des späten Neuen Testaments

Wer sich, wie wir, zunächst mit dem biblischen Begriff von "Seele" auseinandersetzt und dann die Seelsorgelehre nach ihrem Begriff von "Seele" fragt, braucht nicht einmal die Brücke zu begehen, die Thomas Bonhoeffer mit seiner Abhandlung zu "Ursprung und Wesen der christlichen Seelsorge" im Jahre 1985 von den Anfängen bis ins Heute schlägt[1], er erkennt unmittelbar, daß ein wesentlicher Teil der Probleme der Seelsorgelehre seit 1928 aus einer Tradition stammt, welche bis ins Neue Testament hineinreicht.

Diese Tradition formiert sich in den späten neutestamentlichen Briefen. Wir sehen hier "Seele" und "Sorge" über die L e h r e vom H e i l miteinander verknüpft, und damit Sorge um Seele durch eben diese Lehre definiert. Vergegenwärtigen wir uns in Kürze den Befund

---

[1] Thomas Bonhoeffer führt den "abendländischen Begriff von Seelsorge" selbstverständlich auf Platon zurück. Platons Begriff der 'psychès therapeia' bezeichnet seiner Ansicht nach "genau, worum es bis in unsere Tage (!) bei Erziehung und Seelsorge im Grunde geht" (11,S.11). Weil "seelsorgliche Falldarstellungen" nicht zur Überlieferung der Frühzeit der Kirche gehören, sieht sich Bonhoeffer "genötigt, bei der L e h r e a l s S e e l s o r g e anzusetzen". Das aber bedeutet für ihn zunächst, die "Christusv e r k ü n d i g u n g zu erfassen" (S.13 - Hervorhebungen von mir). Natürlich definiert dementsprechend das "Lehramt" die Seelsorge im eigentlichen Sinn. "Nötigenfalls institutionell...gegenüber dem Lehramt" abzusichern, wäre dann die Arbeit der "psychologischen Diakonie". Doch mit dieser haben wir "keine evangelische, ja keine christliche Seelsorge" (S.14), sondern allenfalls eine "Seelsorge im weiteren Sinne des Wortes" (S.157) vor uns. - Es wäre reizvoll, sich ausführlicher mit Bonhoeffer auseinanderzusetzen. Bonhoeffer leistet einen wichtigen Beitrag zu Fragen der Geschichte der Seelsorge. Und was er im Zusammenhang der Topoi von Schöpfung, Vergebung und Leiden, oder zur Überwindung des paternalistischen Prinzips sagt, ist bemerkenswert. In unserer Perspektive tritt jedoch vor allem hervor, mit welcher Selbstverständlichkeit Bonhoeffers Seelsorgeanschauung noch im Jahre 1985 der schmalen Fahrrinne der Tradition der "Lehre als Seelsorge" folgt. Ohne Zweifel kann sich Bonhoeffer, wie die Urväter der Seelsorge, deren Anschauung er darstellt, auf die Vorstellung der 'hygiainusa didaskalia', der "gesunden" bzw. "gesundmachenden Lehre" der späten neutestamentlichen Briefe berufen. Doch zugleich muß es einem Theologen doch zu denken geben, daß P l a t o n dann als Kronzeuge für den "abendländischen Begriff von Seelsorge" erscheint und diesen unbesehen bis heute bestimmen kann.

der bezeichnenderweise "Pastoralbriefe" genannten Schriften und der anderen späten "Briefe", welche uns nicht von ungefähr ja schon im Verfolg eines schmalgespurten Begriffs von "Seele" im ersten Teil dieser Arbeit beschäftigten.[1]

Zu den sogenannten Pastoralbriefen zählen die beiden Timotheusbriefe und der Titusbrief. Zweifellos auffällig in ihnen ist der häufige Gebrauch des Begriffs 'didaskalia' ("Unterricht"/"Lehre" - lateinisch: 'doctrina'). 2.Tim 3,16 finden wir die klassische Belegstelle für die sogenannte Lehre von der Verbalinspiration: "Jede von Gottes Geist eingegebene Schrift ist ja zur L e h r e von Nutzen, zur Aufdeckung der Wahrheit, zur Z u r e c h t b r i n g u n g und zur E r z i e h u n g in der Gerechtigkeit", heißt es dort.[2] Tit 2,10f. wird die "L e h r e Gottes, unseres Heilandes" als Botschaft von der erschienenen "e r z i e h e n d e n Gnade" gefaßt. Von der "gesunden L e h r e" ist ausdrücklich 1.Tim 1,10; 2.Tim 4,3; Tit 1,9 und 2,1 die Rede. "Ich beschwöre dich", lesen wir 2.Tim 4,1ff., "v e r k ü n d i g e die Botschaft; sei zur Stelle, ob du gelegen oder ungelegen kommst. Ü b e r f ü h r e die Leute, rede ihnen ins Gewissen und mahne ('parakalein') sie in unendlicher geduldiger B e l e h r u n g . Denn es wird eine Zeit kommen, da man die gesunde L e h r e nicht erträgt..."[3] Und Tit 1,7ff. wird zur Gemeindeleitung gesagt: "Der Gemeindeleiter muß...sein...ein Mann, der sich an das verläßliche Wort im Sinne der r e c h t e n L e h r e ('didaché') hält, damit er imstande ist, Menschen aufgrund der g e s u n d e n L e h r e zurückzuhelfen ('parakalein'), und andere, die ihr widersprechen, zu überführen". Zweifellos eignet der "gesunden Lehre" ein ethisch-imperativischer Zug. Tit 2,1 ergibt sich aus der "gesunden Lehre" die sogenannte "Haustafel".

Unter solchen Voraussetzungen wird "Seelsorge" notwendig zu einer

---

1) S.o.S. 39ff.
2) Nach der Übersetzung von U. Wilckens - Hervorhebungen auch im folgenden von mir.
3) Nach Wilckens - Bei Luther lesen wir: "Predige das Wort...zur Zeit oder zur Unzeit". "Eine Anthologie moderner Predigten" aus dem Jahre 1958 von Hans-Rudolf Müller-Schwefe trägt den Titel: "Zur Zeit oder zur Unzeit"!

Variante der Pädagogik. Lehre, Verkündigung, Erziehung und Ermahnung stellen den pastoralen Auftrag, die 'cura animarum', dar. Anderen späten Briefen entnehmen wir als Ziel der Seelsorge das "H e i l der Seele", "der Seelen Seligkeit", um mit 1.Petr 1,9 zu reden. Es ist identisch mit dem Ziel des Glaubens. Glaube kann als 'fides, quae creditur' (Glaubenslehre, die geglaubt wird) objektiviert werden. Dem pastoralen Auftrag des Gemeindeleiters, "das Wort Gottes zu sagen" und "über die Seelen zu wachen", entspricht der Gehorsam der Pastoranden[1], bzw. ihre Bereitschaft, sich "in (den Anfangsgründen) der Lehre Gottes...unterrichten" zu lassen[2]. Was dergestalt pastoral geschieht, ist die "eigentliche Seelsorge", um eine gängige Formel zu gebrauchen. Solche "eigentliche Seelsorge" ist nach dem Jakobusbrief primär Rettung des "vom Wege abgeirrten Sünders".[3] "Liebe Brüder", lesen wir Jak 5,19f., "wenn jemand unter euch abirren würde von der W a h r h e i t und jemand bekehrte ihn, der soll wissen: wer den S ü n d e r b e k e h r t hat von seinem Irrweg, der wird seine S e e l e vom Tode e r r e t t e n."[4]

Der "Sorge", welche die wahre Lehre, die Lehre vom "Heil" betreibt, entspricht eine der Lehre vom Heil bzw. des Heils bedürftige Sünder-Seele. Die Lehre von der Sorge um "Seele" ist im Kern Soteriologie - vor dem Hintergrund der Hamartiologie. "Seele" erscheint damit ausschließlich unter dem Horizont des Heils. "Seelsorge" verfolgt "der Seelen Seligkeit" und richtet sich einlinig auf die Heilung bzw. Vollendung der Gottesbeziehung des Menschen. Von "Seele" reden heißt: von der Vertikalen (Dimension der Seele) reden. Der Begriff "Seele" vergegenwärtigt sie.

Daß es die Urväter so verstandener Seelsorge mit der "Vertikalen" nicht so genau nehmen, wie es aus heutiger theologischer Sicht nötig

---

1) Vgl. Hebr 13,7.17
2) Hebr 5,12
3) Mit dem W o h l des Menschen, z.B. mit der (psychischen) Gesundheit, hat sie, gemäß 3.Joh 2, allenfalls mittelbar zu tun. Das wäre dann "psychologische Diakonie", um mit Thomas Bonhoeffer zu reden.
4) Übersetzung nach Luther - Ohne Zweifel geht von dieser Schriftstelle ein missionarischer Impuls aus. "Bekehrende" Seelsorge findet hier ihren biblischen Grund.

wäre (ich denke an die Unterscheidung des zwei- bzw. dreidimensionalen Modells), liegt im griechischen Kontext der Tradition. Bei ihnen finden wir "Seele" selbstverständlich als Organ der "inneren" bzw. "höheren" (moralischen) Erkenntnis. "Geistliches" und "Geistiges" werden nicht deutlich voneinander geschieden, wohl aber leitet die Urväter das Anliegen, "Seele" von den Niederungen des "Fleischlichen" bzw. der Triebe abzugrenzen. "Seelsorge" kann sich mit pädagogischem Bemühen verbinden oder als Erziehung darstellen[1], mit der Sorge um das "Leibliche" hat sie direkt nichts zu tun. Dies ist Sache der Diakonie. Natürlich stellt man sich "Seele" unsterblich vor.[2]
Die Frage, inwieweit der idealistische Hintergrund auch den unspezifischen Gebrauch des Wortes "Seele" anstelle von "Person" trägt ("Seele" zu "haben"[3] macht die Würde der Person aus), mag liegenbleiben. Vielleicht setzt sich hier ja auch einfach eine alte Redeweise der Bibel unreflektiert durch. Jedenfalls hat "Seele", solange es keine eigenständige "Psycho"-Logie gibt, ihre Heimat im Bereich von Theologie und Philosophie, d.h. des "Geistes" und nicht der empirischen Wissenschaft. Nach dem "Proprium" der Seelsorge zu fragen, erübrigt sich daher auch. "Seelsorge" ist unverwechselbar geist-liche Sorge.

---

1) "Bis in unsere Tage" geht es, nach Th. Bonhoeffer, "bei Erziehung und Seelsorge" um das Gleiche (s.o.S.82 Anm 1). Unter dem Stichwort "Seelenführung" begegnet die erzieherische Tradition bei Hans Asmussen besonders eindrücklich (s.o.S.71 Anm 2 - vgl. dazu o.S.76 Anm 1).

2) Wie weit E. Thurneysen vom biblischen Befund entfernt ist und wie nah dogmatischer Spekulation, wird deutlich bei seinen Bemerkungen zur Unsterblichkeit der Seele. 1948 lesen wir bei ihm (75,S.47): "Die Unsterblichkeit der Seele hat ihren Ort tief unterhalb der Ewigkeit Gottes. Aber dort hat sie ihn...Die Seele m u ß, auf der Stufe der Kreatur freilich, aber auf dieser Stufe s i c h e r als unvergänglich gedacht werden." (Hervorhebungen auch im folgenden von mir.) 1968 (76,S.224f.) sehen wir ihn nicht mehr so entschieden für den Gedanken der Unsterblichkeit eintreten. Er sei seelsorgerlich eher belastend, meint er. "Der Tod als T r e n n u n g von Leib und Seele kann uns nur hintreiben zur Botschaft der Auferstehung", lesen wir da. Thurneysen nennt diesmal seinen Zeugen: Karl Barth.

3) Noch bei Otto Haendler, dem durchaus eigen ist, seine Worte zu wägen, finden wir die Rede vom "Haben". 24,S.323 lesen wir: "Psychologische Grundlagen der Existenz ...wie...physiologische und noetische...sind so unausweichlich aufeinander bezogen, wie der Mensch Leib, Seele und Geist h a t , und so unbedingt, wie er mit Leib, Seele und Geist eine einheitliche 'Person' i s t..."

2. Die neue Situation unter den Bedingungen der modernen Humanwissenschaft

Die Gegebenheiten ändern sich in dem Moment, in dem die moderne P s y c h o l o g i e auf den Plan tritt. Mit ihr stellt sich - man möchte sagen: zwangsläufig, denn die "ganze Seele" fordert ihr Recht - ein neuer, ein "horizontaler" Begriff von "Seele" als "Psyche" ein. Sie etabliert sich als empirische Wissenschaft notwendig im Widerspruch zum Idealismus und zur christlich-theologischen Tradition des Begriffs von "Seele", legt sich unvermeidlich aber auch mit einer materialistisch-somatisch ausgerichteten Naturwissenschaft an. Letzteres beschäftigt die Theologen freilich weniger. Ein neuer Begriff von "Seele" ist in der Welt, welcher sich, empirisch gewonnen und abgestützt, wie er ist, natürlich der selbstverständlichen geistlichen Kuratel entzieht. Mag unter strengen theologischen Maßstäben dahingestellt bleiben, ob Sorge um "Seele" jemals ein rein geistliches Monopol war - die Väter nahmen es mit der "Vertikalen", wie gesagt, nicht so genau -, jetzt gibt es offenkundig eine Alternative.

Mit der neuen Wissenschaft um die "Psyche" steht unübersehbar die Frage ins Haus, wie es die Seelsorge mit ihrem Selbstverständnis halten will. Ihre Tradition ist eindimensional eingespurt. Nun begegnet ein anders dimensionierter Begriff von "Seele". Was heißt jetzt "Seel"-Sorge? Die Seelsorge-Lehre der Neuzeit muß sich mit dieser Frage auseinandersetzen. Dieses Problem kennzeichnet ihre Situation, die Weise seiner Lösung den jeweiligen Standort. Damit sind wir beim Datum 1928.

3. Eduard Thurneysen 1928 (1948)

Sich in Zeiten der Krise und des Umbruchs der eigenen Identität durch Rückgriff auf anerkannte Tradition zu versichern, liegt in der Theologie besonders nahe. Eduard Thurneysens Aufsatz von 1928 dürfte für die Seelsorgelehre der Folgezeit nicht zuletzt deshalb so grundlegend sein, weil genau dieses in ihm geschieht.[1] Indem Thurneysen die Seelsorgelehre unmittelbar an die L e h r e von der "Rechtfertigung des S ü n d e r s" bindet, macht er sie nicht nur im Zentrum des reformatorischen Bekenntnisses, sondern auch bei ihrer ureigenen (neutestamentlichen) Tradition fest. Die Lehre vom Heil bestimmt die "Sorge" und definiert zugleich deren Gegenstand, die "Seele". Offensichtlich steht auch, was Thurneysen dann in seinem Lehrbuch von 1948[2] zu "Seele" ausführt, unter dogmatischer Kuratel[3]. Daß er Sorge um "Seele" direkt dem "Predigtamt" zuordnet bzw. unmittelbar der Leitkategorie der MARTYRIA unterstellt, ist schlüssig, "Verkündigung" transportiert Heils-Lehre theologisch "unvermischt", um mit der Formel von Chalkedon zu reden. Thurneysens Gleichung: "Seelsorge" = "Verkündigung" spurt die Seelsorge unverkennbar vertikal ein. Deren geistliches Proprium ist damit eindeutig gesichert. Doch es ist eine Sicherung e i n d i m e n s i o n a l e r Sicht.[4]

---

1) "Rechtfertigung und Seelsorge" (s.Lit.Verz. Nr.74) - Thurneysens Aufsatz erscheint ein Jahr, nach dem der Vorläufer der "Kirchlichen Dogmatik" Karl Barths, die "Christliche Dogmatik im Entwurf", auf dem theologischen Markt ist.

2) Eduard Thurneysens "Lehre von der Seelsorge" erscheint 1948 beim Christian Kaiser-Verlag in München. 1946 erschien sie schon in der Schweiz.

3) Es wäre eine ausführliche Untersuchung wert, wie Thurneysen in dem schon erwähnten (s.o.S.66f. Anm 1) §3 seiner Seelsorgelehre von 1948 mit dem Zeugnis der "Heiligen Schrift" umgeht. Z.B. werden von ihm nur drei Schriftstellen aus dem AT herangezogen: 1.Mose 2,7; 1,26f. und Ps 104,29f. Mit einer atemberaubenden Selbstverständlichkeit kann Thurneysen 1.Mose 1,26f. im Sinne der Wort-Gottes-Theologie mit 1.Mose 2,7 kurzschließen. A.a.O. 75,S.50f. schreibt er: "Gott haucht dem Menschen seinen Geist ein. Der entscheidende Akt aber dieses Geistes ist das Wort. Durch s e i n W o r t schafft also Gott den Menschen...er schafft ihn auch f ü r das Wort...Und so ist abschließend die Seele des Menschen zu verstehen als das Geheimnis seiner personhaften Existenz im Angerufensein vor Gott durch sein Wort."

4) Thurneysen 1928 (74,S.77): "...des Menschen Elend und Gottes Erbarmen...wird dann immer mehr das Eine, E i n z i g e, wovon im Ernst noch die Rede sein kann". S.82: "...die Seele, um die es e i g e n t l i c h geht, in der w i r k l i c h e n Seelsorge gehen muß, (das ist) die Seele, die...zu b e w a h r e n z u m e w i g e n L e b e n wir als rechte Seelsorger Tag und Nacht uns aufmachen sollten, die Seele, die man v e r l i e r e n kann..." (Hervorhebungen von mir) Daß hier die Tradition einer einlinigen Rezeption von Mk 8,34ff. durchschimmert, springt ins Auge. Daß Thurneysen damit wiederum Tradition begründet, läßt sich nachweisen.

Eindimensionale Sicht unterliegt traditionsgemäß den Zwängen des Denkens in "Bereichen". Das Dilemma der Abgrenzung folgt ihr auf dem Fuße, will sagen: sobald die "Horizontale" in Blick kommt. Und die "Horizontale" kommt unweigerlich in Blick. Keine Seelsorgelehre der Neuzeit kann "Seele" allein durch die Brille der theologischen, sprich: dogmatischen Tradition sehen. Die Psychologie ist inzwischen auf dem Plan, und die Rede vom "ganzen Menschen" wurde verbindlich. Die "ganze Seele" fordert ihr Recht, mag "Seel"-Sorge auch nur auf Bereiche von ihr angesetzt sein.

Die Geschichte der Seelsorgelehre nach 1928 ist weitgehend eine Geschichte der Nöte der Abgrenzung, und sie ist es, solange die dogmatische Tradition das Sagen hat. Sehen wir im einzelnen, wie sich der eindimensionale Begriff von "Seele" bzw. das ihm beigeordnete Denken in "Bereichen" in Szene setzen.

4. Hans Asmussen 1933/34

Als erstes begegnet uns im Jahre 1933/34 die Seelsorge-Lehre von Hans Asmussen[1]. Bei Asmussen untersteht nicht nur die Seelsorgelehre der Kuratel der Dogmatik[2], sondern, in deren Gefolge, auch die Sünder-Seele derjenigen des Predigtamtsträgers[3].
Als "Verkündigung", d.h. eindimensional vertikal bestimmt, wird Seelsorge auf ganzer Front von der Horizontalen abgegrenzt: Sie wird abgegrenzt von der Diakonie[4] - mit L e i b-sorge hat sie nichts zu

---

1) "Die Seelsorge. Ein praktisches Handbuch über Seelsorge und Seelenführung" - ein Buch geprägt vom Kirchenkampf! 1933 erscheint die erste Auflage. Binnen Jahresfrist ist die 2. Auflage da.
2) Aus der Einleitung (3,S.XIIf.): "Es ist...Zeit, daß die 'praktische' Theologie der Kasuistik entnommen wird. Die praktische Theologie hat nur ein Recht im engsten Zusammenhang mit den Fragen der Dogmatik."
3) Vgl. o.S.71 Anm 2
4) "Mit brutaler Deutlichkeit" (3,S.190) will Asmussen den "fundamentale(n) Unterschied" von Diakonie und verkündigender Seelsorge betont wissen. Seelsorge ist "unsere eigentliche Arbeit" als Pastoren (S.191). "Der Kranke und Arme (ist) für den Pastor in erster Linie ein erlösungsbedürftiger Sünder" (S.192).

tun. Sie wird abgegrenzt von der P s y c h o-logie[1] - mit diesem weltlich Ding will/darf sie nichts zu tun haben. Sie wird abgegrenzt von der "Seelenführung". Alte G e i s t e s-tradition legt es nahe, erzieherisch zu wirken, und der Seelsorger tut es auch kräftig, aber dies bleibt doch ein "fremdes Werk"[2].

Im Vollzug ist Seelsorge zwar unvermeidlich in die Horizontale gestellt. Ihr Modus ist das Gespräch. Aber durch das seelsorgerliche Gespräch zieht sich als Markenzeichen der "Bruch"[3]. Die natürlichen Gesetze des Gesprächs gelten und wirken zu lassen, geht nicht an. Vertikale Definition und Ausgrenzung der Horizontalen sind (unter den Bedingungen des Denkens in Bereichen) zwangsläufig miteinander verknüpft. Es ist logisch, wenn Asmussen feststellt, daß Seelsorge letztenendes nur Gottes Werk sein kann.[4]

5. Otto Riecker 1947

Es liegt auf der Hand, daß die Abgrenzungen Asmussens nicht unwidersprochen bleiben können. Durchgehend in stiller Auseinandersetzung

---

1) Es ist für Asmussen (3,S.186) ein "Mißverständnis" und Zeichen der "Säkularisierung", das "geistliche Amt" als "psychologisches Amt" zu verstehen. Weil angewandte Psychologie Menschenwerk ist, gilt für Seelsorge, recht verstanden (S.30f.): "Hier hilft keine Psychologie...Hier hilft nur Wachen und Beten des Seelsorgers". Ja, es muß gewarnt werden: "Das Satanische ist nahe! Der Großinquisitor" lauert! - Warum Asmussen selbstverständlich gegenüber dem Geistes-Werk der Erziehung eine gänzlich andere Haltung einnimmt, wird m.E. einsichtig, wenn wir die Spuren der Beziehung zu "Geist" einerseits und "Psyche" andererseits bis in die antike Gnosis zurückverfolgen.
2) 3,S.71: "...der evangelische Charakter einer Amtsarbeit zeigt sich darin, ob die Seelenführung als ein 'fremdes Werk' angesehen wird, welches zwar notwendig ist, welches aber in die eigentliche Verkündigung 'nebeneinkommt' (Röm 5,20), damit die Sünde mächtiger werde."
3) 3,S.17: "Mag das Gespräch zunächst sanft und flach beginnen - es wird auf Veranlassung des Seelsorgers an einer Stelle einen Bruch erfahren. Da wird ihm ein neuer Anfang gesetzt werden, den der Seelsorger bestimmt...Rechte Seelsorge hat...immer etwas Andringendes..."
4) S.32: "Das Heil kommt ohne Vermittlung. Es hat mit meinen Zuständlichkeiten nichts zu tun. Es bricht herein in der Zuprache der Verheißung.

mit ihnen finden wir 1947 Otto Riecker[1]. Rieckers Kritik läuft im Grunde auf den Vorwurf der Abstraktion hinaus.[2] Abstrakt erscheint ihm der "Lehrdoktrinarismus"[3] der Verkündigungs-Seelsorge. Abstrakt ist es s.E., zu meinen, man könne von der Leib-Seele-Geist-Einheit des Menschen und vom Begegnungscharakter der Seelsorge absehen. Schauen wir genauer hin, legt sich allerdings die Vermutung nahe, daß Riecker so reden kann, weil er die "Vertikale" lange nicht so streng faßt, wie die Wort-Gottes-Theologen. Für ihn geht es in der Seelsorge nicht um "Verkündigung", sondern um "Bekehrung".[4] Damit reicht auch die Tradition geist-licher Erziehung - anders als bei Asmussen - ungebrochen in sein Verständnis von Sorge um "Seele" hinein.[5] Die Linien der Abgrenzung laufen anders, wo seelsorgerlicher Führung mehr Spielraum zugebilligt wird. Im Zentrum sind sie freilich deckungsgleich. Natürlich ist Bekehrungsseelsorge auf die Sünder-Seele eingestellt. Von psychologischem Denken und Handeln, das über solch Verständnis von "Seele" hinausragen oder diese Eingrenzung gar infragestellen könnte, setzt sich Riecker unbedingt ab.[6]

---

1) Otto Riecker, Die seelsorgerliche Begegnung. Bertelsmann-Verlag Gütersloh 1947 - Riecker blickt auf eine langjährige Tätigkeit als hauptamtlicher Krankenhausseelsorger zurück.
2) "Durchbruch...von allem Theoretisch-Abstrakten zu wirklichem Segensdienst an dem anderen" ist seine Devise (51,S.5). Um einen Durchbruch in theologisches Neuland handelt es sich dabei nicht.
3) 51,S.64: "Die antiintellektuelle Front ergibt sich in der Seelsorge aus der Arbeit und ihren Bedingungen von selbst. Aus der Sache heraus verbieten sich hier viele Einseitigkeiten des Lehrdoktrinarismus".
4) 51,S.16: "Eine wirkliche Menschenhilfe ist dann geschehen, wenn ich einen anderen zur Hingabe geführt habe...Die Verbindung von Bekehrung und Alltag ist kennzeichnend für die Hingabe der Seelsorge." - Für Riecker (S.182) "wird die Bekehrung zur Wesensumwandlung". Wir finden bei ihm daraufhin (S.183) so etwas wie ein Heiligungs- oder Bekehrungs-Curriculum.
5) Unter der Überschrift: "Seelenführung als Verwirklichung" faßt Riecker am Ende (51,S.184ff.) seine Ergebnisse zusammen.
6) "Notstand in der Seelsorge" ist ein Flugblatt (aus der Reihe: "Brennpunkt Seelsorge. Beiträge zur biblischen Lebensberatung") überschrieben, in dem sich der 81jährige Riecker 30 Jahre später als entschiedener Gegner der "Gruppendynamik" zu Wort meldet.

6. Eduard Thurneysen 1948/68

Den grundlegenden Ansatz Eduard Thurneysens beleuchtete ich schon. Thurneysen bleibt ihm über 40 Jahre hin treu. Seine Lehrbücher von 1948 und 1968[1] bieten im Vergleich zu Asmussen zweifellos eine moderatere Gestalt der Abgrenzung der Seelsorge zur Horizontalen, deutlich ist m.E. der Zwang dazu gleichwohl. Dem unumgänglichen "Ja" zur Gegebenheit der Horizontalen finden wir in der Seelsorge durchgehend ein abgrenzendes "Aber" zugeordnet. Natürlich stellt der Mensch eine personale Ganzheit dar, a b e r die Seelsorge betrifft seine Gottesbeziehung. Selbstverständlich ist psychologische Wissenschaft bedeutsam, a b e r Hausrecht hat sie in der Seelsorge nicht.[2] Auf "bloß seelische Bedürfnisse" einzugehen, liegt der Seelsorge fern.[3] Seelsorge vollzieht sich im Modus des Gesprächs, ja, ihr eignet Begegnungscharakter[4], a b e r die vertikale "Bruchlinie"[5] kennzeichnet diese Begegnung, wenn anders Seelsorge "Verkündigung" ist, und der Seelsorger seine Verantwortung bzw. Führungsrolle als solcher wahrnimmt.

---

1) 1968: "Seelsorge im Vollzug", EVZ-Verlag Zürich.
2) 1948 §10 (75, S.174ff.) handelt "Seelsorge und Psychologie" ab. Hier ist von der Psychologie als "Hilfswissenschaft" die Rede und von der Notwendigkeit, sich "kritisch abzugrenzen".
3) "Mit der alten Welt vergeht auch die seelische Welt des alten Menschen", schreibt Thurneysen 1968 (76,S.52). "Darum findet sich bei Jesus so gar kein Eingehen auf bloß seelische Bedürfnisse des Menschen...Jesu Seelsorge ist eschatologische Seelsorge."
4) §6 von "Seelsorge im Vollzug" (76,S.77ff.) ist der "Seelsorge in Begegnung" gewidmet und birgt viele Aussagen, welche nicht einfach in ein Schwarz-Weiß-Schema passen, die leicht eine Etikettierung Thurneysens bestimmt. Eine sei zitiert (S.79): "Das Angesprochenwerden und Antworten betrifft immer die Ganzheit unserer Existenz. Das will sagen: der Mensch ist nicht nur geistig oder seelisch, er ist immer auch l e i b h a f t beteiligt am Ereignis des Gesprächs."
5) §7 von 1948 (75,S.114ff.) widmet sich dem "Bruch im seelsorgerlichen Gespräch". Schon im Leitsatz taucht die Formel von der "Bruchlinie" auf.

7. Wolfgang Trillhaas 1950

Daß im Titel der Seelsorgelehre von Wolfgang Trillhaas aus dem Jahre 1950[1] das Wort "Seele" fehlt, dafür aber das Wort "Dienst" begegnet, markiert m.E. bereits in zwei Richtungen eine Stellungnahme. Zum einen grenzt sich Trillhaas schon im Titel vorsorglich gegen das "psychologische" Mißverständnis von Seelsorge ab[2] und zeigt sich damit deutlich unter dem Einfluß der uralten dualen Denktradition, welche "Psyche" entweder beim "Geist" oder beim "Leib" angebunden und damit - im doppelten Sinne - aufgehoben zu sehen vermag. Zum anderen signalisiert das Stichwort "Dienst" ('diakonia') im Zusammenhang von "Seelsorge" grundsätzlich eine offene Beziehung zur Horizontalen bzw. zur Leib-Sorge. D.h. Trillhaas setzt sich damit offenkundig von einer vertikalen Engführung der Seelsorge (im Sinne der Dialektischen Theologie) ab. Er will in der Seelsorge "Geistliches" und "Weltliches" nicht getrennt wissen[3] und kann sich auf dem Boden unspezifischer 'cura animarum' entschieden gegen die "Spiritualisierung" der Seelsorge äußern.[4] Seelsorge untersteht für ihn nicht ausschließlich der MARTYRIA.

Hat Trillhaas Seelsorge dergestalt einerseits auch leibhaftig gefaßt, und damit die alte Tradition ihres weiten, auch fürsorglich-diakonischen Verständnisses weitergeführt, so hindert ihn dies andererseits aber zugleich nicht daran, Seelsorge im "eigentlichen" Sinne geistlich zu definieren. Unverkennbar schimmert dabei das Schichten-Modell

---

1) "Der Dienst der Kirche am Menschen. Pastoraltheologie", Christian Kaiser-Verlag München. - Trillhaas bringt nach Asmussen wieder die Lutherische Tradition zu Wort. "Pastoraltheologie" zu betreiben, bedeutet hier sozusagen noch natürliche Abstinenz gegenüber der "Psychologie".
2) S.o.S.69f. Anm 3
3) Nach Trillhaas (82,S.78) läßt sich "vom Gedanken des Leibes Christi her eine Unterscheidung des vermeintlich Geistlichen vom vermeintlich Weltlichen letzten Endes nicht aufrechterhalten."
4) 82,S.88: "Das seelische Schicksal eines Menschen ist von den Fragen seines äußeren Lebens nicht zu trennen...Man bedenke, daß die Hilfserweisungen Jesu beileibe keine rein geistlichen Vorgänge waren, sondern in die Leiblichkeit eingegriffen haben, und daß Jakobus (2,15ff.)...auch schon eine spiritualisierte Seelsorge im Blick gehabt haben wird."

von "Seele" durch. Trillhaas unterscheidet "Stufen" der Seelsorge.[1] Erst auf der letzten, der geist-lichen Stufe "vollendet sich"[2] Seelsorge für ihn. Die (dualistische) Geistestradition erweist ihr Gewicht.

Wie selbstverständlich für Trillhaas die spezifische Sorge um "Seele" im Sinne der Lehrtradition rein geist-lich geprägt ist, bekundet auch die praktische Gestalt seiner Lehre. Psychologische Fragen sind kein Thema der "Pastoral-Theologie". Sie bietet einfach "gesunde Lehre"[3] - und damit auch die Tradition, daß es in der eigentlichen Seel-Sorge-Lehre um nichts anderes gehen kann. Der Geist des Theologen wird angesprochen. Die Brücke zur Praxis schlägt Trillhaas dann geistig - auf dem Wege von Handlungsanweisungen.[4]

Eines ist es, sich von der vertikalen Engführung der Seelsorge im Sinne der Dialektischen Theologie abzusetzen, ein anderes, damit auch wirklich mehrdimensionalen Raum zu gewinnen. Wie wenig letzteres möglich ist, solange der klassische Dualismus die Denkbedingungen prägt, zeigt uns Trillhaas' Seelsorge-Lehre als erste. Seelsorge kann bei Trillhaas durchaus auch horizontale Gestalt haben und der theologischen Leitkategorie der DIAKONIA unterstellt werden. Sie erscheint deswegen aber nicht selbstverständlich mehrdimensional gefaßt. Vielmehr sehen wir Vertikale und Horizontale hierarchisch aufeinander bezogen. Die Stufung zwischen "eigentlicher" Seelsorge

---

1) 82,S.87ff.
2) 82,S.95 - Wo sich Seelsorge "vollendet", geschieht nach Trillhaas, was dem Seelsorger "vor allem" aufgetragen ist, nämlich "den Gliedern seiner Gemeinde mit dem Worte Gottes zur Seite stehen, ihnen Trost und Weisung in den verschiedenen Lagen ihres Lebens zusprechen und mit ihnen beten". (Aus dem Leitsatz von "§ 6. Die Stufen der Seelsorge" S.87)
3) "Spezielle Fragen der Praxis" sind für Trillhaas (82,S.7) Fragen der "speziellen Moraltheologie"!
4) Z.B. lesen wir für den "exemplarische(n) Fall der Seelsorge" an Kranken (82,S.215f.): In ihr "m ü s s e n" "die Stufen der Seelsorge...ganz durchschritten werden". Hier "s o l l" "sich ...Kirche im vollen Sinn ereignen...Hier s o l l nichts fehlen, was zur Kirche gehört: das Gebet...das Lied, die Predigt...das Sakrament... Es m u ß zum Zuspruch kommen... Das Gebet d a r f nicht vergessen werden...Unser Dienst k a n n einer gewissen V e r o b j e k t i v i e r u n g n i c h t entraten". (Hervorhebungen von mir)

und Seelsorge "im weiteren Sinne" erweist sich als untrügliches Kennzeichen dafür, daß Vertikale und Horizontale einander nicht dimensional, sondern wie Bereiche (linear bzw. planear) zugeordnet sind. Wenn wir solcher Art Unterscheidung der Dimensionen noch - wie z.B. bei Thomas Bonhoeffer[1] - in jüngster Zeit begegnen, bekundet dies, daß es in der Seelsorgelehre keineswegs einfach darum geht, die vertikale Engführung dialektisch geprägter Tradition zu überholen. Die Dimensionen wollen als solche in ihrer Beziehung zueinander wahrgenommen sein.

8. Alfred Dedo Müller 1950

Die Seelsorgelehre der 50er Jahre zeigt sich in erster Linie auf eine Auseinandersetzung mit dem Ansatz der Wort-Gottes-Theologie bzw. deren abstrakt vertikaler Sicht konzentriert. Thurneysens blanke Verkündigungs-Formel weckt Widerspruch.

Schon 1923 hatte sich Paul Tillich mit einem Beitrag in den "Theologischen Blättern"[2] zum Sprecher einer Auseinandersetzung mit der Dialektischen Theologie gemacht. Aus dem gleichen Jahr stammt auch Tillichs Abhandlung über "Das System der Wissenschaften nach Gegenständen und Methoden"[3], welche im Kern schon seine spätere "Methode der Korrelation" ins Gespräch bringt.[4] Eindeutig von dieser und anderen Schriften Tillichs bis 1933 beeinflußt[5], sehen wir 1950

---

1) S.o.S.82 Anm 1
2) "Kritisches und Positives Paradox. Eine Auseinandersetzung mit Karl Barth und Friedrich Gogarten", in Th.Bl., Jg. 2 1923, Sp. 263-269. Jetzt in: 77, Bd. VII, S.216-225.
3) Jetzt in: 77, Bd. I, S.109-293
4) Tillich selbst äußert sich 1948 dementsprechend in "Die protestantische Ära" - Deutsche Übersetzung 1950 in: "Der Protestantismus". Gekürzter Abdruck in: 77, Bd. VII. Ebd. S.25: "Die Theologie wird definiert als theonome Metaphysik, eine Definition, die einen ersten und noch ziemlich ungenügenden Schritt auf das hin darstellte, was ich jetzt die 'Methode der Korrelation' nenne."
5) Schon im Vorwort Müllers wird der prägende Einfluß Tillichs deutlich. 42,S.10 spricht Müller von der "Aufgabe einer Theologie der Kultur". Bereits 1919 hatte Tillich einen Vortrag "Über die Idee einer Theologie der Kultur" veröffentlicht (jetzt in: 77, Bd. IX,S.13-31). Es ließe sich nachweisen, daß bereits in ihm

Alfred Dedo Müller seine Praktische Theologie[1] entfalten und dabei die Horizontale betont ins Blickfeld der Seelsorge rücken.
Müller widerspricht entschieden der engen[2] Verkündigungs-Formel Thurneysens. Zu leicht legt diese s.E. das Mißverständnis nahe, Seelsorge könne sich abstrakt vertikal bzw. intellektualiter und abgesehen von "Begegnung" vollziehen. Daß das "Wort Fleisch wurde", muß, nach Müller, auch und gerade die Wort-Gottes-Theologie realisieren.[3] Wenn Müller dann Seelsorge als "Glaubens- und Lebenshilfe" definiert, hat er sie im Kern allerdings ihrer eindimensionalen Sicht nicht enthoben. Denn Seelsorge bleibt für ihn der Leitkategorie

---

Gedanken erscheinen, die wir später von Müller aufgenommen finden. Und sicherlich nicht zufällig wählt Müller die "Verwirklichung des Reiches Gottes" zur Leitvorstellung seiner Praktischen Theologie, spielen doch sowohl der Reich-Gottes-Begriff (bzw. das Reich-Gottes-Symbol) als auch der Begriff der "Verwirklichung" bei Tillich eine zentrale Rolle. 1936 nennt Tillich (in: "Auf der Grenze", Siebenstern Tb Nr.3,S.26) die 1930 unter dem Titel "Religiöse Verwirklichung" in Berlin erschienene Sammlung von Vorträgen und Aufsätzen (aus den Jahren 1925-29) sein "theologisches Hauptwerk". Und in deren Vorwort bemerkt er, alle hier aufgenommenen Arbeiten seien "aus der gleichen (Geistes-)Haltung...geschrieben". Müller zitiert aus der erwähnten Schrift ausdrücklich den Vortrag "Über den gläubigen Realismus" (42,S.53/58), aber auch die übrigen Beiträge dürfte er verarbeitet haben. Tillich spricht vom Vorhaben der "Destruktion der alten schulmäßig erstarrten Probleme" (Religiöse Verw. S.19.). Müller betont (42,S.21): "Nichts darf der praktischen Theologie ferner liegen als eine starre Begriffsdogmatik. Nirgends so wie hier kommt es darauf an, daß jeder Schulbegriff in die Sprache der persönlichen Erfahrung...übersetzt wird". Vom "'Kairos'-Charakter kirchlicher Praxis" lesen wir (42,S.65) bei Müller. 1926 hatte Tillich ein Buch unter dem Titel herausgegeben: "Kairos. Zur Geisteslage und Geisteswendung". Beispiele für den Einfluß Tillichs auf Müller auch dort, wo Tillich nicht ausdrücklich als Zeuge genannt wird, ließen sich zuhauf anführen. Die letzte Tillich-Schrift, die Müller (42,S.64) zitiert, ist "Die sozialistische Entscheidung" von 1933 (jetzt in: 77, Bd.II,S.219-365). Auch dies hat seinen Grund. Tillich emigrierte 1933 notgedrungen in die USA, und seine weiteren Publikationen waren vorerst nur in englischer Sprache und wohl kaum in der DDR - Müller war seinerzeit Ordinarius für Praktische Theologie in Leipzig - zugänglich.

1) Müllers "Grundriß der Praktischen Theologie" erscheint 1950 bei Bertelsmann in Gütersloh. Die Bedeutung des Buches dürfte auch darin sichtbar werden, daß es 1954 noch einmal als Lizenzausgabe für die DDR bei der Evangelischen Verlagsanstalt Berlin herauskommt. Ich zitiere nach dieser Lizenzausgabe von 1954 v.a. aus dem grundlegenden Kapitel (S.13-68) und dem 5. Teil: "Die Seelsorge der Kirche (Poimenik)" S.276-357.
2) 42,S.282: "Der Begriff der Verkündigung erweist sich...als zu eng. Die Verkündigung wird in der Seelsorge zur unmittelbaren Glaubens- und Lebenshilfe".
3) 42,S.278f.

der MARTYRIA unterstellt. Mag sie als "Lebenshilfe" auch ein diakonisches Gesicht tragen, wir sind damit in einem Bereich zweiter Ordnung. Primär geht es um "Glaubenshilfe"[1]. "Glaubenshilfe" wirkt sich auch horizontal aus - eben als "Lebenshilfe". Die Grenzen sind jedoch klar und für Müller nicht zu "verwischen"[2] - als Grenzen zwischen Zentrum und Peripherie, zwischen Seelsorge im theologischen und Seelsorge im psychologischen Sinne - entsprechend einem hierarchisch gestuften Modell von "Seele". "Echte" Seelsorge zielt, nach Müller, immer auf das "Herz"[3], die "innere Mitte" menschlichen Wesens[4], die "Wurzelschicht (!) menschlichen Seins". Und diese(s) ist für ihn bezeichnenderweise - im Gegensatz zum mehrdimensionalen biblischen Begriff von "Herz" - "nicht mehr psychologisch, sondern nur (!) metaphysisch...beschreibbar".[5]

So konzentriert sich Seelsorge auch bei Müller, geistlicher Tradition entsprechend, auf die Gottesbeziehung.[6] Ihr Gegenüber ist, hinter allen psychischen und leiblichen Bedingungen des Lebens, die gottesbedürftige, verlorene (Sünder-)Seele nach dem Bilde vom "verlorenen Schaf" als "Symbol absoluter Verlorenheit und Willenlosigkeit"[7]. Die "zentrale Lebenshilfe" kann auch für Müller "nur von Gott und nicht von menschlicher Bemühung kommen".[8] Denn ins "Zentrum" reicht die Horizontale nicht hinein. Die "Seele", die im "Zentrum" zu finden ist, ist eo ipso die rein vertikale, die "Seele" des "ewigen Lebens".[9]

---

1) 42,S.343: "Die Kirche kann die Totalität ihrer Botschaft nur so vor aller intellektualistischen Einschnürung und Verkümmerung schützen, daß sie in r e - p r ä s e n t a t i v e r und s y m b o l i s c h e r Weise sich auch der leiblichen Not annimmt". (Hervorhebungen von mir)
2) 42,S.289
3) Nach Müller (42,S.42) muß "der Begriff Herz seine ursprüngliche ganzheitliche, nur theologisch beschreibbare Bedeutung wiedergewinnen.., die er in der Sprache Luthers noch besitzt". - Die "Sprache Luthers" ist hier original biblische Sprache! Dies bemerkt Müller bezeichnenderweise nicht.
4) 42,S.284   5) 42,S.42
6) 42,S.285: "In echter Seelsorge muß deutlich werden, daß alle Gesundung des inneren und äußeren Lebens von der richtigen Lösung der Glaubensfrage abhängt."
7) 42,S.298 - vgl. o.S.71 Anm 4   8) 42,S.319
9) "Die Krankenseelsorge", lesen wir (42,S.345f.), "muß (!), was immer auch im einzelnen geschehe, jedenfalls von der metaphysischen Trostlosigkeit befreien

9. Ludwig Köhler 1954

So ist es konsequent, wenn Ludwig Köhler[1] den Auftrag der Seelsorge als den der Hilfe zum "wahren" bzw. zur "Genesung zum ewigen Leben"[2] faßt. Offenkundig greift bei Köhler das Denkmuster der Bereiche. Das "irdische, leiblich-sinnliche Leben" (Horizontale) und das "ewige, geistliche Leben" (Vertikale) sind für ihn "zwei Seinsformen, die ...übereinander liegen".[3] Klar geschichtet erscheint Seele: Unten "Psyche" - oben "Seele". Dergestalt säuberlich geschieden gibt es keinen Konflikt zwischen Psycho- und Seel-Sorge.[4] Ein Besuch wird, nach Köhler, zur "Seelsorge", wenn der Besuchte "bereit wird, sich der geistlichen Welt zuzuwenden"[5], wenn er den Überschritt von der Horizontalen zur Vertikalen vollzieht.

10. Herbert Girgensohn 1955

Daß Seelsorge als Glaubenshilfe auch Lebenshilfe im Sinne (psycho-)therapeutischer Wirkung zeitigt, finden wir im Prinzip schon von A.D. Müller festgestellt. Wie denn Grundgedanken Müllers die Seelsorgeliteratur der Folgezeit viel eingehender prägen, als es im Schatten des großen Vaters Thurneysen allgemein wahrgenommen wird. 1955 geht Herbert Girgensohn ausdrücklich der Frage der "heilenden Kräfte der Seelsorge" nach[6] und entwickelt bezeichnenderweise den Gedanken

---

    helfen...Wie furchtbar hat sich hier das Herrenwort bestätigt: 'Wer sein Leben erhalten will, wird es verlieren' (Mark 8,34)..." - Auf die Bedeutung der Tradition von Mk 8,34ff. wies ich schon hin. Nach Asmussen (3,S.32) "wacht" die Seelsorge "darüber...daß (hier) keine Verharmlosung eintritt..."
1) Wahres Leben, Luther-Verlag Witten/Ruhr 1954
2) 33,S.11
3) 33,S.231f.
4) 33,S.157ff. - S.177: "Die Psyche dieses ist nicht die Seele jenes"! S.180: "Die Regel für den Seelsorger muß lauten, daß er sich seiner Grenzen klar bewußt bleibt und dem Psychiater überläßt, was des Psychiaters ist"!
5) 33,S.205
6) In: Wort und Dienst, Jahrbuch der Theologischen Schule Bethel, Neue Folge 4. Band, 1955, S.53-64.

einer "indirekten" therapeutischen Wirkung der Seelsorge.[1] Heil im "Zentrum des menschlichen Lebens", in der "Sphäre" der "Seele" zu gewinnen, zeitigt, nach Girgensohn, nicht zwingend, aber durchaus folgerichtig, auch Heilung in der "Sphäre" der Psyche und des Leibes.[2]

Das Fremdwörterbuch übersetzt "Sphäre" mit "(Macht-)Bereich". Daß Girgensohn Seel-Sorge und Psycho-Sorge unterschiedlichen "Sphären" zugehörig nennt, dokumentiert sprachlich ein Zwischenstadium auf dem Weg zu dimensionaler Betrachtungsweise. Zugleich ist seine Zuordnung: "Seele"-Gottesbeziehung-Vertikale und "Psyche"-zwischenmenschliche Beziehung-Horizontale typisch für die Seelsorgetradition. Auch Girgensohn findet den Begriff "Seelsorge" ob seiner möglichen Gleichsetzung mit psychologischer Sorge "irreführend"[3]. "Seelsorge im eigentlichen christlichen Sinne"[4] zeichnet sich gerade durch ihr Darüber-hinaus aus. Eben dieses ist ihr Spezifikum: die Sorge jenseits der "Sphäre" der Horizontalen.

Wir erinnern uns: Ein eindimensionaler Begriff von "Seele" hat das Verständnis von Seelsorge geprägt. Seelsorge ist von hier aus ungefragt vertikale Sorge und untersteht dementsprechend der Leitkategorie der MARTYRIA. Um ihrer Identität als geistlicher Sorge willen liegt ihr daran, nicht mit horizontaler, sprich: psychologischer oder -somatischer Sorge verwechselt zu werden. Wenn aber der Mensch mit Leib, Seele und Geist ein Ganzer ist, strahlt "geistliche" Sorge um ihn, um seine Gottesbeziehung und seinen G l a u b e n, auf sein L e b e n in horizontaler Beziehung aus. "Indirekt", sagt Girgensohn. Der "ganze Mensch" läßt sich ja nicht teilen. Es gibt eben Zusammenhänge. "Direkt" intendiert kann "therapeutische Wirkung"

---

1) Nach Girgensohn (23,S.54) läßt sich die Beziehung zu Gott nicht von der Beziehung zum Mitmenschen und zum eigenen Selbst abstrahieren. "Die Seelsorge läßt" aber "bewußt die Sphäre (!) der immanenten Betrachtungsweise des Seelenlebens hinter sich, geht darüber hinaus, rechnet mit...dem persönlichen Gegenüber Gottes, und d a n n   a u c h mit dem Gegenüber des Mitmenschen. Beides h a t seine innerseelische Reaktion...Seelsorge hat es darum nur i n d i r e k t mit der Heilung von innerseelischen und körperlichen Störungen zu tun."
2) 23,S.61 u. 64
3) 23,S.54   4) Ebd.

von der Seelsorge aber nicht sein. Würde dies doch heißen, daß Seelsorge sich von Hause aus auch als horizontale Sorge verstünde. Das spezifische Verständnis von "Seelsorge" läßt dies nicht zu.

11. Otto Haendler 1957

In den Banden dieses Verständnisses finden wir 1957 auch die Seelsorge-Lehre Otto Haendlers[1]. Unbestritten bringt die Tradition für Haendler einen vertikalen Begriff von Seelsorge mit. Auch bei ihm ist Seelsorge erklärtermaßen "Verkündigung" und untersteht der Leitkategorie der MARTYRIA. Doch - das nimmt Haendler nun besonders in Blick -, wer 'martyria' treibt, kann dies in der Seelsorge nicht abgesehen von ihrem Adressaten und dem inneren und äußeren Kommunikationsgeschehen tun, welches das seelsorgerliche Gespräch kennzeichnet. Unweigerlich mischt sich, nach Haendler, die Horizontale ins Geschehen der 'martyria'. In der Seelsorge dem ganzen Menschen als Person, und damit den psychologischen Gegebenheiten Rechnung zu tragen, ist phänomenologisch so zwingend, wie konkrete Verkündigung Fragen der Hermeneutik berücksichtigen muß.
Für Haendler trifft die vertikale Sorge um Seele auf die "Seele, die sie aufnehmen soll, mit ihren Kräften, in ihrer Struktur und mit ihren Reaktionen".[2] Der "Auftrag" der Seelsorge, schreibt er[3], "ist und bleibt...eindeutig g e i s t l i c h", die "Mittel und Elemente" ihres Vollzugs sind dagegen "wirklich w e l t l i c h...In der Einheit dieser beiden Linien hängen alle Probleme der Pastoraltheologie und der Seelsorge". Das "geistliche" Geschäft der Seelsorge gerät, nach Haendler, also unumgänglich ins "weltliche" Gemenge. Sich in diesem, sprich: in der Psychologie, auszukennen, ist für den Seelsorger, gerade um seines Auftrags willen, unerläßlich. Mit unseren Worten: Von Hause aus ist in der Seelsorge nur eine

---

1) Otto Haendler, Grundriß der Praktischen Theologie, Alfred Töpelmann-Verlag Berlin 1957, 7. Kapitel: "Die Seelsorge der Kirche (Poimenik)", S.309-377.
2) 24,S.315   3) 24,S.321 (Hervorhebung von mir)

Dimension da. Die zweite stellt sich jedoch phänomenologisch zwangsläufig im Vollzug ein. Haendler spricht freilich nicht von "Dimensionen". Er redet von "Linien", zugleich folgt er dem vertrauten Gefälle der Abgrenzung. Wir hören Thurneysen, wenn er von "weltlichen M i t t e l n" spricht und damit der Horizontalen nur instrumentale Würde einräumt. Wir sehen das duale Denken wirksam, wenn er die Horizontale "weltlich" nennt und eben damit "geistlicher" Qualitäten bar erklärt.

Für Haendler ist es bezeichnenderweise (treu der dogmatischen Tradition) "nicht wesentlich, ob die Bibel eine 'Psychologie hat'".[1] Kann Seelsorge-Lehre dergestalt auf theologisch ureigenem Felde von der horizontalen Dimension der "Seele" absehen, fragt sich freilich, wie weit phänomenologische (sprich: psychologische) Einsicht Folgerungen für den Vollzug der Seelsorge einzubringen vermag, welche theologisch auch wirklich zwingend sind. Haendler selbst steht auf dem Boden der "Theologie des Nein und...des Ja zur natürlichen Offenbarung"[2]. Von hier aus ist er dann auch nicht auf eine spezielle Erhebung der Biblischen Psychologie angewiesen, um z.B. im Adressaten der Seelsorge mehr als die Sünder-Seele zu sehen.[3] Doch wenn sein Standort nicht geteilt wird, wenn der Verkündigungszweck nicht die "weltlichen Mittel" heiligt – dann wird man sich schnell an den "hilfswissenschaftlichen" Status der Psychologie erinnern.

Ich denke: Der Streit um die Bedeutung der Psychologie in der Seelsorge ist genau an den Bedingungen festzumachen, welche wir von Haendler ausführlich gezeichnet sehen: Theologisch ist Seelsorge "Verkündigung" und damit Psychologie "Hilfswissenschaft". Phänomenologisch ist Seelsorge "Gespräch" und damit Psychologie Grundwissenschaft. Sich phänomenologischen Einsichten bzw. der "E r f a h r u n g" zu entziehen, ist auf Dauer schwer möglich. Ist die

---

1) 24,S.372
2) 24,S.342
3) Aus dem "Person"-sein folgt für Haendler (24,S.348), "daß der Mensch nicht nur von der negativen Wirklichkeit seines Seins her (Sünde und Schuld) angegangen werden kann".

Horizontale dergestalt gewichtig zu Bewußtsein der Seelsorge-Lehre gebracht wie bei Haendler, muß sich auf Dauer auch der alte Rahmen rein vertikaler Fassung der Seelsorge zersetzen. Daß dies theologisch zu Recht geschieht, lehrt die Biblische Psychologie.

12. Adolf Allwohn 1958

Hatte Otto Haendler die Horizontale phänomenologisch in die Seelsorge eingebracht und sozusagen erst im Blick auf deren aktuellen Vollzug miteinkommen lassen, so finden wir sie bei Adolf Allwohn ein Jahr später[1] im theologischen Verständnis von Seelsorge selbst berücksichtigt. Allwohn sieht "Verkündigen" (Sündenvergebung) und "Heilen" (Krankenheilung) schon bei Jesus selbstverständlich zusammengehörig[2]. Seel-Sorge ist damit für ihn im vornherein vertikal u n d horizontal dimensioniert. Das "heilende Wort" wird "Fleisch", indem es nicht nur in die Rede-, sondern auch in die "Heilweise" der jeweiligen Zeit eingeht, meint Allwohn[3], und ruft, dergestalt über Girgensohn hinausgehend, ein direktes therapeutisches Verständnis der Seelsorge aus.

Doch in welch einem Rahmen bewegt sich dieses! Seelsorge bleibt allein der MARTYRIA unterstellt. Kommt die Horizontale bei ihr ein, dann doch nur in dem Ausschnitt, welchen die überkommene Lehre von der Sorge um die S ü n d e r-Seele unter Berücksichtigung des "ganzen Menschen" zuläßt. Der theologische Preis, den der "Pastoralpsychologe"[4] Allwohn für sein psycho-somatisches Verständnis der

---

1) Das heilende Wort. Zwiesprache mit dem ratsuchenden Menschen unserer Zeit, Vandenhoeck & Ruprecht, Göttingen 1958.
2) 2,S.10: "Verkündigen und Heilen stehen in einem inneren Zusammenhang; denn Sündenvergebung und Krankenheilung sind im Heilswirken Gottes eins, so wie auch Krankheit und Sünde aufs engste zusammengehören. Die Heilung ist ein Sichtbarwerden der Sündenvergebung..."
3) 2,S.14
4) Allwohn will - so im Vorwort (2,S.7) - "den Ertrag der tiefenpsychologischen Forschung, insoweit er für die Seelsorge verwendbar ist, darbieten" und damit zugleich einen "Beitrag zur evangelischen Pastoralpsychologie" leisten. In Siegmund Freuds These von der "ungehemmten Triebhaftigkeit" des Kleinkindes sieht er z.B.

Seelsorge[1] zahlt, ist hoch. Er muß Krankheit und Sünde kurzschließen und geht davon aus, "daß Krankheit s t e t s mit persönlicher Sünde zusammenhängt"[2]. "Das Wichtigste" im seelsorgerlichen Gespräch ist, nach Allwohn, "die Weckung des Schuldbewußtseins und der Erlösungssehnsucht".[3] Eindeutig steht bei ihm die "Seele" unter der Kuratel dogmatisch bestimmter Sorge. Die Horizontale ist berücksichtigt, aber nur so weit, so weit sie die Vertikale im Sinne der Lehre bestätigt. Daß Allwohn in seiner Lehre direktivem Lehrstil folgt, kann nicht verwundern.[4] Von der unabdingbaren Notwendigkeit habitueller Schulung des Seelsorgers hören wir theoretisch.

13. Joachim Scharfenberg 1959

Zu den Namen, welche in besonderer Weise mit der neueren Evangelischen Seelsorge-Lehre verbunden sind, gehört der von Joachim Scharfenberg. 1959 erscheint er erstmals im Zusammenhang einer Arbeit über Johann Christoph Blumhardt.[5] Wir finden Scharfenberg hier noch deutlich an einem vertikalen Verständnis der Seelsorge orientiert[6], zugleich werden freilich auch Schritte in Richtung einer mehrdimensionalen Perspektive sichtbar.

(S.18) "eine im säkularen Bezirk (!) entdeckte Bestätigung der Lehre von der Erbsünde".
1) 2,S.119-127 finden sich eine Fülle wichtiger psycho-somatischer Beobachtungen.
2) 2,S.12 (Hervorhebung von mir) - "In der Auflehnung gegen das Krankheitsschicksal" sieht Allwohn (2,S.132) selbstverständlich eine Auflehnung "gegen Gott"!
3) 2,S.204
4) Da lesen wir z.B. im Zusammenhang von Fragen der Krankenhausseelsorge (2,S.131): "...In den meisten Fällen werden wir uns zu bemühen haben, dem Kranken aus einem so oder so gefärbten Neinsagen zur getrosten Ergebung in Gottes Willen zu verhelfen. Die Voraussetzung dafür bildet das Verzichten des Kranken auf die eigene(n) Gedanken und Lebenswünsche...Alles Gekünstelte und Unnatürliche muß vermieden werden. Man rede also von vornherein einfach, sachlich und mit menschlicher Wärme..." "Man rede"! - so das Rezept! Aber wie weit ist es vom Rezept zur Wirklichkeit..!
5) Johann Christoph Blumhardt und die kirchliche Seelsorge heute, Vandenhoeck & Ruprecht, Göttingen. - Scharfenberg legt mit dieser Arbeit die Ergebnisse seiner 6 Jahre alten Dissertation vor.
6) 55,S.62

Nach Scharfenberg zeigt Blumhardt, daß Seelsorge auch Heilung impliziert. "Reinlich zwischen natürlicher und übernatürlicher Hilfe" zu scheiden und die "Arbeitsgebiete von Arzt und Seelsorger" klar voneinander abzugrenzen, liegt nicht auf seiner Linie.[1] Seelsorge, die den "ganzen Menschen" ernst nimmt, ist in dieser Richtung unterwegs.

Mir fällt auf, daß Scharfenberg die Seelsorgelehre seiner Zeit recht pauschal kritisiert[2]. Daß er selbst theologisch über ihren Stand hinauskäme (Girgensohn/Allwohn), vermag ich nicht zu sehen.

14. Theodor Bovet und Dietrich Rössler 1962

An kaum einer Seelsorge-Lehre wird m.E. das Dilemma überkommener vertikaler Engführung so deutlich, wie an der Theodor Bovet's in ihrer 3. Auflage von 1962[3]. Einerseits entwickelt Bovet klar ein mehrdimensionales Verständnis vom Gegenstand der Seelsorge und überholt mit seiner neuen "seelsorgerlichen Anthropologie"[4] die jeweilige Einlinigkeit der auf den "Leib" (Medizin), die "Psyche" (Psychologie) oder den "Geist" (Theologie) für sich gerichteten "Schulen"[5]. - Für Bovet geht es nicht an, "zwei gesonderte Reiche zu unterscheiden". "Wenn wir von der Wirklichkeit reden, müssen wir stets von der m e h r d i m e n s i o n a l e n   G a n z h e i t

---

1) 55,S.41f.
2) Scharfenberg meint (55,S.15), das "Fehlen eines einheitlichen Menschenbildes" in der Seelsorgelehre feststellen zu müssen. Da er weder A.D. Müller(42), noch L. Köhler(33), noch O. Haendler(24) oder A. Allwohn(2) im Blick hat, erscheint solche Feststellung im Jahre 1959 doch etwas voreilig. Der "Bezug zum Dämonischen", der Scharfenberg "besonders interessiert" (S.16), findet sich bei A.D. Müller durchaus, und zwar im Zusammenhang von Gedanken über die Perversion des Glaubens in individueller und struktureller (politischer) Gestalt. Vgl. 42,S.45.55.67.308f. u.ö. - Bereits 1926 veröffentlichte Paul Tillich die Arbeit: "Das Dämonische. Ein Beitrag zur Sinndeutung der Geschichte". Jetzt zu lesen in: 77,Bd.VI,S.42-71.
3) Lebendige Seelsorge. Eine praktische Anleitung für Pfarrer und Laien, Katzmann-Verlag Tübingen - 1. Auflage von 1951!
4) Diese "muß biblisch so gut begründet sein wie die 'christliche Anthropologie', aber sie muß auch über die modernsten Erkenntnisse vom Menschen, um den es ja geht, verfügen", schreibt er (12,S.14).
5) Ebd.

ausgehen", schreibt er.[1] Auch die Ausrichtung allein auf den Menschen in "Not" lehnt Bovet ab und fordert hier gründliches "Umdenken"![2] - Andererseits unterstellt er im Sinne Thurneysens Seelsorge eindeutig und ausschließlich der MARTYRIA und grenzt sie damit wiederum säuberlich "gegen die Medizin und Psychotherapie" ab.[3] Einerseits kommt seine "seelsorgerliche Anthropologie", bzw. sein moderner Begriff vom "Ganzen der Person" in ihrer Lebendigkeit, auffällig nah an den biblischen Begriff von "Seele" heran[4]. Andererseits hält Bovet den Versuch "biblischer Psychologie" für anhaltslos und absurd.[5]

Um "nichts anderes" als "Ausrichtung des Wortes Gottes" und "ewiges Leben" geht es, nach Bovet, in der Seelsorge.[6] Die Folge solch vertikaler Bestimmung der "Seelsorge" ist, daß alles horizontale bzw. nicht-"geistliche" Tun von Bovet nicht als seelsorgerliches Tun angesehen werden kann. "Seelsorger" bin ich, nach Bovet, n u r , sofern und wenn ich mich geistlich betätige.[7] Zugleich spricht er jedoch auch vom "psychologische(n) Teil (!) der Seelsorge", den im "Vorfeld" außer acht zu lassen, unverantwortlich wäre.[8]

Ich stelle fest: Die "seelsorgerliche Anthropologie" Bovets ist offenkundig mehrdimensional. Sein eindimensionales Verständnis der

---

1) 12,S.163f. (Hervorhebung von mir)
2) 12,S.167 - s.o.S.71 Anm 4
3) Unter der Überschrift: "Abgrenzung der Seelsorge" beginnt Bovet (12,S.15) mit dem Zitat des Leitsatzes von §1 der Seelsorgelehre Thurneysens von 1948.
4) Vgl. dazu das ganze Kapitel: "Die Struktur der Person" (S.47ff.)
5) 12,S.16f.: "Mit Krankheit im Sinne der Naturwissenschaft oder mit seelischen Konflikten, unbewußten Komplexen und ähnlichen innerpersönlichen Gleichgewichtsstörungen gibt sich die Bibel nicht ab...weil ihr das Interesse für die menschliche Psyche und ihre inneren Probleme von vornherein (!) abgeht. Die 'biblische Psychologie', die immer wieder versucht wird, ist deshalb ebenso schief wie die Erklärung der Welträtsel durch Haeckel oder die Psychologisierung Gottes durch gewisse Psychoanalytiker."
6) 12,S.230 - Ebd.: "Es ist hie und da sehr wertvoll, menschliche Weisheit zu vernehmen und menschliche Hilfe zu erfahren, aber das ist keine Seelsorge." - S.27: "Ewiges Leben, darum geht es und um nichts anderes."
7) Wenn "der Arzt...in gewissen Fällen durch sein persönliches Glaubenszeugnis... seelsorglich wirken" kann, muß er "sich aber bewußt sein, hier nicht mehr als Arzt, sondern als Glaubender zu handeln", bemerkt Bovet (12,S.20).
8) 12,S.240

Sorge um "Seele" zeitigt dann aber den Zwang alternativer Abgrenzung bzw. hierarchischer Abstufung seelsorgerlichen Handelns. Wo sich der Seelsorger selbst in seiner Person als "mehrdimensionale Ganzheit" wahrnimmt, wird er kaum bereit sein, sich den Gesetzen solch abstrakter Unterscheidung auf Dauer zu fügen. Es kann nicht "uneigentlich" oder nur "Vorfeld" sein, was "Ganzheit" wahrmacht!
Dimensionaler Sicht ist eigen, die Dimensionen einander zugewiesen zu sehen. In der Theologie finden wir sie bei Paul Tillich angelegt. Seine "Methode der Korrelation" nimmt die Horizontale nicht als in und für sich geschlossen wahr, sondern offen auf die Vertikale zu. Nicht zufällig wird Tillich zum theologischen Dauerzeugen einer Seelsorgelehre, welche die horizontalen, sprich: profanen Humanwissenschaften zu integrieren sich bemüht. Daß diese von Hause aus integrationsfähig sind, beweist die "seelsorgerliche Anthropologie" des Arztes Theodor Bovet. In dieser Anthropologie ist das Denken in tricho-tomisch getrennten Bereichen durch dimensionale Sicht überholt. Die profanwissenschaftlichen "Systeme" stellen sich damit zugleich grundsätzlich "offen" für die vertikale Dimension dar.[1]
Dies ist Voraussetzung für die mehrdimensionale Anthropologie, wie Bovet sie für die Seelsorge entwirft. Wie nahe er mit jener Anthropologie der Biblischen Psychologie ist[2], nimmt Bovet selbst aber offenbar nicht wahr. Jedenfalls dominiert in seinem, von Thurneysen überkommenen Verständnis von "Seelsorge" dann doch die dogmatische Festlegung auf eine eindimensionale Sichtweise, daran deutlich, daß die Dimensionen der "ganzen Seele" jetzt wieder zu getrennten Bereichen werden, und "eigentliche Seelsorge" sich als exklusiv "geistliches", bzw. rein vertikales Unternehmen faßt. Die mehrdimensionale "Seele" hat bei Bovet das Haus der Seelsorgelehre betreten. Niederlassen darf sie sich in ihrem Sosein dann aber - wie

---

1) Bovet stellt 12,S.43 fest: "...die Wissenschaft bildet heute ein offenes System".
2) "Seele", schreibt Bovet (12,S.63), kann "nur im Ganzen der Person leben". S.18: "...die Seele ist die Integration der Person". S.32: "Der Seelsorger...trägt Gottes Lebenskraft möglichst nahe an den einzelnen Menschen heran." S.149: "...die Liebe ist Gottes Odem, durch den wir als Menschen leben."

gehabt - doch nur im Vorzimmer der "Seelsorge" - weil jene ihrem eindimensionalen Verständis von "Seele" treu bleibt.

Betrachten wir vor dem Hintergrund der Seelsorgelehre Theodor Bovets den Versuch Dietrich Rösslers[1], die Engführung der "neueren Seelsorgelehre" auf eine Fehleinschätzung der von der neuzeitlichen Humanwissenschaft repräsentierten "Horizontalen" zurückzuführen, so ist sogleich deutlich, daß Rössler damit zu kurz greift. Sicher trifft zu, daß die Grenzziehung zwischen "Seelsorge" und "weltlicher" Wissenschaft vom Menschen teilweise von der Projektion eindimensionaler Sicht lebt. Die Seelsorge-Theologie denkt selbst eindimensional und stellt sich auch die Humanwissenschaft so, d.h. dann auch zur Vertikalen verschlossen, vor. Da und dort werden Natur- und Humanwissenschaft noch in die alte Schublade kausal-mechanistischen Denkens gesteckt. Wenn Rössler eindrücklich nachweist, daß solche Einschätzung überholt ist und die Humanwissenschaft dimensional und damit grundsätzlich offen denkt, ist jedoch - wie sich am Beispiel Bovets zeigt - das Problem der Seelsorgelehre noch nicht erledigt. Denn nicht nur die Horizontale gilt es dimensional zu sehen, auch die Vertikale will als "Dimension" realisiert sein, soll der Zwang zur (abstrakten) Abgrenzung zwischen "Seele" und "Psyche", Seelsorge und psychosomatischer Sorge, um des vertikalen Propriums der Seelsorge willen nicht alsbald wirksam werden.

Rössler läßt sich m.E. durch die Rede vom "ganzen Menschen" in der Seelsorge verleiten, eine "strukturelle Identität" zwischen Seelsorgelehre und moderner Humanwissenschaft zu sehen.[2] Schauen wir genauer hin, sehen wir diese jedoch im Kern n i c h t gegeben. Die Humanwissenschaft vollzog mit ihren weitsichtigsten Vertretern den Durchbruch zur dimensionalen Sicht (auf der Ebene der Horizontalen); die Seelsorgelehre tat es auf ihrem Felde nicht. Sie hat es

---

1) Der 'ganze' Mensch. Das Menschenbild der neueren Seelsorgelehre und des modernen medizinischen Denkens im Zusammenhang der allgemeinen Anthropologie, Vandenhoeck & Ruprecht, Göttingen 1962 - Es handelt sich um eine Untersuchung, mit der Rössler sich 1960 als Praktischer Theologe in Göttingen habilitierte.
2) 54,S.96

nicht nötig, solange sie ihren Gegenstand im Prinzip eindimensional "geistlich" faßt. "Mit Krankheit im Sinne der Naturwissenschaft oder mit seelischen Konflikten", schreibt Bovet[1], "gibt sich die Bibel nicht ab...weil ihr das Interesse für die menschliche Psyche von vornherein abgeht."

Proprium der Seelsorge ist und bleibt, daß sie die vertikale Dimension bei der Sorge um "Seele" wahrnimmt. Das vertikale M e h r an Dimension, welches den Anspruch der Seelsorge, erst wirklich den g a n z e n   M e n s c h e n im Blick zu haben, zu Recht begründet, erscheint unter den Bedingungen der eindimensionalen Lehrtradition allerdings nicht nur als ihre Besonderheit, sondern auch als ihr Ghetto. Im von der Horizontalen abgegrenzten Ghetto der Vertikalen kommt das "Mehr" als solches nicht zum Tragen. Das Denken in "Bereichen" kennt von Haus aus - grob gesagt - nur den Umstieg von der einen zur anderen Dimension, nicht deren integrierte Wahrnehmung. Es ist bezeichnend auch für den theologischen Forschungsstand, wenn Bovet behauptet, der Bibel ginge das "Interesse für die menschliche Psyche von vornherein" ab.

15. Werner Jentsch 1963

Unter der Voraussetzung dimensionalen Denkens kann und wird Seelsorge ihres eigentümlichen Mehr an Dimension gewiß sein und es wahrnehmen, ohne sich von der Horizontalen bedroht zu fühlen, betont absetzen oder ihr ständig gegenübertreten zu müssen. Es kommt im Gegenteil durchgehend gerade im lebendigen Gemenge mit dieser zum Zuge. Wie wir sehen, ist die Seelsorge-Lehre im Jahre 1962 jedoch nicht so weit. Ihr Proprium festzuhalten und sich gleichwohl zugleich offen auf die Horizontale einzulassen, vermag sie nicht. Dietrich Rössler verkennt dies, wenn er meint, es ginge nur darum, die Offenheit der Horizontalen zu realisieren. So ist es auch nicht verwunderlich, wenn

---

1) 54,S.16f.

Werner Jentsch in seiner Seelsorgelehre von 1963[1] bei Rössler u.a. die Aufforderung hört, die Seelsorge möge sich einer "anthropozentrischen Anthropologie" ausliefern und dies natürlich abwehrt.[2]
Auch Jentsch finden wir im vertrauten Ringen um Abgrenzung. Von der einfachen Verkündigungs-Formel Thurneysens setzt er sich dergestalt ab, daß er Seelsorge von der "Sorge", genauer: von der "Sorge unter dem Evangelium"[3] her verstanden wissen will. "Sorge" schließt für ihn "Wort" und "Tat" gleichermaßen ein.[4] Verbale Engführung der Seelsorge ist auf diese Weise vermieden. Gleichwohl bleibt Seelsorge auch für Jentsch der MARTYRIA unterstellt. Sie hat "eine der sogenannten Verkündigung verwandte und doch auch wieder von ihr verschiedene Aufgabe", meint er.[5]
Nach Jentsch meldet sich der "ganze Mensch...in der Sache der Seele zu Wort"[6], und die Horizontale kommt unweigerlich in die Seelsorge mit ein. Doch "etwa bloß einen psychischen Teil"(!) vom Menschen im Auge zu haben, geht nicht an. Der "Sache der Seele" (="Psyche") steht "'Seele'...(als) Mitte des Menschseins,...als Person vor Gott" gegenüber[7]. Und mit ihr sind die "eigentlichen Belange der christlichen Verkündigung" herausgefordert.[8] Seelsorge ist eindeutig soteriologisch bestimmt. Sie ist Sorge "um das Neue Sein, das Heil-Sein bzw. das H e i l der anvertrauten Menschen."[9]
Jentsch kennzeichnet Seelsorge im Vollzug als "bipolares Geschehen höchst eigener Struktur"[10]. Horizontale und Vertikale einander polar zugeordnet zu verstehen, heißt, ihre Gewiesenheit aufeinander zu sehen. Zugleich deutet Polarität auf eine spannungsvolle Beziehung.

---

1) Handbuch der Jugendseelsorge, Teil II: Theologie der Jugendseelsorge - Das "Handbuch" erscheint in den Jahren 1963-1973 bei Gerd Mohn im Gütersloher Verlagshaus in 3 Teilen und insgesamt 4 Bänden. Jeder Band zählt im Durchschnitt über 550 Seiten! Die "Theologie" erscheint als erstes im Jahre 1963, 1977 dann in 2. Auflage.
2) Vorwort 27,S.8
3) I. Kapitel: "Die Sorge unter dem Evangelium" (a.a.O.S.12ff.)
4) 27,S.45: "Wenn in der Kirche Seelsorge geübt wird, so ist es zunächst einmal Sorge und dann erst Wort- oder Tatsorge..."
5) 27,S.45   6) 27,S.153
7) 27,S.165   8) 27,S.162
9) 27,S.45f.   10) 27,S.162

Hinter ihrem "höchst eigenen" Charakter verbirgt sich das (alte) Beziehungsgefälle. Die Horizontale bestimmt das Wie, aber nicht das Was der "Sorge". Was "eigentlich" "Sache der Seele" ist, weiß die geistlich definierte "Sorge" allein, und sie kann sich nicht "eigentlich" wahrgenommen wissen, wenn es "etwa bloß" um "Psyche" geht.

16. Hans-Otto Wölber 1963

Werner Jentsch reflektiert, wie wir sahen, Seelsorge erklärtermaßen von der "Sorge" her. Hans-Otto Wölber tut es im gleichen Jahre auch. "Abriß einer Theologie der Sorge um den Menschen", nennt er seine Seelsorgelehre von 1963[1] und meidet das Wort "Seele" programmatisch im Titel. "Daß der Begriff Seelsorge auch aus anthropologischen Gründen überholt" sei[2], meint Wölber bezeichnenderweise belegen zu können. Was hier auf der Woge der Rede vom "ganzen Menschen" einkommt, transportiert bei genauerem Zusehen jedoch nur die alte duale Denktradition. Wölber will die "geistliche" Sorge nicht mit "psychologischer" Sorge verwechselt wissen. "Die Sorge um den Menschen m u ß in einer das V e r l o r e n e suchenden V e r k ü n d i g u n g geübt werden", schreibt er[3], und bewegt sich dabei in seinen Grundgedanken zwischen Thurneysen, Trillhaas und Müller. Von Thurneysen übernimmt er die Verkündigungs-Formel, von Trillhaas die Reserve gegenüber der Psycho-Wissenschaft und von Müller die kritische Auseinandersetzung mit der Dialektischen Theologie, das Schichtenmodell von "Seele" und das Gleichnis vom verlorenen Schaf als Urbild der Seelsorge.

"Den Begriff 'Seele' zu bedenken", ist für Wölber nur möglich "mit der erheblichen Einschränkung, daß er nichts anderes (!) kennzeichnen kann als die Angewiesenheit des Menschen auf Gott".[4] Müllers Begriff

---

1) Haupttitel: "Das Gewissen der Kirche" - Erschienen bei Vandenhoeck & Ruprecht in Göttingen. Ich zitiere nach der 2. Auflage von 1965.
2) Vorwort 89,S.8   3) 89,S.24 (Hervorhebungen von mir)
4) 89,S.187f.

von "Herz" wird auch von Wölber unbiblisch eindimensional geistlich verwertet.[1] Der Begriff kennzeichnet für ihn die "Wurzel der Existenz", die "andere Dimension", zu der die Psycho-Sorge natürlich keinen Zugang hat.[2] Deren "Seele" ist zwar biblisch belegt, aber doch dem "Fleisch"[3] zuzurechnen und daher nicht Gegenstand der Seelsorge "im engeren Sinne". Wir sehen: Der Begriff der "Dimension" klingt an, aber nur im Interesse einer Grenzziehung zwischen dem vertikalen und dem horizontalen Geschäft der "Sorge". "Das Helfen und Reparieren ist eine F o l g e der Seelsorge", schreibt Wölber[4], original geht es in ihr darum, den "'Text des Lebens' auf das Böse, auf die originale Sünde, auf die Verlorenheit hin zu exegesieren".[5] Es geht "um das verlorene (göttliche) Du, n i c h t um eine Reparatur innerhalb der Welt der Seele".[6]

Die eindimensional geist-liche Fassung der Seelsorge folgt der dualen Denktradition. Horizontale Sorge um "Seele" kann hier nur hinter der Grenze des "christlichen Plus der Kommunikation"[7], d.h. abgestuft oder alternativ zu Gesicht kommen. Daß der Seelsorge-Lehre Wölbers ein ausgesprochen direktiver Stil eignet, wo sie "Umrisse der Praxis" zeichnet[8], nimmt nicht Wunder, ja bestätigt auf seine Weise eine Tradition, welche in geistlichem Namen von der Horizontalen abzuse-

---

1) "Im AT steht", schreibt Wölber (89,S.191), "zumeist (!) an der Stelle des Vorstellungskomplexes 'Seele' das Wort 'Herz'." - Daß das "zumeist" für "Herz" nicht zutrifft, sondern 'nefesch' eindeutig den 1. Platz einnimmt, wissen wir. 1963 war allerdings der IX. Band des ThWbNT mit dem Artikel 'psychè' noch nicht erschienen. Wölber dürfte sich - so pauschal, wie seine Ausführungen sind - eher an A.D. Müller gehalten, als eine eigenständige Untersuchung vorgenommen haben.
2) 89,S.53f.: "Das Helfen und Reparieren (mit Hilfe der von den Humanwissenschaften angebotenen Methoden) ist eine Folge der Seelsorge, ein Zeichen ihrer Aufrichtigkeit. Ihre Wurzel erwächst aus einer anderen Dimension...An der Wurzel unserer Existenz als ein abtrünniges Geschlecht...können wir durch jene Reparaturen nichts ändern...Was soll also geschehen? Der Glaube selbst! Er ist alles..."
3) "Zugespitzt...können wir sagen", meint Wölber (89,S.192), "daß das sichtbare 'Fleisch' auch eine Seele hat".
4) S.o. Anm 2
5) 89,S.214
6) 89,S.33
7) 89,208
8) "Umrisse der Praxis: Begegnungen mit Sorgen und Zweifeln" überschreibt Wölber den Teil II (S.82-186) seiner auf 3 Teile angelegten Seelsorgelehre.

hen vermag. Die L e h r e dominiert auch die Praxis.[1] "Der sogenannte praktische Erfolg darf nicht Maßstab der Sorge um den Menschen sein", meint Wölber[2] und erinnert gelegentlich[3] an die christliche Einheit von "Zeugendienst und Martyrium". Unter solchen Vorzeichen hat eine Korrektur der L e h r e durch Erfahrung wenig Chancen. Wer sie vorzunehmen versucht, muß sich, spitz gesagt, sofort fragen lassen, ob nicht eventuell unchristliche Leidensscheu sein entscheidendes Motiv ist.

17. Adelheid Rensch 1963/67

Wie Seelsorgelehre unter den gegebenen Voraussetzungen die Psychologie in ihren Dienst zu nehmen vermag, das zeigt höchst anschaulich und perfekt das Lehrbuch der psychologischen Mitarbeiterin und theologischen Schülerin A.D. Müllers, Adelheid Rensch, von 1963.[4] Rensch definiert Seelsorge, wie Müller, als Glaubens- und Lebenshilfe[5] und kann sich v.a. im Blick auf die geistliche "Lebenshilfe" auch auf Otto Riecker beziehen[6]. Daß sie selbstverständlich "weder

---

[1] Ein anschauliches Beispiel aus dem Abschnitt "Kranke besuchen" (89,S.146f.) mag den direktiven Stil vor Augen bringen: "Im Vordergrund steht zunächst die allgemeine menschliche Anteilnahme, die natürlich manchmal (!?) dazu zwingt, den Kranken mit seinen Berichten über sein Leiden anzuhören. Aber man sollte dies doch bald abbiegen und auch vermeiden, sich die Symptome, Wunden oder ähnliches, zeigen zu lassen. Manche Kranke haben einen merkwürdigen (!) Drang, dieses zu tun. Aber der Seelsorger sage fest: 'Das ist nicht nötig'...Der Trost des seelsorgerlichen Wortes weist den Menschen also von sich weg, indem er das kleine Menschenleben als das betrachtet, was es ist. Zunächst geht es dabei um ein vertieftes Urteil über das menschliche Leben überhaupt, das recht verstanden immer über sich hinausweist und nie 'heil' ist. Dies entfaltet man vielleicht an wenigen (!) Rückfragen zur Lebensgeschichte des Kranken und auch an der Dankbarkeit gegenüber jenen Menschen, die nun für uns (!) da sein und helfen müssen..." - Solcher Text spricht Bände! Deutlich zumindest für jeden, der selbst einmal Patient war, ist seine Abständigkeit vom leibhaftigen Leben und dessen Bedürfnissen.
[2] 89,S.54   [3] 89,S.36
[4] Das seelsorgerliche Gespräch. Psychologische Hinweise zur Methode und Haltung. Vandenhoeck & Ruprecht. Im Folgenden nach der 2. verb. Aufl. von 1967 zitiert. Das Buch ist A.D. Müller gewidmet.
[5] 50,S.22
[6] Wie Riecker versteht Rensch (50,S.183) die Bekehrung als "Weg". "Zu schwer...ist die Übersetzung christlichen Glaubens in die konkreten Haltungen und Handlungen im

eine Technisierung noch eine Psychologisierung der Seelsorge" beabsichtigt[1]), ist ebenso bezeichnend wie glaubhaft. "Psychologie" und "methodisches" Geschäft reichen - horizontal, wie sie sind - nicht bis in den Kern hinein, in dem sich eigentliche Seelsorge vollzieht.

Deutlich finden wir auch bei Rensch das Schichten- bzw. Stufenmodell von "Seele". Da sind "die leib-seelisch-geistigen und umwelthaften Bedingungen"[2]), die es zunächst zu diagnostizieren gilt (Rensch vergleicht sie mit einem "Gefäß", in das der Mensch mit seiner Gottesbeziehung gefaßt ist). Dann ist - wir befinden uns immer noch in horizontalen Gefilden - die "Glaubensstruktur eines Menschen" zu erheben bzw. zu erschließen.[3]) Ist auf diese Weise der "Boden" "gelockert" und "bereitet" (evtl. mit psychotherapeutischer Hilfe!)[4]), setzt die eigentliche Seelsorge ein. Sie hat, nach Rensch, das eindeutige "Ziel, den anderen zum **H e i l z u f ü h r e n**"[5]), und das heißt im Weiteren auch, "dem Betreuten...Grundauffassungen christlicher Verantwortung **d e r W e l t g e g e n ü b e r**" zu vermitteln.[6]) Also horizontale, alias: psychologische Bemühung zum Zweck, geistlich, d.h. vertikal landen und wirken zu können, bzw. die "gesunde Lehre" einzubringen. Seelsorge nach Stufenplan: je geistlicher es wird, desto weniger Psycho-Logik!

Derart dienend begriffen, gestaltet psychologische Erkenntnis natürlich Rensch's Seelsorgelehre als Lehr-Vollzug nicht mit. Der vertraute Kurzschluß des Geistes herrscht auf dem Wege direktiver Rezeptur und verfügt gar über das "Unbewußte". Redet man als Seelsorger einen Menschen an, "**m u ß m a n** sich prüfen, ob unbewußt (!) Nebenabsichten...mitspielen oder geheime (!) persönliche Motive zur Anrede treiben", ist da zu lesen.[7]) Wie aber "prüfe" ich (bewußt), was mir doch "unbewußt" oder "geheim" ist? Als "Lehrling" der Seelsorge bleibe ich hilflos zurück und empfinde in erster Linie den

---

Alltag..., als daß wir sie im allgemeinen dem Partner allein überlassen könnten", meint sie 50,S.179.
1) 50,S.243f.   2) 50,S.90
3) 50,S.98   4) 50,S.129f.
5) 50,S.153 (Hervorhebungen von mir)
6) 50,S.181   7) 50,S.34

entmutigenden Abstand zur kognitiv einsichtigen Meisterschaft!
Ich stelle fest: Mit Adelheid Rensch's Lehrbuch dürften die Möglichkeiten der Seelsorge-Lehre unter der Leitkategorie der MARTYRIA ausgeschöpft sein. Unter der Flagge der MARTYRIA hat Seelsorge sicherlich eine klare Identität. Problem ist nur, daß ihre eindimensionale Fassung dazu zwingt, alles, was sich nicht als Verkündigungs- oder Glaubensgespräch oder auf das "Heil der Seele" gezielt ausweisen läßt, als "uneigentlich" zu betrachten. Solange das Verständnis von "Seele" allgemein dazu stimmt, bereitet das keine Schwierigkeiten. Kommt "Seele" jedoch zunehmend auch horizontal in den Blick, erscheint die Abgrenzung abstrakt, gezwungen oder gar lebensfern. Mag solche Abgrenzung zwar einerseits der klassischen Arbeitsteilung der Fakultäten entgegenkommen, die Rede vom "ganzen Menschen" ist unter solchen Bedingungen fragwürdig - zumindest für denjenigen, der in seinem Nachdenken über den Menschen dem überkommenen hierarchischen Modell uralter idealistischer Prägung nicht zu folgen bereit ist. Früher oder später muß die Seelsorge-Lehre, dogmatisch orientiert, wie sie ist, in die Krise geraten.

18. Walter Uhsadel 1966

Einen bemerkenswerten Versuch, die Horizontale zu integrieren, unternimmt m.E. im Jahre 1966 Walter Uhsadel[1]. Daß er innerhalb der Grenzen der Lehrtradition bleibt, begründet dann freilich wohl auch, daß diesem keine durchschlagende Wirkung beschieden ist. Die sogenannte "neue Seelsorgebewegung" steht schon vor der Tür.
Zweierlei bestimmt Uhsadels Entwurf theologisch. Zum einen greift er auf das "Predigtamt" ('ministerium ecclesiasticum') der Kirche im Sinne von CA V[2] zurück und knüpft so an die alte Tradition der 'cura

---

1) Evangelische Seelsorge, bei Quelle und Meyer in Heidelberg erschienen als 3. Band der "Praktischen Theologie" Uhsadels.
2) Confessio Augustana V: "Solchen Glauben zu erlangen hat Gott das Predigtamt eingesetzt, Evangelium und Sakrament gegeben, dadurch er als durch Mittel den heiligen Geist gibt, welcher...." (7,S.58,1ff.)

animarum generalis' wieder an. Zum anderen geht er dem biblischen Begriff von "Seele" zumindest so weit nach, daß auch dessen horizontale Dimension zu theologischer Würde kommt.[1] "Das Leben ist eine Einheit", schreibt Uhsadel, "wer daher Seelsorge...als Lebenshilfe so verstehen will, daß nur Hilfe zum ewigen Leben gemeint sei, hat das Neue Testament gegen sich"[2]. "Anspruchslose und unscheinbare menschliche Zuwendung"[3] im Besuch und auch "Fürsorge, die nichts sein will, als eben dies"[4], ist für Uhsadel Seelsorge.

Mit der Horizontalen der "Seele" gewinnt auch die Seelsorge die Horizontale, dies bei Uhsadel allerdings e x k l u s i v umgriffen vom geistlichen "Amt" und dessen "e i n z i g e (n) Auftrag.., das allgemeine Priestertum zu wecken und zu stärken... J e d e r Dienst am Menschen, welcher Art er auch sei, wird dadurch als Seelsorge qualifiziert", betont Uhsadel[5], "daß er von dieser Intention erfüllt ist." Nicht MARTYRIA, nicht DIAKONIA, sondern LEITURGIA ("Priesterdienst") ist also letztenendes die theologische Leitkategorie, der die Seelsorge bei Uhsadel unterstellt erscheint. Der Kontext des geistlichen Amtes definiert Seelsorge als solche. Selbstverständlich kann Uhsadel die Psychologie in geistliche Pflicht nehmen. Die "Methode der Korrelation"[6] und religionspsychologische Erkenntnisse v.a. C.G. Jung's[7] bilden die Brücke. Kritisch deckt Uhsadel den

---

1) Auf die Gewinnung der "Horizontalen" für die "Seele" zielt eindeutig Uhsadels Untersuchung zum Begriff von "Seele" (83,S.26ff. - s. dazu schon o.S.66f. Anm 1). Wie stark sie von seinem systematischen Interesse geprägt ist, wird schon am Ergebnis deutlich. Uhsadel hebt ausdrücklich auf das "trichotomische" Menschenbild der Bibel ab - und gewinnt damit die "Psyche" für die Seelsorge. Bezeichnenderweise knüpft Uhsadel auch an Luther an, indem er Luthers Auslegung zum Magnificat von 1520/21 (vgl. 15, Bd.II,S.139,19ff.) zitiert. Uhsadel selbst liest freilich bei Luther nicht bis zur Zeile 37! Luther sagt dort, daß "Seele" "oft in der Schrift für das Leben genommen" wird, d.h. o f t mit "Leben" übersetzt werden muß. 83,S.32 bemerkt Uhsadel dagegen nebenhin, daß Luther "bisweilen (!) näphäsch mit Leben" übersetze.

2) 83,S.48f. 3) 83,S.182
4) 83,S.193   5) 83,S.35

6) 83,S.10 (Schlußsatz der "Einleitung"): "Die Lehre von der Seelsorge wird...wagen müssen, ein Bild des 'Dienstes der Kirche am Menschen' zu entwerfen, das - vom Neuen Testament her gewonnen - zu dem Verstehen des Menschen in Korrelation tritt, das uns die heutigen Wissenschaften vom Menschen erschlossen haben". 83,S.145 u. 205 nennt Uhsadel ausdrücklich Paul Tillich als seinen Gewährsmann.

7) 83,S.59f. u.ö.

Rationalismus des sogenannten "Entmythologisierungsprogramms" auf[1]) und stellt fest, "daß die bildhafte" (bzw. "mythologische") "Sprache der Bibel auf eine psychische Möglichkeit des Verstehens bezogen sein muß."[2])

Indem Uhsadel die gottesdienstliche Liturgie bzw. das "Kirchenjahr" als "seelsorgerlichen hermeneus"[3]) erweist und ausführlich "das Kirchenjahr als Seelsorge" abhandelt[4]), überholt er nicht nur, wie mancher seiner Vorgänger, die "intellektualistische", genauer: die kognitive Engführung einer auf "Verkündigung" eingegrenzten Seelsorge[5]), er macht auch mit der geistlichen Dimension der "Psyche" ernst und zeigt sich hier den erklärten Vertetern der "Pastoralpsychologie" um viele Jahre voraus.[6])

Daß Uhsadel die vertikale Engführung der Seelsorge theologisch überwindet, bedeutet indes auf der anderen Seite nicht, daß seine Seelsorge-Lehre damit im Ganzen pastoralpsychologischen Horizont gewönne. Uhsadel liegt wesentlich daran, Seelsorge vom Trend des "Säkularismus" abzugrenzen.[7]) Unter der Leitkategorie der LEITURGIA besteht für ihn offenbar auch keine Notwendigkeit, den geist-lichen Lehrstil der Tradition hinter sich zu lassen und hier entschieden zu neuen Ufern aufzubrechen. Wo es "praktisch" wird, bietet Uhsadel "Erfahrungsaustausch" an.[8]) Sachlich handelt es sich dabei um die mildeste Form der

---

1) Nach Uhsadel (83,S.143) wurde das Entmythologisierungsprogramm "durch eine überholte naturwissenschaftliche Popularphilosophie inauguriert" und "entstammt... einer falschen Bewertung unseres technisch-rationalen Denkens".
2) 83,S.80
3) 83,S.142
4) 83,S.105-142
5) 83,S.104: "Man spricht zwar von der Ganzheit des Menschen, aber man denkt nur an sein Ohr. Die Lebensform der Kirche hat sich jedoch gerade darin allezeit bewährt, daß der ganze Mensch 'angesprochen' wurde. Dazu gehört außer dem Ohr auch das Auge, dazu gehört alles, was in der Ausdrucksform der Gebärde und der Gewöhnung den Menschen ausspricht und anspricht."
6) S.u.S.140ff.
7) Vgl. das "Vorwort" (83,S.7), wo Uhsadel den "Säkularismus" und den "Klerikalismus" als seine Fronten nennt. - S.100: "Der Säkularismus des Pfarrers ist nur der feindliche Bruder des Klerikalismus. Beide zeigen in gleicher Deutlichkeit, daß sie ein falsches Verhältnis zum seelsorgerlichen Amte haben."
8) Der dritte Hauptteil seines Lehrbuchs ist mit "Versuch eines Erfahrungsaustausches" überschrieben.

Rezeptur.[1] "Das rechte Verhältnis des Seelsorgers zu seinen Gemeindegliedern setzt sich aus lauter Kleinigkeiten zusammen", lesen wir da mit einigem Erstaunen.[2] Daß damit z.B. die Seelsorge-Lehre "in breiter Fülle und mit weiter Sicht die Psychologie in sich aufnehmen(d)" erschiene[3], kann wohl kaum einleuchten.

Die Seelsorge-Lehre Uhsadels zeigt, daß Seelsorge dort mehrdimensionalen Raum gewinnt, wo sie hinter die überkommene einlinige Rezeption des biblischen Begriffs von "Seele" zurückgeht. Ob die L e h r e von der Seelsorge diesen mehrdimensionalen Raum auch wirklich wahrnimmt, erweist sich dann freilich von den Bedingungen der Lehr-Tradition selbst abhängig. Uhsadel bindet Seelsorge klar an das "geistliche Amt"[4]. Das geistliche "Sorge"-Amt sichert das vertikale Proprium. Die Lehre von der Seelsorge kreist traditionsgemäß um dessen Fragen und bleibt, bei Uhsadel wie bei seinen Vorgängern, auch in ihrem Vollzug der Geistes-Tradition verpflichtet. Die mehrdimensionale "Seele" redet hier p r a k t i s c h nicht mit. Das Pragma der Seelsorge-Lehre stellt sich einlinig vom "Geist" dominiert dar. Praktische Fragen werden bei Uhsadel weitgehend unter Verzicht auf psychologische Erwägungen verhandelt.

---

1) Uhsadels Ausführungen zum "seelsorgerlichen Raum" - solche dürfen offenbar in einer traditionellen Seelsorge-Lehre nicht fehlen - zentrieren sich um Ordnungsfragen! "Man wird kaum annehmen können", faßt er (83,S.163) zusammen, "daß jemand, der in einer chaotischen Studierstube empfangen worden ist, von seinem Besuche dankbar spricht". - Was hilft es, wenn wir bei solch "praktischen" Aussagen zuvor im theoretischen Teil der Lehre lesen (83,S.86): "Die erste und vornehmste Aufgabe der Seelsorge, wie der Psychotherapie, ist..die Bewußtmachung des Schattens" (im C.G.Jung'schen Sinne)!
2) 83,S.163
3) Wenn Praktische Theologie "heute...wirklich der Welt zugewandt und aufgeschlossen sein will", muß sie, nach Uhsadel (83,S.55), "in breiter Fülle und mit weiter Sicht die Psychologie in sich aufnehmen, wie sie die Philologie, die historische Forschung und die Philosophie bereits in sich aufgenommen hat."
4) Als erstes ist bei Uhsadel vom "Amt der Kirche" (83,S.11ff.) die Rede, und dann kommt erst die "Seele" zur Sprache. - Nach Uhsadel (S.25) kann "nur dann vom Wesen der Seelsorge klar geredet werden.., wenn der Begriff des Amtes feststeht. Fehlt diese Beziehung zum Amtsbegriff, so kann zwar von gegenseitiger Tröstung und von Mitteln der Menschenführung viel Brauchbares gesagt...werden, aber von Seelsorge ist dann nicht die Rede." - Bei Uhsadel sichert das "Amt" die Seelsorge als solche, wie es bei Dietrich Stollberg dann der "Kontext der Kirche" tut.

"Seele" mehrdimensional zu sehen, bedeutet in praktisch-theologischer Konsequenz auch, daß sich dies im Pragma der Seelsorge-Lehre niederschlägt und die Gestalt des Lehrens verändert. Geistliche und geistige Orientierung ist nicht alles. Es gilt, die "Seele" des Lernenden, es gilt seine Erfahrung in den Lehr- und Lernprozess mit einzubeziehen und dergestalt die Horizontale auch praktisch zu Wort kommen zu lassen. Die bloße Rede vom "Erfahrungsaustausch" macht es nicht. Erfahrungsaustausch funktioniert nicht mittels Lehrbuch!

19. Heije Faber / Ebel van der Schoot 1968

Wir folgen der These, daß die Tradition der Seelsorge-Lehre in ihrem theologischen Denken eindimensional geprägt und dies ihr Dilemma ist. Wie nunmehr darzulegen ist, begegnet uns dieses Dilemma auch dort, wo die Seelsorgelehre sich aufmacht, die Horizontale nicht nur als wie auch immer unumgänglich zu reflektieren, sondern sie p r a g m a t i s c h einzuholen. Kennzeichnend für einen solchen Versuch ist schon der Titel der Seelsorge-Lehre von Heije Faber und Ebel van der Schoot, wie sie 1968 in deutscher Übersetzung erscheint: "Praktikum des seelsorgerlichen Gesprächs"[1]. Mit Faber/v.d.Schoot's Buch hält die sogenannte "neue Seelsorgebewegung" ihren Einzug in den deutschen Sprachraum.[2] Sie tut es mit der Macht praktischer Evidenz, doch ohne, daß sich auf dem Felde des theologischen Dogma ein erklärter Durchbruch zu mehrdimensionaler Sicht vollzogen hätte.

Für Faber/v.d.Schoot repräsentiert in der Seelsorge das sogenannte "Counseling" (die partnerschaftliche Beratung) die Horizontale und die "Verkündigung" die Vertikale. "Grundsätzlich", bemerkt Faber[3], "ist...die Unterscheidung zwischen einem seelsorgerlichen Gespräch im

---

1) Bei Vandenhoeck & Ruprecht in Göttingen (in den Niederlanden 1962) - Ich zitiere nach der 3. Auflage von 1971.
2) Faber (19,S.20): "Ich sehe die Aufgabe dieses Buches großenteils darin, daß dem Leser der Wert dieses 'clinical training' bewußt wird."
3) 19,S.101f.

w e i t e r e n Sinn, dem 'counseling', und einem im e n g e r e n
Sinn, in dem 'v e r k ü n d i g t wird', künstlich". Gleichwohl
folgt er ihr und unterscheidet, eindimensionalem Denkmuster entsprechend zwischen zwei "Phasen" bzw. "Etappen" der Seelsorge, wobei nur letztere (jenseits des 'counseling') den Anspruch erheben kann, "echte Seelsorge" zu sein.[1] "Die (im 'counseling') fehlende D i m e n s i o n m u ß...zur Sprache kommen", da "der Z w e c k des (seelsorgerlichen) Gesprächs sich erst durch sie voll und ganz e r f ü l l t", schreibt Faber[2], und wir erinnern uns hier an Trillhaas' "Stufen der Seelsorge". "Psychotherapie und Seelsorge sind i m m e r
v e r s c h i e d e n e Dinge", lesen wir[3] und haben die Zwei-Reiche-Lehre gegenwärtig. "Echte Seelsorge" untersteht auch bei Faber/v.d.Schoot der MARTYRIA. In ihr geht es um die "vertikale Dimension des Verhältnisses zu Gott, zur letzten Wahrheit des Lebens". Seelsorge "im weiteren Sinne" ist dagegen der DIAKONIA zuzuordnen. Sie betrifft "die horizontale Dimension der zwischenmenschlichen Beziehungen und des Verhältnisses des Menschen zu sich selbst - anders gesagt: seines Glücks."[4]
Es entspricht der klassischen Scheidung der Dimensionen, wenn Faber meint, die Seelsorge-Lehre nicht einer "Verpsychologisierung" zugeführt zu haben[5], und v.d.Schoot versichert: "Der Pastoralpsychologe betreibt nicht Seelsorge als eine Form der angewandten Psychologie"[6]. Praktische Seelsorgelehre kommt an der Horizontalen nicht vorbei. Erfahrung fordert deren Recht, die Psycho-Logie bringt sie eindrücklich bei. Sogar die Kategorie der "Dimension" steht zur Verfügung. Aber Seelsorge (im eigentlichen Sinn) bleibt eindimensional definiert, weil ihr Gegenstand, die "Seele", eben eindeutig so gefaßt ist.
Ich stelle fest: Genau besehen ist die pragmatische Hinwendung der Seelsorge-Lehre zur Horizontalen, wie sie mit der "neuen Seelsorgebewegung" bei Faber/v.d.Schoot überkommt, dogmatisch nicht durchge-

---

1) 19,S.45 (Hervorhebungen auch im folgenden von mir)
2) 19,S.102
3) 19,S.102 4) 19,S.101
5) 19,S.105 6) 19,S.230

hend bzw. zwingend abgedeckt. Das bleibt so, solange Sorge um "Seele" theologisch original nur auf die Vertikale verpflichtet werden kann, d.h. auf einen eindimensionalen theologischen Begriff von "Seele" gründet.

20. Dietrich Stollberg 1969ff.

Ob das Problem der Integration der Horizontalen unter den gegebenen dogmatischen Bedingungen dadurch gelöst werden kann, daß Seelsorge ohne Federlesen der theologischen Leitkategorie der DIAKONIA unterstellt wird, ist die Frage, welche sich für mich an den deutschen Fackelträger der "neuen Seelsorgebewegung", Dietrich Stollberg[1], stellt.
Herausfordernd gibt Stollberg seiner Untersuchung der "amerikanischen Seelsorgebewegung" aus dem Jahre 1969 den Titel "Therapeutische Seelsorge". Eindeutig im Gegensatz zur s.E. vom "platonisch-dualistischen Mißverständnis des Seelsorgebegriffs" geprägten Tradition setzt Stollberg "Seele" mit "Psyche" gleich und weist ihre Besorgung dem "fürsorglichen Handeln der Kirche an ihren Gliedern" zu[2]. Ihre Funktion bestimmt er als "diakonisch-therapeutisch"[3]. "Phänomenologisch" definiert er Seelsorge als "Psychotherapie im kirchlichen Kontext".[4]

---

1) Ich beziehe mich auf die Nr. 66-69 im Literaturverzeichnis, welche Veröffentlichungen von Dietrich Stollberg aus dem Zeitraum von 1969-1978 umfassen.
2) 66,S.13
3) 66,S.153
4) 68,S.33: "Wir können sagen: Seelsorge ist Psychotherapie im kirchlichen Kontext". Daß damit eine phänomenologische Aussage gemacht ist, darf nicht vergessen werden! 68,S.63 bemerkt Stollberg: "Seelsorge ist - p h ä n o m e n o l o g i s c h betrachtet - Psychotherapie im Kontext der Kirche. Sie ist damit Psychotherapie aus der Perspektive des Glaubens...Seelsorge ist - t h e o l o g i s c h gesehen - das Sakrament echter Kommunikation, welches sich die Partner aus der mit dem Mensch-Sein geforderten 'Solidarität der Not' heraus (im Vollzug ihres allgemeinen Priestertums) gegenseitig spenden." - In 69,S.41-44 nimmt Stollberg unter der Überschrift: "Seelsorge ist nicht und ist doch Psychotherapie" noch einmal differenzierter Stellung.

Zweifellos wird die Frage der Integration der Horizontalen in der Seelsorge durch einen Wechsel von der vertikalen (MARTYRIA) zur horizontalen Leitkategorie (DIAKONIA) von Stollberg energisch aufgegriffen und einer Lösung zugeführt. Nur meldet sich das Integrationsproblem m.E. dann alsbald zwangsläufig von der vertikalen Seite. Stollberg begegnet den entsprechenden Fragen nach dem Verbleib der Vertikalen in der Seelsorge bezeichnenderweise christologisch. "Die christologische Begründung der Seelsorge bildet zugleich - darin besteht das theologische Paradox - ihre anthropologische Grundlage", schreibt er[1], beruft sich gegen den "Doketismus"[2] einer von der Horizontalen abgegrenzten Seelsorge auf das Dogma von der "Inkarnation" und empfiehlt die Zwei-Naturen-Lehre von Chalkedon als "Denkmodell".[3]

Es ist spannend, wahrzunehmen, wie selbstverständlich Stollberg damit in den überkommenen Bahnen dogmatischer Begründung der Seelsorge bleibt. Auch Thurneysen machte Seelsorge ja an der Christologie fest. Im Grunde vollzieht sich bei Stollberg zugleich mit dem Überschritt von der vertikalen zur horizontalen Leitkategorie der Seelsorge nur ein Wechsel von der rechten zur linken Seite der christologischen

---

1) 66,S.156
2) Den Vorwurf des "Doketismus" muß sich, nach Stollberg, eine Theologie gefallen lassen, welche sich ihrer "Verleiblichung" in der selbstverständlichen Anwendung von humanwissenschaftlichen Erkenntnissen in der Seelsorge widersetzt (vgl. 69,S. 43). "Ich plädiere", schreibt Stollberg (69,S.14 Anm), "für mehr Fleisch und Blut statt des Gedankens Blässe und für ein inkarnatorisches statt eines doketischen Selbstverständnisses der Theologie". Vgl. 69,S.192: "Die Gefahr einer 'Psychologisierung' des Evangeliums durch die Gruppendynamik wäre nur da gegeben, wo man die Psychologie zum alleinigen Medium theologischer Aussagen machte. Dies ist in der heutigen Theologie nirgends der Fall. Eher muß man vor einem Doketismus warnen, der übersieht, daß Gott Mensch geworden ist und auf dem Wege menschlicher Kommunikation mit uns redet (Kondeszendenz)." Dabei ist für Stollberg klar, daß theologisch ungebundener "Aktualismus" nicht die Alternative sein kann (69,S.230 Anm 33). Es geht ihm letztlich um "Überwindung eines dualistischen Doketismus zugunsten genau jenes kerygmatischen Ansatzes, der bei Autoren wie E. Thurneysen nur nicht konsequent durchgehalten ist" (69,S.114).
3) 67,S.185 u. 187: "Die dialektische Beziehung von Theologie und Anthropologie läßt sich theologisch...am besten analog der altkirchlichen Christologie und ihrem Denkmodell der Zweinaturenlehre begreifen." Sie "steht in einer auffallenden Analogie zur chalzedonensischen Formel".

Leitlinie von Chalkedon. Betonten die Väter der Seelsorgelehre sozusagen das "unvermischt" der Dimensionen, so reklamiert Stollberg nun deren "ungetrennt". Dabei erscheinen die Positionen unvermeidlich alternativ. Stollberg hat, indem er die Seelsorge der DIAKONIA unterstellt, zwar die Leitdimension gewechselt, nicht aber die eindimensionale Denktradition ausdrücklich überholt. Entsprechend kann auch die Formel von Chalkedon keine mehrdimensionale Sicht der Seelsorge vorantreiben. Sie rechtfertigt Stollbergs Alternative zur Tradition und gibt dem Streit der Alternativen untereinander seine Linie, zu überholen vermag sie ihn aber nicht.

Ich sagte: Stollberg bleibt in den Bahnen überkommener dogmatischer Lehr-Tradition. Daß er die Zwei-Naturen-Lehre bemüht, nicht aber dem biblischen Begriff von "Seele" nachgeht[1], zeigt es deutlich. Auch an anderer Stelle stoßen wir auf Zwänge der Lehr-Tradition. Fraglos ist für Stollberg Seelsorge soteriologisch ausgerichtet. Sie gilt dem "Menschen und seiner N o t".[2] Horizontal gesehen bedeutet dies: "Seelsorge ist nur dann (!) sinnvoll, wenn sie t h e r a p e u t i s c h e Seelsorge ist."[3] Der Kuratel vertikaler Sorge in Gestalt der "Verkündigung" entronnen, erscheint "Seele" nunmehr unter "therapeutischer" Kuratel, bzw. der Seelsorger unter der Kuratel "therapeutischer" Grundsätze. In Stollbergs Buch "Seelsorge durch die Gruppe" ist zu verfolgen, was es bedeutet, wenn "therapeutisches" Dogma die Bedingungen des seelsorgerlichen Pragma setzt. Seelsorge wird unausweichlich zum exklusiven Geschäft besonders qualifizierter Fachleute und sprengt selbstredend den Rahmen des normalen pastoralen Alltags.[4] Dem "Wirklichkeitsverlust" einlinig auf "Heil", d.h. ver-

---

1) Dazu vgl. o.S.68 Anm 1
2) 66,S.148 (Hervorhebungen von mir) - vgl. o.S.71 Anm 4
3) 67,S.189 - Daß "Therapieren" (griechisch: 'therapeuein', lateinisch: 'curare' u.a. vgl. das Femdwort: "Kurieren") = "Heilen" biblisch verankert ist, steht außer Frage. Es wird im NT für das heilende Tun Jesu und die Wunderheilungen der Apostel, aber auch für ärztliches Tun (vgl. Lk 4,23) gebraucht. So gesehen könnte 'cura animarum' (vgl. Lk 9,11, wo 'cura' für "Heilung" = 'therapeia' steht) auch mit "Psychotherapie" übersetzt werden!
4) "Eine ganze Anzahl potentieller Gruppenmitglieder", schreibt Stollberg (67,S.47), "muß auf die Seelsorge durch die Gruppe nicht nur durch das Auswahlgespräch, sondern in einer Serie von fünf bis zehn und mehr (!) Gesprächen v o r b e -

tikal, gespurter Seelsorge[1], steht der "Wirklichkeitsverlust" dergestalt horizontal, d.h. einlinig auf "Heilung" gespurter Seelsorge vice versa in nichts nach. Unter den Bedingungen eindimensionaler Sicht gibt es links und rechts der Leitlinie von Chalkedon eben viel Gemeinsames.

21. Howard J. Clinebell 1971

Zu den Eigentümlichkeiten der Seelsorgelehre rechts der Leitlinie von Chalkedon gehört, wie wir sahen, das Bemühen, "Seel"-Sorge nicht mit psychologischem oder therapeutischem Geschäft verwechselbar erscheinen zu lassen. Man meidet gegebenenfalls das Wort "Seele" im Titel, weil - mit Manfred Mezger zu reden[2]- "die Vokabel 'Seelsorge', in ihrer schon gegebenen psychologischen Besonderung, zu eng und nicht geeignet erscheinen will", um dem ganzheitlichen, genauer: dem eigentümlich g e i s t-lichen Anspruch der Seelsorge Rechnung zu tragen. Es ist deutlich, daß hier der volle biblische Begriff von "Seele" nicht mitredet. "Seele" als "Psyche" erscheint der Psychologie bzw. dem trichotomisch eingegrenzten Verständnis überlassen.

Die Seelsorgelehre links der Leitlinie von Chalkedon bietet das nämliche Phänomen von der anderen Seite. Man will die traditionelle "geistliche Besonderung" der Sorge um "Seele" im vornherein ausschließen und leitet das Verständnis durch ein den horizontalen Einsatz der Seelsorge verdeutlichendes Adjektiv. Von "therapeutischer

---

    r e i t e t werden." Die notwendige therapeutische Distanz des die Gruppe leitenden Seelsorgers - seine "analytisch-abstinente Zurückhaltung" (67,S.99 - S. Freud wird in der Anm zitiert) - ist für Stollberg so selbstverständlich, daß er auch zum Ende der Gruppenarbeit eine "Verbrüderung zwischen den Mitgliedern und dem Leiter...keineswegs (für) wünschenswert" hält und fordert (67,S.147): "Der Seelsorger sollte seine persönlichen kommunikativen Bedürfnisse nicht im Rahmen der ihm anvertrauten Gemeinde und Klientel agieren". Also nichts mit dem "Sakrament echter Kommunikation" zwischen Gemeindegruppe und ihrem "Pastor"?!

1) "Wirklichkeitsverlust" ist das kritische Stichwort Dietrich Rösslers in seinem abschließenden Votum (54,S.96) von 1962 gegenüber der Verkündigungs-Seelsorge.
2) 40,S.119 - S.o.S.69f. Anm 3

Seelsorge" spricht Stollberg, "Modelle b e r a t e n d e r Seelsorge" lautet der Titel des Seelsorge-Lehrbuchs von Howard J. Clinebell, das 1971 auf der Welle der "neuen Seelsorgebewegung" in Übersetzung aus dem Amerikanischen erscheint.[1]

Auch Clinebell unterstellt Seelsorge der Leitkategorie der DIAKONIA, hält aber die Grenzen betont offen. "Die beratende Seelsorge ist zwar vorrangig das Werk der Diakonie, des liebenden Dienens, doch wird durch sie auch das Evangelium proklamiert und Koinonia gestiftet", schreibt er.[2] Ohne Zweifel ist Clinebells Seelsorgeverständnis mehrdimensional. Für ihn muß der "seelsorgerliche Berater...gleichzeitig auf die horizontale und auf die vertikale Dimension eines jeden Problems eingestellt sein".[3] Man könnte sagen, daß Clinebells Seelsorge-Lehre den biblischen Begriff von "Seele" transportiert. Dies geschieht bezeichnenderweise aber nicht bewußt. Der geistlichen Tradition entnimmt Clinebell nur die Vertikale; die Horizontale kommt über die "Methode der Korrelation"[4] von den Humanwissenschaften her ein. Deshalb: "Beratende (Horizontale)" "Seel (Vertikale)-Sorge".

Die pragmatische Gestalt dieser Seelsorge-Lehre gibt beredtes Zeugnis davon, wie der Seelsorge-Lernende mit Leib und Seele einzubeziehen ist, soweit Buchgestalt dies zuläßt.[5]

---

1) Bei Chr. Kaiser/M. Grünewald in München/Mainz. Originaltitel: "Basic Types of Pastoral Counseling", New York 1966
2) 16,S.31
3) 16,S.236
4) Paul Tillich gehört in Amerika zu den führenden Theologen. Seine "Systematische Theologie" erscheint mit ihrem 1. Band zuerst 1951 in Amerika und dann (1956) in deutscher Übersetzung. Zur "Methode der Korrelation" s. dort (81,S.73-80). Ebd.,S.74 lesen wir: "Die Methode der Korrelation erklärt die Inhalte des christlichen Glaubens durch existentielles Fragen und theologische Antworten in wechselseitiger Abhängigkeit". - Zur Entwicklung der "Methode" vgl. den Hinweis im Abschnitt zu A.D. Müller o.S.94f. Anm 5.
5) Man lese Clinebells Hinweise (16,S.22-24), "wie man am meisten von diesem Buch profitiert". Dem Rollenspiel kommt dabei als Praxisübung und Möglichkeit zur Selbsterfahrung große Bedeutung zu.

22. Hans-Joachim Thilo 1971

Das Nämliche läßt sich m.E. im Blick auf die Seelsorgelehre des deutschen Pastoralpsychologen Hans-Joachim Thilo aus dem gleichen Jahr[1] nicht sagen, obwohl auch Thilo Fallbeispiele bzw. Gesprächsprotokollauszüge zu Lehrzwecken beibringt.

Bezeichnend für den Ansatz ist, daß Thilo die Lehre von der "beratenden" Seelsorge dort ansiedelt, wo "Beratung" und "Verkündigung" gewissermaßen "ungetrennt", aber auch "unvermischt" zum Zuge kommen können: bei den sogenannten "Amtshandlungen" mit ihrem Zweischritt von Kasualgespräch und -gottesdienst. Wir finden Thilo damit sozusagen als Grenzgänger zwischen den Positionen rechts und links der Leitlinie von Chalkedon. Vermutlich begründet sich seine unklare Stellung, in dem deutlich von Otto Haendler überkommenen Dilemma zwischen phänomenologischer Mehrdimensionalität und eindimensionaler theologischer Zielrichtung der Seelsorge.

Zum einen sehen wir Thilo im bekannten Widerspruch zur "supranaturalen" Engführung der Verkündigungs-Formel[2]. Gleichwohl bleibt bei ihm die Seelsorge der Leitkategorie der MARTYRIA verpflichtet. Sorge um Seele geschieht, nach Thilo, natürlich nicht eindimensional. Wie Sündenvergebung in "Heilung", so ist 'martyria' in "Beratung" "eingebettet", bzw. "inkarniert" sich in ihr.[3] Andererseits erscheint das Ziel der Seelsorge für Thilo durch den "johannäischen Begriff 'Leben' (='zoee')" bestimmt.[4] An den (biblischen) Begriff der 'psyche'

---

1) Beratende Seelsorge. Tiefenpsychologische Methodik dargestellt am Kasualgespräch, Vandenhoeck & Ruprecht, Göttingen 1971.
2) Thilo spricht (72,S.30) im Blick auf Thurneysen von "jener supranaturalen Verengung, die nicht mehr mit der Realität der Inkarnation Gottes in den Menschen und das Menschliche hinein ernst zu machen gewillt ist". - Das Stichwort "supranatural" stammt von Paul Tillich. 1935 schreibt dieser (jetzt übersetzt in 77, Bd.VII, S.247): "Wenn ich gefragt werde: Was ist falsch in der dialektischen Theologie?, so antworte ich: daß sie nicht dialektisch ist. Dialektisch ist eine Theologie, in der Ja und Nein untrennbar zusammengehören...Sie ist paradox, das ist ihre Größe; und sie ist supranatural, das ist ihre Schwäche."
3) 72,S.15.26
4) 72,S.23f. - Wie wenig exegetisch Thilo 'zooè' deutet, wird sofort klar, wenn wir den johanneischen Begriff von 'zooè' dem der 'psyche' gegenüberstellen. Offenbar hat Thilo das ThWbNT zu 'zooè' (Bd II,v.a. S.864ff. u. 871ff.) nicht beachtet.

anknüpfen, will Thilo nicht, weil er hier "Seele" auf "die seelische Immanenz reduziert"[1] wähnt!

Wie selbstverständlich Thilo 1971 in den Bahnen dogmatisch geprägter Lehr- oder Geistestradition bleibt, zeigt sich nicht nur daran, daß er die Biblische Psycho-Logie übergeht[2], sondern auch, wenn wir in Blick nehmen, welch ungebrochen direktive Gestalt das Pragma seiner Seelsorgelehre hat[3], bzw. wie deutlich tiefenpsychologisches Dogma bei ihm die praktische Szene am pastoralen Alltag vorbei bestimmt. Mutatis mutandis kehrt bei Thilo die Unterscheidung zwischen "eigentlicher" und "uneigentlicher" Seelsorge unter pastoralpsychologischen Vorzeichen wieder. Für den auf "Beratung" im Sinne Thilos eingestellten Seelsorger (dieser blickt notwendig auf "die an sich selbst erfahrene Analyse"[4] zurück und ist selbstverständlich in ein "Beraterteam" eingebunden[5]) kann der seelsorgerliche Hausbesuch allenfalls eine "Vorstufe(!) hin zum Gespräch im Sprechzimmer"[6] darstellen. Jedenfalls ist "Beratung" bei Thilo nicht einfach nur eine "phänomenologische" Kategorie.

23. Joachim Scharfenberg 1972

Sehen wir den Pastoralpsychologen Thilo 1971 gewissermaßen noch als Grenzgänger zwischen den Positionen rechts und links der Leitlinie

---

Schon an der Johannes-Parallele (Joh 12,25) zu Mk 8,35 wird etliches deutlich. Dazu s.o.S.38f.
1) 72,S.23
2) Daß Thilo selbstverständlich von der "Sorge" her denkt, zeigt sich auch darin, daß er nur die Begriffe 'soozein' (72,S.17ff.), 'martyrein' und 'keryssein' (72,S.20ff.) anhand des ThWbNT untersucht.
3) 72,S.76 lesen wir z.B.: "Ist er (der Seelsorger) Pfeifenraucher, dann sollte (!) er die Pfeife als eine gute Möglichkeit benutzen, um ein Klima von Behaglichkeit zu schaffen, allerdings nicht ohne vorher den Besucher gefragt zu haben, ob ihn der Rauch etwa störe..." - Anstandsunterricht in der Seelsorge-Lehre!?
4) 72,S.145
5) 72,S.97
6) 72,S.65f. - Denn die mit der "Atmosphäre" des Sprechzimmers gegebene "Verobjektivierung" (!) läßt "möglichst wenig Fluchtmöglichkeiten (!) für den Besucher zu..." - Zu pastoraltheologischen Zeiten galt es, den "Sünder" zu stellen, jetzt wird der "Ratsuchende" bzw. "Klient" (im "Kampf" des Gesprächs) gestellt!

von Chalkedon, so ist m.E. die Seelsorgelehre des ebenfalls analytisch orientierten Pastoralpsychologen Joachim Scharfenberg 1972[1] geradezu überdeutlich durch ihren Standort links gekennzeichnet. Thilo knüpfte an Haendler 1957 an. Scharfenberg setzt um, was Rössler 1962 empfiehlt.[2] Daß "Seele" und "Psyche" identisch sind, ist für ihn keine Frage. Energisch fordert er, mit der "Methode der Korrelation" ernst zu machen und Seelsorge sich aus dem Wesen des Gesprächs selbst und ungestört vom Zwang zur "Verkündigung" entfalten zu lassen.[3]

Was Scharfenberg zur mehrdimensionalen Offenheit des Gesprächs und zu den heilenden Elementen eines offenen Kommunikationsprozesses zutage fördert, ist bemerkenswert und deckt sozusagen humanwissenschaftlichen Nachholbedarf der Seelsorge-Lehre. Daß seine Argumentation von der undifferenzierten Abgrenzung zur Verkündigungs-, sprich: vertikal orientierten, Seelsorge lebt[4], macht sie jedoch zugleich angreifbar und erscheint weder im Blick auf das von ihm selber beigebrachte Beispiel der Seelsorge des (Pfarrers!) Joh. Chr. Blumhardt, noch hinsichtlich dessen schlüssig, was gerade die "Methode der Korrelation" auch an Botschaft über das unverzichtbare EXTRA NOS der Vertikalen einschließt. Für mich setzt sich in Scharfenbergs Antithese zur Verkündigungs-Seelsorge offenkundig der Zwang eindimensionalen Denkens fort und zeichnet nunmehr die einlinig horizontal bestimmte Gesprächs-Seelsorge als Alternative.

---

1) Seelsorge als Gespräch. Zur Theorie und Praxis der seelsorgerlichen Gesprächsführung, Vandenhoeck & Ruprecht, Göttingen 1972, 2. Auflage (unverändert) 1974.
2) 54,S.96 legt Rössler nahe, den "Anspruch...(der) Exklusivität der Seelsorgelehre" aufzugeben und damit die "strukturelle Identität" mit den Humanwissenschaften wahrzunehmen.
3) Pauschal prangert Scharfenberg (56,S.10) die "hartnäckige(n) und eklatante(n) Mißachtung der von Paul Tillich vorgeschlagenen theologischen Methode der Korrelation durch die(!) praktisch-theologischen Autoren" an und nennt die "starre Verklammerung" von Verkündigung und Gespräch eine "unselige Verbindung".
4) "So weit ich sehe", schreibt Scharfenberg z.B. (56,S.46), "hat man in der deutschsprachigen Literatur die unmittelbare Nähe dieser helfenden Beziehung (gemeint ist die beraterische Beziehung des 'counseling') zu dem, was Seelsorge sein könnte, überhaupt noch nicht zur Kenntnis genommen." - Hier erscheint mir bei Scharfenberg alles ausgeblendet, was die Väter bereits zur Bedeutung des seelsorgerlichen Habitus und zum Stichwort "Begegnung" gesagt bzw. geschrieben haben!

Erinnern wir uns daran: Schon immer schlummerte Polarisierung am Grunde eindimensionaler Sicht! Die vertikale Engführung im Verständnis von "Seele" wurzelt in einer Polarisierung der Sicht, welche bereits im Neuen Testament zu beobachten ist. Eine erstarkte Pastoral-Psychologie holt nunmehr die vergessene (säkulare) Frucht frühchristlicher Abspaltung der horizontalen Dimension von "Seele" ('psychè') ein[1]. Daß sie es durch Scharfenberg dergestalt einseitig tut, zeigt, daß der Gang zu den Wurzeln der (mehrdimensionalen) Biblischen Psychologie noch aussteht. Scharfenberg wird ihn erst dreizehn Jahre später eindrücklich vollbringen.[2]

Vorerst sehen wir Scharfenberg deutlich im Banne dogmatischer Prägung. Auch bei ihm findet sich "Seele" unter der Kuratel dogmatisch bestimmter Sorge, und Lehre, treu der Geistestradition, in Handlungsanweisungen umgesetzt - nun freilich unter pastoralpsychologischen Vorzeichen.[3] "Die Psychotherapie hat für das heilende Gespräch", schreibt Scharfenberg[4], "eine g a n z b e s t i m m t e, f e s t a u s g e p r ä g t e Technik entwickelt, die für j e d e Gesprächsführung als grundlegend angesehen werden m u ß." Sie ist dementsprechend für sachgerechte Sorge um Seele links der Leitlinie von Chalkedon verbindlich. Jesu Rede vom "Splitter und Balken im Auge" (Mt 7,3) fällt dem Leser solcher Äußerung ein, wenn er synoptisch liest, was derselbe Scharfenberg der Seelsorgelehre rechts von Chalkedon, d.h. hier speziell A. Rensch, kritisch vorhält[5]. Ich zitiere hervorhebend: "Diese Grundlegung und Zielsetzung verlangt nun danach, daß man sich nicht der Freiheit eines wirklichen Gesprächs

---

1) Der Alttestamentler Claus Westermann vermutet in seinem Vortrag: "Leib und Seele in der Bibel" (85,S.172), daß "eine Verselbständigung und Isolierung der Seele, des Seelenlebens, einer Lehre von der Seele (Psychologie) und einer Behandlung der Seele (Psychotherapeutik) mit der vorher im Sprachgebrauch der Kirche vollzogenen Verselbständigung und Isolierung der Seele zusammenhängt."
2) S.u.S.142ff.
3) Z.B. 56,S.120/123: "...Eine verantwortliche Gesprächsführung muß im Auge behalten, daß jede (!) Gesprächsführung auch angstauslösend wirkt...Dies wird dadurch geschehen, daß man selbst...sich zu affektiven Reaktionen nicht hinreißen läßt...und die Zuwendungsintensität keinen Schwankungen unterliegen läßt..." - Wie leicht gesagt, wie schwer getan!
4) 56,S.67   5) 56,S.19

überlassen kann, sondern diese Freiheit d u r c h m e t h o d i -
s c h e A n w e i s u n g e n eingegrenzt werden muß." - Vom Regen
dogmatischer Bindung durch die Theologie in die Traufe dogmatischer
Bindung durch die Psychologie zu kommen, ist offenbar eine Begleit-
erscheinung eindimensionaler Prägung.

24. Richard Riess 1973

Als alternative, und zugleich "polare Positionen", "die sich in gegenseitiger Kritik ergänzen können", kennzeichnet Richard Riess[1])
in seiner aufschlußreichen Analyse der Situation der Seelsorgelehre
von 1973[2]) die der MARTYRIA unterstellte "kerygmatische" und die der
DIAKONIA zugeordnete "partner-zentrierte Seelsorge". Die eine rechts
und die andere links der christologischen Leitlinie von Chalkedon
anzusiedeln, wie ich es bereits getan habe, entspricht, nach Riess,
der überkommenen Verwurzelung der Seelsorge-Lehre in der Chistologie.
Das "umfassende Inkarnationsverständis" ist es, welches für ihn die
Pastoralpsychologie theologisch hoffähig macht.[3]) Eine "biblische
Psychologie" tut es für Riess bezeichnenderweise nicht. (Hier folgt
er leider unbesehen einer undifferenzierten Bemerkung von Wolfgang
Offele.[4])) Mit H.-H. Schrey sieht Riess in der "Christologie des
Chalcedonense 'das klassische Beispiel für die komplementäre Be-
trachtungsweise'".[5]) "Komplementäre Betrachtungsweise" ist offenbar
die Gestalt, in der - eindimensional, wie die Dinge jeweils gesehen

---

1) 52,S.245
2) Seelsorge. Orientierung, Analysen, Alternativen, Vandenhoeck & Ruprecht, Göttingen 1973
3) 52,S.182
4) "Das Problem, die Psychologie in die Poimenik einzubringen, läßt sich nicht dadurch lösen, daß man sich bedenkenlos einer 'biblischen Psychologie' bedient", lesen wir 52,S.182. Anschließend zitiert Riess aus Wolfgang Offeles Untersuchung von 1966 (43,S.156) das Argument, daß ja auch "der biblische Schöpfungsbericht keine naturwissenschaftlichen Erkenntnisse" enthielte. - Angesichts der hier mitschwingenden Identifikation von "objektiver Naturwissenschaft" und "Psychologie" ist dieses Argument in mehrfacher Hinsicht fragwürdig!
5) 52,S.59

werden - die "polaren Positionen" der Seelsorgelehre zueinander finden können.

Richard Riess entwickelt keine eigene Seelsorgelehre. Wenn er in seinem Schlußwort die Leitkategorie der KOINONIA anklingen läßt[1], so sehe ich darin freilich einen Hinweis. In dieser Richtung wäre eine Seelsorgelehre zu suchen, welche im vornherein deutlich mehrdimensional angelegt ist.

25. Helmut Tacke 1975

Wie selbstverständlich bis auf weiteres die polaren Positionen gelten, beweist m.E. die Seelsorgelehre von Helmut Tacke aus dem Jahre 1975[2], bzw. die Vehemenz, mit der Tacke das EXTRA NOS, die Vertikale, oder auch das eindeutige geistliche Proprium der Seelsorge gegenüber der "neuen Seelsorgebewegung" einklagt.

Schon der Titel: "Glaubenshilfe als Lebenshilfe" weist Tackes Standort rechts der Leitlinie von Chalkedon und eindeutig nah der Seelsorge-Formel A.D. Müllers aus, den er freilich an keiner Stelle erwähnt. Wir sehen die nämliche theologische Position sozusagen wiederkehren zu dem Zeitpunkt, an dem das theologische Pendel von links nach rechts zurückkehrt. Daß es nach 25 Jahren nicht leichter zurückkommt, sondern um etliches gewichtiger und weiser, ist keine Frage.

Tackes Seelsorgelehre, oder besser: Kampfschrift, bietet die vertraute Tradition einer klar identifizierbaren Sorge um "Seele" im Ausschnitt der Gottesbeziehung in erweiterter und verbesserter Auflage: Seel-Sorge eindeutig unter der Leitkategorie der MARTYRIA, entschieden abgegrenzt gegen eine "Transformation vom verbalen zum diakonisch vermittelten Ausdruck christlicher Rede"[3].

---

1) "Es verschiebt sich", lesen wir (52,S.246), "langsam der Akzent von der verbalen zur nonverbalen Kommunikation. Oder - theologisch gesprochen - vom Wort zum Sakrament, vom Kerygma zur Koinonia."
2) Glaubenshilfe als Lebenshilfe. Probleme und Chancen heutiger Seelsorge, Neukirchener Verlag, Neukirchen-Vluyn 1975. Ich zitiere nach der 2. Auflage von 1979.
3) 70,S.179

Daß in der Hitze des Gefechts um das geistliche Profil der Seelsorge bei Tacke neben vielen bedenkenswerten Anfragen auch Unterstellungen gegenüber der anderen Seite laut werden, welche die gemeinsame christologische Basis aus dem Blick verloren zu haben scheinen, möchte ich der sprichwörtlichen Hitze zugute halten. Der Gefechtslärm läßt den Kenner der Szene nicht überhören, was gleichwohl gilt und von Tacke selbst ausgesprochen wird: "Es darf nicht dabei bleiben", schreibt er[1], "daß die Intentionen einer 'kerygmatischen' und einer 'beratenden' Seelsorge unverbunden und einander ausschließend zu Vereinseitigungen führen".

Nach meinem Urteil visiert Tacke damit den Überschritt vom eindimensionalen zum mehrdimensionalen Verständnis der Seelsorge an. Auf der Spur der dogmatischen Tradition ist dieser freilich nicht zu finden, sicher aber dort, wo die "Seele" selbst sagen kann, wie die "Sorge" um sie auszusehen hat. Der erfahrene Seelsorger Helmut Tacke bemerkt: "Weder 'kerygmatisch' noch 'therapeutisch' darf der Gesprächspartner zum Objekt der Seelsorge werden".[2]

26. Werner Schütz 1977

Ein Beispiel unbekümmerter akademischer Lehrtradition muß ich den Seelsorge-Grundriß von Werner Schütz aus dem Jahre 1977[3] nennen. Schütz definiert Seelsorge einmal nach W. Jentsch als "Sorge unter dem Evangelium"[4], in der Regel aber nach A.D. Müller als "Glaubens- und Lebenshilfe"[5], und Müllers hierarchisches Modell der Sicht des Menschen erkennen wir auch bei ihm wieder.

Überdeutlich, möchte man im Blick auf Rösslers Einlassung von 1962 sagen, zeichnet sich bei Schütz die Linie der Abgrenzung zur Horizontalen. So setzt z.B. für Schütz "Psychologie...als Wissenschaft die Immanenz eines geschlossenen Kausalzusammenhangs (!) voraus"[6],

---

1) 70,S.89   2) 70,S.175
3) Seelsorge. Ein Grundriß, Gütersloher Verlagshaus Gerd Mohn 1977
4) 62,S.63   5) 62,S.124 u.ö.
6) 62,S.66

und es ist ihm dementsprechend auch nicht fraglich, "daß Seelsorge ihre Konturen und ihr Profil in der ständigen Konfrontation...mit den empirischen Wissenschaften vom Menschen gewinnen soll"[1]. Konfrontation "mit Christus und dem Zeugnis des Neuen Testaments von ihm" kennzeichnet denn auch die "eigentliche" Phase der Seelsorge[2] im Anschluß an das, was Schütz "bloße Präliminarien"[3] nennen kann.

Wie selbstverständlich die L e h r-Tradition bei Schütz das Zepter führt, zeigt das ausführliche (durchaus lehrreiche) 1. Kapitel "Aus der Geschichte der Seelsorge seit der Zeit der Reformation" im Verein mit der Tatsache, daß hier "'Seele' biblisch-paulinisch" nur in einem Satz, und deutlich allein auf die Gottesbeziehung ausgerichtet, Erwähnung findet.[4]

Zur Lehrtradition gehört inzwischen natürlich auch ein Durchgang durch die Psychologie. Schütz' Überschritt in konkrete Fragen der Praxis erfolgt dann ungebrochen via directiva. "Unermüdlich", schreibt er z.B., "m u ß ein Seelsorger dazu einladen, daß er in jeder Bedrängnis (!) und zu jeder Zeit (!) angerufen, angesprochen und aufgesucht werden darf, wo nur irgendein Mensch sich irgendwie in Not weiß..."[5] Und - jetzt reden psychologische Erkenntnisse mit - : "Der Seelsorger m u ß also..auf sein (?) beliebtes Moralisieren und Dogmatisieren verzichten, auf a l l e Projektionen und Übertragungen (!); er m u ß den Horizont der unbegreiflichen Vergebung Gottes auch über dem dunkelsten Abgrund der Schuld sehen und von der Proklamation der Gerechtigkeit Gottes über einer gottlosen Welt her denken, handeln und leben..."[6]

---

1) 62,S.109
2) 62,S.155 - Ohne "solche Konfrontation...(kann) kichliche Glaubens- und Lebenshilfe ihr Ziel nicht erreichen."
3) Es ist für Schütz klar (62,S.228), daß es in der "Seelsorge am kranken Menschen" "auf die Dauer nicht bei bloßen Präliminarien bleibt; er (der Seelsorger) wird selbst die Hemmungen und Barrieren durchbrechen und das Angebot einer Glaubens- und Lebenshilfe machen dürfen". - Hausbesuche durch geschulte "Laien" werden von Schütz (62,S.148) als "precounseling work" eingestuft.
4) 62,S.61
5) 62,S.208 (Hervorhebungen auch im folgenden von mir) - Der Appell, grenzenlos "im Dienst" zu sein, ist deutlich. Er steht eindeutig im Widerspruch zur nüchternen und sehr wohl begründeten Notwendigkeit, sich seiner Grenzen als Seelsorger bewußt zu sein.
6) 62,S.153

Die Zitate sprechen eine beredte Lehr-Sprache für den praktischen Seelsorger. Solch Kurzschluß von Dogma und Pragma ist nur möglich um den Preis der Abstraktion von "Seele", wie sie tatsächlich leibt und lebt. "Wes der Kopf voll ist, geht der Lehrermund über", möchte der vom Seelsorge-Alltag geschundene Praktiker ein wenig bitter sagen.

27. Manfred Seitz 1978

Nach dem Seelsorge-Grundriß von Werner Schütz finden wir - von amerikanischem Import abgesehen, den wir noch betrachten werden - keine Seelsorgelehre im überkommenen Sinne mehr auf dem deutschen Büchermarkt. Die Zeit solcher Gestalt von Seelsorge-Lehre ist (zu Recht!) wohl vorbei.[1] Schütz' innere Position ist, bei Licht besehen, ja auch nicht die der 70er Jahre. Daß er den pastoralpsychologischen Schritt ins "Links von Chalkedon" wirklich mitvollzogen hätte, läßt sich nicht sagen. Dies ist bei Helmut Tacke anders. Tackes Reklamation der 'martyria', sein Ruf "Zurück zum Kerygma!", entspricht einer theologischen Gegenbewegung - ausgelöst vermutlich nicht zuletzt durch die (aufreizende) praktische Vorherrschaft psychologischer Dogmatik in der Seelsorge-Lehre der sogenannten "neuen Seelsorgebewegung" zu Beginn der 70er Jahre.
Als einen Seelsorge-Lehrer, der die von Helmut Tacke ausgerufene Wende offensichtlich mitvollzieht, können wir im Jahre 1978 klar Manfred Seitz ausmachen. Deutlich zeichnet sich in seiner 1978 veröffentlichten Sammlung kleinerer Arbeiten aus den letzten 14 Jahren[2] der Schritt "zurück zum Kerygma" und damit zur Position rechts der Leitlinie von Chalkedon ab.
1964[3] kann Seitz, anknüpfend an den alttestamentlichen Begriff "näphäsch", Seelsorge als Sorge um den "Mensch(en) als Geschöpf in

---

[1] 1973 erscheint Hans-Christoph Pipers Buch: "Gesprächsanalysen" in erster Auflage. Es wird weitere Auflagen und Nachfolger im gleichen Lehrstil finden.
[2] Praxis des Glaubens. Gottesdienst, Seelsorge und Spiritualität, Vandenhoeck & Ruprecht, Göttingen 1978
[3] 64,S.73-78: "Was ist Seelsorge - und wie geschieht sie durch Gemeindeglieder"

seiner **v i e r f a c h e n   R e l a t i o n**" (zu Gott, dem eigenen "Ich", zu seinen Mitmenschen und zur Umwelt) beschreiben[1] und damit ein mehrdimensionales Verständnis von Seelsorge verfolgen. 1971[2] hören wir bei Seitz eindeutig Stollbergs Rede vom "generellen Proprium"[3] mit, wenn er schreibt, "daß das unverwechselbar eigene der christlichen Seelsorge nicht methodischer, sondern dogmatischer Natur" sei und "in der theologischen Qualifikation der Motive und Intentionen" liege[4]. Die Position links von Chalkedon wird von Seitz geteilt. "Seelsorge ist" für ihn "die Verlängerung und Zuspitzung der Menschwerdung Gottes" und trägt "ganzheitlich-fürsorgliche(n) Charakter".[5]

1978 klingt indessen offenkundig Helmut Tacke durch.[6] Seitz beklagt das "Verschwinden des verkündigenden Elements in der Seelsorge" und die "Reduktion ihres theologischen Charakters auf die bloße Motivation".[7] Ihrer "Psychologisierung" entspricht s.E. die "Entkerygmatisierung"[8]. Dem gilt es, nach Seitz, mit dem Entwurf einer "nachtherapeutischen" oder auch "parakletischen" Seelsorge entgegenzusteuern.[9]

Daß das "Zurück-zum-Kerygma" bei Seitz nun auch - wie könnte es unter den gegebenen Bedingungen anders sein? - von einer Entpsychologisierung der Seelsorge begleitet ist, ist unübersehbar. Mit W. Jentsch betrachtet Seitz jetzt die 'cura' ("Sorge" dominiert "Seele"!) als

---

1) 64,S.78 (Hervorhebungen von mir)
2) 64,S.97-108 u. 109-119
3) Stollberg 66,S.149: "...Deshalb eignen auch ihrer Seelsorge theologisch bestimmbare Motive und eine theologisch bestimmbare Intention."
4) 64,S.106 - Vorher wird von Seitz Röm 15,7 als Deutungsmuster der "Korrelation" von therapeutischer und seelsorgerlicher Akzeptanz herangezogen!
5) 64,S.111f.
6) In zwei Arbeiten, die Seitz 1978 veröffentlicht, wird Helmut Tackes "mit einer an (der Theologie) H(ans) J(oachim) Iwand(s) geschulten dogmatischen Schärfe" geäußerte Kritik an der Seelsorgebewegung bzw. Pastoralpsychologie ausdrücklich zustimmend aufgenommen (64,S.68/144).
7) 64,S.86 - Die Anlehnung an Tacke (70,S.20f.,23!) ist deutlich. Interessant ist, wie sich nach Tackes Ausführungen zur argumentativen Verwertung von Röm 15,7 (70,S.143f.) nun auch Seitz' Stellung zum Stichwort der "bedingungslosen Annahme" (64,S.151) wandelt.
8) 64,S.87
9) 64,S.96

"Sonde für eine biblische Theologie der Seelsorge".[1] A.D. Müllers "Symbol absoluter Willenlosigkeit und Schwäche, das 'Schaf', erscheint"[2] richtungweisend für die Deutung des Menschen. Die Biblische Psychologie in Gestalt des "Näfäs"-Begriffs ist jetzt nur noch im Blick auf die "Gottesbedürftigkeit" des Menschen gefragt.[3] "Zur Seelsorge" wird, nach Seitz, die als 'diakonia' verstandene "Beratung" erst, wenn "das kerygmatische...Element" ausgesprochenermaßen hinzutritt.[4]

Ich gebe zu bedenken: Wo das unverkennbar E i g e n e der "Seelsorge" als unverzichtbar E i g e n t ü m l i c h e s stilisiert erscheint, wird mit einer gewissen Zwangsläufigkeit das alte Gefälle eindimensionalen Denkens wirksam. Aus MARTYRIA als unabdingbarer theologischer Kategorie kann leicht eine phänomenologische Kategorie werden, will sagen: eine praktische Beschreibung der Seelsorge.

28. Jay E. Adams 1970/80

Zu den Forderungen, welche die erneute Zuordnung der Seelsorge zur MARTYRIA begleiten, gehört selbstredend diejenige ihrer "biblischen Begründung". "Bibelorientiert" zu sein, erscheint in den 70er Jahren für viele bezeichnenderweise gleichbedeutend mit einer Gegenposition zur "neuen Seelsorgebewegung" bzw. zur "Pastoralpsychologie". So hält denn auch eine amerikanische Alternative zur "Seelsorgebewegung" in Gestalt der Seelsorgelehre von Jay E. Adams aus dem Jahre 1970

---

1) 64,S.89
2) 64,S.92: "Daß für die Lage des zu Suchenden und zu Findenden das Symbol absoluter Willenlosigkeit und Schwäche, das 'Schaf' erscheint, ist charakteristisch". - Wir haben hier ein unbelegtes Zitat vor uns. Vgl. A.D. Müller (42,S.298): "Daß für seine (des Menschen) Lage das Symbol absoluter Verlorenheit und Willenlosigkeit das 'Schaf', erscheint, ist charakteristisch."
3) "Wozu führt der Dialog mit der biblisch-theologischen Anthropologie?", fragt Seitz (64,S.150). Antwort: "Zur Erkenntnis des ganzen Menschen in der Erkenntnis seiner Gottesbedürftigkeit".
4) 64,S.151f.

unter dem Stichwort "Biblische Lebensberatung"[1] ihren stürmischen Einzug in den deutschen Sprachraum und erscheint 1980 bereits in der 5. Auflage.

Wenn es eine Seelsorge-Lehre gibt, bei der "Seele" bis zum Verlust ihrer biblischen Identität unter der Kuratel dessen steht, was der Verfasser als "Sorge" um sie ansieht, dann ist es, nach meinem Urteil, diejenige von J.E. Adams.

Adams selbst klassifiziert seine Seelsorge ausdrücklich als "nuthetische Beratung"[2] und will sie von den neutestamentlichen Begriffen 'nouthesia' und 'nouthetein' her verstanden wissen.[3] Gehen wir diesen Begriffen auf den Grund (sie kommen im NT insgesamt nur 11 mal vor!), dann erscheint 'nous'. 'Nous' bedeutet, "Verstand", "Vernunft", "Gesinnung als Inbegriff des ganzen geistigen und sittlichen Zustandes" und schließlich "das Ergebnis des Denkvorgangs" - nach Auskunft des "Wörterbuchs zum Neuen Testament".[4] "Nuthetisches" Wirken zielt, beim Wort genommen und trichotomisch gesprochen, auf den "Geist", nicht auf die "Seele".

So transportiert die Seelsorge-Lehre Adams' denn auch nichts anderes als uralte idealistische Geistes- und Erziehungstradition und rechtfertigt ihren theologisch-geistlichen Anspruch dadurch, daß sie die Bibel in genau der Auswahl als Quelle benutzt und ausdeutet, wie es zum eigenen Ansatz paßt.[5] "Seelsorge trachtet danach", schreibt Adams z.B.[6], "die sündigen Verhaltensweisen, die im Garten

---

1) Befreiende Seelsorge. Theorie und Praxis einer biblischen Lebensberatung, Brunnen-Verlag, Gießen 1972 ("ABCteam"), Originaltitel: "Competent to Counsel" - ich zitiere nach der 5. Auflage von 1980.
2) 1,S.37 - S.45 Anm 14 bietet Adams an, seine "Schule" als "nuthetisch" zu etikettieren.
3) 1,S.37ff.   4) 5,Sp.1077f.
5) Dabei dient ihm 2.Tim 3,16f., die Belegstelle für das Dogma der Verbalinspiration, als Schlüssel. "Die Bibel dient", schreibt Adams (1,S.45), "den nuthetischen Absichten des Lehrens, Zurechtweisens, Besserns und Erziehens von Menschen in Gerechtigkeit... Paulus geht es (in 2.Tim 3,16) nicht nur um die Inspiration, sondern vor allem um das (!) Ziel der Bibel. Weil die Schrift von Gottes Geist eingegeben ist, schließt Paulus (?), dient sie nuthetischen Zielen." - Welche Logik!? (Muster: Jedes Eisen ist nützlich zur Herstellung von Schrauben. Das Ziel der Eisenverarbeitung ist die Herstellung von Schrauben!) - Übrigens taucht Adams' biblischer Leitbegriff wörtlich 2.Tim 3,16 gar nicht auf!
6) 1,S.48

Eden begannen, zu ändern...Gott ließ nicht zu, daß Adam und Eva mit dem, was sie getan hatten, davonliefen. Er stellte sich ihnen nuthetisch gegenüber, um sie" - das sagt nun typischerweise Adams und nicht die Sündenfallgeschichte von 1.Mose 3 - "im Gespräch zu verändern".

Für Adams ist - gefährlich einseitig, möchte ich sagen - klar, "daß das Verhalten die Gefühle bestimmt".[1] Seine "nuthetische Beratung" folgt im Prinzip sozusagen dem Sprichwort: "Ein gutes Gewissen ist ein sanftes Ruhekissen". Und sie bietet das entsprechende Erziehungs- bzw. Trainingsprogramm[2] vom betrübten Sünder zum Menschen, der seiner Heiligung froh ist, an. "Der einzige Unterschied zwischen Klassenzimmer und Studierzimmer", d.h. Beratungszimmer, behauptet Adams[3] freiweg, "ist darin zu sehen, daß das Klassenzimmer eines christlichen Lehrers v i e l m e h r Gelegenheiten zur Seelsorge bietet"!

Ich stelle fest: "Seelsorge" im Sinne Adams' wendet sich an Verstand und Gewissen und an den Menschen, der noch etwas leisten und erzogen werden kann.[4] Mit "Paraklese" ('parakalein' und 'paraklesis' kommen im NT immerhin 123 mal vor!)[5] hat sie nichts zu tun. Sie ist

---

1) In 1.Mose 4,7, meint Adams (1,S.81), "legt Gott den wichtigen Grundsatz (!) dar, daß das Verhalten die Gefühle bestimmt...Menschen haben ungute Gefühle, weil ihr Verhalten schlecht ist. Gefühle haben ihren Ursprung in Taten. Diese Beziehung zwischen Gefühl und Verhalten kommt in der Bibel sehr klar (!) zum Ausdruck."

2) Nach Adams (1,S.106) "wollen" Davids Worte in Ps 51,15 "ausdrücken, daß einer durch 'Instruktion', 'Training' und 'Schulung' lernen soll, wie er sich zu verhalten hat." - 1,S.63ff.: "Nuthetische Beratung im vollen Sinne besteht also darin, daß Menschen gezeigt wird, wie sie ein von Gott geheiligtes Leben führen können". Da hat resignativer Zweifel an der "Möglichkeit einer grundlegenden Veränderung der Persönlichkeit" keinen Platz. "Eine solche Auffassung ist eindeutig (!?) unbiblisch...Was Hänschen nicht gelernt hat, kann Hans immer noch lernen." - Die theologische Auseinandersetzung mit solch geistlicher Variante verhaltenstherapeutischer Prinzipien mag an anderer Stelle geführt werden. Joachim Scharfenberg deutet (56,S.114) an, "daß Verhaltenstherapie und religiöse Orthodoxie einen Berührungspunkt...haben."

3) 1,S.210 (Hervorhebung von mir)

4) Es ist nicht zufällig, daß Adams' Seelsorgelehre zu (Menschen in) Grenzsituationen schweigt. Seelsorge an Sterbenden ist nicht sein Thema. Wir beobachten dies übrigens auch bei Otto Riecker. Riecker repräsentiert ebenfalls eine bestimmte "Heiligungs"-Tradition.

5) Seit Julius Schniewinds Aufsatz "Theologie und Seelsorge" von 1947 (Lit.verz. Nr. 61) gibt es eine gewichtige Lehrtradition, Sorge um "Seele" vom Begriff der

schlichtweg "Trost"-los.[1] Nicht von ungefähr tauchen im 2 1/2-seitigen Stichwortverzeichnis am Schluß dieser Seelsorge-Lehre die Begriffe "Evangelium", "Gnade", "Seele" und "Trost" nicht auf, wohl aber: "Gehorsam", "Disziplin", "Erziehung", "Faulheit", "Selbstbeherrschung", "Selbstzucht", "Strafe", "Zucht" und "Züchtigung".

29. Hans-Christoph Piper und Hans van der Geest 1973ff.

Die Horizontale in die Seelsorge-Lehre zu integrieren, ist das leitende Anliegen der "neuen Seelsorgebewegung". Bei Faber/v.d. Schoot, den ersten Zeugen der Seelsorgebewegung, beobachten wir, daß dies zu einer Veränderung im Pragma der Seelsorge-Lehre führt, ihr Dogma indes der theologischen Tradition verpflichtet bleibt. Welchen Weg die Seelsorge-Lehre in der vertrauten dogmatischen Spur weitergeht, haben wir gesehen. Daneben gilt es nun freilich auch wahrzunehmen, was auf der Spur eines konsequent pragmatisch bestimmten Ansatzes der Seelsorge-Lehre zutage kommt.

"Clinical Pastoral Training" bzw. "Education" (abgekürzt: "CPT"/ "CPE"), zu deutsch: "Klinische Seelsorge-Ausbildung" ("KSA") ist die Überschrift, unter der die Seelsorgelehre vornehmlich pragmatische Gestalt annimmt. Hans-Christoph Piper war es, der Faber/v.d.Schoot's "Praktikum" aus dem Holländischen ins Deutsche übersetzte. Mit seinem Namen ist die pragmatische Seelsorgelehre von Anfang an verbunden.[2] Daneben nimmt Hans van der Geest einen hervorragenden Platz ein.

"Paraklese" her zu verstehen. Manfred Mezger greift darauf zurück (40,S.131); Helmut Tacke knüpft hier an (70,S.92ff.), und in seinem Gefolge proklamiert auch Manfred Seitz eine "parakletische Seelsorge" (64,S.96).

1) "Meine Seele will sich nicht trösten lassen", sagt Ps 77,3 und verknüpft sprachlich "Psyche" und "Paraklese" ("Seele"='nefesch'='psyche' - "trösten"= 'nacham'='parakalein'). Der "Paraklet" wird der "Tröster" genannt und zugleich "Heiliger Geist" (vgl. Joh 14,26).

2) 1969 legt W. Zijlstra sein Buch "Klinisch pastorale vorming" vor. Auch mit dessen Erscheinen in Deutschland im Jahre 1971 unter dem Titel: "Seelsorge-Training. Clinical Pastoral Training" ist der Name Piper verbunden. Ida Piper-Goldhoorn hat es übersetzt. Ihr Mann, Hans-Christoph, schreibt das Nachwort.

Beider Seelsorgelehre[1] wollen wir im folgenden betrachten.
Besonderes Kennzeichen der Seelsorgelehre, welche sich am Modell der "KSA" orientiert, ist, daß sie den Seelsorge-Lernenden ganzheitlich in den Erkenntnisweg einbezieht, ihn mit Herz und Gemüt, mit seiner Erfahrung und mit seinem Urteil beteiligt. Erkenntnis vermittelt sich über das lebendige Beispiel. Den "Kontakt zwischen Theorie und Praxis...im Lernenden selbst" herzustellen, ist, nach Piper[2], erklärtes Leitprinzip, kurz: Lernen aus der Begegnung, aus der Begegnung mit der "lebendigen Seele". "Kommunizieren lernen in Seelsorge und Predigt", heißt bezeichnenderweise der Titel der Arbeit, mit der H.-Chr. Piper KSA 1981 vorstellt und reflektiert. Nicht von ungefähr erscheint dieses Buch erst nach 10 Jahren praktischer Arbeit in Seelsorge-Kursen.

Unverkennbar steht im Hintergrund dieser Seelsorgelehre eine konsequent ganzheitliche Sicht des Menschen. Sie erlaubt - trichotomisch gesprochen - auch in der Lehre dem "Geist" nicht, den "psycho"-logischen Gegebenheiten der Praxis unbekümmert vorauszueilen. "Lernen", schreibt Piper[3], "umgreift den ganzen Menschen und beschränkt sich nicht auf intellektuelles Aneignen". Was Lerntheoretiker längst wissen, in die Seel-Sorge-Lehre umzusetzen, bedeutet praktisch, daß erstmals "Seele" selbst unmittelbar bei der Frage mitredet, wie die "Sorge" um sie auszusehen hat. So unternimmt v.d.Geest dann die "Begriffsbestimmung" von "Seelsorge" erklärtermaßen "vom Adressaten her".[4]

Wie selbstverständlich sich aus dem neuen Ansatz auch eine neue theologische Leitkategorie für die Seelsorge ergibt, ist geradezu verblüffend. Wenn Piper Seelsorge "als Begleitung auf Geheiß des Mitmenschen" beschreibt[5], wird sie freilich erst verschlüsselt erkennbar. V.d.Geest nennt sie ausdrücklich. "Der Seelsorger ist nicht unbedingt Prediger oder Helfer", schreibt er[6], "aber er ist

---

1) Ich habe hier die Titel 21 und 22, sowie 44 bis 48 des Literaturverzeichnisses vor Augen.
2) 47,S.12
3) 47,S.37   4) 22,S.223f.
5) 47,S.69   6) 22,S.235

unbedingt freund-lich...Wenn K o i n o n i a das Seelsorgeverständnis bestimmt, muß die Frage, ob eine Wortverkündigung nötig ist, nicht ausdrücklich erwogen werden. Sie erfolgt, wo der Kontakt das angemessen erscheinen läßt. Ebensowenig muß der Seelsorger...therapeutische(n) Ziele verfolgen...Die kerygmatischen und die diakonischen Konzepte haben die Tendenz, methodisch einengend zu wirken." Seelsorge ist damit der Leitkategorie der KOINONIA unterstellt. Dies aber bedeutet: Seelsorge jenseits der traditionellen Alternative von MARTYRIA o d e r DIAKONIA, Seelsorge jenseits der Festlegung auf polare Positionen rechts o d e r links der Leitlinie von Chalkedon, "Sorge um Seele" selbstverständlich in m e h r d i m e n s i o n a l e r Sicht.

Nicht von ungefähr widmet sich die pragmatische Seelsorgelehre auch dem Seelsorger als Prediger.[1] Ausdrücklich bemerkt Piper[2], daß der begleitende Seelsorger "keinesfalls in eine passive oder schweigende Rolle gerückt" sei. Er ist es nicht von sich aus und auch von der Erwartung des Wegepartners her nicht. Unweigerlich ist unter der KOINONIA die "geistliche Dimension" gegenwärtig[3], wenn anders KOINONIA eine geistliche Kategorie ist. Der Seelsorger "verkörpert sie" - mit v.d.Geest zu reden[4] - in seiner Person, und er bringt sie zur Sprache, wenn es angezeigt ist. Die Vertikale wahrnehmen zu lernen, ist ein originales Ziel der Seelsorge-Ausbildung. Doch es ist natürlich nicht das einzige. Die Horizontale fordert gleichermaßen ihr Recht. Es gibt KOINONIA nicht ohne Kommunikation, wie es "lebendige Seele" nicht abgesehen von ihr bzw. von der Horizontalen gibt.

Ich stelle fest: Die pragmatische Seelsorge-Lehre Pipers und v.d. Geests läßt "Seele" mitreden, wie die "Sorge" um sie bestellt sein soll. Sie vollzieht sich selbstverständlich unter dem Geleit biblischer Texte und reproduziert deutlich Erkenntnisse der Biblischen Psychologie. Wer in ihre Schule gegangen ist, hat keine Mühe, sein seelsorgerliches Tun theologisch unterfangen zu wissen. An systema-

---

1) Vgl. die Titel 21, 45 u. 47
2) 45,S.69   3) 22,S.225
4) 22,S.228

tischer Seelsorge-Theologie interessiert, mag ich mich freilich nicht damit abfinden, daß die Biblische Psychologie bei den Vertretern der pragmatischen Seelsorgelehre als solche nur l a t e n t zur Sprache kommt. Ich will sie auch systematisch zu Ansehen gebracht finden. Erst wo dies geschehen ist, dürfte m.E. auch der Vorwurf des theologischen "Pragmatismus", der allzu schnell aus dem Lager der dogmatischen Tradition an die Adresse der pragmatischen Seelsorge-Lehre herüberschallt, a n s e h n l i c h widerlegt sein.

30. Hans-Joachim Thilo und Joachim Scharfenberg 1985

Die pragmatisch ausgerichtete oder auch erfahrungsbezogene Seel-Sorge-Lehre findet - angefangen bei Pipers "Gesprächsanalysen" von 1973 bis zu seinem Buch über den "Hausbesuch des Pfarrers" von 1985 - so bereitwillig Aufnahme, weil sie nahe und überzeugend an den seelsorgerlichen Alltag heranrückt. Wo KOINONIA zur Leitkategorie der Seelsorge wird, hat natürlich auch der einfache Haus-, Kranken- oder Kontaktbesuch[1] seine selbstverständliche Würde. Weder "kerygmatische" noch "therapeutische" Zielsetzung beherrscht im vornherein das Feld, und damit fällt auch der dogmatische Zwang dahin, zwischen "eigentlichem" und "uneigentlichem" seelsorgerlichen Tun zu unterscheiden, wo es eindeutig um die "ganze Seele" geht. Mit den Weinenden zu weinen, gehört ebenso zur Seelsorge, wie sich mit den Fröhlichen zu freuen.[2]

Auf der Fährte der "ganzen Seele", d.h. mehrdimensionaler Sicht und damit der Biblischen Psychologie, finden wir 1985 nun auch die tiefenpsychologisch orientierte Pastoralpsychologie. Sowohl Hans-Joachim Thilo als auch Joachim Scharfenberg melden sich in diesem Jahre wieder zu Wort[3] und bekunden, jeder auf seine Weise, die

---

1) 1979 erscheint Ida und Hans-Chr. Pipers Buch: "Schwestern reden mit Patienten" in Göttingen. 2. Aufl. 1980!
2) Röm 12,15: "Freut euch mit den Fröhlichen und weint mit den Weinenden."
3) Hans-Joachim Thilo, Die therapeutische Funktion des Gottesdienstes, Johannes Stauda-Verlag, Kassel 1985, und: Joachim Scharfenberg, Einführung in die Pastoralpsychologie, Vandenhoeck & Ruprecht, Göttingen 1985 (Uni-Taschenbücher 1382).

Aneignung der geistlichen Dimension der "Seele" durch die Pastoralpsychologie. Daß dabei der, seinerzeit offenbar zu früh eingebrachte, liturgische Ansatz Walter Uhsadels eine Wiedergeburt erlebt, ist kennzeichnend. Die Pastoral-Psychologie ist inzwischen vom Programm ganzheitlicher S o r g e um Seele im Namen der horizontal verstandenen Psychologie zum Programm ganzheitlicher Psychologie im Namen der mehrdimensional verstandenen S e e l-Sorge vorangeschritten und entdeckt 19 Jahre nach Walter Uhsadel erneut[1] die ebenso psychologische wie seel-sorgerliche Relevanz von Mythos, Symbol und liturgischen Vollzügen.

1966 hatte Walter Uhsadel bemerkt, "daß die bildhafte Sprache der Bibel auf eine psychische Möglichkeit des Verstehens bezogen sein" müsse[2], und Seelsorge generell auch im liturgischen Vollzug des Kirchenjahres festgemacht.[3] 1985 stellt Hans-Joachim Thilo die "therapeutische Funktion des Gottesdienstes" heraus, indem er nachweist, daß die Struktur des "psychoanalytischen Dreischritts" von "Erinnern-Wiederholen-Durcharbeiten"[4] durchgehend, d.h. im antiken Kultus wie in gegenwärtigen liturgischen Ordnungen, wiederzufinden ist.[5] Zugleich sieht er im neutestamentlichen Begriff der "ZOE" das "Transzendieren" "als psychisch-seelische Notwendigkeit"[6] biblisch belegt.

Wie selbstverständlich Thilo mit dem Rekurs auf den 'zooè'-Begriff[7] (er hat hier seit 1971 offenbar keine neuen Erkenntnisse gewonnen, wenn er bei dieser Gelegenheit die Begriffe 'zooè' und 'bios' einander gegenüberstellt[8]) und seinem Plaidoyer für die "Wiederaufnahme

---

1) Weder Scharfenberg (57) noch Thilo (73) nennen Uhsadels Seelsorgelehre (83) in ihrem Literaturverzeichnis!
2) 83,S.80 - s.o.S.115
3) Wer in der tragenden Ordnung des Kirchenjahres lebt, versichert sich, nach Uhsadel (83,S.107f.), einer Hilfe, "die im günstigsten Falle eine seelsorgerliche Einzelberatung unnötig macht, weil das Leben in der Ordnung der Gemeinde den einzelnen innerlich ordnen kann."
4) 73,S.69 u.ö.
5) Höchst aufschlußreich ist das "Diagramm der therapeutischen Funktion des Gottesdienstes", welches Thilo 73,S.83 vorlegt.
6) 73,S.58   7) 73,S.15
8) "Es ist nicht von ungefähr, schreibt Thilo (73,S.25), "daß das Neue Testament für

und Weiterführung der Lehre von der Uroffenbarung" von Althaus[1] in der Fahrrinne dogmatisch[2] geprägter Argumentation bleibt, lasse ich einmal dahingestellt. Wir sehen ihn jedenfalls deutlich auf ein mehrdimensionales Verständnis von "Seele" zugehen, wenn er (wie Uhsadel) den wirklichkeitsarmen Realismus längst überholter naturwissenschaftlicher "Objektivität" ebenso infrage stellt[3] wie eine "verkopfte Theologie"[4], welche auf ihre Weise die "Gespaltenheit" des alten naturwissenschaftlichen Denkens reproduziert[5], indem sie sich von Mythos und Symbol, Erfahrungswirklichkeit und "Religion" durchgehend abgrenzt.[6]

Auch Joachim Scharfenbergs "Einführung in die Pastoralpsychologie" zentriert sich um die Entdeckung der urtümlichen Mehrdimensionalität mythologischer bzw. symbolischer Redeweise sowie des liturgischen Vollzugs. Es gibt, so entfaltet Scharfenberg auf dem Wege einer ganzheitlichen Erkenntnistheorie, über das "identifikatorische" Erkennen[7] einen unmittelbaren Zugang zu Mythos und Symbol(sprache). Hier erscheinen Vertikale und Horizontale, Geist und Psyche, Herz und Verstand ungetrennt beteiligt und aufeinander bezogen. Die Tiefenpsychologie hat das "Paradigma" aufgetan.[8] Die Pastoral-Psychologie läßt die alte dogmatische Einengung ihres Deutungshorizontes auf den

---

den Begriff 'Leben' zwei (!) verschiedene griechische Worte verwendet: Bios und Zoe. 'Bios' bezeichnet den biologischen Ablauf des Lebens, ist meßbar, beweisbar.. ..Anders Zoe. Hier überschreitet der Lebensbegriff die Schwelle zur Transzendenz". - Es fragt sich, ob Thilo dem spärlichen Gebrauch des Wortes 'bios' im NT dergestalt gerecht wird. Man müßte dann z.B. die "Freuden des Lebens" ('hedonai tou biou') von Lk 8,14 "biologisch" eingruppieren! - Offenkundig und bezeichnend ist der blinde Fleck Thilos bei dem viel bedeutsameren Begriff der 'psychè'. Nicht exegetisches, sondern systematisch-theologisches Interesse führt Thilos Feder.

1) 73,S.71
2) Nach Thilo (73,S.93) ist der Weg, den es auf die "ganze Seele" (Thilo spricht von der "trichotomischen Ganzheit") zuzugehen gilt, als ein Weg von der "reinen" zur "gesunden Lehre" im Sinne Wilhelm Stählins zu verstehen.
3) 73,S.110f.
4) 73,S.159   5) 73,S.111
6) 73,S.162: "...Der radikale Protestantismus, für den alles priesterlich-symbolhafte Handeln nicht nur verdächtig, sondern verdammungswürdig war und ist, hat...noch immer nicht die Kinderschuhe eines aufkläererischen Liberalismus ausgezogen, wie es weite Teile der Naturwissenschaft längst getan haben."
7) 57,S.18ff.
8) 57,S.28ff.

außerbiblischen Mythos von Ödipus und Narziß hinter sich und entdeckt (erst) Schritt um Schritt die ganze Fülle der Psychologie, welche in den Geschichten (Mythen), Bildern und Symbolen der biblischen Überlieferung aufbewahrt ist.[1] Weil "jedes Nachdenken über den Menschen in der Regel unbewußt noch mitgeprägt ist von der fundamentalen vorwissenschaftlichen Erfahrung, die Generationen von Menschen seit Jahrhunderten mit sich selbst gemacht und in religiösen Symbolen ausgedrückt haben", deshalb kommt es, nach Scharfenberg, "immer wieder zu so überraschenden Konvergenzen zwischen vorwissenschaftlicher und wissenschaftlicher Erkenntnis", zwischen Auslegung der Bibel und psychologischen Grundaussagen.[2]

Auf der Spur dieser "Konvergenzen" betritt die Pastoralpsychologie das Feld der Biblischen Psychologie und findet damit eindeutig auch zu einer eigenen geistlichen Identität.[3] "Daß die pastorale Identität um das Linsengericht einer Psychotechnik verschleudert würde", kommt für Scharfenberg ausdrücklich nicht infrage.[4] Auch das pastoralpsychologische Pragma gewinnt für ihn nunmehr eigenständige Gestalt.[5]

Ich stelle fest: Unter der dogmatischen Kuratel eindimensionaler Sicht blieb der "horizontalen" 'psyche' nichts anderes übrig, als aus

---

[1] 57,S.164: "Freud war gewiß zunächst der Meinung, daß es kein 'Jenseits des Ödipuskomplexes' geben könne. Die Entwicklung der Psychoanalyse hat ihn da selbst überholt, und für die pastoralpsychologische Aus- und Fortbildung stellt sich gar die spannende Frage, was denn geschehen würde, wenn man bei grundsätzlicher Beibehaltung des psychoanalytischen Verstehenszirkels den Deutungshorizont... durch einen solchen ersetzen würde, der mit Hilfe der ganzen Fülle von biblischen Mythen und Symbolen zu entwerfen wäre?" - S.169 spricht Scharfenberg von der "theologische(n) Grundüberzeugung..., daß nur im biblischen Zeugnis der Bezug zur Wirklichkeit als einer Ganzen sich ausspricht."
[2] 57,S.53
[3] "Pastoralpsychologie (kann) sich nicht irgendeiner beliebigen Psychologie, die zu ganz anderen Zwecken geschaffen wurde, bedienen", schreibt Scharfenberg. Es gilt, "daß der Pastoralpsychologe tatsächlich seine eigene Psychologie schaffen muß" (57,S.48). Er schafft sie im Dialog zwischen biblischen Texten und vorfindlichen Menschen. Er schafft sie in der Beobachtung der "Korrelation zwischen menschlichen Grundkonflikten und den Symbolen der (christlichen) Überlieferung" (57,S.66).
[4] 57,S.162
[5] Vgl. 57,S.114

der Theologie zu emigrieren, um sich mit der neuen Wissenschaft der Psychologie, ebenso unübersehbar wie gleichfalls eindimensional gefaßt, als "Psyche" einzurichten. Das Dilemma unvermittelter eindimensionaler Anschauungen von Sorge um 'psychè' (einmal als "Seele", einmal als "Psyche") zu überwinden, ist das Anliegen der Pastoralpsychologie. Dieses Anliegen wahrzunehmen, stehen jener, solange die Biblische Psychologie nicht in Blick kommt, theologischerseits allerdings nur die überkommenen dogmatischen Instrumente in Gestalt der Christologie des Chalcedonense zur Verfügung, und alle Vermittlungsversuche überzeugen nicht, solange die Augen durch eindimensionales Denken (in "Bereichen") gehalten sind. "Zurück zur Ur-Kunde von der 'psychè'!" kann daraufhin nur die Devise sein. Wir sind ihr nach theologischem Muster gefolgt und erhoben die Biblische Psychologie. Scharfenberg folgt ihr phänomenologisch - und gelangt ebenfalls (zu mehrdimensionaler Sicht und) zu Aussagen der Bibel. Damit schließt sich der Kreis. Pastoral-Psychologie gewinnt biblische Identität, und theologisch begründete Seelsorgelehre versteht nunmehr "Seelsorge" guten Mutes als "angewandte Pastoralpsychologie".

31. Seelsorgelehre der "Bekenntnisbewegung" 1986

Zu unserem Gang durch die vorhandene Seelsorge-Lehre gehört, last not least, daß wir auch einen Blick auf das Seelsorge-Verständnis der sogenannten Bekenntnisbewegung werfen. Daß dieses sich kritisch von der sogenannten Seelsorgebewegung absetzt, ist zu erwarten. "Gefahr für die Seele. Seelsorge zwischen Selbstverwirklichung und Christuswirklichkeit" lautet charakteristischerweise der Titel eines Sammelbandes von Beiträgen aus dem Jahre 1986[1], den ich heranziehe.

---

1) S. Lit.verz. Nr. 20 - Die Beiträge stammen keineswegs alle erst von 1986. Sven Findeisens Beitrag: "Gruppendynamik in der Krise" geht auf eine Arbeit von 1979 zurück. G. Maiers Aufsatz: "Biblisch-exegetische Erwägungen zum Thema 'Seelsorge'" wurde erstmals 1980 veröffentlicht. Im Anhang (S.193-195) ist das "Wort der Konferenz der Bekennenden Gemeinschaften in der EKiD an die Kirchenleitungen

Bibel- und bekenntnisorientiert zu sein, ist selbstredend der Anspruch der Bekenntnisbewegung.[1] Schauen wir genauer hin, erweist sie sich als exegetisch ebenso unbedarfter, wie unbeirrter Wächter der Tradition eindimensionaler Sicht von "Seele" und der entsprechenden Auffassung von der Sorge um sie. Seelsorge "hat...das eine Ziel: Menschen so zu begleiten und ihnen so zu helfen, daß sie 'das Ziel ihres Glaubens erlangen, nämlich der Seelen Seligkeit' (1.Petr 1,9)", lesen wir im Zusammenhang einer "biblisch-exegetischen" Untersuchung.[2] Daß "Leben erhalten" von Mk 3,4 und "der Seelen Seligkeit" im Urtext auf die nämlichen (griechischen) Wörter zurückgehen, bleibt verborgen. "Eine 'humanistische' Hilfe ist dem NT...fremd", behauptet Maier eine Seite früher.

Wie selbstverständlich speziell die Tradition der späten neutestamentlichen Briefe und, über sie, die dualistische Denktradition die bekenntnis-bewegte Sicht von Seel-Sorge bestimmt, zeigt sich auch in der Unbekümmertheit, mit der einer ihrer Vertreter den theologisch qualifizierten Gegensatz "Geist"-"Fleisch" bzw. die Zwei-Reiche-Lehre ins trichotomische Schema eintragen kann. Anstandslos ordnet Findeisen den "vertikalen Bezug" dem "'geistigen' B e r e i c h" und den "horizontalen Bezug" dem "irdischen B e r e i c h"[3] zu. "Das P s y c h i s c h e" erscheint für ihn NB! "biblisch gesprochen (als) das 'F l e i s c h l i c h e'"[4]!

Daß sich die Gleichung von "Psychischem" und "Fleischlichem" "biblisch" n i c h t direkt belegen läßt, allenfalls aus Randaussagen, wie Jak 3,15 und Jud 19, Nahrung zieht, sich damit aber auch zwangsläufig gnostischer Denktradition verpflichtet, lasse ich dahin-

---

der EKiD zur Aufnahme gruppendynamischer Methoden in die kirchliche Arbeit und Ausbildung" von 1976 abgedruckt. - Erneute Veröffentlichung im Jahre 1986 deutet auf andauernde Aktualität.

1) Vgl. die Einleitung. Nach Stoll (20,S.14) "gehört die Auseinandersetzung mit bibelfremden Einflüssen mit zur Aufgabe kirchlicher Seelsorgetherapie". Dabei "bildet...die christustreue biblische Ausrichtung den Maßstab zur Beurteilung anderer Zugänge zum Menschen."
2) 20,S.142
3) 20,S.120 (Hervorhebungen auch im folgenden von mir)
4) 20,S.123

gestellt. Unbestreitbar begegnet jedoch das alte Denken in "Bereichen" und das mit ihm verbundene dualistische Gefälle. Die "geistlich" definierte "Seele" ist von der "weltlich" verhafteten "Psyche" abzugrenzen. "Seelsorge im eigentlichen Sinne"[1] kann nicht anders als ausschließlich vertikal bestimmt sein. Unter solchen Voraussetzungen muß man von der Psychologie selbstverständlich "Gefahr für die Seele" erwarten.

Die Bekenntnisbewegung nimmt für sich in Anspruch, bibelorientiert zu sein. Sie ist es sicher, so vielgestaltig das biblische Zeugnis nun einmal begegnet. Vom "biblischen Gesamtzeugnis"[2] ist ihre Seelsorge-Lehre allerdings noch recht weit entfernt. So gilt denn auch für die Bekenntnisbewegung selbst, was einer ihrer Vertreter abschließend schreibt[3]: "Die Seelsorge selber hat einen Schatz.., der es dringend verdient hat, (wieder) entdeckt zu werden: die Bibel. Von ihr können wir unendlich viel lernen - nicht nur über Menschenkenntnis, sondern auch über das wahre Menschenverständnis. Denn nur die Bibel zeigt uns den Menschen in a l l e n Bezügen."

---

1) "Die institutionale Kirche muß um ihrer selbst willen", schreibt Findeisen (20,S.190), "mit der lebendigen Gemeinde Jesu Christi in ihr verbunden sein: Hier lernt man Seelsorge im eigentlichen Sinne...sachgemäß kennen."
2) 20,S.86 betont Gassmann: "Abzulehnen sind...alle Aussagen, die dem biblischen Gesamtzeugnis widerstreiten."
3) Ders. 20,S.86

Dritter Teil:
Seel-Sorge-Lehre auf der Grundlage
der Biblischen Psychologie

A. Vorgegebenheiten

1. Konsequenter Ansatz nach dem Schriftprinzip

Am Anfang unseres Weges steht die Entscheidung, nach der "Seelsorge" vom Begriff "Seele" her zu fragen. Da es sich um ein theologisches Unternehmen handelt, ist klar, daß damit zunächst nicht ein allgemeiner Begriff von "Seele", sondern das Verständnis gefragt ist, welches uns aus den Schriften der Bibel entgegenkommt. Wir folgen dem sogenannten Schriftprinzip, wenn wir erheben, was die Quelle der Theologie zu "Seele" sagt, und wir folgen der Logik unserer "Sache", wenn wir davon ausgehen, daß sich aus dem Wesen des Gegenstandes das Wesen der "Sorge" um ihn ergibt. Am Anfang steht also die Biblische Psycho-Logie, die Kunde der Schrift von der "Seele". Auf diese "Seele" ist unweigerlich das "Sorgen" bezogen, das mit "Seelsorge" gemeint ist, wenn es nicht vorbeigehen soll.
Vom Verständnis der "Seele" (in biblischer Sicht) her entscheidet sich nicht nur das Was und Wie der "Sorge", sondern auch die Art und Weise, wie die Kunde von der Seelsorge vermittelt oder auch "Sorge" um "Seele" g e l e h r t wird. Sorge um Seele ist "Seelenwerk". Von jederlei Werk gilt, daß das "Werkstück" mitbestimmt, wie die Kunde vom Werk gewonnen und weitergegeben wird. Wie es nicht nur entsprechender Kenntnisse, sondern auch kundiger Hände beim "Handwerk" bedarf, so fordert das "Seelenwerk" auch die kundige Seele. Handwerks-Lehre gestaltet sich danach theoretisch und praktisch. In der Seelsorge-Lehre kann es im Prinzip nicht anders sein. Seelsorge-Lehre zielt in dem Maße auf lebendige Erfahrung und vermag sie aufzunehmen, wie der ihr zugrundeliegende Begriff von "Seele" dies zuläßt und nahelegt. Einem lebensnahen Verständnis von "Seele" folgt eine lebensnahe Lehre von der Seelsorge. Biblisch ist "Seele" identisch

mit "Leben"!

Wenn ich mich daranmache, das Verständnis von Seelsorge von der Biblischen Psychologie her zu entwickeln und auf diesem Wege Grundlinien einer Lehre von der Seelsorge neu zu zeichnen, dann geschieht dies in der Überzeugung, daß dergestalt theologisch verankerte Seel-Sorge-Lehre im Prinzip durchaus der Erfahrung bzw. humanwissenschaftlichen Erkenntnissen unserer Zeit standzuhalten, ja sie geistlich zu unterfangen vermag. Nur zu lange ist "bibelorientierte" Seelsorgelehre gleichbedeutend mit einem exklusiven Verständnis von Seelsorge gewesen. Aber sie hat mit Sicherheit mehr zu bieten, wenn sie das ganze biblische Zeugnis, und damit auch die "ganze Seele", zu Wort kommen läßt.

2. Stellung zur Tradition - Zur Frage dogmatischer Vorgaben

Das Verständnis von "Seele", welches sich aus der Urkunde des Glaubens erheben läßt, ist, wie wir gesehen haben, ungemein vielschichtig und zweifellos mehrdimensional. Wir sichteten daraufhin die Seelsorge-Literatur seit 1928 und fragten vor allem, wie diese es mit der "Seele" hält. Der Befund spiegelt deutlich die theologischen Probleme der Seelsorgelehre: Bisher folgt die Seelsorgelehre - pointiert gesagt - nicht dem Schrift-, sondern dem Traditionsprinzip. Traditionelle Dogmatik bestimmt ihre theoretische Gestalt. Unter solchen Voraussetzungen führt die Biblische Psychologie zwangsläufig ein Schattendasein. Nicht sie ist es, welche den Ausbruch aus der streng vertikalen Fassung der Seelsorge anstiftet, sondern die moderne Humanwissenschaft. Und die Seelsorgelehre tut sich demzufolge bis heute schwer mit einem mehrdimensionalen Verständnis ihres Gegenstandes und ihrer selbst. Wo sie es gewinnt, kommt es ihr auf pragmatischem Wege zu. Sie läßt "Seele" über die Erfahrung mitreden, wie die "Sorge" um sie zu sehen und wahrzunehmen ist. Daß sie damit Biblische Psychologie reproduziert, erscheint nicht bewußt im Blick. Der ausführliche theologische Nachweis steht hier also m.E. noch aus. Ihn zu erbringen, und so das mehrdimensionale Verständnis von Seel-Sorge-Lehre theologisch eindeutig zu begründen, ist mein Anliegen.

Auch die Pastoralpsychologie ist, wie wir sahen, inzwischen bei der Biblischen Psychologie angekommen. Implizit sieht sie jene in der besonderen Gestalt biblischer Rede gegenwärtig. Ich versuche, auch hier den Kreis theologisch zu schließen.

Seelsorge theologisch vom biblischen Verständnis von "Seele" her zu begründen bzw. zu entfalten, bedeutet m.E., daß wir auf sämtliche Vorgaben verzichten, bis auf eine, die unverzichtbar ist und gleichsam das Axiom evangelischer Theologie darstellt: die Bindung der Theologie an die Urkunde des Glaubens oder auch - um mit Luther zu reden - das Zeugnis der "Ganzen Heiligen Schrift des Alten und Neuen Testaments". Daß wir uns damit zunächst auch eines sogenannten "hermeneutischen Pinzips" begeben, hat gute Gründe. Es gilt, konsequent zur Quelle zurückzukehren und sie selbst bestimmen zu lassen, was sich als zentral erweist und was peripher erscheint. Eduard Thurneysen fragte z.B. 1928 nach der Seelsorge von der "Rechtfertigungslehre" her. Auf diesem Wege wird für ihn nur ein Ausschnitt des biblischen Begriffs von "Seele" sichtbar. Jay Adams gibt 2.Tim 3,16 als sein hermeneutisches Prinzip aus. Unter der Hand transportiert das Dogma von der Verbalinspiration aber bei ihm einen verstümmelten Begriff vom "Gegenstand" der Seelsorge.

Ich meine: Weder soterio-, noch hamartio-, noch ekklesio-, noch christo-, noch anthropologisch anzusetzen, sondern einfach am Bibeltext, läuft zwar gegen den Strich der Tradition, entspricht aber durchaus originaler theologischer Arbeit. Wir gehen bis zur Quelle christlicher Dogmatik zurück und entwerfen von ihr aus die Lehre von der Seelsorge. Daß "Sorge" ihrem "Gegenstand" oder auch "Objekt" angemessen sein muß, soll sie sinnvoll und förderlich sein, oder einfach auch nur sachgemäß, bedarf keiner weiteren Erörterung. Demgemäß h a t die Biblische Psycho-Logie das erste Wort. Danach entscheidet sich, was über das Besorgen der "Seele" zu sagen ist und wie es vermittelt werden kann.

3. Jenseits der "Tricho-tomie"

Das erste, was wir uns von der Biblischen Psycho-Logie sagen lassen müssen, ist, daß sie sich nicht ins "trichotomische" Schema einfügt. Der biblische Begriff von "Seele"='psychè' erscheint nicht als ein abstrakt zu erhebendes Zwischenglied zwischen "Geist" und "Leib", von diesen möglicherweise sauber abzugrenzen und dementsprechend gar einer klar umrissenen Fachwissenschaft zuzuordnen, welche sich der "Psyche" widmet. Biblische Rede von der 'psychè' weiß nichts von der Sektorierung der Wissenschaften vom Menschen.

Wenn wir uns trichotomischer Begrifflichkeit bedienen, um uns dem biblischen Verständnis von "Seele" zu nähern, dann hilft das im Grunde nur dazu, um so deutlicher gewahr zu werden, daß wir eine die Glieder der "Trichotomie" umfassende Sicht vor uns haben. Was die moderne Wissenschaft erst Schritt um Schritt realisiert, ist in der Biblischen Psychologie - lebensnah, wie sie ist - urtümlich gegenwärtig. "Geist" und "Leib" erscheinen nicht als Nachbarbereiche, sondern als Dimensionen der "Seele". "Geist", "Psyche" und "Leib" stehen in einem mehrdimensionalen Zirkel. Dieser Zirkel ist stets mit angesprochen, wenn das Stichwort auch nur e i n e r Dimension begegnet. E i n e Dimension für sich zu betrachten, ist, wenn es überhaupt möglich ist, immer ein abstraktes Unternehmen und entfernt sich von der "lebendigen Seele". Es macht ja gerade die "lebendige Seele" aus, daß sie mehrdimensional ist. Dies ist ihr Wesen.

Eine Weise, die Grenzen des Denkens in "Bereichen" zu überschreiten, begegnet, wo man von jeweiligen "Aspekten" spricht. "Seele" hätte danach einen "geistigen", einen "psychischen" und einen "leiblichen" Aspekt. Hinzu käme dann noch der "geistliche". Alle diese "Aspekte" gilt es dann im Verein zu berücksichtigen, soll "Seele" ganz in den Blick kommen. Doch die Rede von "Aspekten" wirkt abständig und blutleer. "Aspekte" sind "Ansichtssache" - eben: "Theorie" im originalen Sinne des Fremdwortes. Es geht aber nicht um "Ansichten", sondern um Dimensionen des E r l e b e n s , und Erleben will anders denn als "Aspekt" wahrgenommen werden.

Natürlich können wir sagen, daß "Seele" sich unter "somatischem Aspekt" zu Wort meldet, wenn es in Psalm 22,15 heißt: "Ich bin ausgeschüttet wie Wasser, alle meine Knochen haben sich voneinander gelöst; mein Herz ist in meinem Leibe wie zerschmolzenes Wachs". Die Frage ist jedoch, ob wir so begreifen, was der Beter über den Zustand seiner "Seele" in ihrer Fassungslosigkeit kundtut. Damit sind wir bei einem sprachlichen Kennzeichen der Biblischen Psychologie und zugleich bei grundsätzlichen erkenntnistheoretischen Erwägungen, welche sich aus eben der Weise ergeben, in der "Seele" biblisch zur Sprache und ins Bild kommt.

4. Erkenntnistheoretische Gegebenheiten

So deutlich, wie sich "Seele" nach biblischem Verständnis mehrdimensional darstellt, so deutlich kann sie auch nur auf mehrdimensionalem Wege begriffen werden. Biblische Psychologie begegnet in analoger, anschaulicher, konkreter Sprache, einer Sprache, die "Hand und Fuß hat" und Leben atmet. Unsere vorhin zitierte Stelle aus Psalm 22 redet nicht abstrakt von "Fassungslosigkeit", sondern vermittelt mit ihren Bildern zugleich etwas davon, wie sich Fassungslosigkeit anfühlt, und schildert sie aus leibhaftiger Erfahrung. Verstehen solcher Psycho-Logie kann nie und nimmer ein rein kognitiver oder geistiger Akt sein - wie denn Be-greifen im ursprünglichen Sinn etwas mit handgreiflichem Kontakt mit dem Gegenstand und mit Berührung zu tun hat. Wer von der Fassungslosigkeit des Psalmbeters angerührt ist, der weiß, wovon die Rede ist. Dabei ist eine Dimension dessen, was unsere Stelle aus dem Psalm von Biblischer Psychologie vermittelt, noch nicht einmal angesprochen. Der Beter "schüttet sein Herz" v o r   G o t t "aus". Auch dies will nachvollzogen sein und berührt das Verstehen grundlegend.

a) Theologischer Zirkel

Theoretisch sprechen wir in diesem Zusammenhang vom "theologischen Zirkel". Theo-Logie, Rede bzw. Wissenschaft von Gott, gibt es, so meint die Formel vom "Zirkel", angemessen nur unter der Bedingung einer existentiellen oder auch personalen B e z i e h u n g zu Gott. Gott läßt sich nicht einfach als "Objekt", oder abgesehen von einer lebendigen Beziehung zu ihm verhandeln. Nur im Ergriffensein wird der lebendige Gott begriffen. Nur unter Beteiligung des "Herzens" (='psyche') vermittelt sich Gotteserkenntnis. Im Psalm ist es die "Seele", welche Gott "erkennt". "...Wunderbar sind deine Werke; das erkennt meine Seele ('nefesch')", heißt es Ps 139, V.14.
Die Rede vom "theologischen Zirkel" bzw. vom beziehungsträchtigen Wesen der Gotteserkenntnis erweist sich bei genauerem Zusehen als ein lebendiger Ausschnitt der Biblischen Psycho-Logie. Gottes Gottheit widerspricht unberührtem geistigen Verfügen über Gott als "Sache" oder "Objekt" der Wissenschaft. Gottes unanfechtbare Würde als "Subjekt" steht jedem Versuch selbstherrlicher Geistes-Tradition, sich Gottes verobjektivierend zu bemächtigen, entgegen. Gotteserkenntnis entwickelt, vermittelt und bekommt niemand wirklich mit unberührter Seele. Es geht nicht an, zwischen Mensch und Gott wie zwischen Subjekt und Objekt zu unterscheiden. Die Beteiligung der Seele steht davor.
Aber auch die Würde des Menschen als Geschöpf und die Würde der Um-Welt als Schöpfung widersetzt sich unbeteiligtem Begreifen und Verfügen. Die Formel vom "theologischen Zirkel" ist eine hervorragende - im Schatten der Geistes-Tradition möglicherweise als solche unerkannte - Variante der Biblischen Psycho-Logie. In ihr blieb aufbewahrt, was unter den Bedingungen lebendiger Biblischer Psychologie für j e d e r l e i tiefgreifende Erkenntnis gilt. Muß "Seele" nach Biblischer Psychologie nicht nur als Subjekt der Gotteserkenntnis, sondern jedweder tiefgreifender Erkenntnis verstanden werden, dann trifft die Vorstellung vom "Zirkel" - vieldimensional, wie Erkenntnis ist - auf alles wirkliche Erkennen zu. Biblische Psycholo-

gie korrigiert die eindimensionale Geistestradition und überholt das dieser innewohnende Prinzip der Spaltung der Wirklichkeit in "Subjekt" und "Objekt" der Erkenntnis, wie sie die "Trichotomie", die Spaltung von Geist, Seele und Leib überholt.

b) Jenseits der Subjekt-Objekt-Spaltung

Es ist das Erbe der Verabsolutierung des "Geistes" und eine Folge der hierarchischen Unterordnung von "Leib und Seele" unter den "Geist", Erkenntnis einlinig als abstrakten, d.h. von "Leib und Seele" losgelösten geistigen Vorgang zu fassen. Die passive Seite des Wahrnehmens gerät dabei außer Wahrnehmung. Das erkennende "Ich" realisiert sich lediglich in seiner aktiven Kraft, sich als Subjekt "im Geist" vom Gegenstand seiner Wahrnehmung abzusetzen und aus objektiv(ierend)er Distanz einen Begriff von diesem Gegenstand zu bilden. Die Erlebnis-Seite des Erkenntnisprozesses bleibt ausgeblendet.

Wo von "Leib und Seele" abstrahiert wird, kann auch der Subjekt und Objekt zusammenschließende Regelkreis des Erkenntnisvorgangs nicht sichtbar werden. Erkennen bzw. Einsicht kommt nicht als mehrdimensionales Begegnungs- oder Beziehungsgeschehen in den Blick. Es gibt einen inneren Zusammenhang zwischen der Sektorierung des Menschen in Leib/Seele/Geist und der Spaltung der Wirklichkeit in Subjekt und Objekt der Erkenntnis. Biblische Psychologie zeichnet "Seele" als Träger und Organ lebendiger Erkenntnis. Hier ist das "Herz" involviert. "Erkennen" stellt sich als ein geradezu leibhaftiges Geschehen der Einung mit dem Gegenstand dar. "Berühren"[1] geschieht in ihm u n d "Berührtwerden". Das erkennende Subjekt ist immer zugleich Objekt. Lebendige Erkenntnis wird e r f a h r e n , ist Ergebnis

---

1) 1.Mose 4,1: "Und Adam erkannte sein Weib Eva..." - s. dazu o.S.47 Anm 1. Hier ist nur diese Stelle zitiert. Der entsprechende Gebrauch von 'jada' ("Erkennen") läßt sich weiter durch das AT verfolgen. Im NT erscheint dafür das entsprechende Wort 'gignooskein'. Mt 1,25 gibt es die gängige Lutherübersetzung mit "berühren" (der Frau) wieder.

von Begegnung. Und an dieser Begegnung sind alle Dimensionen der "Seele" beteiligt - a k t i v und p a s s i v !

c) Wissenschaft und lebendige Erkenntnis

Wird einmal gewonnene Erkenntnis in Wissen-schaft umgesetzt, bringt dies zwangsläufig die Abs-traktion von ihrem ursprünglichen mehrdimensionalen Erlebniszusammenhang mit sich. Aus Erfahrenem wird geistig verfügbares "objektives" Wissen, aus Erlebtem wird "Lehre" oder "Dogma". Erkenntnis auf Wissen gebracht, erlaubt einerseits dessen weitergehende theoretische Entfaltung, schließt andererseits aber auch das Mißverständnis ein, dem "Geist", d.h. intellektuell, zur Verfügung zu sein und wirkliches Begreifen seien dasselbe. Doch kognitives Erfassen und verstehendes Begreifen im Vollsinn des Wortes sind zweierlei. Zum Begreifen gehört das Ergriffenwerden. Auch Wissen will e r f a h r e n werden, soll es nicht "totes Wissen" bleiben, sondern lebendig sein. Wissenschaft und lebendige Erkenntnis verhalten sich zueinander wie der blanke "Geist" zur lebendigen "Seele" im Sinne der Biblischen Psychologie. Soll aus dem Abstraktum des gleichsam auf Flaschen des "Geistes" gezogenen Wissens lebendige Erkenntnis werden, bedarf es des erneuten Erlebens "mit Leib und Seele". Hat "Lehre" zum Ziel, nicht nur theoretisches Wissen zu vermitteln, sondern lebens-tüchtige Erkenntnis, tritt sie notwendig auch in den Dialog konkreter Begegnung ein und begibt sich damit auf den Weg der Erfahrung, d.h. der Beteiligung der "Seele".
Daß wir uns der Biblischen Psycho-Logie theoretisch versichern, sie mit wissenschaftlichen Methoden erheben und systematisch entfalten bzw. darlegen, ihre "-Logie" sozusagen weitertreiben, ist das eine. Deren lebendige Evidenz erschließt sich aber nur unter Beteiligung von "Seele". Meine und Deine "Seele" muß sich wiederfinden können in dem, was da von "Seele" gesagt ist. Kognitiv, d.h. objektiv und abstrakt, schlüssig zu sein, reicht um der Sache willen nicht aus. Psycho-Logie will auch "seelisch", d.h. konkret und subjektiv zutreffen.

Erst dann ist die Rede von der "lebendigen Seele" auch wirklich schlüssig.

Die Theologie präsentiert in diesem Zusammenhang selbstverständlich den sogenannten g e i s t l i c h e n   V o r b e h a l t. Allein aus der Wirkung des Heiligen Geistes, sagt sie, ist geistliche Erkenntnis möglich. Vergegenwärtigen wir uns, daß die Gottesbezogenheit e i n e Dimension der "lebendigen Seele" ist, dann finden wir im "geistlichen" oder auch "pneumatologischen" Vorbehalt nichts anderes als e i n e Variante dessen, was sich als erkenntnistheoretische Implikation der Biblischen Psychologie überhaupt herausstellte. Auch und gerade die geistliche Dimension der Erkenntnis unterliegt nicht der Verfügung des menschlichen "Geistes" (='nous'). Es ist die "Seele", welche Gott erkennt, wenn sein Geist ('pneuma') sie anrührt.

Auf der Linie der Vorherrschaft der Geistestradition liegt, daß die theologische Wissenschaft nur den geist-lichen Vorbehalt lebendiger Erkenntnis ausdrücklich mit sich führt. Er ist theologisch unabdingbar und reicht, solange "Seele" eindimensional geistlich verstanden wird, im Sinne Biblischer Psychologie aus. Vor dem Hintergrund einer "Geist", "Psyche" und "Leib" umfassenden Biblischen Psychologie greift der erkenntnistheoretische Vorbehalt jedoch nicht nur in geistlicher oder vertikaler Hinsicht. Er gilt mehrdimensional und hält in seiner, d.h. der betreffenden Dimension jeweils eigenen Weise fest, daß persönliche Begegnung und Erleben zur lebendigen Erkenntnis gehören.

5. Folgerungen für die Praktische Theologie

Wie bedeutsam die erkenntnistheoretischen Einsichten sind, welche sich aus der Biblischen Psychologie ergeben, tritt spätestens dort ans Licht, wo Theologie aufgerufen ist, praktisch zu werden. Praktische Theologie will ja nicht nur wissen-schaftlich schlüssig sein. Sie kann sich nicht darin erschöpfen, geistigen und geistlichen Ansprüchen zu genügen. Sie schlägt erklärtermaßen die Brücke zur

Praxis. Sie zielt auf das der Sache angemessene Werk, darauf, daß Theologie lebendig und konkret Gestalt annimmt. Im Sinne der Biblischen Psychologie kann Theologie dies für die "lebendige Seele" nur m i t Geist u n d Seele u n d Leib. Abstrakte Erkenntnis wird praktisch, indem sie ins Leben kommt, leibhaftig, erfahrbar und erlebbar. Sie will zu "hören", "mit den Augen zu sehen", zu "betrachten" und "mit unseren Händen zu betasten" sein - um mit 1.Joh 1,1 zu reden. Davon handelt und das verhandelt Praktische Theologie. Sie wendet sich notwendig nicht nur an das geistige Begriffsvermögen und sucht dieses zu fördern.

Biblische Psychologie bestimmt auch das Begriffsvermögen mehrdimensional. Wer jenes fördern will, macht sich auf den Weg zu "Leib und Seele, Augen, Ohren und allen Gliedern, Vernunft und allen Sinnen" des Praktikers, damit durch ihn, in seiner Person, wirklich zu hören, zu sehen, zu betrachten, zu begreifen und zu schmecken möglich wird, was Sache ist. Praktische Theologie zielt, kurz gesagt, darauf, die "Seele" ihrer Adressaten zu lehren, damit durch jene wiederum "Seel-Sorge" Gestalt annehmen kann, wie denn der alte pastorale Sprachgebrauch aufbewahrt hat, daß es in jeder praktischen Disziplin der Theologie um "Seel-Sorge" (im Sinne der 'cura animarum generalis') geht.

Es gibt einen Zusammenhang zwischen dem, was Theologie von "Seele" weiß und sagt, und der Weise der Ausrichtung der "Praktischen Theologie". Nach biblischem Zeugnis ist es das "Herz", welches "denkt". "Lehre", die dies wahrnimmt, kann sich nicht ausschließlich an den "Kopf" des Lernenden wenden, sondern bezieht selbstverständlich den ganzen Menschen "mit Leib und Seele" ein. Wes das "Herz voll ist", des geht nicht nur "der Mund über", auch der Ausdruck des Gesichts und die gesamte Haltung bzw. der "Habitus" wird davon geprägt. Wo das "Herz" unsicher ist, ist auch der Schritt schwankend und die Füße sind vom Gleiten bedroht. Praktische Theologie reicht bis in die Füße. "Du stellst meine Füße auf weiten Raum", sagt Psalm 31. Ein enger Standpunkt wird kaum den weiten Horizont widerspiegeln, in den Gott die "Seele" stellt...

Es wäre reizvoll, an dieser Stelle durch weitere Aussagen analoger Redeweise zu vergegenwärtigen, was gemeint ist, wenn ich feststelle, daß Praktische Theologie notwendig mehrdimensional ausgerichtet sein muß. Ich breche hier ab. Die Folgerungen eines erkenntnistheoretischen Ansatzes bei der Biblischen Psychologie dürften hinreichend deutlich geworden sein. Schauen wir nun, was sich daraus für den Aufbau einer Lehre von der Seel-Sorge im ganzen ergibt.

6. Zum Aufbau der Seelsorge-Lehre

Seelsorge-Lehre wird notwendig in zwei Teile gegliedert sein, einen theoretischen und einen praktischen Teil. Im ersten (theoretischen) Teil geht es um theologische Grundlegung. Hier ist das theologische Verständnis von Seelsorge zu entfalten und sind Kategorien zu entwickeln, welche exegetischen und dogmatischen Ansprüchen gleichermaßen genügen wie praktischen.
Kategorien stellen die Bedingung der Möglichkeit von Erfahrung dar. Mit ihrer Hilfe ist Benennen und Verstehen möglich. Zusammenhänge werden durchschaubar und theologisches Urteil wird vollziehbar. Theologische Grundlegung wird schlüssige Begriffe zur Verfügung stellen und Koordinaten denkenden Erfassens zeichnen. Sie wird den geistigen Raum ausmessen, der notwendig von jedem zu durchschreiten ist, der seine praktische Seelsorgearbeit theologisch verantwortet wissen will. Wir befinden uns mit allem, was bisher ausgeführt wurde, mitten drin in diesem Unternehmen.
Der oben grob "praktisch" apostrophierte 2. Teil der Seelsorge-Lehre überschreitet - treffen meine erkenntnistheoretischen Erwägungen zu - zwangsläufig den Rahmen wissenschaftlicher Abhandlung. Praktische Lehre ist, wird sie wirklich praktisch, d.h. mehrdimensional und konkret, keine Sache des Lehrbuchs. Gleichwohl will gerade solches auch theologisch begründet und verantwortet sein. Meine erkenntnistheoretischen Überlegungen stellen dazu bereits einen inhaltlichen Beitrag dar.

Hier ist freilich mehr zu leisten. Wir werden daher, wo es nötig erscheint, bis ins Detail hinein der Frage nachgehen müssen, welche Gesichtspunkte die praktische Seelsorge-Lehre leiten, bzw. welchen Bedingungen sie sinnvollerweise konkret folgt. Beides aus der Sache der Seel-Sorge heraus zu entwickeln und so bis zu einem theologisch begründeten Modell praktischer Seelsorge-Lehre zu kommen, heißt m.E. den Kreis Praktischer Theologie soweit zu schließen, wie es auf dem Wege eines abstrakt-wissenschaftlichen Diskurses möglich ist. Dasjenige Kapitel der "Lehre", welches "Leib und Seele" lebendig einbezieht, ist dann freilich nicht mehr auf Papier, sondern nur noch ins Herz des Praktikers selbst zu schreiben - wenn solch einseitiger Ausdruck bei einem so begegnungsintensiven Geschehen überhaupt zulässig ist.

B. Biblischer Befund und theologische Reflexion

1. "Seele" nach biblischem Befund und das allgemeine Seelsorge-Verständnis

a) Vorbemerkung - Zur Bedeutung des Urtextes

Wir verstehen Seelsorge als Sorge um "Seele". Aus dem Verständnis von "Seele" ist zu entwickeln, wie die Sorge um sie aussieht. Das biblische Verständnis von "Seele" haben wir erhoben, indem wir sorgfältig das Alte und das Neue Testament durchgingen. Wir greifen nunmehr auf den Befund zurück. Eine wichtige Entdeckung sei vorher aber noch einmal in Erinnerung gerufen: Wenn der biblische Begriff von "Seele" vor Augen kommen soll, ist es nötig, genauer hinzuschauen und den U r t e x t sprechen zu lassen. Denn "Seele" dort ist keineswegs immer einfach "Seele" in der Übersetzung. Dazu nur einige Beispiele.

Im Jahre 1521, also noch vor seiner Übersetzung des Neuen Testaments, schreibt Luther in seiner Auslegung zum Magnificat[1], daß "Seele" "oft in der Schrift für das Leben genommen" wird, d.h. oft mit "Leben" übersetzt werden muß. Wer die ältere Lutherübersetzung der bedeutsamen Stelle 1.Mose 2,7 im Ohr hat, weiß, daß Luther hier von der "lebendigen Seele" spricht. Die revidierte Fassung von 1956/64 geht dann zur Formel vom "lebendigen Wesen" über, welche die Zürcher Übersetzung schon lange kennt.

Mk 8,34ff. hat uns besonders beschäftigt.[2] Bis in die Textrevision von 1984 hinein gibt die Lutherübersetzung, im Gegensatz zu anderen Übersetzungen, das nämliche Wort 'psychè' in den Versen 34ff. unterschiedlich wieder: V.35 mit "Leben", V.36f. mit "Seele"! Zweifellos schließt hier die Übersetzung zugleich eine Deutung ein, und hinter dieser Deutung verbirgt sich eine spezifische Tradition.

Wir sahen: "Herz" und "Seele" sind in biblischer Sprache weitgehend

---

1) S. 15,S.139,Z.37f.
2) S.o.S.34ff.

identisch. Wer also einzig nach dem deutschen Wort "Seele" schaut, gerät leicht auf eine zu schmale Spur. Manch "bibelorientierte" Ansicht ist möglicherweise nicht "schrift"-, sondern übersetzungsorientiert. Es führt kein Weg darum herum, den Urtext zu befragen. Wenden wir uns nunmehr dem zu, was sich daraus ergeben hat und noch ergibt, und versuchen wir zugleich, dies systematisch zu tun.

b) "Seele" als lebendiges, mehrdimensionales Leben

"Seele", alttestamentlich: 'nefesch', neutestamentlich: 'psychè' - ich hebe jetzt nur diese urtextlichen Begriffe heraus -, bedeutet an erster Stelle "Leben" in seiner Lebendigkeit, genauer: das konkrete individuelle lebendige Lebewesen, der Mensch als Person, die da "leibt und lebt", wie die Redensart sagt. Aus dem "Erdenkloß" wird "Seele", wird der lebendige Adam in dem Moment, in dem Gottes Odem in ihn kommt. "Seele" und Vitalität sind identisch, allerdings in unlösbarer Verbindung zu Gott, dem Schöpfer.
Die dogmatische Aussage von der 'creatio continuata', der fortgesetzten Schöpfung, ist im Begriff "Seele" gegenwärtig. "Nimmst du weg ihren Odem, so vergehen sie und werden wieder zu Staub", heißt es Ps 104,29. Die Gottesgewiesenheit der "lebendigen Seele" ist selbstverständlich. "Seele"-Sein bedeutet immer zumindest passive Bezogenheit auf Gott, den Herrn des Lebens. Vitalität "an sich" ist nicht "Seele", sondern "Fleisch" nach biblischem Verständnis. Biblische Psycho-Logie ist immer zugleich Theo-Logie. Es ist nicht möglich, von "Leben" zu sprechen, ohne wenigstens den ersten Glaubensartikel mitzudenken. Und "Seele=Leben" ist immer relational zu verstehen. Wir werden dem noch ausführlicher nachgehen.
Es ist auch nicht möglich, Leben="Seele" abstrakt zu sehen. "Seele" gibt es nur in individueller, persönlicher und natürlich: l e i b - haftiger Gestalt. Lebendige Seele lebt nur so und nicht anders. Unter ihrem Begriff sind alle Dimensionen individuellen Lebens (die Tradition redet hier trichotomisch von "Geist", "Psyche" und "Leib") zu-

sammengeschlossen in einer lebendigen Organisation. Zweifellos kann man sagen, daß "Seele" den "ganzen Menschen" meint oder die "Person". Aber es ist wichtig, a l l e Dimensionen des lebendigen Menschen dabei als solche in ihrem Zusammenhang im Auge zu behalten. Verdeutlichen wir uns das an einem Beispiel, welches v.a. den "Geist" betrifft.

Auch die abstraktesten Gedanken kommen nur zur Welt, wenn da ein leibhaftiger Mensch ist, der sie ausdenkt. "Cogito, ergo sum" - "Ich denke, also bin ich", konnte Descartes nur sagen und schreiben als leibhaftig lebender Mensch. Er drückt mit diesem Satz das aktive Vermögen aus, sich selbst als Subjekt in der Dimension des "Geistes" zu erleben. Schauen wir genauer hin, erweist sich das Geschehen solch einer Aussage eingewoben in das vieldimensionale Gesamtgefüge lebendiger Lebensäußerung. Kopf, Hand und Herz sind beteiligt bei ihrer Entstehung. Sie muß nicht nur gedacht, sondern auch ausgedrückt und niedergeschrieben sein, um zu uns überzukommen. Und selbst wenn wir von letzterem absehen - das Gehirn muß seinen Dienst tun, das Herz bei der Sache sein können. Unter qualvollen Bauchschmerzen hapert es auch mit dem geistigen Abstraktionsvermögen. Der Satz: "Ich leide, also bin ich" liegt dann näher, und er ist - wenn er überhaupt reflektiert wird - vermutlich kaum mit dem Hochgefühl philosophischer Selbstvergewisserung aus der Kraft des "Geistes" verbunden, sondern eher mit der Sehnsucht, die schmerzliche Last, ein leibhaftig wahrnehmendes "Ich" zu sein, abzustreifen.

Nach dem Muster des Ausspruchs von Descartes können Ich und Du im Sinne biblischer Rede von "Seele" sagen: "Ich bin 'lebendige Seele', also bin ich". Es gibt kein "Ich" abgesehen von der "lebendigen Seele". Als "lebendige Seele" ist und sagt der Mensch "Ich", "Du" oder "Wir" u n d begegnet Gott, sich selbst, seinen Mitmenschen und der Umwelt. A l l e Dimensionen des Lebens sind dabei gegenwärtig und behaupten ihr Recht, ob sie nun bewußt sind oder nicht. Von einer Dimension abzusehen, hieße einem reduzierten Begriff von "Seele=Leben" zu folgen.

Vor dem Hintergrund der Lehrtradition der Seelsorge brauche ich kaum noch zu betonen, wie wichtig diese Feststellung ist. Der Trend zur "Ver-geistigung" der "Seele" ist, wie wir sahen, so alt wie die "Seelsorge" selbst. Aber "Seele=Leben" ist nach dem Befund der Bibel eben nicht nur eine "geistige", sondern auch eine "leib"-haftige Angelegenheit. Und "Seel"-Sorge, allgemein und im original biblischen Sinne, kann demnach auch nicht anders denn als Besorgen des Lebens - in welcher Dimension auch immer! - verstanden werden.

c) "Seele" als leibhaftiges Leben - Seelsorge als handfeste Lebenshilfe

Eindrücklich bekundet die Biblische Geschichte, wie selbstverständlich "Seele=Leben" vom "Leib" her angegangen werden kann. Jesus heilt z.B. am Sabbat einen Mann, der eine verkrüppelte Hand hat (Mk 3,1-6)[1]. Es handelt sich um keinen "Notfall". Der Mann lebt offenbar schon länger mit dieser Behinderung. Nicht einmal, daß der Mann Jesus um Heilung angegangen wäre, wird berichtet. Aber zweifellos lebt jener Mann mit der untauglichen Hand ein reduziertes Leben als Krüppel. Allein dies genügt als Grund für Jesus, am Sabbat heilend einzugreifen. Und Jesus stellt sein Handeln ausdrücklich unter die Überschrift: "Leben='psychè' retten".

Der sich vorher mit e i n e r tauglichen Hand behelfen mußte, hat nun zwei Hände, mit denen er "zupacken" kann. Ob die Diagnose auf Muskelatrophie oder Nervenlähmung oder sonstwie lauten mag, ob Physiologen hier möglicherweise von einem "kleinen Defekt" sprechen, den Jesus dann "repariert" hätte, - invalid zu sein ist immer mehr als eine "rein somatische Angelegenheit". Es betrifft den ganzen Menschen, trifft seine "lebendige Seele". Und dementsprechend hat auch die Heilung nicht nur eine leibhafte Seite. Aber selbst, wenn wir den Fall rein somatisch betrachten: Unser Mann gewinnt so oder so mit der Heilung seiner Hand an lebendigem Leben hinzu. Ob er dies zu erleben, umzusetzen und zu nutzen versteht, erfahren wir nicht, weil die Peri-

---

1) S.o.S.29f.

kope ganz auf die Auseinandersetzung Jesu mit den Pharisäern zugeschnitten ist. Doch, wenn nach unserem Sprachgebrauch schon ein "frisches Bad" im rechten Augenblick genügen kann, um sich "wie neugeboren" zu fühlen, wieviel mehr an Leben begegnet dann dort, wo einer seiner b e i d e n Hände wieder mächtig wird und sein Leben als Krüppel hinter sich lassen kann!

Wir haben mit Mk 3,1-6 die leibliche Dimension der Sorge um "Seele=Leben" besonders in Blick genommen. Natürlich gibt es ein übertriebenes "Sorgen" um "Leib und Leben". Mit Nahrung und Kleidung, d.h. leibhaftig versorgt zu sein, ist, nach Jesu Worten Mt 6,25ff., bestimmt nicht alles. Wenn die Sorge darob "Herz und Gemüt" völlig besetzt, wird der Lebenshorizont eng, zumal über die Zukunft des Lebens sicher zu verfügen, keinem Menschen möglich ist. Auch zwanghafte Besorgnis um das leibhaftige Leben stellt eine Reduktion des Lebens dar. Solches Sorgen frißt - im Bilde gesprochen - an der "Seele". Wo es Raum greift, ist das Gefüge lebendigen Lebens gestört - nicht zuletzt in seiner Beziehung zu Gott, dessen Fürsorge zu vertrauen theo-logisch geradezu unabdingbar zum gelingenden Leben dazugehört. Jesu Aussage, daß sich dort, wo die Gottesbeziehung stimmt und einer "zuerst nach dem Reich Gottes trachtet" (V.33), die anderen Dinge von selbst in ein lebensfreundliches Gleichgewicht fügen, steht daher keineswegs in Widerspruch zu einer handfesten Sorge um die leibliche Dimension der "lebendigen Seele" in Gestalt von Nahrung und Kleidung, deren jene nun einmal bedarf.

Sicher wehrt vertrauender Glaube besorgter Lebensangst (=enge). Voraussetzung ist indes, daß die "Seele" von diesem Glauben erreicht wird. "Der Mensch lebt nicht vom Brot allein!" (Mt 4,4) Hier ist "Glaubenshilfe" a u c h "Lebenshilfe". Doch die in der Wüste der Mangelsituation "verschmachtende Kehle"[1], die "Seele", die vor Hunger und Durst "verzagt"[2], wird naturgemäß nicht durch das "Wort allein", sondern zunächst einmal leibhaftig und mit Speise und Trank "gelabt". Und auch dies ist für sich "Seel"-Sorge! Die "grünen Auen"

---

1) 'Nefesch' wird von Hans-Joachim Kraus in seinem Psalmenkommentar (34) zu Ps 107 urtümlich mit "Kehle" übersetzt.
2) Zu Ps 107 s.o.S.17 Anm 2

des 23. Psalms, welche die "Seele erquicken", deuten auf wirklich saftiges Futter für das "Schaf".

Der die fünftausend "Seelen" sich nach einem langen Tag "ins grüne Gras" lagern läßt[1], beschränkt sich eben nicht auf die "Lehre" (Mk), die "Heilung der Kranken" (Mt) und die Predigt "vom Reich Gottes" (Lk). Er sorgt auch dafür, daß sie etwas in den Magen bekommen. Und a l l e s dieses ist "Lebenshilfe" und stellt Sorge um "lebendige Seele" dar. Zu einer Scheidung der Dimensionen besteht nach dem synoptischen Befund kein Anlaß. Welche Art von Hilfe zum "Leben" auch immer geschieht, im allgemeinen Sinne Biblischer Psychologie kann, ja muß es "Seelsorge" genannt werden - unter dem Vorbehalt, daß keine bestimmte Dimension verabsolutiert wird und damit die Mehrdimensionalität der "Seele" abhanden kommt.

Seelsorge ist also durchaus eine handfeste, leibhaftige Angelegenheit. Jesus selbst zeigt es. Er heilt die funktionsuntüchtige Hand eines Mannes und sorgt damit für dessen 'psychè'. Diese "Lebenshilfe" hat sogar Vorrang vor den geistlichen Erfordernissen des Sabbat. Jesus speist auch die hungrigen Fünftausend - obwohl diese sich selbst hätten versorgen bzw. (nach Mk 6,36) "in die Höfe und Dörfer ringsum (hätten) gehen und sich Brot kaufen" können!

d) "Seele" als Leben-in-Beziehung - Auf der Spur eines speziellen Verständnisses von Seelsorge

Wir folgten bisher der biblischen Gleichung "Seele"="Leben/Lebendigkeit" und ich stellte heraus, daß "Seelsorge" in dem Maße, in dem "Leben=Seele" leibhaftig ist, auch leibhaftig verstanden werden muß und handfest vollzogen sein will. Der hungrigen "Seele" zu Speise und der durstigen zu Trank, der nackten zu Kleidung und der obdachlosen zu einem Dach über dem Kopf zu helfen, erscheint nach Jesu Rede

---

[1] Mk 6,30-44 Par - Vom "grünen Gras" spricht ausdrücklich Markus. Matthäus (14,9) spricht nur vom "Gras". Bei Lukas (9,14) fehlt die alttestamentliche Assoziation ganz.

vom Weltgericht (Mt 25,31-46) keineswegs als unwesentliche oder zweitrangige Sorge um die 'psychè', sondern ist u.a. entscheidendes Zeichen und Kriterium der Nachfolge.

Die im Rahmen von Mt 25,31ff. aufgelisteten "Werke der Barmherzigkeit" führen uns jedoch noch ein Stück weiter. Denn wir finden hier nicht nur Aufgaben genannt, welche sich, nach traditionellem Verständnis, einfach auch als Handlungen der l e i b-lichen Versorgung katalogisieren lassen. Schon den "Fremden ('xenos') aufzunehmen" und ihm Gastfreundschaft zu gewähren, bedeutet mehr, als leiblich oder materiell zu fassen ist. Noch deutlicher kommt eine andere als die leibliche Dimension des Lebens bzw. der "Seele" mit dem Stichwort "B e s u c h" ins Spiel.

"Der Mensch lebt nicht vom Brot allein!" - Wir sind gewohnt, bei diesem Schriftwort Kritik an einer materialistischen Lebensauffassung und der Überbewertung des "Leiblichen" herauszuhören und damit die Bedeutsamkeit geistiger oder geistlicher Werte bestätigt zu sehen. Der Weltenrichter von Mt 25 zeichnet aber diese Alternative nicht. Daß leibliche, d.h. hier: materielle Versorgung nicht alles ist, bestätigt er in einer anderen Richtung, der Richtung der Unabdingbarkeit lebendiger B e z i e h u n g . Denn "Leben", das ist "In-Beziehung-sein". "Seele" l e b t in lebendiger Bezogenheit. Aber sehen wir genauer hin.

Wer den "Fremden" "aufnimmt", besorgt ihm nicht bloß ein Dach über dem Kopf, er räumt ihm auch einen Platz am eigenen Herd und in seinem Hause ein. Aufnehmen schließt Annehmen ein. Unterkunft und Herberge sind - mit allem, was an "leiblichem Wohl" dazugehört - das eine. Doch das "seelische Wohl" will darüberhinaus bedacht sein. Die Beziehung ist wichtig.[1] Mag dies in unserem Zeitalter der Hotels und

---

1) Eindeutig läßt sich im Hintergrund der Worte des Weltenrichters die Mahnung von Jes 58,7 hören. "Brich dem Hungrigen dein Brot und die im Elend ohne Obdach sind, führe ins Haus!", heißt es da. "Wenn du einen nackt siehst, so kleide ihn und e n t z i e h d i c h n i c h t deinem Fleisch und Blut!" (Lutherübersetzung) - Einige Verse später (V.10) ist davon die Rede, daß du "den Hungrigen d e i n H e r z finden" läßt. "Barmherzigkeit" involviert "Herz"! Nicht nur, daß der Barmherzige seinem "Herzen einen Ruck gibt", dieses oder jenes "zu berappen" - ich soll auch mein Herz vom anderen f i n d e n lassen, es dem anderen n i c h t e n t z i e h e n , d.h. mich "herzlich" auf ihn einlassen.

Gasthäuser, der Herbergen und Nachtasyle unter dem Stichwort "Obdach" bezeichnenderweise überhaupt nicht deutlich sein und unter dem Stichwort "Aufnehmen" vielleicht nur theoretisch herauskommen, wenn Jesus daneben ausdrücklich den B e s u c h beim Kranken und beim Gefangenen anspricht (V.36/43), wird die Bedeutung von (mitmenschlicher) Beziehung unübersehbar.

Wer nach einem Kranken schaut, schaut und fragt auch, wo es ihm fehlt. Er wird sich, wo die leibliche Versorgung mangelt - Jesus setzt noch keine Krankenhäuser voraus -, natürlich dieser annehmen, aber das ist nicht der springende Punkt beim Besuch. Wer einen Besuch macht, bringt Anteilnahme und Gemeinschaft mit. Er aktualisiert 'k o i n o n i a'. Er gleicht den Verlust an menschlicher Beziehung aus, unter dem der durch seine Krankheit zwangsläufig Isolierte möglicherweise leidet. Er stützt die kranke "Seele". Er zeigt ihr, daß man ihrer "nicht vergessen" hat und ihrer "gedenkt"[1], und bringt auf diese Weise Hilfe zum "Leben".

Was für den, durch Hinfälligkeit in Not geratenen, Kranken gilt, gilt für den, durch Schuld oder fremde Willkür vom Leben im vertrauten Lebenskreis abgeschnittenen, Gefangenen noch deutlicher. Den Inhaftierten zu besuchen, heißt: seine Isolation zu durchbrechen, Licht der Gemeinschaft ins Dunkel der Einsamkeit zu bringen, Verbindung zu pflegen, wo Mauern und Einschluß Trennung bedeuten. Der Einsitzende ist der alltäglichen Be-achtung durch seine Mitmenschen beraubt, möglicherweise ihrer Ver-achtung preisgegeben. Eingeschlossen ist er ausgeschlossen vom alltäglichen Leben. Er ist a-sozialisiert. Jeder Besuch bringt ein Stück Re-sozialisierung und damit Lebens-Hilfe. Denn Leben ist Leben-in-Beziehung. Besuchen heißt: Beziehung "pflegen".

Beziehung zu pflegen ist eindeutig eine unabdingbare Seite der Seelsorge. Lassen sich die Werke der leiblichen Lebenshilfe vielleicht noch als solche der "Leib"-Sorge verstehen und einordnen, beim "Besuchen" kommt deutlich ein spezieller Zug der "Seele" ins Spiel. Le-

---

1) Ps 31,13: "Ich bin vergessen in ihrem Herzen wie ein Toter..." (Luther) - Dazu s.o.S.26f.

benshilfe in Gestalt leiblicher Versorgung mag materialisiert und bis
zu einem gewissen Grade ohne Schaden objektiviert werden können (am
Ende steht dann ein "Diakonisches Werk" als subsidiäre Einrichtung
des Sozialstaates), das Geschehen des Besuches läßt sich in seinem
Wesen nicht materialisieren oder objektivieren, ohne zu pervertieren.
Der Besuchende bringt vielleicht auch materielle, ideelle oder geistliche "Güter" mit, zunächst aber bringt er sich selbst als Person. Er
bringt seine Anteilnahme, sein menschliches Interesse am Anderen,
sein Mitempfinden, sein Ohr, sein Herz, seinen Mund, daß er dies alles dem anderen leihe, daß da Gespräch sei, Rede und Antwort, daß da
Gemeinschaft sei, auch ohne Worte, daß da 'k o i n o n i a' sei, daß
die "Seele" des Besuchten erlebe, lebendig zu sein in-Beziehung. Muß
sie sonst doch verdorren in der Öde, wo kein Gegenüber ist, kein Ohr,
keine Ansprache, keine Beziehung, keine Berührung, die erlebt werden
kann. Denn "lebendige Seele" ist Leben-in-lebendiger-Bezogenheit. Und
diese Bezogenheit steht dabei naturgemäß - und nach dem lebendigen
Zeugnis des Alten und Neuen Testaments - nicht etwa nur vertikal,
sondern in allen ihren Dimensionen in Rede.

2. Theologische Psychologie - Zu den theologischen Grundbegriffen der (speziellen) Seelsorge

a) Beziehung - "Haben" im "Sein"

Die Tradition der Seelsorgelehre konnte "Seele" mit "Person" gleich-
setzen und begründete zu Recht damit über ein ganzheitliches Verständnis von "Seele" das Verständnis von Seelsorge im Sinne der 'cura
animarum g e n e r a l i s'. Alles ist in diesem Sinne Seelsorge,
was die menschliche Person und Hilfe zu deren Leben betrifft. Fragen
wir nun aber nach dem "Besonderen" der "Seelsorge", d.h. nach dem,
was unter 'cura animarum s p e c i a l i s' zu verstehen sei, dann
reicht der Person-Begriff nicht hin, weil er zu undifferenziert und

möglicherweise schon zu selbstverständlich idealistisch geprägt erscheint. Es gilt neu zu fassen, was sich in ihm verbirgt, und damit auch das Spezifische, sozusagen das "Seelische" an der "Seele", in den Blick zu bekommen, aus dem das Wesen der 'cura animarum specialis' eindeutig ableitbar erscheint. Ich meine, das Stichwort "Beziehung" bzw. "Bezogenheit" weist hier den Weg. Aus der Mitte des biblischen Begriffs von "Seele" kommt uns die Gleichung: Seele=Leben= In-Beziehung-sein entgegen. Das Vermögen und die Notwendigkeit, in-Beziehung zu sein, bestimmt das Wesen der "Person"="Seele" als solche.

Aus der lebendigen Beziehung zu Gott lebt die "Seele" - "nicht vom Brot allein". Aber auch die horizontalen Beziehungen bedeuten und beschreiben erlebtes Leben und sind nicht minder konstitutiv. Die Formel "Nicht vom Brot allein!" zielt auch auf sie. Das In-Beziehungsein ist keineswegs nur eine geistliche oder geistige Angelegenheit. Die "Psyche" lebt im Schnittpunkt der Bezogenheit von "Geist" und "Leib". Jesu Hinweis auf das Besuchen des Kranken und des Gefangenen spricht leibhaftige lebendige Gegenwart beim anderen und damit konkrete Gewährung von Beziehung an.

Nach biblischem Befund h a t der Mensch nicht "Seele", sondern er i s t "Seele" - wie er "Person" ist, um neuzeitlich zu reden. Wenn "Seele", "Lebendig-sein" und "In-Beziehung-sein" im biblischen Sinne identisch sind, dann beschreibt das Mehr oder Weniger an Beziehung zugleich Quantität u n d Qualität von Leben. "Haben" und "Sein" lassen sich nicht voneinander lösen. Nur im "Sein" "habe" ich "Seele" =Beziehung. Es geht nicht um ein unberührt vergfügbares Additum zu einem wie auch immer gearteten Person-Kern, sondern zentral um die Lebendigkeit der Seele - in dem Maße, in dem Beziehung als Bezogenheit da ist und er-lebt wird. Deshalb betrifft jeder Verlust und jede Störung von Beziehung die "Seele" bzw. das Leben unmittelbar und zentral. Schreiten wir auf dieser Spur weiter, und führen wir uns vor Augen, wie selbstredend Theologie und Biblische Psychologie deckungsgleich sind.

b) "Sünde" und "Schuld" als Grundbegriffe der Beziehungsstörung

Was wir mit dem In-Beziehung-sein der "Seele" und der Gleichung: Leben=In-Beziehung-sein im Blick haben, spiegelt sich auch unübersehbar in entscheidenden theologischen Begriffen aus dem Umfeld. Sie sind sozusagen Beziehungs-trächtig.

Der Begriff "Sünde" z.B. wird nicht von ungefähr mit "Ent-fremdung" oder "Ab-sonderung" wiedergegeben. Die theologische Tradition charakterisiert den "Sünder" als 'homo incurvatus in se ipsum', als den "in sich selbst verkrümmten", den, um der pervertierten Selbstbeziehung willen, aller anderen Beziehung verlustigen Menschen. "Schuld" beschreibt eine Belastung von oder ein Defizit an ausgewogener Beziehung. "Schuld" und "Sünde" kennzeichnen wesentlich den Zustand der Störung des Beziehungsgefüges. Beide Begriffe können voll nur aus dem Kontext der Rede von Beziehung verstanden werden.

Nach biblischem Befund erscheinen "Sünde" und "Schuld" folgerichtig als Ausdruck gestörter Beziehung mit der Drohung des Todes verknüpft. Beziehung/Bezogenheit zu leben, macht das Leben aus. Sie nicht zu leben oder leben zu können (oder negativ zu leben), bringt an die Grenze des Todes. "Sünde" begreift sich als "der Tod im Topf" - um eine lockere Redensart zu gebrauchen. Paulus sieht (Röm 6,23) den Tod als "der Sünde Sold". Der Tod bzw. Tot-sein kommt absoluter Beziehungs-losigkeit gleich. Die "Seele" lebt nicht mehr, wo keine Beziehung mehr da ist. In den Psalmen erscheinen Verlassenheit und Todesnähe synonym[1], ohne daß dabei immer Sünde oder Schuld des Betroffenen im Spiel wären. Der Tote nimmt keine Beziehung mehr wahr. Er ist stumm, seine "Seele", seine Lebendigkeit ist erloschen. "Nur der Lebende lobt Gott", sagt Hiskia (Jes 38,19) in seinem Gebet und wirbt damit bei Gott um sein Leben.

---

1) S.o.S.26f.

c) Die Gebote und das Liebes-Gebot als Orientierung lebendiger Beziehung

Die Gebote, welche das "ganze Gesetz" zusammenfassen[1] und in summa bestimmen, wie sich Leben[2] förderlich gestaltet bzw. zur Erfüllung kommt, sprechen gleichermaßen die Beziehung (der "Seele") zu Gott, zum Mitmenschen und zu sich selbst an und beschreiben diese Beziehung durchgehend mit dem Inbegriff einer zugewandten Einstellung: der "Liebe".

"Liebe" ist zweifellos eine umfassende Beziehungskategorie und dementsprechend voll nur mehrdimensional zu begreifen. Wie es verschiedene Dimensionen von Leben bzw. "Seele" gibt, so gibt es bekanntlich verschiedene Dimensionen von "Liebe" und, kommen jene gesondert ins Visier, auch unterschiedliche Fassungen des Begriffs.[3] Daß die biblische Sprache für die Sehnsucht bzw. den "Durst" der "Seele" nach "Liebe" das nämliche Wort verwendet, ob es sich dabei z.B. um die Anzeige mangelnder Gottesnähe oder eindeutig um sexuelles Verlangen handelt[4], zeigt jedoch, wie selbstverständlich "Liebe" a l l e Dimensionen des Lebens meint. So wenig "Seele" im biblischen Sinne vom "Leib" zu trennen ist und umgekehrt - auch jenseits des Todes ist das Leben leibhaftig[5] -, so wenig gibt es hier Schranken oder Stufen der Wertung, welche die Dimensionen des Lebens im vornherein voneinander scheiden. Erst in der Trennung, in der Störung der Beziehung der Dimensionen des Lebens zueinander, bzw. in der Verabsolutierung e i n e r Dimension lauert die Perversion. Nur desintegrierte "Begierden" können "wider die Seele streiten".

Wir haben das alles gegenwärtig, wenn wir "Liebe" und "Sünde" als Beziehungskategorien einander polar zugeordnet finden. "Liebe",

---

1) S. Mk 12,28ff. Par - "Du sollst den Herrn, deinen Gott, lieben von ganzem Herzen, von ganzer Seele, von ganzem Gemüt und von allen deinen Kräften...Du sollst deinen Nächsten lieben wie dich selbst".
2) Lk 10,28: "...Tu das, so wirst du l e b e n." - Vgl. Mk 10,17 die Frage des reichen Jünglings: "Was soll ich tun, damit ich das ewige L e b e n ererbe?"
3) Man denke etwa an die gängige Unterscheidung von Eros, Agape und Sexus.
4) Dazu s.o.S.17
5) Zum Auferstehungsleib s.o.S.37 u. 49f.

definiert Paul Tillich[1], ist "die bewegende Macht des Lebens" und die "Wiedervereinigung des Entfremdeten". "Sünde" kennzeichnet die entfremdete, die gestörte, die verdorbene Beziehung.[2] Die Zuordnung von "Liebe" zu "Leben" und "Sünde" zu "Tod" leuchtet unmittelbar ein, wo deutlich ist, daß es sich hier wie dort um Beziehungskategorien handelt und "Seele"=Leben als In-Beziehung-sein verstanden wird.

d) "Seele" als Beziehungsgeschehen von "Leib" und "Geist"

Die biblische Gleichung: "Seele"=Leben=In-Beziehung-sein zeigt an, daß das Sein der "Seele" nicht statisch, sondern eben lebendig bzw. dynamisch, oder als Geschehen von Bezogenheit verstanden werden muß. "Seele" läßt sich folgerichtig nur in Korrespondenz erfassen. Das macht die Gleichung: "Seele"=Leben aus und hat tiefgreifende Konsequenzen.
Den Auswirkungen in erkenntnistheoretischer Hinsicht waren wir (aus grundsätzlichen Erwägungen) schon im Eingangsabschnitt nachgegangen. Schauen wir jetzt unter neuem Blickwinkel noch eingehender hin. Weil "Seele" sich (ich lehne mich hier an das trichotomische Schema an) als Korrespondenzgeschehen von "Geist" und "Leib" darstellt, kann auch lebendige Erkenntnis kein abstrakt geistiger Vorgang sein. Wie es denn sozusagen auch ein "Unding" ist, mittels "Geist" allein begreifen zu wollen, was "Seele" sei und wie die "Sorge" um sie geschehen könne. Auch erkenntnistheoretisch setzt sich die Beziehungsgestalt von "Seele" um. Der "Geist" gibt hier folgerichtig zu, daß er die "Sache" nicht für sich allein zu überbringen vermag, ja daß es ein "Sünden-Fall" wäre, dieses zu versuchen. Denn nur unter Einbeziehung aller Dimensionen menschlichen Lebens, d.h. des "Geistes", der "Psyche" und des "Leibes", ist die "Sache" lebendiger

---

[1] 79,S.25f. - Es handelt sich um eine ontologische Definition.
[2] 78,S.145: "S ü n d e   i s t   T r e n n u n g . Im Zustand der Sünde sein heißt: Im Zustand der Trennung sein. Und die Trennung ist eine dreifache: sie ist eine Trennung zwischen den Menschen, eine Trennung des Menschen von sich selbst und eine Trennung aller Menschen vom Grunde des Seins."

Seelsorge lebendig zu vermitteln. So gesehen muß gesagt werden, daß ein rein "geistiges" Verständnis von "Seele" und eine abstrakt dogmatisch orientierte Seelsorgelehre im Grunde eine Beziehungsstörung transportieren. Es verwundert nicht, wenn sich bei lebendigen Studenten der Praktischen Theologie dann der Eindruck einstellt, es hier nur mit "t o t e m Wissen" zu tun zu bekommen.[1]
Doch im Zusammenhang von "Seele" als mehrdimensionalem innermenschlichem Beziehungsphänomen ist noch mehr zu sagen. Und damit kommen wir zu der theologisch bedeutsamen Unterscheidung von 'sooma' und 'sarx' ("Leib" und "Fleisch") und der von der Lehr-Tradition überkommenen Tendenz, diese Unterscheidung in der Tiefe nicht durchzuhalten und den "Leib" von der "Seele" zu trennen. Weil hier mehrere wichtige Einsichten ineinander verwoben erscheinen, sei der Kreis des Nachdenkens weiter geschlagen.

Abstrakter (verabsolutierter) "Geist" und Subjekt-Objekt-Spaltung

Die lebendige "Seele" ist - wir gingen dem schon ausführlich nach - leibhaftig. Im Rahmen des trichotomischen Denkschemas stellt sich Leib-lichkeit als eine Dimension der "Seele" dar und Geist-igkeit als die andere. In der lebendigen Korrespondenz dieser Dimensionen, im Er-leben ihrer Bezogenheit, fassen wir die lebendige individuelle "Seele" in ihrem internen In-Beziehung-sein, müssen uns allerdings dabei auch bewußt sein, daß die Selbst-Beziehung der "Seele" wiederum gleichsam nur e i n e Dimension des Lebens-in-Beziehung ausmacht und das In-Beziehung-sein lebensnotwendig über das Selbst der "Seele" sowohl vertikal wie horizontal hinausragt. Die Gleichung Leben=In-Beziehung-sein sagt ja, daß keine Dimension für sich zu leben vermag. So gesehen unterstellen wir uns einer Abstraktion, wenn wir z.B. "Seele" allein in ihrer Selbst-Beziehung betrachten.

---

1) Ein Eindruck, der dort freilich nicht durchschlagen mag, wo der Vermittler so verstandener Lehre seine "Sache" persönlich, lebendig und überzeugend vorträgt und damit gleichsam eine Beziehungsbrücke zubringt. Vermittlung solcher Gestalt zeitigt dann allerdings nur zu schnell die g e l i e h e n e Lebendigkeit der Anhängerschaft an eine "Schule".

Abstraktion ist ein unumgängliches Mittel der geistigen Klärung. Hinter der Abstraktion, dem Absehen von lebendiger Bezogenheit, lauert aber auch die Gefahr, aus dem Leben zu geraten. Signum der Nähe zum Leben in seinem In-Beziehung-sein ist das Wissen bzw. Empfinden dafür, daß, was ich auch immer betrachte, niemals nur ein "Objekt" sein kann. Dem "Objekt" auf der einen Seite entspricht das selbstherrliche "Subjekt" auf der anderen Seite. Jeder einlinigen Subjekt-Objekt-Beziehung eignet ein einseitiges oder auch Herrschaftsgefälle. Das Subjekt bestimmt sein Objekt als solches. Die Tücke solch selbstherrlicher Bestimmung offenbart sich freilich, sobald wir unsere Aufmerksamkeit auf den Wahrnehmungsvorgang lenken. Das, ein "Objekt" als solches wahrnehmende, "Subjekt" gerät unter den Zwang zur "Objektivität". "Subjektivität" ist nicht gefragt.

Wir brauchen dem Dilemma der "Subjekt-Objekt-Spaltung" nicht weiter auf die Spur zu gehen. Schon jetzt ist deutlich: Wenn wir die Gleichung: "Seele"=Leben=In-Beziehung-sein erheben, dann ist mit "In-Beziehung-sein" grundsätzlich eine wechselseitige Korrespondenz des aufeinander Bezogenen vorausgesetzt. Sie macht die Lebendigkeit der Bezogenheit aus. In ihr begegnet "Seele". Eine konsequente Subjekt-Objekt-Beziehung bzw. -Spaltung ist "Seelen"-los. Sie abstrahiert von der wechselseitigen Korrespondenz, d.h. davon, daß das Subjekt nie nur "Subjekt" und das Objekt nie nur "Objekt" ist.

Damit ist aber nicht alles gesagt. Vergegenwärtigen wir uns, daß die Subjekt-Objekt-Spaltung auf die abendländische Geistestradition bzw. die ihr innewohnende Verabsolutierung des "Geistes" zurückgeht, dann begegnet uns mit ihr sowohl die Abwertung alles "Leib"-haftigen bzw. Materia-len als "Objekt" als auch die Verabsolutierung desselben unter der Firma der "Objektivität". Die materialistische bzw. kausalmechanische Deutung des Lebens ist nur die Umkehrung der idealistischen. Beide Ansätze zur Deutung dessen, was die Welt zusammenhält, sind einlinig und zeichnen sich durch eine hierarchische Sicht aus. (Marx beansprucht, Hegel "vom Kopf auf die Füße" zu stellen. Damit vertauscht er "Oben" und "Unten". An der einlinigen Beziehungsstruktur hat sich dabei aber nichts geändert!) Dimensionale

Schau ist ausgeschlossen. Die wechselseitige Bezogenheit der Dimensionen "Geist" und "Leib" kommt nicht in Blick. Die "lebendige Seele" hat keinen Ort.

Zur Unterscheidung von 'sooma' ("Leib") und 'sarx' ("Fleisch") - 'Sarx' als Synonym der "Sünde" (der Verabsolutierung)

Betrachten wir vor diesem Hintergrund die theologische Unterscheidung von 'sooma'("Leib") und 'sarx'("Fleisch")[1], so sehen wir in ihr zunächst die Gleichung: (Gott gegebene) "Seele"=Leben=In-Beziehung-sein bekräftigt. 'Sarx' steht für V e r a b s o l u t i e r u n g, für die selbstherrliche Lösung aus der (dimensionalen) Bezogenheit. Wird das "Leib"-haftige absolut gesetzt, pervertiert es zur 'sarx'. 'Sarx' beschreibt dann sozusagen die "seelen"-lose (objektive) körperliche Materialität losgelöst und abgesehen von ihrer (mehrdimensionalen) Bezogenheit. Dergestalt qualifiziert ist 'sarx' Synonym für "Sünde" und Todesverfallenheit.

Im Unterschied dazu erscheint 'sooma'="Leib" konstitutiv an das Bezogensein gebunden. Im so von 'sarx' unterschiedenen Begriff von 'sooma' ist festgehalten, daß wir mit "Leib" die Dimension der Leibhaftigkeit von "Seele" vor uns haben.[2] "Leib" ist nicht von "Seele" zu trennen. Der Mensch h a t nicht einen "Leib", er i s t "Leib", wie (und weil) er "Seele" ist. Von "Leib" im so qualifizierten Sinne zu reden, heißt, die Leibhaftigkeit einer abstrakt objektivierenden Betrachtung bzw. absoluten Materialisierung zu entziehen.

Dem korrespondiert die Sicht von "Seele". Es ist Signum auch der "Seele" jenseits der Grenze des Todes, daß sie leibhaftig vorgestellt

---

1) Hebräisch (AT): 'baßar' - s.o.S.18
2) Es ist bezeichnend für das Schattendasein der Biblischen Psychologie, daß Rudolf Bultmann in seiner zur Frage der Unterscheidung von 'sooma' und 'sarx' aufschlußreichen "Theologie des Neuen Testaments" 'psychè' nur im Kontext der Gnosis und der paulinischen Theologie - wo der Begriff erklärtermaßen selten vorkommt - verhandelt. Im paulinischen Kontext deutet Bultmann 'psychè' als eine der "verschiedenen" (trichotomisch sortierten) "Möglichkeiten, den Menschen, das ICH, zu sehen". (10,S.210)

wird. Der Auferstehungsleib versteht sich ausschließlich als von Gott gegeben. Der Tod setzt allem selbstherrlichen, gottentfremdeten Verständnis von Leibhaftigkeit unübersehbar sein Ende. Der Auferstehungsleib kann nur noch geistlich (nicht "geistig"!) qualifiziert werden, d.h. durch Gottes 'pneuma'. 'Sarx' hat dabei nichts mehr zu bestellen. Im Gegensatzpaar 'sarx'-'pneuma'("Heiliger Geist") begegnet der Gegensatz selbstherrlich-autonomer Beziehungslosigkeit und unbedingter Gottes-Bezogenheit. Die Begriffe dienen der Klassifizierung.

e) 'Sarx'("Fleisch") - 'pneuma'("Geist") - Dualität

Was in diesem Zusammenhang leicht übersehen wird - und damit wären wir bei dem bereits angedeuteten überkommenen Problem der theologischen Tradition -, hat mit der Frage zu tun, wie konsequent die Unterscheidung von 'sooma' und 'sarx' durchgehalten wird, bzw. wie mit der Beziehung von "Geist" und "Leib" umzugehen ist.
Wir erinnern uns: "Leib" und "Fleisch" sind zu unterscheiden. "Leib" steht (nach trichotomischem Schema) für e i n e , d.h. die nach ihm benannte Dimension des Lebens; "Fleisch" steht für die Verabsolutierung einer Dimension, d.h. für deren selbstherrliche, bzw. selbstgenügsame Lösung aus der mehrdimensionalen Bezogenheit. Es ist wichtig, sich klarzumachen, daß 'sarx' als Prinzip der Perversion zur "Seelen"-(d.i. Beziehungs-)losigkeit j e d e horizontale Dimension des Lebens, also auch diejenige des menschlichen "Geistes"[1], bedroht. 'Sarx' kann zugleich auch die umfassende Selbstverschlossenheit der "Horizontalen" gegenüber Gott, und damit gegenüber der vertikalen oder geistlichen Dimension, markieren. Hier begegnet dann, wie wir sehen, die Unterscheidung von 'sarx' und 'pneuma', wobei un-

---

1) Die 'sarx'-bestimmte Selbstverabsolutierung des menschlichen "Geistes" wird von Paulus z.B. besonders unter dem Stichwort "Selbstruhm" verhandelt (vgl. 71,Bd. III,S.646ff. zu 'kauchaomai' etc.). Ich erinnere an die o.S.18 Anm 2 zitierte Stelle Jer 17,5, welche die "fleischliche" Haltung ausgesprochenermaßen anzeigt.

ter 'pneuma' der "Heilige Geist" zu verstehen ist, d.h. Gott-in-Beziehung.

Zur Frage der angemessenen Unterscheidung von "Horizontaler" und "Vertikaler"

An dieser Stelle ist nun, wie folgt, besondere Aufmerksamkeit geboten. Wir gebrauchen den Begriff der "Horizontalen" und fassen unter ihm selbstverständlich diejenigen Dimensionen des Lebens zusammen, welche eben als solche, d.h. "horizontale", von der "vertikalen" Dimension zu unterscheiden sind.[1] Unsere Unterscheidung von "Vertikaler" und "Horizontaler" kommt uns nun auch im theologischen Dual von 'sarx' und 'pneuma' entgegen. Hier erscheint die "Horizontale" allerdings unter dem Begriff der 'sarx' im vornherein in pervertierter Gestalt. Die "Horizontale" daraufhin unbesehen mit 'sarx' zu identifizieren, liegt nahe, widerspricht aber derjenigen Erkenntnis, welche eine Unterscheidung von 'sooma' und 'sarx' lehrt.
Es ist das Dilemma unserer theologischen Lehrtradition von der Seelsorge, daß sie weitgehend unbewußt den Kurzschluß "Horizontale"= 'sarx' mitschleppt. Sie tut dies um so selbstverständlicher, je deutlicher für sie das Denken in "Bereichen" bestimmend ist, bzw. die Denkkategorie der "Dimension" nicht zur Verfügung steht.[2]
'Sarx', fanden wir, kennzeichnet Selbstverabsolutierung. Eine Dimension, welche verabsolutiert wird, pervertiert zu ihrer eigenen Unkenntlichkeit, denn "Dimension" zu sein heißt, auf Beziehung zu anderen Dimensionen angelegt zu sein. Daß sich unter dem Kurzschluß: "Horizontale"='sarx' im Prinzip zugleich zwangsläufig auch die Denkkategorie der "Dimension" verstellt, weil in 'sarkischer' Verschlossenheit die dimensionale Anlage der "Horizontalen" eben nicht mehr

---

1) Zur Verdeutlichung vgl. die Schaubilder o.S.80 - Die Dimension der "Länge" und die Dimension der "Breite" eines Würfels erscheinen z.B. gegenüber der seiner "Höhe" als solche der "Horizontalen" bzw. "Ebene". Die "Höhe" steht "senkrecht" dazu. Sie ist der "Vertikalen" zugeordnet.
2) S. dazu o.S.77ff.

auszumachen ist, kennzeichnet und erklärt in Kürze den circulus vitiosus von Lehr- und Denktradition. Es ist unumgänglich, daß die Entdeckung der Gleichung Leben=In-Beziehung-sein="Seele" bis in die Gestalt der Denkkategorien durchschlägt. Doch ich will mit dem Nachweis von theologischen Zusammenhängen noch einen Schritt weitergehen.

Wir sahen: 'Sooma' und 'sarx' sind zu unterscheiden, und ihre theologische Unterscheidung fügt sich nahtlos in die biblische Gleichung "Seele"=Leben=In-Beziehung-sein vor dem Hintergrund des Denkens in "Dimensionen" ein. Wenn die Lehrtradition z.T. die Unterscheidung von 'sooma' und 'sarx' im Prinzip nicht durchhält und versäumt, ausdrücklich zwischen der "Leib/Psyche/Geist" umfassenden Dimension der "Horizontalen" und ihrer Perversion zur 'sarx' zu unterscheiden, sitzt sie mit dem theologischen Dual 'sarx'-'pneuma' unvermeidlich dem außerbiblischen Dualismus von "Fleisch"/"Materie" und "Geist", bzw. dessen Gefälle auf.

Steht 'pneuma' für die Dimension der "Vertikalen" oder auch das EXTRA NOS[1], bringt dies unter den gegebenen Bedingungen fast zwangsläufig mit sich, daß sich der "Vertikalen", bzw. des EXTRA NOS, zu versichern, nur möglich ist, indem mit der Abgrenzung von der "Horizontalen" zugleich deren Abwertung oder Dämonisierung erfolgt.

Eines ist es aber, die E i g e n a r t der Vertikalen unbedingt herauszustellen und ihre Berücksichtigung in der Seelsorge zu reklamieren; und ein anderes ist es, damit zugleich die, Mensch und Welt für sich zusammenfassenden, "horizontalen" Dimensionen des Lebens theoretisch oder auch nur praktisch als weniger bedeutsam oder irrelevant zu behandeln, ja sie vielleicht im vornherein als fremd oder bedrohlich einzuordnen.

Wir finden im Spektrum der überkommenen Seelsorge-Lehre manch unglückliche Verknüpfung zwischen den fundamentalen Erkenntnissen der Dialektischen Theologie zur Unverzichtbarkeit des EXTRA NOS und einem offenen oder untergründigen Abstand zu dem, was unter die "Horizon-

---

1) Dazu s.o.S.47 (Anm 2)

tale" gehört. Wie z.B. die "Psychologie" ins Gespräch kommt, gibt Kunde davon. Wird dann noch der Unterschied zwischen "Geist" Gottes ('extra nos') und menschlichem "Geist" (wie er im eigenen dogmatischen Lehrgebäude präsent ist) verwischt, begegnet die "Horizontale" ungebrochen "dämonisch". Sich vom Inbegriff für "Materialismus", "Psycho-Kult" und den "Geist fremder Lehre" zu distanzieren und von solcher "Welt unbefleckt (zu) halten", ist biblisches Gebot (Jak 1,27). Unbestreitbar führen die Spuren solcher Sicht auch zur Bibel zurück. Festzumachen sind sie indes nur weitab von der Mitte des biblischen Begriffs von "Seele". "Welt"-"fremd" zu sein, ist das Markenzeichen der entsprechenden Auffassung von der Sorge um "Seele". Die Lager scheiden sich allerdings bei der Frage, ob das "weltfremd" einen bestätigenden oder einen fragwürdigen Klang hat.

Zur Frage des EXTRA NOS und der Überwindung eindimensionaler Sicht

Wo Horizontale und "Fleisch" grundsätzlich kurzgeschlossen und die horizontalen Dimensionen des Lebens eo ipso verabsolutiert bzw. selbstverschlossen erscheinen, kann auch die "Vertikale" schwerlich anders denn als fremd, widerstrittig oder ausschließlich alternativ zur "Horizontalen" in Blick kommen. Damit befinden wir uns im Problemkreis der Auseinandersetzung um das EXTRA NOS. Es ist eindeutig der Problemkreis eindimensionaler (verabsolutierender) Sichtweise.

Wir vergegenwärtigen uns: Mit "Fleisch" gleichgesetzt, erscheint die Horizontale ihres dimensionalen Charakters entkleidet. Daß sie als Dimension selbstverständlich und unverwechselbar von der Vertikalen geschieden, z u g l e i c h aber für diese offen, bzw. auf sie bezogen, ist, fällt sozusagen unter den Tisch. Unter solchen Voraussetzungen tut sich die Theologie zwangsläufig mit der "Methode der Korrelation" schwer, realisiert jene doch gerade die wechselseitige Bezogenheit der Dimensionen.

Erscheint die Horizontale ihres dimensionalen Charakters entkleidet, gerät zugleich die Vertikale ihrer dimensionalen Folie verlustig und kommt, ohne diese, unvermeidlich selbst in den Sog der Verabsolutierung. (Wo das als "Dimension" qualifizierte Gegenüber fehlt, bekommt das Bewußtsein, selbst dimensional angelegt zu sein, keine Nahrung.) Die Tücken der Verabsolutierung der Vertikalen bzw. des EXTRA NOS' liegen auf der Hand. Die Vertikale erscheint beziehungslos. Für das EXTRA NOS unmißverständlich einzutreten, wird dann nur um den Preis absoluter Abgrenzung möglich. Der theologische Streit um die sogenannte "Anknüpfung" zeugt davon. Wo die Horizontale und 'sarx' kurzgeschlossen sind, kann offenbar auch die Vertikale nur "unvermittelt" auf den Plan treten. Ein Kurzschluß zieht den anderen nach sich. Nicht von ungefähr ist dann häufig die Mahnung nötig, das EXTRA NOS des Wortes Gottes nicht zum Alibi kommunikativer Unbedachtheit werden zu lassen. Selbstverständlich finden wir die Begegnung von Horizontaler und Vertikaler als Feindbegegnung oder Kampfgeschehen gekennzeichnet. Doch wer sagt, daß die "Seele" ("Psyche") grundsätzlich nach dem falschen Gott "dürstet"?

Daß das "Wort Fleisch wurde" (Joh 1,14) läßt sich unter den Bedingungen eines verabsolutierten EXTRA NOS schwer handhaben. So beobachten wir denn auch, wie der Versuch jüngerer Seelsorge-Lehre, über eine "inkarnatorische Theologie" einen selbstverständlichen Zugang der Seelsorge zu den (horizontalen) Humanwissenschaften zu eröffnen, bei den Vertretern der Tradition nicht recht anzukommen vermag.

Eine besondere Gestalt der Verabsolutierung des EXTRA NOS treffen wir dort an, wo sich die Seelsorgelehre dem Dogma der Verbalinspiration unterstellt. Es sieht so aus, als ließe sich das EXTRA NOS nun handgreiflich (buchstäblich) festmachen. Hier der Mensch - dort die Bibel als "Wort Gottes". Doch mit der geistlichen Verabsolutierung des geschriebenen Wortes kann kein wacher Theologe glücklich werden. Das "buchstäbliche", das dergestalt objektivierte Wort (Gottes) rückt unter Paulus' Gegenüberstellung von "Geist" und "Buchstabe" in die

Nähe des Todes und nicht des Lebens.[1] Auch die Begegnung mit dem geschriebenen Wort Gottes ist ein Beziehungsgeschehen. Wo das "Wort" im Wortlaut verabsolutiert und objektiviert wird, begegnet nicht der Leben-schaffende "Geist" Gottes, sondern der "Geist" des Menschen in seinem Bedürfnis, sich material zu sichern. Das "Wort" wird dann "Fleisch" im Sinne von 'sarx'. Es dient als Munition im Kampf der Geister. Bibelkundliches Wissen wird zur Macht. Nicht das Wehen des "Heiligen Geistes" ist in der Materialschlacht der Bibelzitate zu spüren, sondern der verabsolutierte "Geist" des Menschen bzw. dogmatischer "Schulen" oder Bekenntnisfronten.

Doch zurück zur Frage der angemessenen Fassung des EXTRA NOS. Es ist deutlich: Da sich die Vertikale, die Dimension des EXTRA NOS bzw. der lebendigen Gottesbeziehung im Gegenüber zur Horizontalen bestimmt und umgekehrt, ist entscheidend, unter welchen Vorzeichen jene gesehen wird. Lauten die Vorzeichen auf 'sarx', stehen die Dimensionen zwangsläufig einander nicht nur in ihrer unverwechselbaren Andersartigkeit, sondern auch (wie zwei verschiedene "Reiche") beziehungslos und fremd gegenüber.

Doch dieses ist nach biblischem Befund eben n i c h t g r u n d s ä t z l i c h der Fall. Natürlich kann vertikale Erkenntnis nicht horizontal gewonnen werden. Die Vertikale ist nie und nimmer die Verlängerung der Horizontalen. Sie kann es nicht sein. Sie ist 'extra'-horizontal. "Der natürliche Mensch...vernimmt nichts vom Geist Gottes", sagt Paulus 1.Kor 2,14, spricht damit klar vom EXTRA NOS und unterscheidet im gleichen Zusammenhang energisch den menschlichen Geist vom Geiste Gottes, also die horizontale von der vertikalen Erkenntnis. Daß sich diese, nach Paulus, vor jener als

---

1) 2.Kor 3,5f.: "...daß wir tüchtig sind, ist von Gott, der uns auch tüchtig gemacht hat zu Dienern des neuen Bundes, nicht des Buchstabens, sondern des Geistes. Denn der Buchstabe tötet, aber der Geist macht lebendig". (Lutherübersetzung) - Es ist das Wesen des "Gesetzes" im theologisch qualifizierten Sinne, daß es Beziehung "objektiv" in den Blick nimmt. Was einerseits der förderlichen Konfrontation dient ('usus elenchticus'), indem es subjektiver Relativierung des Urteils wehrt, schließt andererseits den Zug zur Verabsolutierung ein. Unter dem verabsolutierten "Gesetz" wuchert pharisäischer Selbstruhm. Auch im theologischen Verständnis des "Gesetzes" ('nomos') begegnet die Beziehungsthematik.

"Torheit" ausnimmt, besagt nun aber nicht zugleich, daß die Horizontale deswegen sofort grundsätzlich negativ qualifiziert wäre. Paulus spricht bezeichnenderweise wörtlich vom "psychischen" ('psychikos') und nicht vom "sarkischen" Menschen.[1] Wenn Luther 'psychikos' hier mit "natürlich" übersetzt, schlägt er wohlweislich damit die Brücke zum alttestamentlichen Begriff von "Seele" ('nefesch') und läßt die gnostische Tradition einer abwertenden Sicht von 'psychè' liegen. Wir haben hamartiologische Engführung vor uns, wird im durch "Seele" definierten ("natürlichen") Menschen nur der "Sünder" gesehen. Doch verweilen wir noch etwas bei Paulus, um die Probleme des theologischen Dual 'sarx'-'pneuma' auf der "Geist"-Seite bis zum Ende abzuschreiten.

Mehrdimensionalität des "Geistes"

Ich stellte heraus, daß die theologische Tradition unvermeidlich dem außerbiblischen Dualismus von "Fleisch"/"Materie" und "Geist" aufsitzt, wo sie die Unterscheidung von 'sooma' und 'sarx' im Prinzip nicht durchhält, d.h. nicht auch auf die, "Leib", "Psyche" und "Geist" des Menschen umfassende, Dimension der "Horizontalen" überträgt, sondern diese unbesehen mit 'sarx' identifiziert. Welche Probleme das mit sich bringt, erweist sich, wie wir zuletzt sahen, beim Umgang mit dem EXTRA NOS. Paulus kann jedoch das EXTRA NOS profilieren, ohne 'sarx' als Folie heranzuziehen. Er spricht nicht vom "fleischlichen", sondern vom "seelischen" Menschen, wobei das "seelisch" offensichtlich den "natürlichen" (sterblichen) Menschen in

---

1) Im folgenden Kapitel (1.Kor 3,3) spricht Paulus ausdrücklich vom "fleischlichen" ('sarkikos') Menschen. Die Einheitsübersetzung gibt an unserer Stelle 'psychikos' mit "irdisch gesinnt" wieder und verwischt damit den Unterschied zur Stelle 1.Kor 3,3. Wir beobachten ferner folgendes: Sowohl 1.Kor 2,14 wie 1.Kor 15,44-49 "bezeichnet 'psychikos' neutral den natürlichen Menschen" (71, Bd.IX,S.664). In Jak 3,15 und Jud 18f. sieht das freilich schon anders aus. Das 'psychikon' wird Jud 18f. eindeutig minderwertig geschildert ("niedrig gesinnte"!). Jak 3,15 bringt es in Verbindung mit Teuflisch-Dämonischem ('daimonioodès'). Nach gnostischem Denkmuster geht von solch "Psychischem" natürlich "Gefahr" für die "Geist-Seele" aus.

seiner innermenschlichen Bezogenheit von "Leib" und "Geist" meint. Bemerkenswert ist nun zugleich, daß Paulus die Unterscheidung der Horizontalen ('intra') und der Vertikalen ('extra') über die Unterscheidung von zweierlei "Geist" ('pneuma') einbringt.[1] Die Aussage ist vor dem Hintergrund des gewichtigen Dual "Fleisch"-"Geist" eindeutig: Menschlicher "Geist" und Gottes "Geist" dürfen ebensowenig identifiziert werden wie "Leib" und "Fleisch". Letzteres liefert die Dimension des "Leibes" bzw. die "Horizontale" der Abwertung oder gar Dämonisierung aus, ersteres führt die Dimension des "Geistes" der Über(be)wertung zu - und damit in den Sog der dualistischen Geistestradition.

Wie wichtig es ist, hier mit Paulus genau hinzuschauen, d.h. die Mehrdimensionalität von "Geist" zu realisieren, lehrt dogmatisch eindeutig die Dialektische Theologie. Für die Praktische Theologie ist in diesem Zusammenhang besonders bedeutsam, darauf zu achten, daß nicht unversehens das Geistes-Werk eines dogmatischen Lehrgebäudes mit dem Heiligen Geist ineins gesetzt wird. Geschieht dies, wird nämlich unter der Hand Abstraktion (von "Leib und Seele") geistlich sanktioniert. Unter dem Anspruch, "reine Lehre" zu sein, friedet sich das Dogma in der Wagenburg des EXTRA NOS ein, und seine Abstraktheit dient als Garant und Ausweis des EXTRA NOS. Wo wir auf eine grundsätzlich gebrochene Beziehung dogmatischer Aussagen zur Erfahrung des "natürlichen Menschen" stoßen, sind wir dem beschriebenen Phänomen auf der Spur.

Doch Gottes Geist und der "natürliche" Mensch stehen n i c h t a l t e r n a t i v , s o n d e r n d i m e n s i o n a l zueinander. Ursprünglich ist ja ein dogmatischer bzw. Lehrsatz sozusagen nichts anderes, als das Geistesdestillat lebendiger geistlicher Erfahrung, und am Grunde echten Dogmas schlummert die seinem Erlebnisgrund eigene Psycho-Logie des 'psychikos anthropos', d.h. des als "Seele" verstandenen Menschen unter dem Horizont des Glaubens. Von Erfahrung genommen will "Lehre" wieder zur Erfahrung werden. Für jede Generation muß sich dieser Prozess neu vollziehen, und zwar in

---

1) 1.Kor 2,11: "Geist des Menschen...Geist Gottes..."

der lebendigen Korrespondenz aller Dimensionen von "Seele". Soll eine dogmatische Aussage nicht nur als abstrakte Richtigkeit, sondern lebendig gültig - eben "er-fahren" - überkommen, bedarf es nicht nur ihrer vertikalen, sondern auch ihrer horizontalen Verlebendigung. Für ersteres ist, kurz gesagt, Gottes Geist zuständig, für letzteres gelten die Gesetze lebendiger Wirkungszusammenhänge von "Geist", "Psyche" und "Leib" - wenn wir denn einmal die Dimensionen geistlicher Erfahrung gesondert betrachten.

Wird bei Fragen der Vermittlung der "Lehre" ausschließlich auf das Wirken des "Heiligen Geistes" abgehoben, bekundet sich darin eine bemerkenswerte Verkürzung des 'psychikos anthropos' und eine Verabsolutierung des Geistes. Es liegt nahe, hier manchen Vätern der Seelsorgelehre vorzuwerfen, sie nutzten den Heiligen Geist als Alibi für psychologische Unbedarftheit. Doch solcher Vorwurf ist vermutlich ungerecht, solange Psychologie in der theologischen Tradition ein Fremd-Wort bleibt, d.h. nicht als ureigene Sache im Blick ist. Auch Paulus exemplifiziert ja das EXTRA NOS, indem er dem "Geist" Gottes kurzerhand den "Geist" des Menschen gegenüberstellt. Daß der menschliche Geist nur e i n e Dimension von "Seele" im biblischen Sinne darbietet, kommt auch schwer ins Bewußtsein, wenn schon Luthers Übersetzung 'psychikos' mit "natürlich" wiedergibt und damit "Seele" auch verbal aus dem Blickfeld verschwindet.

f) Zusammenfassung: "Seele" mehrdimensional in-Beziehung und (verabsolutierte) "Sünder"-Seele. Die geistliche Engführung der Seelsorge unter dem Dilemma dualistischer Sicht

Wir sind vorläufig an das Ende eines Weges gelangt, auf dem wir entscheidende theologische Vokabeln aus dem Umfeld der Seelsorge-Lehre genauer anschauten. Dabei wurden Zusammenhänge deutlich. Wir sahen: Begriffe wie "Sünde", "Schuld", "Tod", "Liebe" und "Leben" beginnen zu leuchten, wenn wir sie als Beziehungsbegriffe wahrnehmen. Die Unterscheidung von "Fleisch", "Leib" und "Geist" führt ins Zentrum systematischer Überlegungen und wird zum Schlüssel zahlreicher Probleme einer theologischen Begründung der Seelsorge.

Fasse ich zusammen, erscheint eindeutig wieder unsere Gleichung: "Seele"=Leben=In-Beziehung-sein im Vordergrund. Das "Seelische" an der "Seele", das, was bei der Frage nach dem Spezifikum der Seel-Sorge bestimmend hervortritt, ist ihr Bezogensein. Es macht ihre Lebendigkeit aus. Das In-Beziehung-sein bzw. die Bezogenheit der "Seele" widerspricht jeder Art von Verabsolutierung - welcher Dimension des Lebens auch immer (sei es die Vertikale, die geistliche Dimension, sei es eine der horizontalen Dimensionen, als da wären "Leib" und "Geist"), und welcher Beziehung auch immer (sei es die Gottes-Beziehung, die Beziehung zum Selbst, zum Mitmenschen und zur Umwelt, bzw. zu den "Dingen").

Von hier aus wird nun durchsichtig, daß und warum ein betont hamartiologischer Ansatz, der die "Seele" immer schon als "Sünderseele" faßt, unweigerlich ins Dilemma führen muß. Wo das Prinzip der Verabsolutierung, der sündigen Selbstverschlossenheit, im vornherein als bestimmendes Datum erscheint, vermag die Struktur der Bezogenheit von "Seele" gar nicht recht in den Blick zu kommen. Geradezu unvermeidlich gerät das theologische Denken in den Sog des alten Dualismus. Das Proprium der Sorge um "Seele" kann dann kaum noch anders als exklusiv geist-lich verstanden werden. Dem entspricht ein deutlich schmalgespurter, gleichsam vergeistigter, um nicht zu sagen: seelen-loser, Begriff vom Woraufhin der Sorge um "Seele". Einer verabsolutierten "Sünderseele" steht eine verabsolutierte "geistliche Seele" gegenüber. Daß das EXTRA NOS verabsolutiert und die "geistliche Lehre" verobjektiviert erscheint, gehört ebenso zum Bild, wie der Zwang, humanwissenschaftlichen Erkenntnissen nur unter einem grundsätzlichen geistlichen Vorbehalt begegnen zu können. Die kategorialen Bedingungen lassen nichts anderes zu.

Am Grunde des Dilemmas, welches weitgehend die Tradition der dogmatisch orientierten Seelsorgelehre kennzeichnet, stoßen wir auf einen einfachen Tatbestand: Hamartiologische Engführung verstellt die mehrdimensionale Sicht von "Seele" und damit auch den selbstverständlichen Zugang zur Psycho-Logie, sei sie nun biblisch oder neuzeitlichhumanwissenschaftlich. Sobald wir hier grundlegend neu ansetzen, lösen sich die systematischen Probleme auf und Seelsorge kommt zu einem Selbstverständnis, welches theologisch wie humanwissenschaftlich gleichermaßen verantwortbar, schlüssig und mithin lebenstüchtig ist. Fahren wir auf dem bisher beschrittenen Wege fort, und sehen wir, was sich ergibt.

3. KOINONIA als Leitkategorie der Seelsorge

Die "Seele" lebt in lebendiger Bezogenheit - "nicht vom Brot allein". Mt 25,31ff. bringt uns darauf. Bezeichnenderweise sagt der Weltenrichter nicht: "Ich bin krank und gefangen gewesen, und ihr habt mir das Wort Gottes verkündigt", sondern er spricht vom "Besuchen". Er fragt, ob Beziehung gepflegt wurde, ob 'koinonia' geschah. Wo wir die Gleichung "Seele"=Leben=In-Beziehung-sein ernst nehmen, bestimmt sich Sorge um "Seele" im speziellen Sinne von selbst als Bemühen oder Hilfe im bzw. um das In-Beziehung-sein des Menschen. Die theologische Grund- und Leitkategorie der "Seelsorge" (im Sinne der 'cura animarum specialis') ist mithin die Kategorie der KOINONIA. Nur unter dieser Firma hat "Sorge" um "Seele" den Horizont, welcher auch der Mehrdimensionalität ihres Gegenstandes selbstverständlich gerecht zu werden vermag.

KOINONIA umschließt MARTYRIA, DIAKONIA und LEITURGIA in der Seelsorge. Sowohl theologisch wie phänomenologisch leistet sie als Leitkategorie[1] unangefochten ihren Dienst. Unser Gang durch die Seelsorge-Lehre seit 1928 macht dies im Blick auf die anderen Leitkategorien und deren jeweilige Problematik deutlich. Was ich im 3. Teil bisher

---

1) Ich übernehme hier ohne eingehende exegetische Nachfrage den längst geläufigen ökumenischen Sprachgebrauch und bin mir bewußt, damit einen systematisch-theologischen Begriff zu verwenden. Eindeutig verbürgt v.a. der neutestamentliche Gebrauch von 'koinoon-' (vgl. 71,Bd.III,S.804ff.) die geistliche Dimensionierung unseres Begriffs.

ausführte und was noch folgen wird, erweist die Evidenz von KOINONIA als Leitkategorie.

Sorge um "Seele" (im Sinne des biblischen Befundes) geschieht zunächst einmal als Gewährung von Beziehung, und damit von Raum für die Seele, lebendig zu sein. Es ist selbstverständlich, daß es sich dabei um lebendig erfüllten und beziehungstragenden Raum handelt. Das Gegenüber des "Du" beschreibt ihn, die Atmosphäre des "Wir" durchwebt ihn. Wir sahen schon, daß "Liebe" ein Beziehungs-Begriff ist. Paulus beginnt seinen berühmten Hymnus über die Liebe (1.Kor 13) mit dem Satz: "Wenn ich mit Menschen- und mit Engelszungen redete und hätte der Liebe nicht, so wäre ich ein tönendes Erz und eine klingende Schelle". Liebe, d.h. förderliche Beziehung, ist Grundbedingung aller Rede und allen Bemühens. In-Beziehung-sein läßt sich nur in-Beziehung "pflegen". KOINONIA bestimmt die Erlebnisweise.

Als theologisch gefüllter Begriff spricht KOINONIA selbstverständlich die vertikale wie die horizontale Bezogenheit des Er-lebens aus. Wo "Seele" (im biblischen Sinne) lebt, ist eo ipso die Gottesbeziehung, und damit die Vertikale, gegenwärtig. Genauso selbstverständlich ist aber auch mit der Horizontalen zu rechnen. Nicht nur, daß "Religion" im Sinne gelebter Gottesbeziehung notwendig "gesellig" ist, wie Schleiermacher es ausdrückt[1]. Schöpfungsgegebenes Leben ist fraglos als solches horizontal dimensioniert. Wenn Jesus auf den Besuch bei Kranken und Gefangenen verweist, dann verweist er auf den Bruder oder die Schwester, welche der 'koinonia' besonders entbehren, und er denkt dabei nicht speziell an Glaubensgenossen, sondern einfach an Mitmenschen.

C. Seelsorge als alltägliche Sorge um Leben-in-Beziehung

Folgen wir Mt 25,31ff., dann zählt Seelsorge als Bemühen oder Hilfe im bzw. um das Leben-in-Beziehung zu den "Werken der Barmherzigkeit".

---

1) Siehe die Vierte Rede von F. Schleiermacher "Über die Religion" von 1799.

"Brich dem Hungrigen dein Brot...entzieh dich nicht deinem Fleisch und Blut", heißt es in der alttestamentlichen Vorlage Jes 58.[1] Wie Essen, Trinken und sonstiger leiblicher Bedarf zum Erhalt des Lebens gehört, so gehört auch 'koinonia', das In-Beziehung-sein, dazu. Die Seele braucht gelebte Beziehung w i e t ä g l i c h e s B r o t. Nicht von ungefähr kennt das Alte Testament[2] "Seele"='nefesch' in der Bedeutung des Organs, das "schmachtet", bzw. "Schmacht hat", wie der Volksmund sagt, nach lebendiger Beziehung. Mit den Werken der L e i b-sorge ist es nicht getan und mit g e i s t-licher Versorgung auch nicht. "Seele" lebt in lebendiger Beziehung. Mt 25,31ff. gehört zu den Schlüsseltexten einer theologischen Begründung der Diakonie der Kirche. Man liest aus ihm zu Recht die Aufforderung heraus, an der Not des Nächsten nicht vorüberzugehen. Indes brauchen Leib, Psyche und Geist Nahrung auch ohne besondere "N o t". Wie tägliches Brot vor Hunger-Leid und Darben des "Leibes" bewahrt, so bewahrt die Pflege lebendiger Beziehungen vor Einbrüchen der "Seele". Nicht erst besondere Not ruft "Sorge" um "Seele" auf den Plan. KOINONIA ist gefragt wie das tägliche Brot. In-Beziehung-sein ist Bedarf des n o r m a l e n Lebens. "Freut euch mit den Fröhlichen und weint mit den Weinenden", sagt Paulus (Röm 12,15). Nicht nur Leid und Probleme wollen mit-geteilt sein, auch Freude und Zuversicht u.v.a.m. - eben: "wes das Herz voll ist"[3]: positiv wie negativ. In-Beziehung lebt der Mensch alle seine Tage, nicht vom (gebackenen) Brot allein.

Wider eine dramatische Verkürzung der Seelsorge - Auseinandersetzung mit dem soteriologischen Ansatz der Tradition und seinen Konsequenzen

Daß die Tradition der Lehre von der Seelsorge diesen einfachen Tat-

---

1) S.o.S.165 Anm 1
2) S.o.S.163 Anm 1 vgl. o.S.17
3) "Geteiltes Leid ist halbes Leid, geteilte Freude ist doppelte Freude", sagt das Sprichwort.

bestand aus dem Blick verloren hat und "Seelsorge" fast durchweg[1] auf die besondere, die defizitäre, die N o t-situation hin definiert, zeugt eindeutig von einem verengten Verständnis. Die hamartiologische Sicht der "Seele" begrenzt das Blickfeld, soteriologische Zielsetzung verdichtet bzw. verkürzt den Horizont. Lebenshilfe reduziert sich auf Hilfe zum Ü b e r-leben.

Daß Gott den Menschen zu einer "lebendigen Seele" geschaffen hat, ihm "Leib und Seele, Augen, Ohren und alle Glieder, Vernunft und alle Sinne gegeben hat und noch erhält"[2], begründet Seelsorge jedoch theologisch zunächst einmal gänzlich undramatisch im Auftrag zur Erhaltung der Schöpfung, bzw. der Pflege des lebendigen Lebens-in-Beziehung. Wer dazu erst eine Notsituation als gegeben fordert, sieht sozusagen den Wald vor Bäumen nicht.

Des Lebens in seiner Bezogenheit zu warten, ist ein alltäglich Ding; 'koinonia' zu gewähren, ist eine Angelegenheit so gewöhnlich, wie selbstverständliche Nachbarschaft. Ich muß nicht erst krank oder gefangen sein, um der Anteilnahme bzw. Kommunikation zu bedürfen.[3] Aber mit Sicherheit verkümmert meine Seele auf Dauer unter einem Mangel an Beziehung oder Zuwendung. Die Rede des Weltenrichters Mt 25 verdeutlicht am Extremen, was grundsätzlich und durchweg gilt. Natürlich bedürfen die "Starken" bzw. "Gesunden des Arztes nicht"[4],

---

1) Eine bemerkenswerte Ausnahme findet sich bei Theodor Bovet. Er schreibt (12, S.167): "Seelsorge ist keine 'therapeutische' Handlung, die sich nur an 'Kranke' wendet, sondern sie ist das Leben in der n o r m a l e n Beziehung zu Gott und dem Nächsten..."

2) Luther, Kleiner Katechismus, Erklärung zum 2. Hauptstück.

3) Im täglichen Umgang ist die Frage "Wie geht's?" ("How do you do?") bezeichnenderweise zu einer Phrase der Anteilnahme geworden, auf die man ritualgerecht mit der gleichen Phrase ("How do you do?") oder mit "Danke der Nachfrage!", nicht aber mit einer ausführlichen Auskunft reagiert. Eric Berne (8) deutet dies als Austausch e i n e r "Streicheleinheit". Hinter dem dahingeworfenen "Wie geht's?" mehr als e i n e Zuwendungseinheit zu erwarten, führt leicht zu Mißverständnissen. Ein oberflächlicher Gruß wie "Hallo!" ist da natürlich eindeutiger als eine Frage, die scheinbar Auskunft heischt. Immerhin, e i n e Zuwendungseinheit ist mehr als keine. Überhaupt nicht gegrüßt zu werden, löst negative Phantasien aus und bekümmert die beziehungsbedürftige Seele. Wer an dem oberflächlichen Austausch nur einer Zuwendungseinheit Anstoß nimmt, bekundet damit deutlich seinen (natürlich) größeren Bedarf an Mitteilung und Kommunikation.

4) Mk 2,17 Par

aber deswegen braucht gleichwohl auch ihre "Seele" - um mit Luther zu reden - "tägliches Brot...wie Essen, Trinken...(etc.)..gute Freunde, getreue Nachbarn und desgleichen"[1]. "Seelsorge" im biblischen Sinne heißt zunächst, sich schlicht um das zu kümmern, was dran ist, unter dem weiten Horizont von Leben-in-Beziehung.

Offensichtlich haben wir eine Engführung im Begriff von "Seele" und "Seelsorge" vor uns, wenn die überkommene Seelsorge-Lehre zwischen "eigentlicher" und "uneigentlicher" Seelsorge unterscheiden muß und sich schwer tut, etwa dem einfachen Kontakt- oder Hausbesuch volle seelsorgerliche Würde zuzuerkennen. Hier leitet soteriologische Zielsetzung die Einschätzung des Tuns. Wo der Seelsorger nicht zum "Eigentlichen" bzw. der "eigentlichen Not" "durchzustoßen" vermag, ist er in "Präliminarien" stecken oder im "Vorhof" stehen geblieben. D.h. entweder ist Sorge um Seele eine dramatische Angelegenheit, oder es ist keine wirkliche Seelsorge.

Hinter dem Muster der Hilfe nach dem Motto "Alles oder Nichts" lugt, bei genauerem Zusehen, ein Beziehungsgefälle hervor: das Gefälle zwischen demjenigen, der sich um die Seele sorgt, und der Seele, die umsorgt werden muß. Dramatisches Seelsorgeverständnis spielt geradezu unvermeidlich auf eine hierarchische Zuordnung von Helfer und Hilfsbedürftigem, "Seelsorger" und "Beichtkind", "Therapeut" und "Klient" ein. Ob unter der Leitkategorie von DIAKONIA oder MARTYRIA, ob links oder rechts der christologischen Leitlinie von Chalkedon[2], ob dem "Wohl" oder dem "Heil", ob der Horizontalen oder der Vertikalen verpflichtet, der Sorgende sieht den Zu-besorgenden unter einem Defizit, welchem er selbst, sorgemächtig, wie er (unter pneumatologischem Vorbehalt - versteht sich) ist, abzuhelfen im Stande ist. Es gibt einen untergründigen Zusammenhang zwischen soteriologischer Grundbestimmung und dramatischem Selbstverständnis der Seelsorge. Es gibt eine tiefe Verbindung zwischen der Dominanz der "Sorge" in der Wortverbindung "Seel-Sorge", dem offenen hierarchischen Beziehungs-

---

1) Luthers Kleiner Katechismus, Drittes Hauptstück - zur 4. Bitte des Vaterunsers um das "tägliche Brot".
2) Dazu s.o.SS.77 Anm 1, sowie 120ff. u. 128f.

muster der alten "Seelenführung" und der vornehmen Distanz des "therapeutisch" wirkenden "Pastoralpsychologen".
Dramatischer Engführung im Verständnis der Seelsorge entspricht dort, wo sich das Schwergewicht von der rechten zur linken Seite der Leitlinie von Chalkedon, will sagen: von der vertikalen zur horizontalen Dimension verlagert, daß sie als "Therapie" firmiert. Der hamartiologischen Engführung rechts entspricht die nosologische links, der soteriologischen Zielsetzung rechts korrespondiert die therapeutische links der Leitlinie von Chalkedon. Der "Sünder" bedarf des (Buß-) Predigers, der "Kranke" des Therapeuten. Die theologische Brücke von der "Verkündigungs-" zur "therapeutischen Seelsorge" führt über den inneren Zusammenhang der "Not".
Daß die "eigentliche", "letzte" oder auch "tiefste Not" die Not der "Sünde" ist, darauf können sich Theologen durchaus verständigen. Die Pastoralpsychologen machen dann freilich deren psycho-somatische Dimension geltend. Rechts wie links hat die Dogmatik, bzw. haben die Schulen der Lehre, das Wort. Der Auffassung, wahre Seelsorge vollziehe sich im Beichtraum, entspricht die Ansicht, nur im Sprechzimmer des Pastoraltherapeuten gelänge Seelsorge über ihre "Vorstufen" hinaus[1]. Hier wie dort kommt der Alltag der "lebendigen Seele" mit ihrem schlichten Bedarf an Beziehung zu kurz, und das Bemühen um sie gerät unter die Zwänge dogmatisch geprägter Sicht. Da ist der "Pastor" nur zufrieden, wenn er mit dem Sünder-Evangelium landen konnte, und der "Therapeut" verbucht eine Begegnung, ohne daß Probleme "bearbeitet" worden wären, als vertane Zeit. Vice versa phantasiert der traditionsgeprägte Christ die Sorgenrunzeln des "Gesetzes" ('usus elenchticus') auf der Stirn seines Seelsorgers, und wer die Schwelle zum Sprechzimmer des Pastoraltherapeuten überschritt, erwartet hinter der Maske des unheimlich aufmerksamen Seelenkenners alsbald peinliche Enthüllungen über das eigene Innere. Wie oft begegnet Krankenhausseelsorgern der Schrecken des "letzten Stündleins", den die bloße Tatsache ihres Besuches auslöst! Welcher Seelsorger hat nicht schon den bezeichnenden Wunsch gehört: "Ich möchte mit Ihnen a l s

---

1) S.o.S.125

M e n s c h reden, nicht als" Träger einer (Nothelfer-)R o l l e im beschriebenen Sinne!
Beiläufig-menschlich geschieht alltägliches Leben-in-Beziehung. Über das Wetter zu reden und von den Kindern zu erzählen, hat seinen Sinn. 'Koinonia' beginnt nicht erst ab einem bestimmten geistlichen oder psychologischen Niveau. Jeder gemeinsame Weg fängt normalerweise auf alltäglichem Gelände an. Ob er dann in die Höhe oder in die Tiefe führt, hängt schlicht davon ab, was dran ist. "Ein jegliches hat seine Zeit", sagt die Weisheit des Alten Testaments (Pred 3,1). Einzig ein eng gespurtes Verständnis von "Seele" kann 'cura animarum' darauf festlegen, nur unter besonderen Bedingungen zu gelten oder sich gar gegen die "Zeit" bzw. den Kairos zu bewähren.[1] Die Gleichung "Seele"=Leben=In-Beziehung-sein gilt zu aller Zeit. Und a l l e Zeiten des Lebens stehen in Gottes Händen[2], sind also seelsorgerlich qualifiziert.

Sich um "Seele" zu kümmern, setzt nicht selbstverständlich voraus, daß diese sich in kümmerlicher Verfassung befindet; Leben-in-Beziehung ist so notwendig wie die Atemluft ("Seele"='nefesch' hat auch die Bedeutung von "Atem"). Zunächst einmal ist der Begriff von Seelsorge hieran zu orientieren. Ob Seelsorge dramatisch wird, ob sie viel oder gar Notwendendes zur Lebendigkeit der Seele beitragen kann, hängt von mancherlei Faktoren ab. Ihre virtuelle Bestimmung, Heil im mehrdimensionalen Sinne zu wirken, kann nicht gegen die konkrete Situation ausgespielt werden.

Halten wir hier einen Augenblick inne. Auf der Spur des biblischen Begriffs von "Seele" führte unser Weg zu einer neuen Bestimmung der

---

1) Die Mahnung an Timotheus 2.Tim 4,2: "Predige das Wort, steh dazu, sei es zur Zeit oder zur Unzeit..." kann im Zusammenhang von Seelsorge nur dort unbedarft greifen, wo seelsorgerliche 'martyria' nicht in KOINONIA eingebettet ist. Nicht von ungefähr begleitet die der MARTYRIA unterstellte Seelsorge laufend die Frage, wie sie es mit den Gesetzen der Kommunikation hält, und sie muß sich immer wieder gegen das Mißverständnis unbedachter Konfrontation abgrenzen. "Klienten-zentriertes" Seelsorgeverständnis zeitigt (konträr zur Verkündigungs-Seelsorge) dagegen leicht eine Zögerlichkeit in Sachen 'martyria', die dem Gesprächspartner eventuell eine Konfrontation schuldig bleibt, welche durchaus dran wäre. "Liebe" ist kein Alibi für Konfliktscheuheit. Sie ist, im Bilde der Geldwährung zu reden, "harte Währung".

2) Vgl. Ps 31,16, wo im Urtext "Zeit" im Plural steht.

Seelsorge im spezifischen Sinn. Unter der Gleichung "Seele"=Leben= In-Beziehung-sein definierte ich Seelsorge als Bemühen oder Hilfe im bzw. um das (mehrdimensionale) In-Beziehung-sein des Menschen, und wir fanden im Begriff der KOINONIA die unserem Verständnis angemessene theologische Grund- bzw. Leitkategorie der Seelsorge. Es bleibt nicht aus, daß wir in diesem Zusammenhang auch in eine kritische Auseinandersetzung mit der Tradition der Seelsorgelehre geraten, welche, ihrem Ansatz gemäß, die Seelsorge entweder der Leitkategorie der MARTYRIA oder der DIAKONIA unterstellt. Abgesehen von der Frage, ob solche Zuordnung der Mehrdimensionalität von "Seele" gerecht zu werden vermag, stellen wir fest, wie sich damit geradezu unvermeidlich der Horizont der Seelsorge verkürzt.

Unbestritten und unbestreitbar steht ein biblisches Verständnis der Sorge um "Seele" unter soteriologischem, und damit auch eschatologischem Horizont. Seelsorge hat im Blick, was die Urkunde des Glaubens umfassend das "Heil" nennt. Sie muß sich deswegen aber nicht aus dem schlichten Hier und Jetzt des Alltags der Seele entfernen, und sie wird den theologischen Grund dieses Alltags, seine Schöpfungsgegebenheit, bzw. den protologischen Hintergrund allen Nachdenkens über Seelsorge, deswegen nicht aus dem Blick verlieren. Wenn ich in den letzten Absätzen der alltäglichen, sozusagen undramatischen Seite der Seelsorge nachgehe und diese auf den Schild des Seelsorgeverständnisses hebe, ist damit nicht der soteriologische Horizont der Seelsorge infrage gestellt, wohl aber die Tendenz der dogmatisch geprägten Lehrtradition, den soteriologischen Horizont und den Alltag der Seelsorge kurzzuschließen, mit dem Erfolg, daß dieser unmittelbar dramatisiert, seines normalen Charakters entkleidet und eben um das Alltägliche verkürzt wird.[1]

---

1) Wiederholt findet sich in der Seelsorgetradition der Hinweis auf das Vorbild der Seelsorge Jesu. Jesu Wirken erscheint in den Evangelien naturgemäß dramatisch verdichtet. Banale Begebenheiten aus dem Leben Jesu wurden nicht aufgezeichnet. Den Gesetzen der Überlieferung entsprechend ist hier eine "ideale Szene" (Bultmann, 13) bzw. exemplarische Geschichte an die andere gereiht. Schon 1917 weist Karl Ludwig Schmidt (59 - Schmidt habilitierte sich 1917 mit dieser Arbeit) nach, daß wir mit den Evangelien gleichsam eine Sammlung von Perikopen für den Sonntag vor uns haben. - Der undramatische Alltag fällt zwangsläufig durch die Maschen des

Soteriologisch dergestalt verdichtet, versteht sich Seelsorge durchgehend als "Rettungswerk". Rettungswerk setzt Krisen- oder Notsituation voraus. Wo diese nicht offenkundig ist, muß der Seelsorger sie aufspüren. Die naheliegendste Spur findet sich auf der Linie der Gleichung: Mensch=Sünder[1] und führt schnurstracks in die Schuldproblematik hinein[2]. Nur, wie steht es mit der Aussage, daß der Mensch "Sünder"('peccator') u n d "Gerechter"('justus') ist? Wie geht der Seelsorger mit dem "Gerechtfertigten" um? Kann er sich einfach neben ihn stellen? Dramatisch orientierte Seelsorge rechts von Chalkedon sieht die Begegnung mit dem "Gerechtfertigten" unter dem Programm[3] der "Heiligung", und links von Chalkedon findet selbst am Ende der "Seelsorge durch die Gruppe" keine "Verbrüderung zwischen den Mitgliedern und dem Leiter"[4] und damit auch kein Alltag der 'koinonia' statt.

Soteriologische Verkürzung des Horizonts, hamartiologische Engführung des Begriffs von "Seele", Verlust des Alltags der 'koinonia' und ein

---

Erinnerungsnetzes durch. Wer sich den Seelsorger Jesus zum Vorbild nimmt, kommt unweigerlich zu einem dramatisch verkürzten Seelsorgeverständnis, wenn er das Konzentrat der Überlieferung nicht gleichsam durch einen beträchtlichen Schuß Alltäglichkeit verdünnt.

1) Eduard Thurneysen stellt Seelsorge direkt unter das Dogma von der "Rechtfertigung des Sünders". Dergestalt orientiert eilt ein kurzsichtiger Seelsorger dann schnell am Alltag der "Seele" vorbei in den "Kampf". Überführung des Sünders ist Voraussetzung, um mit der Botschaft vom Heil landen zu können. Satirische Zeitgenossen sprechen vom "Tunnel-Muster": Am Anfang ist es dunkel, am Ende strahlt das Licht. "Das Wichtigste", schreibt A. Allwohn 1958 (2,S.204.208), ist "die Weckung des Schuldbewußtseins und der Erlösungssehnsucht". "Jedes Seelsorgegespräch muß die innere Tendenz zum Beichtgespräch haben...weil sie (die Beichte) Ausrichtung der Vergebung ist."

2) Zu welch fragwürdigen Kurzschlüssen die Seelsorgelehre auf diesem Wege fähig ist, können wir bei Jay Adams beobachten. Ohne Bedenken führt Adams jede Depression, welche nicht "biochemisch" bedingt ist, auf eine tiefere Schuldproblematik zurück (1,S. 99ff.).

3) "Zu schwer...ist die Übersetzung christlichen Glaubens in die konkreten Haltungen und Handlungen im Alltag", schreibt Adelheid Rensch (50,S.179), "als daß wir sie im allgemeinen dem Partner allein überlassen könnten". Jay Adams entwickelt ausdrücklich ein "Trainings"-Programm (1,S.138f.). - Man sehe einmal neue geistliche Lieder und Songs unter der Frage durch, wie viel an Imperativ in ihnen begegnet. Die Sangeslust kann einem dabei vergehen! "Im Schiff, das sich Gemeinde nennt, m u ß eine Mannschaft sein, sonst..." "Weißt du, wo der Himmel ist? Nicht so hoch da oben. S a g d o c h j a zu dir und mir! Du bist aufgehoben..."

4) Dietrich Stollberg 67,S.147

dramatisches Profil der Seelsorge bedingen einander. Es ist schlüssig, wenn eine streng auf das "Heil" bzw. der "Seelen Seligkeit" zugeschnittene Seelsorge im Prinzip nicht nur den profanen Alltag, sondern überhaupt jegliche horizontale Sorge um "Seele" wegzukürzen geneigt ist, und sich ganz auf die Gottes-Beziehung zu konzentrieren versucht. Die seelsorgerliche Begegnung zeichnet dann im letzten das Drama des Kampfes zwischen Licht und Finsternis ab; die unselige Alternative von "Heil" und "Wohl" gewinnt hier zwangsläufig dramatische Konturen. Den Gegebenheiten des Menschlichen in Gestalt von Psychologie nachzugehen, erscheint des "Immanentismus" verdächtig. Aber gibt es dazu unter den Zwängen des Entweder-Oder eine andere Alternative als die des "Transzendentalismus"? Im Zusammenhang des Denkens in "Bereichen" ist, wie wir sahen, das Dilemma nicht auflösbar.

Doch wir sind auf der Spur des Alltags der "Seele" auch hinsichtlich ihrer Gottesbeziehung noch nicht am Ende der Auseinandersetzung mit der Tradition. Schon das bereits zitierte "simul justus - simul peccator" ("Gerecht und Sünder zugleich") spricht davon, daß allein den "Sünder" im Blick zu haben, eine Verkürzung ist. Wie keine lebendige Beziehung ausschließlich unter der Perspektive ihrer Störung angemessen wahrgenommen werden kann, so auch die Gottesbeziehung nicht. Auch im Erleben der Gottesbeziehung sind mehr Farben als die violette und die weiße bedeutsam.[1] Die Psalmen künden mannigfaltig davon, die Geschichten der Bibel ebenfalls. Es gibt Gottesbeziehung auch v o r aller und j e n s e i t s der Krise und der Frage von Schuld. Nicht immer "ruft" der Beter "aus der Tiefe" (Ps 130). Auch das Sündenbekenntnis hat seine Zeit. Seelsorge wird dies im Alltag realisieren, wenn sie denn dem lebendigen In-Beziehung-sein der "Seele" in ihrer ureigensten Dimension und rundum gerecht werden will.

Noch ein Letztes sei im Rahmen meines Plädoyers für das alltägliche Verständnis der Sorge um "Seele" gesagt. Wer Sorge um "Seele" von vornherein dramatisiert, verliert nicht nur die "Seele" n e b e n

---

[1] Nicht von ungefähr steht dem Drama des ersten Halbjahres der Kirche mit seinen wechselnden liturgischen Farben das zweite Halbjahr in durchgehendem schlichten Grün gegenüber!

sich aus dem Blickfeld, konstelliert ein Helfergefälle und gerät unter kerygmatischen oder therapeutischen Leistungsdruck. Er entfernt sich auch von der Wirklichkeit dergestalt, daß er den fließenden Übergang vom Kleinen zum Großen zu übersehen neigt. Jesus findet im Senfkorn, dem "kleinste(n) unter allen Samenkörnern auf Erden", das Reich Gottes abgebildet (Mk 4,30ff.). Erfahrung vom "Heil" wächst oft im Verborgenen heran und hat, bis die Zeit da ist, "Heil" zu benennen, möglicherweise völlig andere Namen. Wie abhängig die lebendige Füllung dogmatisch geprägter Begriffe vom Erleben des Betroffenen ist, weiß jeder, der sich solchen Zusammenhängen stellt und ihnen einmal bei sich selbst ernsthaft nachgegangen ist. Erleben von Beziehung ist nicht auf Krisensituationen einzugrenzen. Es ist durchgängig - eben wie das Leben, wie 'psychè'. Deshalb ist auch jede menschliche Begegnung seelsorgerlich qualifiziert, wenn "Seelsorge" bedeutet, das In-Beziehung-sein der "Seele" wahrzunehmen.

D. Seelsorge als Hilfe im/zum Leben-in-Beziehung

1. Der Horizont der Seelsorge

Ich habe Seelsorge als Bemühen um lebendiges Leben-in-Beziehung zunächst einmal ganz ins Alltägliche hineingerückt, weil es der Gleichung: "Seele"=Leben entspricht, nicht nur die dramatischen Seiten des Lebens zu sehen, sondern es ganz, d.h. auch mit seinen schlichten, normalen, vor- und nachkritischen Anteilen, zu berücksichtigen. Wir steuern hier bewußt der Tendenz der Seelsorge-Tradition zu soteriologischer Engführung entgegen; und dies trägt nicht nur dazu bei, das Verständnis der Seelsorge zu normalisieren und guten Mutes dem pastoralen Alltag (mit seinen vielen "banalen" Begegnungen) zuzuordnen, es neutralisiert auch, entschiedener als alle Proklamation partnerschaftlicher Beziehung in der Seelsorge, die unvermeidliche Helfer-Dynamik. Unter der Leitkategorie der KOINONIA k a n n Seelsorge von Haus aus nicht anders als p a r t n e r - s c h a f t l i c h gefaßt werden.
Damit ist jedoch der soteriologische oder auch therapeutische Horizont der Seelsorge keineswegs verstellt. Von ihrem biblischen Grund her gehört "Heil", im vertikalen wie im horizontalen Sinn, zur virtuellen Bestimmung der Seelsorge - unter eschatologischem Vorbehalt, versteht sich. Weil es bei der "Seele" um lebendiges Leben-in-Beziehung geht, deshalb ist jedwede Störung, Verletzung, Verkrüppelung oder Verderbnis von Beziehung im Visier der Sorge um "Seele". Seelsorge pflegt bzw. wartet die Beziehung und mit ihr auch die Beziehungsfähigkeit. Sie kümmert sich natürlich a u c h um Störungen des In-Beziehung-seins und der Beziehungsfähigkeit. Und sie tut dies in a l l e n Richtungen, besser: Dimensionen, in denen "Seele" ihre Bezogenheit lebt oder gerade auch nicht lebt.
Aber was heißt das nun vor dem Hintergrund der Biblischen Psychologie? Es liegt nahe, die Antwort sozusagen an den Dimensionen von Leben-in-Beziehung, bzw. der Bezogenheit der Seele, entlang zu entfalten, und ich werde dies auch tun. Zuvor halten wir aber erst

noch einmal Umschau und vergewissern uns, was dabei im Blick sein muß.

2. Psychologische Vergewisserung dimensionaler Sicht

a) "Sünde" als Begriff der Verabsolutierung einer Dimension

Daß wir der "Seele" in den Dimensionen ihres Lebendigseins nachgehen, geschieht jetzt unter dem Vorzeichen ihrer Anfällig- bzw. Sorgebedürftigkeit. Es empfiehlt sich, dieses Vorzeichen besonderer Sorgebedürftigkeit der "Seele" gründlicher auszuleuchten. Dabei geht es um nichts anderes als den theologisch vertrauten Begriff der "Sünde". Die "Sünder-Seele" ist es, welche nach entschiedenem Zeugnis der Lehrtradition der Sorge besonders bedarf.
Ich hatte bereits herausgearbeitet, daß "Sünde" ein Beziehungsbegriff und damit auch ein psychologischer Begriff im Sinne der Biblischen Psychologie ist. "Sünde" kennzeichnet die entfremdete, gestörte, verdorbene Beziehung. Beziehung verdirbt, wo Bezogenheit nicht gelebt wird. Bezogenheit wird nicht gelebt, wo sich ihr Subjekt bzw. Träger in sich selbst verschließt oder auch sich selbst verabsolutiert, d.h. seine Bezogenheit verneint. Sünde bestimmt sich aktiv. Selbstverabsolutierung ist original ein aktiver Vorgang. Bedeutet Leben In-Beziehung-sein, dann ist die Negation der Bezogenheit gegen das Leben gerichtet. "Tod ist der Sünde Sold".

Sünde - Gesetz - Evangelium

Wenn ich Sünde als (aktiven) Akt bestimme, wird alsbald auch sichtbar, wie gewissenhaft mit dem Begriff und Tatbestand der "Sünde" umgegangen werden muß. Wie steht es mit Verantwortung bzw. Schuld bei einer Verabsolutierung, welche nicht bewußt vollzogen wurde, sondern einfach überkommen ist? Ihr Subjekt, ihr Träger weiß es nicht anders,

oder hat es nie anders "gelernt". Gewissen setzt Wissen voraus. An
diesem Punkt befinden wir uns mitten im Kontext der Frage nach der
Zuordnung von "Sünde", "Gesetz" und "Evangelium".
Paulus entfaltet im 2. Kapitel des Römerbriefes (V.12ff.), daß das
Wissen von den grundlegenden Zusammenhängen des Lebens jedermann "ins
Herz geschrieben" sei. Von daher gibt es keine Entschuldigung der
"Sünde". Nur, dies einzusehen, die Verantwortung für das bis dahin
möglicherweise gelebte Un-Wissen zu übernehmen und sich der "Sünde"
schuldig zu bekennen, ist ein tiefgehender Prozess, und solch ein
Prozess vermag sich nur dort zu vollziehen, wo das "Herz" im Erleben
vollen Lebens seiner (ureigenen) Selbstarmut inne wird. In Anlehnung
an 1.Petr 4,8 können wir sagen: "Die Liebe deckt" nicht nur "der
Sünden Menge", sie macht auch möglich, diese zu ent-decken!
Daß Gott das Leben "sehr gut" geschaffen hat (1.Mose 1,21), erlaubt
die theo-logische Folgerung, daß die originale "Seele" weiß, was ihr
zukommt und gut ist, und daß sie damit für jegliche Perversion selbst
verantwortlich zeichnet. In einer entfremdeten Welt psycho-logisch
verifizierbar ist dies aber nur auf dem Boden der Erfahrung von
"Heil", will sagen: vor dem Hintergrund von Leben und Beziehung, wie
Gott es gedacht hat, d.h. konkret: im Kontext von "Liebe", von
'koinonia'.[1]
Theologisch steht also am Anfang das "Gesetz", welches selbstredend
den "Sünder" überführt, und dann kommt das "Evangelium". Der theologische "Geist" überführt den entfremdeten Menschen seiner Selbstverschlossenheit (via "Gesetz") und begegnet ihm dann mit dem "Evangelium". Nach der Logik der "Seele" ist es umgekehrt. Zuerst begegnet
das "Evangelium", dann greift das "Gesetz". Aus der Erfahrung des
"Evangeliums", aus dem Er-leben der Fülle des heilen Lebens in
Christus, erwächst die (An-)Erkenntnis (der Anklage) des "Gesetzes".
Die "Seele" findet zu ihrer originalen Selbsterkenntnis und kann sich
nunmehr (vor dieser Folie) auch als "Sünder-Seele" begreifen.
Die Auseinandersetzung um die Sequenz von "Evangelium" und "Gesetz"

---

[1] Jesus kehrt bei Zachäus ein, daraufhin kehrt dieser um (Lk 19,8).

in der Lehrtradition spiegelt das Ineinander von theo- und psychologischen Fragen im Umgang mit dem Tatbestand und der Rede von der "Sünde". Wird dieses Ineinander als solches auch wahrgenommen, erübrigt sich alsbald der dogmatische Streit um die Zuordnung von "Gesetz" und "Evangelium" und sein Dilemma ist als Dilemma (überholter) einliniger Geistestradition zu den Akten zu legen.

Christologie aus der Sicht der Biblischen Psychologie

In ihrer dramatischen Fassung spannt sich Seelsorge folgerichtig zwischen den theologischen Topoi von "Sünden-Fall" und "Ewigem Leben" aus. Die "Seele" v o r dem "Sündenfall" zu betrachten, liegt ihr nicht, denn sie widmet sich ja der postlapsarischen "Seele" und der Überwindung ihrer Heillosigkeit. Unter solchen Bedingungen ist die christologische Orientierung der seelsorgerlichen Anthropologie folgerichtig.[1] Adam kann, gefallen wie er ist, nicht Modell sein, ausschließlich Christus kann es. Auf dergestalt dogmatisch planiertem Boden sind freilich psychologische Züge kaum noch sichtbar. Psychologie schimmert dann allerdings doch noch hervor, wenn nach dem seelsorgerlichen Habitus gefragt wird. Nur der Seelsorger, der - mit Luther zu reden - "dem anderen ein Christus" wird, bewegt die "Seele" seines Partners. Vorbild der Sorge um "Seele" ist Jesus Christus selbst, das "fleischgewordene" Wort Gottes.

Im Streit um das Verständnis der "Inkarnation" bzw. der "Kenosis", d.h. der vollen Menschlichkeit des "Christus", meldet sich wieder die Frage, wie weit Theologie die ihr innewohnende Psychologie tatsächlich zu realisieren vermag. Sie kann es nur, wo sie auch sieht, daß "Psyche" und "Seele" nicht zu trennen sind und "Psyche" in "Seele" gegenwärtig ist. Der Seelsorgelehre v o r dem Überschritt von der rechten zur linken Seite der Leitlinie von Chalkedon fehlt dazu die positive Anschauung. (Man muß sich dazu wohl auch selbst der Psycho-

---

1) E. Thurneysen 75,S.55: "Biblisch-theologische Anthropologie ist...immer und in Ausschließlichkeit christologische Anthropologie".

logie ausgesetzt haben). Das Dilemma der Polarisierung der Standpunkte rechts und links hat wesentlich mit der Tatsache zu tun, daß eine ausschließlich postlapsarische Sicht des Menschen nur mit einer entfremdeten Psychologie rechnet und deshalb nicht imstande ist[1], Psychologie positiv mit Christus zu verbinden - solange die Augen entsprechend gehalten sind. Wie aber, wenn wir uns darauf einlassen, etwa mit Hebr 4,15 zu differenzieren?

"Wir haben ja nicht einen Hohenpriester", schreibt der Hebräerbrief an besagter Stelle, "der nicht m i t f ü h l e n könnte mit unserer Schwäche, sondern einen, der i n a l l e m w i e w i r in Versuchung geführt worden ist, aber n i c h t g e s ü n d i g t hat"[2]. Nicht beim Fühlen, nicht bei der Erfahrung von Schwäche, nicht bei der Versuchlichkeit, d.h. nicht in der seelischen Struktur, läßt sich folgern, liegt der Unterschied zwischen Adam und Christus. Er liegt einzig und entscheidend darin, daß "Sünde" bei Christus nichts zu bestellen hat. Gott ist gegenwärtig und erfahrbar in diesem Menschen Jesus, der der "Christus" ist. Gott in uneingeschränkter Beziehung

---

1) "In Ausschließlichkeit" christologischer Anthropologie verpflichtet zu sein, heißt bei Thurneysen ohne Zweifel: Absage an jede richtungweisende Mitsprache profaner Psychologie in Grundfragen der Seelsorge! - Daß die Dinge in Sachen Psychologie und Christus nicht einfach liegen, zeigt die Rede des Paulus vom "ersten" und "letzten Adam". Selbstverständlich nennt Paulus Röm 5,14 den ersten Adam - er kennzeichnet ihn 1.Kor 15,45 als "lebendige Seele" - "ein Bild dessen, der kommen sollte". Der "erste Adam" ist auch in Christus gegenwärtig. Auf der anderen Seite stellt Paulus den "letzten Adam", d.h. Christus, dem "ersten" als "Geist, der lebendig macht" gegenüber. Die Antithese des "neuen Lebens" in Christus überdeckt an dieser Stelle dann offenkundig die gemeinsame psychologische Struktur vom ersten und letzten Adam. Aus postlapsarischer Sicht ist das folgerichtig. Eben dieser entspricht, daß Paulus für das "neue" Leben nicht den Begriff 'psyche', sondern den Begriff 'pneuma' verwendet (dazu s.o.S.49). Die Gründe dafür liegen in Paulus' strenger Beobachtung des EXTRA NOS bzw. in dem Umstand, daß Psycho-logie offenbar schon zu seiner Zeit die Neigung hat, sich zu verabsolutieren und Wege der Selbsterlösung zu weisen (s.o.S.57f.). Gerade indem wir Paulus hier verstehen, werden wir aber nicht übersehen, was er eben auch zu Adam in Christus sagt. 2.Kor 5,16 spricht von einem unabdingbaren Mehr an Erkenntnis, das nunmehr gilt, nicht von der Verabsolutierung geist-licher Erkenntnis. Genau darin unterscheidet sich Paulus von der Gnosis!

2) Nach der "Einheitsübersetzung" von 1979 (Hervorhebungen von mir) - Der Text spricht wörtlich vom 'sympathèsai' Christi. "Wie wir" gibt die Formel 'kath homoioteta' wieder und leitet Kenner der Dogmengeschichte ins Zentrum des sogenannten christologischen Streits.

zum Menschen, "wahrer Gott vom wahren Gott" und zugleich "wahrer Mensch". Das "ohne Sünde" markiert den Unterschied. An ihm unterscheiden sich die "Zwei Naturen", welche das Bekenntnis von Chalkedon festzuhalten sich bemüht.

Verstehen wir "Sünde" als Beziehungsbegriff, eröffnet sich von Hebr 4,15 her die dimensionale Sicht der "Zwei Naturen": Natur I umgreift den "Menschen", wie er ist nach dem Sündenfall, der "Sünde" der Selbstverabsolutierung verfallen, den 'homo incurvatus in se ipsum', den "in sich selbst verkrümmten Menschen". Natur II faßt "Gott" als den, der den Menschen in seiner Liebe nicht sich selbst überläßt, sondern "Fleisch" annimmt, der eingeht in den Menschen und in die horizontale Selbstverschlossenheit, und der diese Selbstverschlossenheit der "Seele" aufbricht, daß sie Heil und Leben, daß sie Gott in Christo und das Ewige Leben gewinne. Den hier aufgetanen Spuren mag an anderer Stelle ausführlich nachgegangen werden. So viel ist deutlich: Auch und gerade christologisch orientierte Anthropologie ist der Psychologie verpflichtet. Man muß es nur wahrnehmen.

'Sarx' als "Verkörperung" der "Sünde"

Daß "Sünde"('hamartia') Beziehungsstörung oder -verlust markiert, ist eine psychologische Aussage, und sie ist gegenwärtig und bewährt sich, kurz gesagt, bei allen Gelegenheiten, in denen der vertraute Begriff der "Sünde" begegnet. Unsere Betrachtung des theologisch qualifizierten Begriffs der 'sarx'("Fleisch") zeigt dies. Hinter 'sarx' schaut "Sünde" hervor. 'Sarx' steht für Selbstverabsolutierung, -verschlossenheit und -genügsamkeit. 'Sarx' v e r k ö r p e r t die Negation der dimensionalen Bezogenheit. ("Seele"=)Leben verdirbt und stirbt, wenn es nicht in-Beziehung gelebt wird. Es ist in und mit a l l e n seinen Dimensionen auf In-Beziehung-sein angelegt. Wird eine Dimension ausgeblendet oder negiert, krankt die "Seele" und gerät zwangsläufig unter den Schatten des Todes. 'Sarx' verkörpert also anschaulich "die Krankheit zum Tode"[1], welcher die "Seele" unter dem Prinzip der Verabsolutierung e i n e r Dimension unterworfen ist. Daß das Leben auch pervertiert, wenn die Dimension der Gottesbeziehung verabsolutiert wird, braucht, mit Blick auf die Kirchengeschichte, kaum noch betont zu werden.[2] Keine Dimension ist davor gefeit, in den Bann der 'sarx' zu geraten und damit zum Nährboden von Ideologie zu werden.

b) Zur Unterscheidung der Dimensionen von Beziehung

Wir unterschieden längst zwischen der vertikalen Dimension und den Dimensionen horizontaler Bestimmtheit: Da ist die Dimension der Gottesbeziehung der Seele, und da sind diejenigen der Beziehung der Seele zu sich selbst, zu anderen Menschen-Seelen und schließlich zu dem, was ich bisher undifferenziert "Umwelt" nannte.
Sortiert man nun diese Dimensionen, legt sich im Zuge der Tradition nahe, nach solchen der A u ß e n- und einer der I n n e n-beziehung zu unterscheiden. Z.B. weist das EXTRA NOS die Gottesbeziehung eindeutig als Außenbeziehung aus, und Mitmenschen und Umwelt kommen anschaulich von "außen" auf die individuelle "Seele" zu, während die Selbst-Beziehung als ihre "innere Angelegenheit" betrachtet werden kann. Hier müssen wir uns jedoch sofort dessen erinnern, was zu "Seele" im Subjekt-Objekt-Gefüge gilt. Auch in ihrer Selbst-Beziehung ist "Seele" ja nicht einfach nur "Subjekt" oder durchgehend autark. In ihrer Innenbeziehung spiegelt sich Außenbeziehung und umgekehrt, ja die eine ist ohne die andere nicht möglich. Natürlich ist die Unterscheidung von "Innen" und "Außen" unter gewissen Voraussetzungen wichtig und hilfreich, sie kann sich aber, wie bei genauerem Zusehen

---

1) Sich an Sören Kirkegaard's Abhandlung unter diesem Titel zu erinnern, liegt nahe. Ihr Untertitel von 1849 lautet: "Eine christlich-psychologische (!) Entwicklung zur Erbauung und Erweckung von Anti-Climacus". ((!) von mir)
2) Die Absonderlichkeiten des frühen Mönchtums (Anachoreten), die Kreuzzüge und die Religionskriege beweisen es. Aber auch die Dogmengeschichte gibt beredtes Zeugnis. Die Probleme der Selbstgenügsamkeit einer dogma-tisch orientierten Theologie begegnen uns nicht nur in der Vergangenheit!

ersichtlich, auch quer zur Rede von den "Dimensionen" stellen.[1]) In solchem Fall erweist sich ihre Herkunft aus einem anderen kategorialen System. Nur, wo in "Bereichen" gedacht wird, sind "Innen" und "Außen" im vornherein wie "rechts" und "links" eindeutig zu trennen. Dimensionales Denken vermag sich solcherart nicht zureichend auszudrücken, trägt sozusagen doch jede Dimension konstitutiv die anderen Dimensionen in Gestalt ihres eigenen Angelegtseins auf diese i n s i c h.

Wenn wir also die Beziehung der Seele zu sich selbst als e i n e von vier Dimensionen ihres Lebens-in-Beziehung betrachten, haben wir damit nicht selbstredend das Nämliche vor uns wie die Väter, wenn diese vom "Innenaspekt" oder "Innenleben" des Menschen sprechen. Die Väter waren sich in ihrem Ansatz mit der klassischen Psychologie/ -therapie einig, daß es bei ihrem Geschäft um das Individuum für sich geht. Unter den Bedingungen dimensionalen Denkens ist solch ein Ansatz überholt. Abgesehen davon, daß auch die Gottesbeziehung der "Seele", der ja die besondere Aufmerksamkeit gilt, niemals nur eine "innerliche" oder "Privatsache" sein kann, "Seele" ist in jeder Dimension immer auch "Objekt". Das bedeutet konkret: Störungen im Selbst der "Seele" haben ihre Ursache niemals nur im "Innern". "Seele" lebt aktiv u n d passiv in Bezogenheit. Seelsorge ist daher notwendig nicht nur individuell, sondern stets auch sozial und kontextuell - um nicht zu sagen: politisch - ausgerichtet.

Und noch etwas ist jetzt im Zusammenhang der Differenzierung der Dimensionen zu gewärtigen, ohne daß wir damit der Verführung zu einem individualistischen Ansatz der Seelsorge erliegen. Wenn wir e i n e Beziehungsdimension der Seele diejenige des "Selbst" nennen, dann

---

1) Bei der Gottes-Beziehung zeigt sich am Streit um das EXTRA NOS, daß Gott 'extra', also im Gegenüber zur Seele festzumachen, unabdingbar ist. Andererseits ist, ihn anschaulich "dingfest" zu haben, wie den Nachbarn, den Baum am Gartenzaun, oder die Sparkasse auf der anderen Straßenseite, nicht möglich. Da dem so ist, ist keine Rede von "Gott" phänomenologisch davor gesichert, als Produktion der "Seele" angesehen zu werden. - Wir beobachten schließlich auch (auf der horizontalen Ebene), daß die eine oder andere "Seele" z.B. vom Nachbarn, vom Baum oder von der Sparkasse träumt, und wir können nur sehr bedingt etwas dafür, daß sie im Traum nicht "draußen vor" bleiben. Entscheidet nicht auch die sprichwörtliche "Dicke" des "Fells", wo das "Außen" aufhört und das "Innen" beginnt?

geht es hier nicht einfach nur um die Feststellung, daß wir damit die "Ich"-Beziehung vor uns haben - im Gegenüber etwa zum "Du" des Mitmenschen, der selbst wieder für sich ein "Ich" darstellt. Uns ist vielmehr zugleich all das vor Augen, was die Biblische Psychologie im Zusammenhang des trichotomischen Schemas bereitstellt, und wir befinden uns damit alsbald in einem Vorstellungsmodell, welches seinerseits wiederum mehrdimensional ist, ja das, wie der Ort seiner Entwicklung im Zuge dieser Arbeit zeigt, überhaupt erst die Rede von den "Dimensionen" begründet.[1] Wir sehen "Seele" für sich selbst, auch abgesehen von den anderen drei Beziehungsdimensionen, als Leben-in-Beziehung. In unserem Vorstellungsmodell machten wir die beiden horizontalen Dimensionen "Leib" und "Geist" aus und sahen, daß "Psyche" im Schnittpunkt der Bezogenheit von "Geist" und "Leib" lebt. Wird die vertikale Dimension hinzugedacht, wird aus "Psyche" im horizontalen Sinne 'psychè' im Sinne der Biblischen Psychologie.

"Seele" für-sich-selbst gesehen, zeichnet in der Vertikalen, streng genommen, nur das Ausgerichtetsein und Warten auf Gott ab. Sie kann die lebendige Gottesbeziehung nicht produzieren. Gott selbst muß hinzukommen. Aber Gott hat den "Durst" nach ihm dem Menschen ins "Herz" gegeben. Die religiöse Anlage wohnt in seiner Seele, wie die soziale Anlage in ihr wohnt. Dies festzustellen widerspricht dem EXTRA NOS nicht. Die Rede von Gott bliebe unfaßbar, hätte "lebendige Seele" nicht gleichsam schon eine Antenne für sie. Die Geistestradition bestätigt diese Aussage. Die Philosophie spricht vom Vermögen oder Drang des Menschen, sich selbst zu "transzendieren".[2]

Paul Tillich[3] ordnet das 'Intra' und das 'Extra' der Vertikalen unter dem Stichwort der "Korrelation" einander zu. 'Intra' formuliert sich die "Frage" nach Gott. Aus sich selbst gelangt der Mensch über das Fragen nicht hinaus. Aus dem 'Extra' kommt ihm die "Antwort" zu.

---

1) S.o.S.80
2) Innerhalb der "Grenzen der bloßen Vernunft" (Vgl. I. Kant, Die Religion innerhalb der Grenzen der bloßen Vernunft, 1973) ergibt sich aus diesem Vermögen des Menschen das praktische "Postulat" vom "Dasein Gottes" (Ders., Kritik der praktischen Vernunft).
3) 77,Bd.VII,S.25f. sowie 81,S.25ff. u. 73ff.

Die Religionskritik der Dialektischen Theologie geht, kurz gesagt, davon aus, daß die "natürliche Seele" grundsätzlich nach dem selbstgemachten, falschen Gott dürstet. Das ist postlapsarische Sicht des Menschen bis zur Neigung unbedingter Schwarz-Weiß-Malerei in Sachen "Religion" und entspringt den Zwängen des Denkens in Bereichen. Der Paulus der Areopagrede von Apg 17 (V.22ff.) vermittelt demgegenüber eine andere Auffassung. Spätestens unter dimensionaler Schau kann schließlich "Religionspsychologie" kein Fremdwort[1] für die Seelsorge mehr sein.

Indem ich darlege, was die Dimension der Selbst-Beziehung von "Seele" umfaßt, sind wir unvermeidlich in die Dimension der Gottes-Beziehung hinübergewandert, und damit zeigt sich praktisch, wie verwoben, bzw. aufeinanderzu angelegt, die Dimensionen von Seele=Leben sind. Im Grunde müßten wir alle vier Dimensionen gleichzeitig in Blick nehmen. Sie jeweils gesondert zu betrachten, ist zwangsläufig ein abstraktes Geschäft und auch nicht konsequent möglich. Ich versuche es gleichwohl. Das Vorhaben, differenziert darzulegen, was Seelsorge als Hilfe im/zum Leben-in-Beziehung auf der Grundlage Biblischer Psychologie meint, läßt praktisch keine andere Wahl.

Aus der Betrachtung der Dimensionen von "Seele"=Leben-in-Beziehung im einzelnen ergeben sich folgerichtig auch im einzelnen die leitenden Gesichtspunkte der praktischen Seelsorge.

3. Dimension der Gottes-Beziehung

Die Gottesbeziehung der Seele hat in der Seelsorgelehre seit alters das erste Wort. Dies kann nicht verwundern, ist sie es doch, welche das (geistliche) Proprium der Seelsorge ausmacht. Andererseits hat

---

1) Für die Seelsorgelehre muß erst Carl Gustav Jung seinen Vortrag über "die Beziehungen der Psychotherapie zur Seelsorge" vor der Elsässischen Pastoralkonferenz zu Straßburg im Mai 1932 halten (in: 35,S.175-196). Er wird dann auch - angefangen von A.D. Müller (42,S.317) - kritisch gegen die Dialektische Theologie ins Feld geführt.

sie bis in unsere Tage mitunter auch das einzige Wort. Und das ist bedenklich, kann doch Seelsorge, welche nur die Gottesbeziehung im Blick hat, der mehrdimensionalen Wirklichkeit der Seele niemals voll gerecht werden.

Vom Primat der Gottesbeziehung kündet eindeutig eine Seelsorge, welche sich besonders der "Verkündigung" verpflichtet weiß, also der Leitkategorie der MARTYRIA unterstellt. Daß Seelsorgelehre unter der Leitkategorie der MARTYRIA Altlasten der Tradition mitschleppt, zeigt der Gang durch die Geschichte. Doch deswegen gehört 'martyria' in der Seelsorge nicht einfach zum "alten Eisen". Es ist nun einmal so, daß "der Glaube aus der Predigt" kommt, um mit Paulus (Röm 10,17) zu reden. Lebendige Gottesbeziehung der Seele kann der Verkündigung bzw. des Glaubenszeugnisses nicht entraten. Die Seelsorge kann und will es daher auch nicht. Zu verhandeln ist möglicherweise der Kairos von Verkündigung in der Seelsorge oder auch "ihre Zeit", nicht dagegen, ob sie geschieht. In nämlicher Weise stehen dann mit Sicherheit auch Fragen der 'leiturgia' in Rede, wenn speziell die Gottesbeziehung im Blick ist.

a) Leben in Gott/Christus - dem Tode entnommen

Eine Störung der Gottesbeziehung ist mit dem Stichwort "Sünde" seit alters selbstredend angezeigt; das Ziel ihrer Überwindung wird mit den Formeln "Der Seelen Seligkeit" oder "Ewiges Leben" deutlich beschrieben. Das Ziel reicht damit offenkundig über die Grenze des Todes hinaus. Wenn wir uns von der Soteriologie nicht bannen lassen, ist klar, daß es auch Zwischenziele gibt, welche die Sorge um die Gottesbeziehung der Seele auch aus einer anderen als dieser letzten und totalen Perspektive zeigen. Doch fädeln wir uns mit unserem Nachdenken zunächst einmal einfach in die Seelsorge-Tradition ein, die den "einzigen Trost im Leben und im Sterben"[1] im Auge hat.

Die Botschaft von der Auferstehung der Toten und die Formel vom

---

1) Heidelberger Katechismus, Frage 1

"Ewigen Leben" überschreitet den Rahmen alttestamentlicher Schau. Hier hat das Neue Testament unbestreitbar Neues zu sagen. Es besteht im Kern darin, daß für Gott, d.h. für den, welcher "das, was nicht ist", zum Sein "ruft" (Röm 4,17), der Tod nicht gilt und in IHM daher auch Leben gilt, dem der Tod nicht beizukommen vermag. Dieses Leben ist freilich allein aus Gott definiert und unbedingt 'extra nos'.

Ob der Tod nun hamartiologisch gedeutet wird oder nicht: Die Selbstmächtigkeit der Seele für sich hat im Tode ihre absolute Grenze. Auch das Neue Testament hat mit der "Unsterblichkeit der Seele" (nach dem Muster üblicher Vorstellung von einem bleibenden Wesenskern o.ä.) nichts im Sinn. "Weiter-Leben n a c h dem Tode" setzt wirklichen Tod voraus. Was Du und Ich vom Leben wissen können von uns selbst her, bleibt im Tode. Was da aufersteht, ersteht aus Gottes Willen und Kraft. Im Glauben, daß mein und Dein Name bei Gott aufgehoben sind und wir ihm in Christus wichtig sind, kann ich (angelehnt an Ps 16,10) sagen: "Er wird mich nicht im Tode lassen. Meine Seele w i r d in Gott leben" - nicht als Teilmasse einer unvergänglichen Lichtsubstanz o.ä., sondern in ihrer individuellen Unverwechselbarkeit, d.h. geistlich-leibhaftig - und "dann werde ich erkennen, wie ich erkannt bin" (1.Kor 13,12), und Du wirst es auch.

Die Gottesbeziehung trägt die "Seele". Sie allein trägt auch die Vorstellung der "Erlösung" ('sooteria'). "I c h mache a l l e s neu!", sagt der Herr des neuen Himmels und der neuen Erde (Offb 21,5). Weil die Selbst-mächtigkeit des Menschen mit dem Tode ihr Ende hat, haben auch alle selbst-gemachten Sicherheiten im Tode ihr Ende, und alle Vorstellungen, welche über den Tod hinausragen (andere als menschliche Vorstellungen können es ja nicht sein), unterliegen eben diesem Vorbehalt. Es gilt, sich wirklich ganz Gott auszuliefern, - und wo ich das tue, da kann ich es dann auch Gottes Sorge sein lassen, was da kommen wird.[1]

---

1) Wie selbst-bezogen die Vorstellungen vom "Jenseits" nach dem Tode sind, weiß jeder Seelsorger. Bemerkenswert erscheint mir in diesem Zusammenhang eine Anekdote von Karl Barth (?): In der Trauerhalle hatte der Professor von der Auferstehung gesprochen. Nach der Beisetzung wendet sich ein Angehöriger der Verstorbenen an ihn: "Sagen Sie, Herr Professor, werden wir unsere Lieben wirklich wiederse-

In Christus überschreitet die "Seele" die Grenze des Todes. "Wie sie in Adam alle sterben, so werden sie in Christus alle lebendig gemacht werden", sagt Paulus (1.Kor 15,22). In Christus bekommt "Seele"= Leben=In-Beziehung-sein eine Perspektive, welche den Tod übergreift. In-Beziehung zu Gott durch Christus erscheint Seele=Leben unabhängig vom sterblichen Leben. Das ist das Neue der Botschaft des Neuen Testaments: Die Gottesbeziehung relativiert nicht nur das Sterben horizontaler Beziehungen und läßt auch im (leiblichen) Elend am (an diesem) Leben festhalten - das ist die Tradition des Alten Testaments[1] -, sie relativiert das sterbliche Leben überhaupt, ist dieses doch von Sünde und (damit vom) Tod bedroht.

Schroff sehen wir Jesus (Mk 8,34ff.[2]) Leben aus der Gottesbeziehung ("Nachfolge") dem sich selbst verabsolutierenden Leben gegenüber-

---

hen?" Daraufhin K.B.: "Ja! - Aber a u c h die anderen!" Wie entlarvend das "Auch" ist! Der Horizont der Vorstellungen vom "Jenseits" ist nur allzu selbstverständlich von persönlichem Interesse begrenzt. Daß "a u c h die anderen", die möglicherweise unsympathischen Zeitgenossen, das "Jenseits" bevölkern werden, entspricht dem projektiven Charakter der Vorstellungen kaum.

1) Ps 73,25f.: "Wenn ich nur dich habe, so frage ich nichts nach Himmel und Erde. Wenn mir gleich Leib und Seele verschmachtet, so bist du doch, Gott, allezeit meines Herzens Trost und mein Teil". Ps 16,10: "Du wirst mich nicht dem Tode überlassen". (Lutherübersetzung von 1545: "Du wirst meine Seele nicht in der Hölle lassen...")
Interessant ist in diesem Zusammenhang die Entwicklung der Lutherübersetzung von Hiob 19,25f. Die ursprüngliche Fassung, wie sie etwa noch aus der "Geistlichen Chormusik" von Heinrich Schütz aus dem Jahre 1648 im Ohr ist, reproduziert deutlich den Auferstehungsgedanken: "...Er wird mich hernach aus der Erden (!) auferwecken und werde (danach) mit dieser meiner Haut umgeben werden und werde in meinem Fleisch Gott sehen", heißt es dort. (Leibhaftige Auferstehung nach der Vorstellung von Ez 37!) In einer Fassung aus dem Jahre 1950 lesen wir: "...und nachdem diese meine Haut zerschlagen ist, werde ich ohne (!) mein Fleisch Gott sehen". (Auferstehung - n i c h t des Fleisches!) Die jüngste Version läßt den Auferstehungsaspekt verblassen: "...und ist mir meine Haut noch so zerschlagen und mein Fleisch dahingeschwunden, so werde ich doch Gott sehen." - Ungemein anschaulich zeigt der Kontext von Hi 19 übrigens den Zusammenhang von Lebensqualität und In-Beziehung-sein. Hiob klagt V.13ff.: "Er (Gott) hat meine Brüder von mir entfernt, und meine Verwandten sind mir fremd geworden. Meine Nächsten haben sich zurückgezogen und meine Freunde haben mich vergessen. Meinen Hausgenossen und meinen Mägden gelte ich als Fremder...Mein Odem ist zuwider meiner Frau...Selbst die Kinder geben nichts auf mich..." - Deutlicher läßt sich der soziale Tod der Beziehungslosigkeit nicht schildern! Er hat bei Hiob bis in die engsten Beziehungen hineingegriffen.
2) Zu Mk 8,34ff. s.o.S.34ff.

stellen. Einzig in Gott, in der Nachfolge Christi, in lebendiger Gottesbeziehung, ist "lebendige Seele" jenseits des Todes denkbar und gibt es "Rettung" ('sooteria') "vom Tode und von der Gewalt des Teufels"[1]. Der Bann der Sünde (Selbstverabsolutierung) muß gebrochen sein.[2] Im Heilswerk Christi geschieht eben dieses. Christus zahlt "der Sünde Sold" ein-für-alle-mal aus, und damit hat auch der Tod ein-für-alle-mal seine Macht verloren.[3] Der Tod ist nicht aus der Welt. "Alles Fleisch" bleibt "wie Gras".[4] "Ein Mensch in seiner Herrlichkeit kann nicht bleiben, sondern muß davon wie das Vieh", sagt der Psalmist (Ps 49,13). Aber, wo der Zwang zur Selbstverabsolutierung ausgespielt hat, da verliert auch der Tod seinen "Stachel"[5] und die Seele weiß sich durch den Tod hindurch in Gott geborgen[6].

b) Bleiben in der Liebe

Folgen wir der systematischen Linie Sünde-Selbstverabsolutierung-Tod, dann zeichnet sich klar ab, wie Selbstverabsolutierung des horizontalen Menschen und der sogenannte "ontologische" oder "metaphysische Schock" (Tillich) einander bedingen. Zu "bedenken, daß wir sterben

---

1) Luther, Kleiner Katechismus, Erklärung zum 2.Artikel
2) Heidelberger Katechismus, Frage 1: "...Daß ich mit Leib und Seele im Leben und im Sterben n i c h t m i r , sondern...Jesus Christus gehöre". - Vgl. Röm 14,8: "Ob wir leben oder ob wir sterben, wir gehören dem Herrn". (Einheitsübersetzung)
3) Vgl. Röm 6,8-11 das 'ephapax'.
4) Jes 40,6 - Man denke an die unvergleichliche Vertonung in Johannes Brahms' Deutschem Requiem!
5) 1.Kor 15,56: "Der Stachel des Todes aber ist die Sünde..."
6) Ps 131: "Herr, mein Herz ist nicht hoffärtig, und meine Augen sind nicht stolz... Fürwahr, meine Seele ist still und ruhig geworden wie ein kleines Kind bei seiner Mutter; wie ein kleines Kind, so ist meine Seele in mir..." (Lutherübersetzung) - Jesus weist Mk 10,13ff. darauf hin, daß den Kindern "das Reich Gottes gehört". Die "kindliche" Beziehung ist eine Beziehung der selbstverständlichen (An-)Gewiesenheit.
Ps 49,16 sagt der Beter im Angesicht der Todesverfallenheit allen von der Verabsolutierung des "Habens" bestimmten Lebens: "Gott wird mich erlösen aus des Todes Gewalt; denn er nimmt mich auf". Der 49. Psalm dürfte deutlich auch im Hintergrund von Mk 8,34ff. stehen. Mk 8,36 hebt inhaltlich auf ihn ab.

müssen" (Ps 90,12), inne zu werden, "daß es ein Ende mit mir haben muß und mein (horizontal begrenztes) Leben ein Ziel hat und ich davon muß" (Ps 39,5), führt mich an die Grenze meines selbstherrlichen Selbst und entlarvt jeden Versuch, ein Weiterleben der Seele und ihre "Unsterblichkeit" aus sich selbst heraus zu denken, als ein ebenso selbstmächtiges, wie darum verzweifeltes Unternehmen der Selbsterlösung.[1] "Bleiben" gibt es nur 'extra nos', d.h. im G l a u b e n . Im Glauben ist H o f f n u n g[2] begründet. Hoffnung lebt aus der Wirklichkeit der L i e b e Gottes.

Verweilen wir einen Augenblick beim Stichwort der Gottes-Liebe. Von der Liebe, welche von Gott ausgeht (genitivus subjectivus), sprechen z.B. Joh 3,16 oder Röm 8,31-39. Die Liebe, welche auf Gott gerichtet ist (genitivus objectivus), differenziert sich im Zusammenhang der Gebote seit alters in unmittelbare Verbundenheit und notwendigen Respekt des Geschöpfes gegenüber dem Schöpfer. "Die Furcht des Herrn ist der Weisheit Anfang", sagt Ps 111,10, und "eine Quelle des Lebens" nennt sie die Spruchweisheit (Spr 14,27). Luther beginnt seine Erklärung der 10 Gebote bezeichnenderweise mit der Formel: "Wir sollen Gott fürchten und lieben...". "Furcht", deutlicher: "Ehrfurcht", ist hier eindeutig von "Angst" zu unterscheiden. "Angst" signalisiert Störung einer Beziehung an ihrem Grunde. "Ehrfurcht", im Sinne von gebotenem Respekt, bekräftigt hingegen eine Beziehung. "Angst" deutet den Beziehungspartner "autoritär". "Ehrfurcht" hält ihn als echte "Autorität" fest. Die selbstherrliche Seele muß Angst vor Gott haben. Die Seele, welche (z.B. nach Ps 90,12) "klug geworden" ist und ihre Gewiesenheit auf Gott realisiert, lebt in selbst-

---

1) Kritische Philosophie kommt hier über das "Postulat" der Unsterblichkeit (I. Kant) nicht hinaus. Einen Schritt weiter muß sie innerhalb ihrer Grenzen, d.h. 'intra nos', notwendig Glaubenshoffnung als "Projektion von Wünschen an den Himmel" demaskieren (A. Feuerbach). Auf der Kehrseite der Medaille selbstzentrierter Lebensdeutung zeichnet sich die fernöstliche Lösung ab: Wenn es denn nicht möglich ist, das horizontale Selbst festzuhalten, dann kann Erlösung nicht anders denn als Auflösung des "Ich", bzw. als Abstreifen der Last des Selbst ins Nirwana hinein, vorgestellt werden. Aus der Not wird eine Tugend, das Nicht-(Selbst-)Sein wird als Erlösung vom (Selbst-)Sein gedeutet.

2) Hebr 11,1: "Es ist aber der Glaube eine feste Zuversicht auf das, was man hofft, und ein Nichtzweifeln an dem, was man nicht sieht."

verständlichem Respekt vor ihm. Solcher Respekt tut der Liebe keinen Abbruch. Wie denn eine gute Beziehung immer auch von Respekt gegenüber dem anderen getragen ist. Die Freiheit der Gotteskindschaft von Gal 4,1ff. schließt den Respekt vor dem "lieben Vater" ein und die Angst des unmündigen Knechtes aus. In diesem Sinne sagt 1.Joh 4,17f.: "...Furcht ('phobos'="Phobie") ist nicht in der Liebe, sondern die vollkommene Liebe treibt die Furcht aus..."[1]

In der durch "Liebe" definierten Gottes-Beziehung ist "Seele"=Leben zum "ewigen Leben" aufgehoben. Sie "b l e i b t"[2], weil "Liebe" - im Gegensatz zu "Sünde" - ungebrochene Beziehung abbildet. Es ist folgerichtig, wenn Paulus 1.Kor 13,13 der "Liebe", angesichts ihrer beziehungstragenden Bedeutung in a l l e n Dimensionen des Lebens, unter dem Stichwort "Bleiben" den vornehmsten Platz einräumt.

Daß Jesus[3] im Doppelgebot der Liebe "das ganze Gesetz" zusammengefaßt sieht[4], und daß er damit unter dem Stichwort "Liebe" faßt, was dem Leben in allen Dimensionen von Beziehung dient und es "dem Reich Gottes nahe" bringt[5], bestätigt, wie wir sahen[6], nicht nur allgemein den Zusammenhang von Liebe und Leben (=In-Beziehung-sein), sondern zeigt zugleich, wie selbstverständlich Gottes-, Nächsten- und Selbstbeziehung miteinander verknüpft bzw. ineinander verwoben sind. Die eine spiegelt sich in der anderen wider. Die von "Liebe" getragene Beziehung zum Selbst erscheint als Maßstab der Beziehung zum Mitmenschen ("seinen Nächsten lieben w i e sich selbst"). In

---

1) In der Auseinandersetzung mit der Formel von der "Gottesfurcht" spiegelt sich in der Regel ein nicht zum Abschluß gekommener Autoritätskonflikt, und diesem entspricht ein Verständnis von "Liebe", welches Mühe mit Abgrenzung hat. "Liebe" zu Gott erscheint dann alternativ zu "Gottesfurcht". Die Polarität von Distanz und Nähe ist zugunsten der Nähe aufgelöst. Einem mündigen Beziehungsmuster entspricht dies ebenso wenig, wie eine Beziehung unter der Herrschaft "knechtischer" Furcht. Zur Reifung der "Seele" gehört wesentlich, Liebe und Distanzlosigkeit auseinanderhalten zu lernen.
2) "Wer in der Liebe bleibt", der bleibt, nach 1.Joh, "in Gott" (4,16). Er "sündigt nicht" (3,6) und "bleibt in Ewigkeit" (2,17).
3) Mk 12,28-34 Par
4) Mt 22,40: "An diesen beiden Geboten hängt das ganze Gesetz und die Propheten".
5) Der Schriftgelehrte, der Jesus bestätigt, hört von ihm: "Du bist nicht fern vom Reiche Gottes" (Mk 12,34).
6) S.o.S.170f.

der Beziehung zum Nächsten als Bruder oder Schwester bildet sich die Beziehung zu Gott ab. "Wenn jemand spricht: Ich liebe Gott, und haßt seinen Bruder, der ist ein Lügner", stellt 1.Joh 4,20 schlicht fest. Es geht nicht an, die Gottesbeziehung aus dem mehrdimensionalen Verbund des In-Beziehung-seins herauszulösen.

c) Altlasten der Tradition des Dualismus

Sorge um die Gottesbeziehung der Seele ist immer eingewoben in Sorge um ihr In-Beziehung-sein in den anderen Dimensionen und läßt sich grundsätzlich nicht ohne Schaden aussondern, wie sich denn "lebendige Seele" auch nicht einfach sektorieren läßt. Jedes grundsätzliche Heraussondern e i n e r Beziehungsdimension bedeutet im Prinzip, daß diese verabsolutiert wird. Was hinsichtlich der Horizontalen recht ist, ist auch im Blick auf die Vertikale billig. Damit sind wir an dem Punkt, wo notwendig eine kritische Abgrenzung zu dem folgt, was ich eingangs die Altlasten der Seelsorgetradition nannte.

Wie unsere Untersuchung des biblischen Befundes zu "Seele" und der Gang durch die Lehrtradition zeigen, gibt es, von den späten neutestamentlichen Briefen an, einen starken Zug zur Polarisierung bzw. zu einem eindimensionalen Begriff von "Seelsorge". Bezeichnenderweise spielt hier Jesu radikales Wort von Mk 8,34ff. eine wichtige Rolle. Jesu Hinweis, daß allein die Gottesbeziehung "Leben" im umfassenden, d.h. Tod übergreifenden Sinne trägt, wird einlinig aufgenommen. Man konzentriert sich nicht nur, dem Neuen der Botschaft des Neuen Testaments besonders verpflichtet, auf das "Heil" bzw. die "Rettung" der "Seele" "vom Tode und von der Gewalt des Teufels" und vernachlässigt daraufhin ihre horizontalen Dimensionen (was nach Mk 8,34f. zu gegebener Zeit sogar angemessen sein kann), sondern man profiliert "Seelsorge" grundsätzlich im Widerspruch zu jenen.

Jesus wendet sich in Mk 8,34f. entschieden gegen eine Verabsolutierung der Horizontalen. Auf dem Boden dualistischer Denkgewohnheit und unter dem Schatten asketischer Weltsicht setzen die Urväter der Seelsorge Jesu Antithese unbesehen in eine Verabsolutierung der Vertikalen, d.h. der Gottesbeziehung der "Seele" um. Was daraus folgt oder folgen kann, begegnet, mehr oder weniger deutlich, bis auf den heutigen Tag als Altlast der Tradition. Auch die Sünde der Verabsolutierung der Vertikalen fordert ihren "Sold". Betrachten wir seine Münze näher.

Das horizontale Leben erscheint als fremde, verdächtige oder gar hassenswerte Angelegenheit. Die Einstellung zum Leib ist gebrochen, wenn nicht gar feindlich. Sexualität weckt Angst. "Fleischlich", wie der Leib ist, bereitet er mit seinen Trieben bzw. "Begierden" Malaisen und macht, als "Erdenrest zu tragen peinlich", Mühe, aber keine Freude. Parallel zu Weltflucht und Leibesverachtung (und einer höchst eingeschränkten Fähigkeit zu einfachem Genuß) herrschen stoische Ideale im Umgang mit den Leidenschaften bzw. Gefühlen. Gefühle werden nicht nur in die "Zucht" des "Geistes" genommen. Sie werden auch zensiert, und nur "guten" Gefühlen wird zu existieren erlaubt. Was da alles "nicht sein kann, weil nicht sein darf"[1] an Affekten und Regungen der Seele, geht in den Untergrund des Unbewußten. Sich mit diesem zu befassen, ist entsprechend bedrohlich. Psycho-logie bedeutet Gefahr für die "Seele" und ist grundsätzlich verdächtig.

Es bleibt nicht aus, daß der Abspaltung der Horizontalen die Emigration der Sorge um die horizontalen Dimensionen der "Seele", will sagen: der "Psyche", in das "Reich der Welt" folgt. Hier entwickelt sich dann die profanwissenschaftlich ausgerichtete "Psychologie" bzw. -"therapie". Von Hause aus ist jene dann unvermeidlich mit einem antikirchlichen oder antireligiösen Affekt besetzt.

Einer verabsolutierten Gottesbeziehung entspricht der Verlust von Lebendigkeit und Vitalität auf der Seite der Selbst-Beziehung der Seele. "Ich"-Stärke ist nicht gefragt. Was mit "Selbst" und "Ego" zu tun hat, ist im vornherein des "Egoismus" verdächtig. Wer seine

---

1) Im Hintergrund dieser bekannten Redensart steht das köstliche "Galgenlied" von Christian Morgenstern: "Die unmögliche Tatsache".

Lektion gelernt hat, spricht lieber per "Man" als per "Ich". Wenn das Selbst der Seele noch einen Grund zum Leben hat, dann ist es der, nicht sich selbst, sondern f ü r den anderen zu leben. Das sogenannte "Helfersyndrom" wuchert. "Altruismus" erscheint, trotz des "-ismus", unbesehen als Tugend. "Nächstenliebe" bestimmt sich alternativ zur "Selbstliebe". "Selbstverwirklichung" begegnet als Reizwort, von dem ein Christ sich nur absetzen kann. Unter einer demzufolge gebrochenen Beziehung zu Macht und Machtansprüchen bildet sich Konfliktfähigkeit nur einseitig (und entsprechend überschießend) in der Auseinandersetzung um Fragen der rechten Glaubenslehre aus. Im allgemeinen zahlt die Seele den Sold der Verabsolutierung der Gottesbeziehung in Gestalt vermehrter Symptome von Depressivität - von den sogenannten "ekklesiogenen Neurosen"[1] ganz zu schweigen. Schon Friedrich Nietzsche bemerkte, daß die Christen "erlöster" aussehen müßten.

d) Vitale Gottesbeziehung - Vom Wesen des Gebets

Den soeben aufgeführten Merkmalen verdünnter Selbstbeziehung der Seele im Schatten verabsolutierter Gottesbeziehung steht die Biblische Psychologie, d.h. die Weise, wie sich die Seele biblisch vor Gott äußert, eindeutig entgegen. Gott, der Herr, der die "lebendige Seele" geschaffen hat, und den das Glaubensbekenntnis den "Allmächtigen" nennt, ist in seiner Größe[2] nicht darauf angewiesen, daß sich die Menschenseele vor ihm betont klein macht und ihrer Lebenskraft begibt.

Unbeschadet der Ehrfurcht vor der Hoheit Gottes kann Psalm 8[3] die

---

1) S. dazu Hans Wulf, Wege zur Seelsorge..., Kap. 8 (90,S.139-155). Hier auch weitere Literaturangaben.
   Ein ebenso extremes wie eindrückliches Zeugnis von dem Schaden, den die Gottesbeziehung der Seele unter den Altlasten der Tradition davontragen kann, bietet Tilmann Mosers Buch von 1975 unter dem bezeichnenden Titel "Gottsvergiftung".
2) In der Geschichte vom Turmbau zu Babel muß Gott erst "herniederfahren", um das Werk des Menschen überhaupt zu sehen! (1.Mose 11,5).
3) V.6: "Du hast ihn wenig niedriger gemacht als Gott, mit Ehre und Herrlichkeit hast du ihn gekrönt."

"Ehre und Herrlichkeit" des Menschen preisen. Was von den Vätern im Alten Testament erzählt wird, ist durchzogen von Vitalität. Abraham feilscht hartnäckig mit Gott um die Gerechten in Sodom.[1] Jakob ringt am Jabbok mit Gottes Engel und geht aus diesem Kampf als Sieger, aber hinkend, hervor.[2] Das Buch Hiob lebt von Hiobs selbstbewußter Auseinandersetzung mit Gott. König Hiskia fügt sich nicht klaglos in den Todesbeschluß Gottes. Er betet und weint und ringt Gott 15 weitere Lebensjahre ab.[3] In den Gleichnissen vom Bittenden Freund und vom Ungerechten Richter[4] fordert Jesus geradezu zur Unverschämtheit gegenüber Gott auf. Vorschnell kleinbeizugeben oder bescheiden zu erwarten, daß Gott mir meine Wünsche unausgesprochen vom Gesicht abliest, entspricht nicht einer vitalen Beziehung zu ihm.

Lebendige Beziehung ist vital. Ist die Gottesbeziehung lebendig, hat sie natürlich vitale Züge. Nicht von ungefähr bewährt sich der Psalter als Fundgrube des Gebets bis auf den heutigen Tag, weil in ihm Seele ihren Ausdruck vor Gott findet, wie sie "leibt und lebt". Auf die analoge, d.h. leibhaftige Sprache der Bibel, und besonders der Psalmen, hatte ich schon hingewiesen.[5] Die Sprache bezeugt, daß die Gottesbeziehung der Seele nie und nimmer nur eine Angelegenheit des "Geistes" sein kann. Der Psalmbeter redet sozusagen "von der Leber weg". Er "schüttet sein Herz aus", bringt vor, was er "auf dem Herzen hat", "macht aus seinem Herzen keine Mördergrube". Eine vorherige Zensur der Gefühle findet nicht statt. Haß hat ebenso Raum wie Liebe, Lust ebenso wie Unlust und Überdruß, Freude ebenso wie Trauer, Klage ebenso wie Anklage, Aggression ebenso wie Regression, Hoffnung ebenso wie Verzweiflung, Härte ebenso wie Zartheit.

Oft bildet sich im Weg des Psalmgebets ein Prozess ab. Psalm 13 beginnt z.B. mit aggressiven Fragen an Gott. Viermal stößt der Beter sein "Wie lange, Herr?!" hervor (V.2+3). Die Klage ist, als Frage formuliert, eine kaum verhüllte (zornige) Anklage Gottes. Rückhaltlos

---

1) 1.Mose 18,23-33
2) 1.Mose 32,26ff.
3) Jes 38,1ff.
4) Beide aus dem Sondergut des Lukas: 11,5-8 und 18,1-8.
5) S.o.S.20 u. 33f.

imperativisch vorgetragen erscheinen die anschließenden Bitten (V.4). Nachdem sich die Seele dergestalt "Luft gemacht" hat, ist Raum (V.6) da, das ursprüngliche Vertrauen auf Gott wieder zu Wort kommen und Platz greifen zu lassen. Jetzt wird Freude Thema. Dem Beter ist zum Singen bzw. zum Danklied zumute. Wir sehen, wie sich in der letzten Phase des Psalms der Leitsatz der Trostpredigt Nehemias[1] bestätigt: "Die Freude am Herrn ist eure Stärke". Aber dieser Leitsatz bestätigt sich eben nicht zu aller, sondern zu s e i n e r Zeit in diesem Psalm. Trauer und Zorn der gedrückten Seele müssen zunächst einmal Raum haben.

Hiob spricht das schlichte (psycho-logische) Geheimnis des Trostes aus. "Hört doch meiner Rede zu und laßt mir das eure Tröstung sein! Ertragt mich, daß ich rede...!", sagt er (21,1) zu seinen Freunden. Daß Gott den vitalen Angang durch die Seele des Beters ertragen kann und z u h ö r t , ist Grunderfahrung lebendiger Gottesbeziehung. "Ich liebe den Herrn", beginnt der 116. Psalm, "denn er hört die Stimme meines Flehens. Er neigte sein Ohr zu mir, darum will ich mein Leben lang ihn anrufen". "In der Angst rief ich den Herrn an, und der Herr erhörte mich und tröstete mich", berichtet Ps 118,5. "Trost" meint doch, daß die ver-störte Seele wieder ins Gleichgewicht findet. Das geschieht dort, wo sie Raum bekommt, sich mit dem, was das "Herz" zusammendrückt oder überlaufen läßt, a u s-zusprechen - eben: lebendig zu sein.

So wenig dazu eine Wand gegenüber oder ein Echo genügt, und so sehr es (nach den Gesetzen der Psycho-logie) dazu eines Ohres, bzw. einer lebendigen Beziehung bedarf, so selbstverständlich ist bedeutsam, ob das Hörer-Ohr offen sein kann und will, und ob die Seele offen sein kann und will. Der selbstverschlossenen Seele kann auch kein offenes Ohr Gottes begegnen. Jedes Gebet durchbricht den Bann der Selbstverschlossenheit. Beten und Hören gehören in der Tiefe zusammen. Wie lebensbedrohlich der Zustand der Selbstverschlossenheit in Sünde ist, schildern die Bußpsalmen: "Da ich es wollte verschweigen, verschmachteten meine Gebeine", heißt es Ps 32,3, und Ps 38 beschreibt eine

---

1) Neh 8,9ff. - Der zitierte Satz steht V.10.

Reihe psychosomatischer Symptome[1]. Die Sünde, die zwischen Gott und der Seele steht, muß aus-gesprochen bzw. bekannt werden. Die Schuld, welche die Beziehung stört, muß ver-antwortet und ent-schuldigt bzw. "bedeckt" sein.

Unübersehbar zeigen die Psalmen, wie Gottes- und Selbstbeziehung der Seele miteinander korrespondieren. Ps 42,5 spricht vom "Ausschütten" des Herzens "bei mir selbst". In Ps 103 redet die Seele sich selbst ob ihrer Gottesbeziehung an und nimmt sich darin lebendig wahr. Wo es der mitmenschlichen Beziehung mangelt und die Öde der Beziehungsarmut droht, bleibt die Seele in der lebendigen Gottesbeziehung an der Quelle und behält Raum zum Leben für sich selbst. Eindrücklich zeichnet Ps 22, wie der Beter die Situation der Verlassenheit in lebendige Klage vor Gott umsetzt - bis er sich (V.22) "erhört" fühlt und das Lob Gottes Platz greift.

Ich sagte: Gottes- und Selbstbeziehung der Seele korrespondieren im Gebet. Weil "Seele" Subjekt und Objekt zugleich ist, deshalb ist das Gebet als wahrgenommene Gottesbeziehung zugleich Raum und Schule lebendiger Selbstbeziehung. Gebet ist der innerste Raum der Seel-Sorge. Die Seele, welche betet, gewährt sich selbst Seelsorge - auch im horizontalen Sinn.

Zur Intimität des Gebets

Daß ich hier zunächst das "freie", persönlich formulierte Gebet meine, liegt auf der Hand. Was ein Mensch original aus sich selbst heraus und vor Gott bringt, ist unmittelbarer Ausdruck seiner Seele. Dieser unmittelbare Ausdruck ist naturgemäß persönlichste Sache und entsprechend intim. Er gehört - mit Jesus zu reden - ins "Kämmerlein" und kennt nur die Öffentlichkeit Gottes (und des eigenen Ohres). Wer beim Beten nach anderer Öffentlichkeit schielt, verfehlt automatisch

---

1) Nicht-heilende Wunden, Skelettschwäche (gebeugter Gang), Impotenz, Mattigkeit, Unruhe, Sehtrübung, Taubheit, Sprachlosigkeit, Gleichgewichts- bzw. Kreislaufstörungen u.s.w.

das besondere Beziehungsgeschehen des Gebets und damit seinen Sinn. Der "Lohn" ist "dahin", sagt Jesus (Mt 6,5f.).
Mit Intimität will behutsam umgegangen sein, mit der Intimität des Gebets erst recht. Intimität ist es, welche Gebetsgemeinschaft so anziehend macht. Einander am Innersten teilhaben zu lassen, bedeutet tiefste Beziehung. Der Wunsch, tiefe Beziehung zu anderen Seelen zu erleben, ist urtümlich und verständlich. Leicht dominiert dieser Wunsch jedoch auch den originalen Sinn des Gebets, und jenes verfehlt dann eben auch seine originale Möglichkeit, Gottesbeziehung unmittelbar und spontan zu leben.[1]
Wie unselig Gebetsgemeinschaft werden kann (nicht muß!), wird offenkundig, wo (horizontale) Auseinandersetzung eindeutig mit ins Spiel kommt. Die heilige Gemeinschaft verpflichtet zum Einstimmen. Abweichendes Empfinden oder Urteil bleibt zwangsläufig stumm. Es ist verführerisch, unter dem Siegel des Gebets das eigene Urteil über andere Zeitgenossen und Haltungen einer möglichen Kontroverse zu entziehen und den Raum der Gebetsgemeinschaft als Raum unangefochtener Selbstvergewisserung zu mißbrauchen. Von der Selbstvergewisserung in einer Gemeinschaft, die mit mir "ein Herz und eine Seele" ist, zur Selbstverabsolutierung in einer Gemeinschaft, die auf mich nicht anders als mit "Amen" reagieren kann, ist der Weg nicht weit. Unübersehbar sind bei Fragen der Gebetsgemeinschaft nicht nur Fragen der Gottesbeziehung zu berücksichtigen.

---

1) Es gibt zu denken, wie selbstverständlich Gebetsgemeinschaft oft nach ganz betimmten Gesetzen abläuft, und wie deutlich die Gebetsthemen, -anliegen und -ausdrucksformen im voraus eingespurt sind. Lebendige Seele fügt sich von Hause aus nicht einfach in bestimmte Bahnen. Sie bringt da allerdings auch gerne Opfer um der Gemeinschaft mit den Schwestern und Brüder willen - und merkt, geprägt wie sie ist, möglicherweise gar nicht, daß dem so ist. - Tilmann Mosers schon (o.S.214 Anm 1) erwähntes Buch "Gottesvergiftung" ist u.a. eine Abrechnung mit dem Verlust lebendiger Beziehung in der genormten Enge der Gebetsgemeinschaft seines Elternhauses.

Hilfe im Gebet

So hilfreich es für die Seele ist, Innerstes auszusprechen, so schwer ist es auch. Das gilt für die Aus-sprache gegenüber Gott ebenso, wie für diejenige gegenüber Mitmenschen. Aussprechen kann ich mich nur, wo einer wirklich zuhört. Die Glaubensgewißheit, daß Gott den Beter hört, bleibt lebensfern, wird Zuhören nicht auch in der seelsorgerlichen Beziehung erlebt.
Hilfe im unmittelbaren persönlichen Gebet setzt voraus, daß auch deutlich ist, was zu beten dran ist. Wird dies im Gespräch geklärt, kann es geschehen, daß sich ein Gebet sozusagen erübrigt, weil die Seele schon im Gespräch den Raum gewann, nach dem sie für sich suchte.
Natürlich kehren Grundsituationen der Seele wieder. Oft kann ich mir guten Mutes die Sprache großer Beter leihen. Was da in der Schatzkammer der Gebetsüberlieferung schon formuliert bereit liegt, trifft häufig besser und tiefer als eigene Worte und ist gleichzeitig der Verletzlichkeit entnommen, der neugeborene Rede unterworfen ist. Doch selbst, wo ich als Seelsorger dem anderen Beter sozusagen mein eigenes Brevier zur Verfügung stelle, muß ich genau hinschauen, welche Seite aufzuschlagen ist in diesem Brevier. In der Eingangssituation von Psalm 13 paßt der 23. Psalm nicht. Es gibt auch Zeiten, wo kein anderer als der 88. Psalm dran ist, d.h. wo Klagen und Fragen offen im Raum bleiben.
Klagen und Fragen an Gott haben und brauchen ihre Zeit. Diese Zeit auszuhalten, ist allerdings schwer. Wie schwer das Aushalten solcher Zeit ist, bekundet indirekt, aber dafür nicht minder deutlich, die Tatsache, daß unter dem für die Seelsorge gängigen Verteilschrifttum sehr viele Worte der Zuversicht, aber kaum Zitate bzw. "Sprüche" der Klage und der Auseinandersetzung mit Gott zu finden sind. Klage etwa auf dem Wege der Spruchkarte zu bestätigen und damit erst einmal stehen zu lassen, ist offenbar nicht im Programm. In der Phase der Aussichts-losigkeit bleibt die Seele also allein. Daß eine "Seele" dann die "Sprüche" leid ist, weil sie nicht erlebte, daß sie abgeholt

wurde, wo sie sich befand, kann, bei Licht besehen, kaum verwundern. Seelsorge heißt auch, die Zeit der Klagen und Fragen an Gott zusammen mit der betroffenen Seele auszuhalten. Klagen und Fragen mit-zuteilen, entlastet die betroffene Seele und belastet die Seele des (seelsorgerlichen) Begleiters. Um so bedeutsamer erweisen sich hier Worte, welche schon da und lebendig sind und die Situation tragen.

An dieser Stelle könnte nun ein Plädoyer für das alte "Stundengebet" und die mit ihm gegebene Präsenz der Psalmen, oder überhaupt für eine geläufige Praxis pietatis, folgen. Aber ich denke: die Schule des Gebets kommt kaum über eine theoretische Abhandlung nahe. So belasse ich es hier bei einer Bemerkung zum Tischgebet und berühre damit das Thema des Brauches und der Übung.

Wer den Wert des persönlichen Gebets entdeckt, ist geneigt, das formuliert überkommene Gebet zunächst einmal hinter sich zu lassen. Das vertraute Tischgebet zu den Mahlzeiten erlebt dann eventuell seine Krise. Argumentiert wird hier häufig mit dem Hinweis, (gedankenlose) Reproduktion der Tradition widerspreche der bewußten persönlichen Hingabe im Gebet. Solch Argument ist ehrenvoll, mündet aber leicht in eine Selbstüberforderung. Zudem bedarf die Gottesbeziehung auch einfach der selbstverständlichen Übung. Um der Übung willen ist es - mit einem Korn Salz gesagt - besser, regelmäßig die Gebetsmühle zu drehen, als gar nichts zu tun. 'Abusus non tolit usum', Mißbrauch hebt den Brauch nicht auf. Ein ausgeleierter Brauch will nicht einfach nur unterlassen, sondern durch einen lebendigen ersetzt werden. Sich ausgeleierter Tradition nicht mehr zu fügen, ist nur die erste Hälfte der Sache.

Wie dem auch sei, so sehr sich das allgemeine Lebensgefühl gewandelt haben mag, die Gottesbeziehung der Seele hat mit Praxis pietatis, mit frommem Brauch zu tun und die Sorge um sie dementsprechend auch. Wer sich an einen Seelsorger wendet, erwartet zu Recht, hier auf keinen unbedarften oder völlig hilflosen Mitmenschen zu stoßen. Und kann es nicht auch ermutigend sein, zu erleben, daß sich selbst der Pastor mit freier Rede vor Gott nicht so leicht tut?

e) Gottesbeziehung im WIR der Liturgie

Die Gottesbeziehung will nicht nur persönlich (im "Kämmerlein"), sie will auch mitgeteilt und partizipativ gelebt sein. Psalm 121 stellt z.B., genau genommen, ein liturgisches Geschehen dar, an dem mehrere beteiligt sind. Im Wesen der (gottesdienstlichen) "Liturgie" liegt es, daß sie Teilhaben im Mitvollzug ermöglicht. Mitvollzug in Teilhabe ist WIR-Erleben. Im WIR der Partizipation lebt die Seele auf andere Weise als im ICH. Diese Weise, lebendig zu sein, ist so lebensnotwendig wie das Selbst-sein.[1]

'Leiturgia' ist der Lebensraum der Gottesbeziehung der Seele in der Umfangen- und Geborgenheit des WIR, an dem sie teilhat. Auch wenn ich das "Vaterunser" allein bete, bete ich es im WIR. Ich sage: "Vater u n s e r" und bete es eben nicht allein, sondern in Gemeinschaft mit allen, die es einst gebetet haben, heute beten und morgen beten werden. Ich bete das Vaterunser auch für den Nachbarn, der es im Augenblick vielleicht nicht beten kann, und er tut es ein andermal für mich. Hier gibt es auch Stellvertretung.

So selbstverständlich Liturgie vom Mitvollzug lebt, so selbstverständlich bedarf sie der einverständigen Vertrautheit bzw. zielt auf sie. Es gibt Liturgie nur im Zusammenhang von Tradition und dem Teilhaben an ihr. Nur, was ich schon kenne, kann ich von Herzen[2] mitsprechen, mitsingen und mitbeten.[3] Der kleinste Nenner litur-

---

[1] Wie selbstverständlich wir damit in die Dimension der mitmenschlichen Beziehung der Seele hinübergewandert sind, braucht kaum besonders hervorgehoben zu werden. - Zum Stichwort "Partizipation" s. v.a., was Paul Tillich zu den Grundpolaritäten des Seins/Lebens etwa in 81,S.206ff. sagt. Tillich stellt hier "Individualisation und Partizipation" einander als "ontologische Elemente" polar gegenüber.

[2] "Learning by heart" nennt der Engländer das Auswendiglernen. Man würde im Deutschen auch besser vom "Inwendig-lernen" sprechen.

[3] Ein Gottesdienst in absolut "neuer Form" ist nur für dessen Liturgen eine Gelegenheit, geistlich wirklich lebendig zu sein. S i e haben sich hineingearbeitet und eingewohnt in ihre Liturgie. Der unvorbereitete Besucher wird indes allenfalls zum angerührten Zuschauer oder Zuhörer derselben. Wohnung findet er in all dem Neuen naturgemäß nicht so schnell (es sei denn, das Neue an sich rührt ihn, den längst im alten Gottesdienst Heimatlosen, heimatlich an.) Der Antrieb zum Gottesdienst "in neuer Form" fließt häufig aus dem Anliegen, sich mit der Tradition auseinander- bzw. von ihr abzusetzen. Emanzipation von der Überlieferung dergestalt ge-

gischer Teilhabe ist, daß ich wenigstens von Herzen "Amen" sagen kann und mir die verwendeten Symbole vertraut sind.[1] Der Bezug auf die Bibel als Ur-kunde des gemeinsamen Glaubens und auf das Glaubensbekenntnis der Kirche ist konstitutiv für das Leben im WIR der Gottesbeziehung. 'Leiturgia' lebt vom gemeinsamen Nenner des WIR.

Über Liturgie, ihre Symbole und die Bedeutung des geistlichen Rituals ist in den letzten Jahren gründlich neu nachgedacht worden. Walter Uhsadel machte die seelsorgerliche Funktion der Liturgie schon in seiner Seelsorgelehre von 1966 zum Thema.[2] Die Pastoralpsychologen H.-J. Thilo und J. Scharfenberg nehmen den Faden Mitte der 80er Jahre wieder auf.[3] Werner Jetter entfaltet 1978[4] das Wesen von Kirche als "Kommunikation des Evangeliums" und bestimmt Gottesdienst formal als "Ritual für die symbolische Kommunikation des Evangeliums".

Wo wir auch immer ansetzen, zur Gottesbeziehung der Seele gehört, soll sie lebendig sein, auch ihre Gewiesenheit ans WIR der Teilhabe. Sie wächst wesentlich aus der Teilhabe an der Überlieferung des Evangeliums, und sie lebt in Beziehung zu jener. In der Gewiesenheit der individuellen Seele an das WIR spiegelt sich das EXTRA NOS der Gottesbeziehung auch horizontal. Der da seine "Augen zu den Bergen" erhebt und fragt: "Woher kommt mir Hilfe?" (Ps 121), braucht ursprünglich ein Gegenüber, welches ihm sagt: "M e i n e Hilfe kommt von dem Herren...", und bleibt erfahrungsgemäß auf dieses Gegenüber und dessen Zuspruch, bzw. auf Kommunikation des Evangeliums, angewie-

---

lebt, kann jedoch nicht einfach auf den Gottesdienstbesucher überkommen. Er findet sich vielmehr in großer Abhängigkeit vom Veranstalter der neuen Liturgie vor. Oft vermag er nicht einmal selbständig sein "Amen" einzubringen, weil keine vertraute Formel das Stichwort zum "Amen" liefert.

1) Das Verständnis bzw. der Begriff des "Symbols" schließt sich nach Paul Tillich unter dem Leitgedanken der "Partizipation" auf. 81,S.208f. schreibt er: "Ein Symbol partizipiert an der Wirklichkeit, die es symbolisiert". Seine Relevanz ergibt sich wiederum aus der Partizipation an seinem Sinn im Prozess des Erkennens: "Der Erkennende partizipiert am Erkannten...In Polarität mit Individualisation ist Partizipation die Basis für die Kategorie der B e z i e h u n g als ontologisches Grundelement." (Hervorhebung von mir)
2) S.o.S.113ff.
3) Dazu s.o.S.140ff.
4) In seiner bedeutsamen Arbeit: "Symbol und Ritual. Anthropologische Elemente im Gottesdienst". (28,S.202)

sen, wenn anders "Seele" eben in-Beziehung lebendig ist und der Rückmeldung bzw. Bestätigung in-Beziehung bedarf. "Wo zwei oder drei versammelt sind in meinem Namen", sagt Jesus (Mt 18,20), "da bin ich mitten unter ihnen".
Auch die individuelle Gottesbeziehung lebt aus Mitteilung und Teilhabe. Vom "Trost" lebendiger Gottes- und Selbstbeziehung der Seele im Gebet sprach ich schon. Dem ist selbstverständlich der Trost nebenzuordnen, den die Seele im Raum des wechselseitigen Gesprächs, des 'mutuum colloquium' der Schwestern und Brüder[1], erfährt. Wird hier schon im WIR gelebte Gottesbeziehung relevant, so erst recht im gemeinsamen Vollzug der Liturgie, dem ausdrücklichen Leben im WIR der Gottesbeziehung.

f) Gottesbeziehung und Beziehung zur Tradition

Daß "Seele" nicht nur im ICH, sondern auch im WIR der Beziehung zu Gott lebt, heißt nun aber zugleich, daß sich lebendige Gottesbeziehung nicht nur direkt zwischen Gott und der Seele vollzieht, sondern zwangsläufig auch am spannungsvollen Prozess der Beziehung von Individuum und Gemeinschaft, d.h. an der spannenden Polarität von Selbstbestimmung und Fremdbestimmung in Partizipation, teilhat.
Die Auseinandersetzung der lebendigen Seele mit Gott ist, so gesehen, keineswegs selbstverständlich nur die Auseinandersetzung mit dem lebendigen Gott selbst, sie kann auch die Auseinandersetzung mit dem (unlebendigen) Gottesbild der Überlieferung sein, welches der individuellen Seele unter dem WIR überkommt. Unter solchen Vorzeichen sagt die Seele "Gott" und meint die ihr bekannte Überlieferung von Gott. Der Gesprächspartner grenzt sich z.B. (welcher Seelsorger hätte das nicht schon erlebt?) von der Teilhabe am Gottes-Dienst ab, er behauptet etwa, er brauche diese nicht und zöge das "Kämmerlein" der "Modenschau" im öffentlichen Gemeindegottesdienst vor, - und er meint

---

1) Siehe dazu die wichtige Formel der "Schmalkaldischen Artikel" von 1537, Teil III, Vom Evangelio (7,S.449).

eine Liturgie, welche für ihn Gottes-Erleben von Gestern oder solches, das jedenfalls nicht das Seinige ist, aktualisiert.

Wo Gottesbeziehung und Beziehung zur Tradition aneinander gekettet sind, fällt mit der Selbst-Findung der Seele gegenüber der Tradition (und deren möglicherweise engen Gottesbild) schnell die Gottesbeziehung überhaupt aus dem Leben. Folgerichtig ergibt sich aus dem "Individualismus" der Moderne die Rede, daß Gott "tot" sei, und unter der Fahne der "Emanzipation" blüht die Neigung, sich als "Atheist" zu geben.

Jede "lebendige Seele" macht im Prozess ihrer Selbstfindung eine Phase durch, in welcher es notwendig ist, sich von allem, was Fremdbestimmung heißt, kritisch abzugrenzen. Autoritäten, Normen und Tradition müssen in dieser Phase bezweifelt werden. Das Leben in den horizontalen Beziehungen sorgt indes, kurz gesagt, kraft seiner unvermeidlichen Abhängigkeiten, oft nur zu schnell und pragmatisch für eine Wiederherstellung des Gleichgewichts. Seine sozialen Bedingungen zwingen zur Partizipation. Einzig die Dimension der Gottesbeziehung bietet dann noch einen Freiraum, "Emanzipation" zu leben. ("Religion" gilt als "Privatsache". Schon mit 14 Jahren werde ich "religionsmündig"!) So agiert die "moderne" Seele hier denn auch kräftig ihre emanzipativen Bedürfnisse aus und pflegt einen pubertären "Individualismus" bis in ein Alter hinein, dem anderweitig längst tiefere Einsicht beschieden ist. Nicht zufällig finden wir landläufig "Protestantismus" mit der vermeintlichen Freiheit verknüpft, "nicht" in die Kirche gehen zu "brauchen".

Daß zur lebendigen Gottesbeziehung auch das Leben in und mit der Liturgie gehört, d.h. daß Seele der 'leiturgia' bedarf, um lebendig zu sein, wird allerdings nur dort erfahrbar und evident, wo liturgischer Vollzug tatsächlich lebendigen Raum eröffnet. Erst allmählich setzt sich gegenüber einer einseitig wort-, bzw. verkündigungsorientierten Auffassung von Gottesdienst ein ganzheitliches und erlebnisbezogenes Verständnis von "Liturgie" wieder durch.

Seelsorge, sagte ich, läßt sich in besonderer Weise die Störung von

Beziehung oder der Beziehungsfähigkeit angelegen sein. Was die Gottesbeziehung betrifft, begegnet sie, wie wir sahen, nicht nur Störungen der unmittelbaren (vertikalen) Beziehung der Seele zum lebendigen Gott, sie hat auch mit Störungen zu tun, welche mit dem WIR der Gottesbeziehung zusammenhängen, mithin (auch) horizontal bedingt sind. Der lebendige Gott ist nicht selbstverständlich identisch mit demjenigen, welchen Dogma und Liturgie möglicherweise überbringen und erleben lassen. Er liefert sich nicht einfach der Tradition oder einer bestimmten Gestalt ihrer Rezeption bzw. Verlebendigung aus. Weil das so ist - das Evangelische Schriftprinzip steht hier eindeutig dem Traditionsprinzip entgegen -, kann eine Störung der Gottesbeziehung nicht unbesehen oder ausschließlich auf die "Sünde" der Selbst-Verabsolutierung der Seele zurückgeführt werden. Wo dergleichen geschieht, lauert die "Sünde" der Verabsolutierung der Tradition, bzw. des Prinzips der Partizipation, oder auch einfach der Kirche als Institution des WIR.

Natürlich steht bei jeder Auseinandersetzung mit der Tradition auch die Gewiesenheit der Seele an das WIR in Rede. Sich grundsätzlich selbstherrlich über die Tradition zu stellen, verfehlt lebendiges Leben-in-Beziehung. Andererseits gehört zum Leben-in-Beziehung auch eine gesunde Abgrenzung vom WIR dazu. Evangelische Seelsorge realisiert dies, wenn sie hilft, den lebendigen Gott auch in Auseinandersetzung mit dem Gottesbild der jeweils überkommenen Tradition zu finden. "Als ich ein Mann wurde", sagt Paulus (1.Kor 13,11), "tat ich ab, was kindlich war". Zu meinem geistlichen Reifungsprozeß gehört auch die kritische Prüfung derjenigen Gottesbeziehung, in die ich hineinwuchs. Die "Gemeinschaft der Heiligen", von der das Glaubensbekenntnis spricht, ist kein Kollektiv. Sie gründet sich im mündigen Konsens ihrer Glieder. Das WIR einer lebendigen Kirche läßt Raum für das "persönlichkeitsentsprechende Credo"[1] des einzelnen. Andern-

---

1) Der Begriff des "persönlichkeitsentsprechenden" bzw. "-spezifischen Credos" stammt von Klaus Winkler. Verwiesen sei hier v.a. auf seinen Aufsatz: "Die Funktion der Pastoralpsychologie in der Theologie" (in: 53,S.105-121, ebd.S.118ff.). In seiner Abhandlung "Seelsorge im Vergleich" von 1979 schreibt Winkler (88,S.25): "Gegenüber einer b l o ß e n P a r t i z i p a t i o n an einem allgemeinverbindli-

falls kann hinter dem "I c h glaube" des "Credo" keine l e b e n -
d i g e Seele stehen.

Kommen wir damit zum Schluß des Abschnittes, welcher der Dimension
der Gottes-Beziehung gewidmet ist. Natürlich ließe sich noch viel
sagen. Anstöße sind jedoch sicherlich genug gegeben. Im übrigen
befinden wir uns - wie könnte es bei dimensionaler Betrachtungsweise
anders sein! - inzwischen längst auch auf dem Felde der horizontalen
Beziehungsdimensionen der Seele. Wenden wir uns diesen nunmehr ausdrücklich zu, indem wir zunächst die Selbst-Beziehung betrachten.

4. Dimension der Selbst-Beziehung

Wir erinnern uns: "Seele" steht, nach biblischem Befund[1], für "Ich",
für "Selbst" und für "Person". Sie repräsentiert das lebendige ICH,
welches sich selbst gegenüberzutreten und anzureden vermag. Sie nimmt
sich selbst in-Beziehung wahr und eben darin lebendig, aktiv u n d
passiv, als Subjekt u n d als Objekt. Sie ist selbstverständlich in
"Leib", "Psyche" und "Geist" gegenwärtig.
Wir haben ein dreidimensionales Vorstellungsmodell für die (individuelle) Seele vor Augen.[2] Es ist deutlich: "Seele" als "Selbst",
bzw. die Selbst-Beziehung der Seele, konstituiert sich aufgrund äu-
ßerer wie innerer Bezogenheit. Äußere Bezogenheit (ich lasse die
vertikale Dimension jetzt einmal außer acht[3]) zu anderen "Seelen"
begründet die Selbst-Beziehung im Gegenüber zur Fremd-Beziehung. Innere Bezogenheit von "Leib" und "Geist" begründet das Selbst-Erleben

---

chen weltanschaulichen Wertesystem geht es darum, für den einzelnen Christen die
Möglichkeit eines 'persönlichkeitsspezifischen Credos' zu eröffnen." (Hervorhebung
von mir)
1) S.o.S.16f.
2) S.o.S.80
3) "Am Anfang" (im protologischen Sinn) steht die Bezogenheit auf Gott, den Schöpfer
und Erhalter der "lebendigen Seele". Auch, was "am Ende" (im eschatologischen
Sinn) sein wird, liegt in Gott.

als "Psyche" in der lebendigen Korrespondenz der Dimensionen "Leib" und "Geist".

Daß ich ICH-selbst bin, erlebe ich im Gegenüber zum DU und wird mir greifbar in der unverwechselbar leibhaftigen Gestalt meiner Person. Es dokumentiert sich in der individuellen Weise meines Denkens, meines Fühlens und meines leibhaftigen Ausdrucks, sowie in meiner einmaligen Lebensgeschichte und Leibesgestalt. Es kann genauso aber auch zurücktreten und sich hinter meiner Prägung durch eben diese Lebens- bzw. Erlebnisgeschichte verbergen. Was einerseits selbst-verständlich ist, betrachten wir Seele als Subjekt von Beziehung, ist andererseits nicht selbstverständlich, kommt das In-Beziehung-sein der Seele von seiner passiven Seite her in Blick. Das ICH-sein der Seele ist zunächst eine formale Bestimmung[1] und folgt aus ihrem In-Beziehung-sein. Von der Qualität dieses In-Beziehung-seins hängt ab, ob und wie sich das ICH-sein auch lebendig füllt.

a) ICH-Beziehung und Tradition

Selbst-Beziehung und Liebesgebot

Zu den Altlasten der christlichen Tradition gehört, wie wir sahen, eine getrübte Sicht der Selbst-Beziehung.[2] Die positive Beziehung zum Selbst in Gestalt der Selbst-Liebe steht hier im vornherein im Geruch der Selbst-Verabsolutierung. Ein vitales, ein in gesunder Selbst-Beziehung lebendiges, ein starkes, selb(st)ständiges und weitgehend autonomes ICH kann kaum angeschaut werden, ohne zugleich verdächtig zu sein. "Selbstbewußtsein" mag vielleicht noch hingehen. "Selbst-" oder "Eigenlob" aber erscheint schon unbesehen anrüchig. ("Eigenlob stinkt", sagt der Volksmund.) Im Banne solcher Tradition

---

1) Nicht von ungefähr schillert hier der Sprachgebrauch. Von "einem Individuum" oder "einem Subjekt" zu reden, bedeutet eventuell abwertende Reduktion des Genannten aufs Formale. Besagter ist "objektiv" ein "Subjekt" - mehr dann eben aber auch nicht.
2) S.o.S.212ff.

braucht es seine Zeit, zu entdecken, daß in Jesu Gebot der Nächsten-Liebe gleichermaßen das Gebot zur Selbst-Liebe enthalten ist.
Jesus fordert die Liebe zum Nächsten, aber er denkt nicht daran, den "Nächsten" damit zu verabsolutieren. "Altruismus" ist ebenso ein "Ismus" wie "Egoismus". Es ist nicht möglich, den einen "Ismus" durch den anderen zu überwinden. Vertauschte Vorzeichen helfen aus Verabsolutierung nicht heraus und schaffen auch keine rechte Beziehung. Es gilt, einen Boden von Beziehung zu gewinnen, auf dem DU und ICH in-Beziehung gleichermaßen lebendig sein können.
Nur auf dem Grunde positiver Beziehung zum eigenen ICH ist die Beziehung zum DU lebenskräftig und förderlich. So deutlich dies in der Logik des "Lieben-w i e-Dich-selbst" liegt, so klar muß auch jede Rede vom "Opfer", bzw. von der "Aufopferung des Selbst" sorgfältig geprüft werden. Der Barmherzige Samariter opfert vielleicht Zeit und Geld, aber er opfert nicht sich selbst in seinem liebevollen Einsatz für den unter die Räuber Gefallenen. Wo sich einer für den anderen "aufopfert", wo er restlos für den anderen und in der Liebe zu ihm "aufgeht", da löst sich auch sein Gegenüber-sein auf. Das ICH wird zum Ableger des DU, und die lebendige Beziehung hat sozusagen das eine ihrer Standbeine verloren. Es gibt eine in Kalendergeschichten tradierte Opfermentalität, welche kaum geeignet sein dürfte, eine gesunde Beziehung zu fördern. Wie viel Altruismus pflegt im Grunde nur den Egoismus unter dem Vorzeichen des Anderen! Liebe, welche das ICH selbstverständlich zum Opfer bringt, pervertiert gar zu schnell zur "Affenliebe". Wo solche Liebe gepflegt wird, wächst keine reife Beziehung, sondern Abhängigkeit.[1]
Sicher "sucht", um mit Paulus (1.Kor 13,5) zu reden, die Liebe "nicht (selbst-süchtig) das Ihre". Aber sie sucht auch nicht ausschließlich das des Anderen, sondern das Gemeinsame. Auch was Paulus 1.Kor 13,7[2]

---

1) Was an psychologischer Problematik der Verwöhnung zu verhandeln ist, hat hier seine Wurzeln.
2) "...sie erträgt alles, sie glaubt alles, sie hofft alles, sie duldet alles." (Lutherübersetzung) - 'panta stegei' = "Sie erträgt alles" bedeutet genau genommen: "Sie deckt alles mit (freundlichem) Schweigen". An Luthers Erklärung zum 8. Gebot ist zu denken. Den Text etwa in der Beziehung zu einem Suchtkranken wörtlich zu nehmen, hieße mit Sicherheit, sich zum Verbündeten der Sucht zu machen.

sagt, ist mit dem entsprechenden Verstand zu lesen. Deutlich haben wir hier in dem viermaligen "alles" hymnische Übertreibung vor uns. Tatsächlich kann es ja nicht darum gehen, absolut alles zu jeder Zeit zu decken, zu glauben, zu hoffen und mit sich machen zu lassen. Hieße dieses doch, unkritische Leichtgläubigkeit, blinden Optimismus und unbedingte Duldsamkeit zu fordern. Den Apostel Paulus als Zeugen solcher Forderungen heranzuziehen, widerspricht eindeutig dem Bild, welches er selbst in seinen Briefen von sich zeichnet. Von ihm stammt der Satz bestimmt nicht, daß "ein Christ i m m e r den u n t e r - s t e n W e g geht"! Setzen wir dies voraus, dann spricht Paulus mit 1.Kor 13,7 für uns eine einfache Erfahrung aus. Er sagt: Wo Liebe die Beziehung trägt, wo einer (sich selbst liebend) seiner selbst sicher ist und dem anderen daraufhin offen und zugewandt entgegen kommen kann, da liegt auch seine Toleranzschwelle um vieles höher, und die Beziehung ist weit belastbarer, als sie es sonst wäre.[1] Wer in sich selbst ruht, kann eben viel "vertragen". Er "verträgt sich" auch mit seinen Mitmenschen.

An dieser Stelle ließe sich nun sicher noch manches herausarbeiten. Ich begnüge mich mit Andeutungen, ist doch hinreichend klar, daß "Liebe" als Beziehungskategorie ICH und DU in-Beziehung gleichermaßen betrifft.

ICH-Stärke "im Herrn"

In jeder Fremdbeziehung spiegelt sich letztenendes die Selbstbeziehung und umgekehrt. Wenn 1.Joh 4,19 zur Liebe aufruft, weil Gott "uns zuerst geliebt hat", so ist das von innen heraus schlüssig. Wer sich angenommen weiß, kann Annahme leben. Wer sich selbst geliebt weiß, kann sich selbst lieben u n d seinen Nächsten "wie sich selbst".

---

[1] Das Phänomen der Eifersucht gründet in der Tiefe z.B. auf Selbstzweifeln des von ihr Befallenen. Wer in seiner Fremdbeziehung seiner selbst sicher ist, freut sich eher, wenn andere seinen Partner a u c h anziehend und liebenswert finden, und kann sich selbst und seinem Partner zugestehen, auch einmal Augen für attraktive Mitmenschen zu haben, ohne gleich in quälende Zweifel über den Stand der Beziehung zu geraten.

"Seid stark in dem Herrn und in der Macht seiner Stärke", sagt Eph 6,10. Es ist keine Frage, daß das "in dem Herrn" jede Selbstverabsolutierung ausschließt. Aber eben damit ist zugleich nicht von ICH-Schwäche die Rede, sondern von Stärke. Wenn es sein muß, kann Paulus sich gegenüber den Prahlhansen in Korinth durchaus selbst rühmen.[1] Wer so stark ist, wie er, weiß sogar etwas von der Stärke, schwach sein zu können.[2] Und wie selbstverständlich bezeugt Paulus die Freiheit bzw. Selbständigkeit und Mündigkeit der "Söhne (und Töchter) Gottes"! Paulus ordnet Gal 4,1ff. ICH-Schwäche bzw. Unmündigkeit der Zeit "unter dem Gesetz" zu.

"Unter dem Gesetz" gibt es keine positive Beziehung zum Selbst. Das "Gesetz" verurteilt den "Sünder". Aus hamartiologischer Sicht ist eine negative Selbst-Beziehung durchaus schlüssig. Wenn eine positive Selbstbeziehung in der Seelsorge-Tradition nicht recht zu Worte kommt, so bestätigt dies deren hamartiologische Engführung. Das Evangelium von der "R e c h t f e r t i g u n g des Sünders" führt jedoch, wie Gal 4,1ff. zeigt, über die grundsätzlich negative Selbst-Sicht hinaus. Positive Selbstbeziehung und ICH-Stärke sind sozusagen urevangelisches Gut. Im einzelnen aufzuzeigen, wie viel Wege damit von der Biblischen Psychologie direkt in die moderne Ich-Psychologie weisen, wäre ein besonderes Kapitel wert. Bleiben wir jedoch auf der eigenen Spur.

Selbst-Beziehung unter der Macht der Selbst-Geschichte

Ich definierte Seelsorge als Bemühen oder Hilfe im bzw. um das In-Beziehung-sein. Was für ein wichtiges Feld der Seelsorge tut sich auf, nehmen wir nur wahr, wie viele Menschen in ihrer Selbst-Beziehung gestört sind, dergestalt, daß sie sich selbst nicht lieben können,

---

1) 2.Kor 11,16ff.
2) 2.Kor 11,29f.;12,5ff. - Vgl. auch, was Paulus Röm 14 zur Rücksicht gegenüber den Schwachen sagt. Rücksicht auf die/den Schwachen zu nehmen, ist selbstverständlich für denjenigen, der sich und andere nicht demonstrativ seiner Stärke zu versichern gezwungen ist.

und ihnen deshalb auch Jesu Voraussetzung für die Liebe zum Nächsten fehlt.

Egoismus ist in diesem Zusammenhang oft nichts anderes, als ein überkommenes Muster, den in der Tiefe empfundenen Selbst-Mangel in Grenzen zu halten.[1] Begegnet solchen "Egoisten" die Predigt des "Gesetzes", rennt diese im Grunde gleichsam die offenen Türen tiefer Unwertgefühle ein. Andererseits kann die Botschaft des Evangeliums von der voraussetzungslosen Liebe Gottes für sie tiefe Leuchtkraft entwickeln. Diese heute mit den Ohren zu hören, d.h. kognitiv zu erfassen, und sie in der Tiefe mit dem Herzen zu begreifen, ist indes zweierlei. Wieviel Unwerterleben, wieviel eigene Geschichte steht dem Glauben entgegen! Exemplarisch spricht Goethes Faust die Situation des vom Leben geprägten Menschen aus. "Die Botschaft hör ich wohl, allein mir fehlt der Glaube", sagt er[2]. Nicht nur der Osterbotschaft widersetzt sich das erfahrene Leben. Alles, was mir selbst bisher vertraut ist, was mich prägte und meine Einstellung formte, hat seine Schwerkraft und hält mich fest. Auf Neues zuzugehen und das Altvertraute hinter sich zu lassen, setzt einen regelrechten Kraftakt des Vertrauens voraus. Ich mag vielleicht auf neue Erfahrungen bewußt zugehen, ihnen dann auch für mich selbst durchgehend zu vertrauen, ist jedoch nicht von heute auf morgen möglich. Tatsächlich hält Faust dann lebendig gewordene E r i n n e r u n g an eigene gute Erlebnisse vom Selbstmord ab.

Ich stellte die Gleichung auf: Seele=Leben=In-Beziehung-sein. Hinter jedem Leben-in-Beziehung heute steht die vorhergehende Erlebens-G e s c h i c h t e der Seele von den Anfängen ihres Daseins an. Diese Geschichte überholt sich nicht mit einem "Wort". Solches zu meinen, ist der typische Kurzschluß einer Auffassung von Erkenntnis, welche die Dimension des "Geistes" verabsolutiert. Denn, was dem "Geist" einleuchtet, leuchtet dem "Herzen", erlebnisgeprägt, wie es ist, noch lange nicht ein. Wie das "Herz" abgeholt werden will, um

---

1) Wo erfahrungsgemäß "jeder (nur) sich selbst der Nächste" ist, bleibt der auf sich selbst geworfenen Seele nichts anderes übrig, als energisch selbst den eigenen Mangel auszugleichen.
2) Faust I, Nachtszene

einen neuen Erlebnisweg zu gehen, erfährt jeder Predigthörer. Wie viel Richtiges wird in Predigten gesagt! Aber das Hörerherz läßt sich von dem, was der Kopf schlüssig findet, nicht ohne weiteres mitnehmen. Häufiger ist zu erleben, wie auch das Herz des Predigers selbst hinter dem herhinkt, was sein Mund formuliert. Der "Geist" des Predigers glüht und ist erfüllt von der Wahrheit, die er erfaßt hat. Der Prediger predigt sich selbst als seinem ersten Hörer. Der Hörer auf der Kirchenbank spürt das Beschwörende. Helfen kann ihm das Beschwörende allerdings weniger. Er fühlt sich eher dort abgeholt, wo der Prediger auch teilgibt von seiner inneren Mühe, das neu Erkannte dem eigenen zagen Herzen beizubringen. Hier kann der Hörer mit dem Herzen mitgehen.

Was er-lebt wurde, kann auch nur erlebend revidiert werden. Nur im Kontext von 'koinonia' wird die Botschaft von der Liebe Gottes erfahrbar. Nur, wo ihre Erfahrung Geschichte macht, ist durch die neue Geschichte die Schwerkraft der alten Selbst-Geschichte zu brechen. Es reicht nicht aus, daß der "Kopf" glaubt, das "Herz", der "Bauch" und "Hand und Fuß" müssen es auch können. "Von ganzer Seele" will die Botschaft von der Liebe Gottes begriffen sein.

Wie vieles muß da in Bewegung kommen, wo ein Mensch möglicherweise von Mutterleibe an immer nur erfahren hat, daß er (für sich selbst) nichts wert ist, und man ihn nur schätzt ("liebt"), wenn er etwas leistet oder bestimmten Erwartungen entspricht! Die allgemeine Rede von der heutigen "Leistungsgesellschaft" greift hier in tiefe Zusammenhänge, und eindeutig trifft gerade die Botschaft von der "Rechtfertigung des Sünders allein aus Gnaden" in ihre Situation. Doch wie steht es mit ihren Predigern? Unter welchem inneren Leistungsdruck stehen Vertreter helfender Berufe heute oft. Der Pastor, der sich "immer im Dienst" fühlt[1] und immer gefordert, der stets mit schlech-

---

1) Natürlich kann man sagen, ein Christ sei "immer im Dienst". Aber auch das gilt: "Der liebe Gott ist kein Leuteschinder", der seine Dienstleute dergestalt ausbeutete, daß ihnen die Lust am Leben vergeht! Der Dienstherr ruhte selbst am 7. Tag, und nicht nur seine Dienstleute, sogar die Rindviecher sollen es tun (2.Mose 20,10)!
Daß Gott uns "zuerst geliebt" hat, daß erst der "Indikativ" und dann der "Impera-

tem Gewissen herumläuft, weil dies und jenes eben doch liegenblieb - wie glaubhaft kann er von der Gnade Gottes reden? Wie überzeugend vermittelt er den inneren Gehalt des Sabbatgebots, die Botschaft von der Ruhe in Gott?

Die konkrete "Seele" ist in ihrem In-Beziehung-sein heute niemals ein unbeschriebenes Blatt. Ihre Beziehungsgeschichte steht bereits auf diesem Blatt, d.h. das, was sie in und von Beziehung bis dahin erlebt und gelernt hat. Formen von Leben haben sich immer schon eingeprägt. Muster, lebendig zu sein, Beziehung wahr- und aufzunehmen oder aber auch zu vermeiden, haben sich eingespurt. Unvermeidlich stoßen wir hier auf die Bedeutung der sogenannten "Primärbeziehungen" und der "Sozialisation". Ich sagte: "Seele" ist immer zugleich Subjekt und Objekt von Beziehung. Sehen wir die Selbst-Beziehung der Seele im Lichte ihrer Genese, wird das "Objekt"-sein sofort anschaulich. Wie Vater und Mutter ihr Kind sehen, so lernt das Kind, sich selbst zu sehen. Jede Selbst-Beziehung spiegelt in der Tiefe die Erfahrung von Beziehung von Mutterleibe an. Sie spiegelt nicht nur Vorsätze und Absichtserklärungen, sie spiegelt das leibhaftige Erleben. Wenn es in Ps 27,10 heißt: "Mein Vater und meine Mutter verlassen mich, aber der Herr nimmt mich auf", ist angedeutet, welches Geschick die Primärbeziehung kennzeichnen kann.

Die konkrete Seele ist in ihrem In-Beziehung-sein kein unbeschriebenes Blatt, sagte ich. So klar, wie dies für die Selbstbeziehung gilt, so deutlich ist es auch hinsichtlich der Gottesbeziehung wahrzunehmen. Auch diese ist eingewoben in das Erleben von Beziehungen von Hause aus. Ob und wie sich Gottesbeziehung zunächst in die Seele eingräbt, entscheidet sich natürlich an den ersten Begegnungen mit ihr. Natürlich besetzt z.B. das "Vater"-Erleben von Haus aus auch die Vorstellung von "Gott", dem "Vater". Die sogenannte religiöse Sozialisation wirkt unvermeidlich ein. Wie viele Menschen plagen sich z.B.

---

tiv" kommt, bildete sich anschaulich in dem christlichen Brauch ab, die Woche mit dem Feiertag zu beginnen und die Arbeit bzw. Leistung dem Feiern nachzuordnen. Kaum etwas zeigt die Herrschaft des Leistungsdenkens deutlicher als die Tatsache, daß der Sonntag inzwischen wieder an das Wochenende fällt. Des Menschen Herz ist offenbar auf Rechtfertigung durch Leistung eingestellt...

damit herum, daß in der Kinderecke ihres Herzens immer noch ein Gott wohnt, der mit Sicherheit den heimlichen Griff in die Zuckerdose mit zwei immer offenen und strengen Augen beobachtet ("Gott sieht alles!") und niemals lacht.[1] Von Prägungen solcher und anderer Art kann jeder Seelsorger berichten.

b) Evangelische Freiheit wider elementare Abhängigkeit

Paulus schreibt Gal 4,3 vom versklavten Leben unter den 'stoicheia tou kosmou', den "Mächten der (alten) Welt". Nach Delling meint er damit "das, worauf die Existenz dieser Welt (vor Christus) beruht und was auch das Sein des Menschen ausmacht".[2] Daß damit **elementare** Abhängigkeiten genannt sind, weist der allgemeingriechische Sprachgebrauch aus.[3]

Wir brauchen, wie wir sehen, nicht lange zu suchen, um elementare Abhängigkeiten der Seele in ihrer Selbst- und Gottesbeziehung aufzuspüren; es reicht schon, auf die "Anfangsgründe" im Leben der "Seele" zu schauen. Die Tiefenpsychologie war es vor allem, welche den Zusammenhang von aktuellen Störungen und elementarer Beziehungs-Geschichte der Seele wiederentdeckt hat. Im Prinzip kennt die Biblische Psychologie längst diesen Zusammenhang. Der Satz aus 2.Mose 34,7, daß Gott "die Missetat der **Väter** an den **Kindern** heimsucht"[4], leuchtet z.B. vor dem entsprechenden Erfahrungshintergrund

---

1) In der sonst durchaus von Weisheit geprägten Seelsorge-Lehre Ludwig Köhlers von 1954 steht NB! (33,S.69) zu lesen: "Jesus hat aller Wahrscheinlichkeit nach bei einigen seiner Worte gelächelt. Daß er je (!) gelacht habe, kann man sich nicht vorstellen." Gibt es bei Jesus wirklich "nichts zu lachen"?
2) ThWbNT Bd.VII,S.685,16f.
3) Bei Walter Bauer, Wörterbuch zum NT (5,Sp.1523), taucht an erster Stelle zu 'to stoicheion' die Bedeutung "Anfangsgründe", "Grundlehren" auf. Die vorletzte Luther-Revision bringt an unserer Stelle die Übersetzung "Elemente". Luther original (1545) spricht von der Gefangenschaft "unter den äußerlichen Satzungen"!
4) Die Korrektur unseres Satzes bei den Propheten (Jer 31,29ff. und Ez 18,2ff. im Zusammenhang mit dem Sprichwort von den sauren Trauben, welche die Väter aßen und von denen die Kinder stumpfe Zähne bekommen) wehrt dem Verständnis von "Sünde" und ihren Folgen als Schicksal. Damit fällt auch der billige Schluß dahin, für das Geschick der eigenen Seele nicht selbst verantwortlich zu sein. Für meine Prägung kann ich nichts, aber, was ich mit ihr anfange, ist meine Verantwortung vor Gott!

unmittelbar ein. Die elementaren, die primären Beziehungen prägen die Seele fürs Leben. Was hier verkehrt ist, wirkt im weiteren Leben der Seele (zer-)störend fort.

So bedeutet Seelsorge immer auch das Aufarbeiten der Beziehungs-Geschichte, und sie hat dabei stets auch mit "Hinausgehen aus dem Vaterhause"[1] und Abnabelung oder auch Lösung aus elementaren Abhängigkeiten zu tun. Selbst-Findung bringt immer auch Emanzipation mit sich. So selbstverständlich die biblische Überlieferung die Primärbeziehungen besonders schützt[2], so selbstverständlich kann sich Jesus auch gegen deren Verabsolutierung aussprechen. Es ist z.B. klar für ihn, daß, um der neuen Ehebeziehung willen, eine Abnabelung der Ehepartner vom jeweiligen Elternhaus erfolgen muß.[3] Nach 1.Mose 2,24 ist das eine Ur-Gegebenheit. Aber auch die Selbstfindung vor Gott erfordert die Relativierung der Beziehung zu den nächsten Verwandten.[4] So wenig das absolute Allein-sein gut ist[5], so wenig ist die Verabsolutierung einer Beziehung gut.

Das biblische Zeugnis ist hier eindeutig - gerade im Blick auf die Primärbeziehungen. Paternalistisch orientierter Tradition entspricht freilich, daß z.B. die biblische Weisung an die "Väter", die Kinder "nicht zum Zorn zu reizen"[6], weit weniger ins Bewußtsein dringt und das 4. bzw. 5. Gebot daher in der Regel unflankiert auf die Kindergeneration überkommt. Vermutlich begegnet in diesem Phänomen ein "Naturgesetz" der Überlieferung. Es sind die Eltern(gestalten), denen das Tradieren obliegt. Eltern neigen dazu, ihr eigenes Kind-(gewesen-)sein nur insoweit im Blick zu behalten, soweit es in ihr

---

1) 1.Mose 12,1
2) Über den sozialen Kontext des Gebots, die Eltern zu ehren, mag an anderer Stelle gründlich nachgelesen werden. Das 4. bzw. 5. Gebot trägt eindeutig das, was wir heute den "Generationenvertrag" im Zusammenhang der Altersversorgung nennen. Sich an ihn nicht zu halten, bedeutet unweigerlich eigenes Elend im Alter.
3) Mt 19,4ff.
4) Mt 10,37ff.: "Wer Vater oder Mutter mehr liebt als mich..." - der Text ist mit der Matthäus-Parallele zu Mk 8,34 verbunden!
5) 1.Mose 2,18
6) In der sog. Haustafel Eph 6,4, vgl. Kol 3,21.

Elternschaftsmuster paßt. Die 'stoicheia tou kosmou', von denen Paulus Gal 4,3 redet, haben viele Gesichter.

Blicken wir zurück, so läßt sich zusammenfassen: Wir gelangten von der Selbstbeziehung der Seele unvermeidlich auch zu ihrer Fremdbeziehung. Bei den sogenannten Primärbeziehungen wird besonders deutlich, wie wenig die Beziehungsdimensionen voneinander zu trennen sind. Jede aktuelle Selbstbeziehung ist das Ergebnis einer Geschichte der Seele und daher auch fremdbezogen. Folgen wir Paulus' Stichwort von der "freien Kindschaft" und seiner Aufforderung, aus den Zwängen der 'stoicheia' herauszutreten, dann ist lebendige Selbst-Beziehung immer auch als Prozess der Befreiung zu verstehen, der Befreiung z.B. aus den Fesseln einer verabsolutierten Beziehungsbindung, Erfahrung oder Tradition. Nicht von ungefähr fiel unser Blick auf die Altlasten der Seelsorge-Tradition in Sachen "Selbstliebe". Bei der Frage der Selbstliebe ist das Schwergewicht der Beziehungsgeschichte der Seele offenkundig und zugleich das Störungspotential, welches sowohl in der Geschichte selbst wie in deren Aufarbeitung liegt. Wir sahen: "Unter dem Gesetz" ist eine belastete Selbstbeziehung folgerichtig. Das "Evangelium" kündet jedoch das "Z u g l e i c h gerechtfertigt"! Es hat gerade auch im Zusammenhang der Selbst-Beziehung der Seele seine Bedeutung, daß Jesus den Mühseligen und Beladenen zuruft: "Kommt her zu mir...so werdet ihr Ruhe finden für eure Seelen. Denn m e i n Joch ist sanft und m e i n e L a s t ist leicht."[1] Evangelische Freiheit wirkt Selbst-verständlich!

c) Korrespondenz(geschehen) von "Geist" und "Leib"

Ich bin dabei, die Dimension der Selbst-Beziehung der Seele auszuleuchten, und wir hatten bisher das Selbst (oder auch ICH) der Seele als Ganzes und als Gegenüber in-Beziehung betrachtet. "Seele" stellt

---

1) Mt 11,28ff. - Vgl. dazu Paul Tillichs Predigt über den Heilandsruf unter der bezeichnenden Überschrift: "Die Last der Religion", in 78,S.89-98.

nun aber auch in sich selbst ein Beziehungsgeschehen, oder genauer: ein Geschehen der Korrespondenz der Grunddimensionen menschlichen Lebens, dar.

Nach trichotomischem Muster definieren "Leib", "Seele"(="Psyche") und "Geist" im Verein den ganzen Menschen. Ordnen wir die drei einander dimensional zu, ergibt sich, vor dem Hintergrund der Biblischen Psychologie, ein Vorstellungsmodell, welches "Seele" in dem Raum festmacht, der - die vertikale Dimension einmal außer acht gelassen - von den beiden Dimensionen "Leib" und "Geist" im Verein beschrieben wird. "Seele" ist danach identisch mit dem heutigen Begriff von "Psyche" und dabei - das gibt nun das Vorstellungsmodell eindeutig her - als "lebendige Seele" immer zugleich leib-haftig u n d geistig zu fassen.

Mag mein Vorstellungsmodell zunächst vielleich kompliziert erscheinen, es deckt m.E. den biblischen Befund und die theologische Formel vom "ganzen Menschen" ebenso ab, wie die inzwischen gesicherten Erkenntnisse moderner Medizin und Psychologie über sogenannte psychosomatische Zusammenhänge, sowie all das, was uns die heutige Kommunikationswissenschaft an Einsichten zuträgt.

Um es nicht bei einer abstrakten Behauptung zu belassen, realisieren wir die psychosomatischen Zusammenhänge einmal unmittelbar: Leserin oder Leser, welche sich möglicherweise über meinem abstrakten Modell "den Kopf zerbrechen" und dabei evt. "Kopfschmerzen" bekommen - oder gar Magendrücken, weil sie Ärger über den Gang der Erörterung, Sorgen hinsichtlich ihrer theologischen Konsequenzen oder auch alte Selbstzweifel an der eigenen Intelligenz beschleichen, mögen bei der Wahrnehmung dieser Phänomene einfach verweilen. Was wahrgenommen wird, bestätigt leibhaftig, was das (via "Geist" vorgestellte) Modell sagen will: Daß "Geist" und "Leib" lebendig in-Beziehung stehen. Weder Kopf- noch Magenschmerzen machen Freude. Sorgen im Blick auf das "Unverantwortliche" belasten, Ärger über das "unverständliche Geschreibsel" und damit über mich, den Verfasser,- oder auch über die eigene Begriffsstutzigkeit, und damit über das eigene ICH - stellen sich möglicherweise deutlich ein. Die (eigene) "Seele"="Psyche" ist offenkundig lebendig!

Richten wir daraufhin unsere Aufmerksamkeit auf Erkenntnisse der Kommunikationswissenschaft, welche unser Vorstellungsmodell bestätigen.

Im Spiegel der Kommunikationswissenschaft

In-Beziehung-sein ist das psycho-logische Grundphänomen des Lebens. Die Kommunikationswissenschaft realisiert dies, wenn sie auf die "Unmöglichkeit, nicht zu kommunizieren", verweist und bemerkt, daß wir "in jeder Kommunikation einen Inhalts- und einen Beziehungsaspekt" finden.[1] Zugleich führen ihre Beobachtungen zu den Kommunikationsformen unmittelbar in Fragen der Korrespondenz von "Geist" und "Leib" hinein. Folgen wir diesen Beobachtungen ein Stück.
Gleichsam ohne Rücksicht auf besagte Korrespondenz vollzieht sich die "digital" bestimmte Kommunikation. Sie bedient sich einverständiger abstrakter "Zeichen" und transportiert mit deren Hilfe sozusagen Pakete von Informationsinhalten von "Geist" zu "Geist". Von "Leib und Seele" ist bei diesem Vorgang abzusehen. Im Prinzip stehen sich gleichsam zwei (gleich programmierte) Computer gegenüber, unberührt von Einflüssen des lebendigen Lebens, allein den Gesetzen der Logik des "Geistes" verpflichtet. Die ideale "digitale Kommunikation" ist unbedingt "objektiv" - und "seelen"-los! Am Ende dergestalt konsequenter Verabsolutierung des "Geistes" steht nicht der Mensch, sondern der computergesteuerte Roboter und ein perfektes Datenübermittlungssystem. Unsere Gesellschaft ist auf dem Wege dahin. Kaum etwas veranschaulicht die Lebensfeindlichkeit einer Verabsolutierung des "Geistes" deutlicher als die Vision einer ausschließlich "digital" kommunizierenden Welt.
Was uns auf dem Boden der Biblischen Psychologie mit ihrer Gleichung: Seele=Leben=In-Beziehung-sein gegenwärtig ist, macht nun die Kommunikationswissenschaft über ihre Erkenntnisse zur Bedeutung der "analogen Kommunikation" geltend. "Überall, wo die Beziehung zum zen-

---

1) Paul Watzlawick u.a., 84,S.50.53

tralen Thema der Kommunikation wird", schreibt Watzlawick[1], "erweist sich die digitale Kommunikation als fast bedeutungslos". Weil seelenlose Beziehung sozusagen ein Unding lebendigen Lebens darstellt, ist das so. Die "analoge" Form der Kommunikation trägt dagegen der "lebendigen Seele" in ihrer Leibhaftigkeit Rechnung.

Nicht von ungefähr beschäftigte uns die analoge, will sagen: leibhaftige Rede v.a. des Alten Testaments von der "Seele". Was das "Herz", was das "Gesicht", was "Hand und Fuß" lebendig sagen, das hört auch das "Herz", das realisiert auch die "Seele". Das ist überzeugend und für die "Seele" schlüssig, weil es "Geist" und "Leib" lebendig zusammenschließt. Die Kommunikationswissenschaft reproduziert die uralte Weisheit, daß Wahrheit nur dort lebenstüchtig ist, wo "Seele" in ihr lebt, weil "Geist" und "Leib" eindeutig miteinander korrespondieren. Von Freude zu reden, stimmt nicht zu einer traurigen Stimme. Von einer gerunzelten Stirn läßt sich keine vorbehaltlose Anerkennung ablesen. Eine geballte Faust vermittelt keine Zärtlichkeit, Gähnen kein Engagement. Die Gestaltpsychologie spricht vom ursprünglichen Wissen des Leibes/Körpers. "Lebendige Seele" lebt dergestalt. Lebendige Beziehung gibt es nicht abgesehen vom Leibe, sondern nur in Korrespondenz zu/mit ihm.

In der Geschichte der Seelsorge-Lehre taucht in dem Augenblick, in dem die Psychologie auf den Plan tritt, nicht zufällig auch die Auseinandersetzung um Form und Gestalt der seelsorgerlichen Kommunikation auf. Der Begegnungscharakter des Seelsorgegeschehens und der seelsorgerliche "Habitus" werden reflektiert. Hinter der Auseinandersetzung um die Frage, ob MARTYRIA oder KOINONIA die angemessene Leitkategorie sei, steht das Anliegen, angesichts einer den "Geist", d.h. die dogmatischen Inhalte, verabsolutierenden Tradition endlich die Dimension des "Leibes" zu ihrem Recht kommen zu lassen und zu integrieren. Denn lebendige Wahrheit ist leibhaftig.

---

[1] 84,S.64 im Zusammenhang des Kapitels über "Digitale und analoge Kommunikation" S.61ff.

Altlasten der Geistestradition in der Beziehung zum "Leib" und zum lebendigen Ausdruck der "Psyche"

Unübersehbar gehört zu den Altlasten der Seelsorge-Tradition auch eine gebrochene Beziehung zum Leib. Diese gebrochene Beziehung zum Leib ist es letztlich, welche es der Tradition so schwer macht, Psycho-logisches als originalen Bestandteil der Sorge um "Seele" anzusehen, denn Psychologie handelt im Kern von nichts anderem als der lebendigen Korrespondenz von "Leib" und "Geist".
Als wir der Selbst-Beziehung unter dem Stichwort der "Selbstliebe" nachgingen, waren wir wieder einmal auf das alternative Denkmuster gestoßen. Es begegnet uns in der Alternative: "Egoismus" o d e r "Altruismus". Alternatives Denken prägt vermutlich nicht nur u.a. die traditionelle Beziehung zum Leibe. Es wächst vielmehr sogar aus ihr hervor. Man will der Verabsolutierung der Dimension des "Leibes" (Stichwort: 'sarx') wehren und leistet dies über die Verabsolutierung der Dimension des "Geistes" ('pneuma'). Anstelle lebendiger Korrespondenz von "Leib" und "Geist" etabliert sich dementsprechend ein einseitiges Herrschaftsverhältnis. Dem "Geist" kommt zu, "Subjekt" zu sein, der "Leib" ist ausschließlich "Objekt" in dieser Beziehung. Ihn als bloß körperliches Funktionsgefüge zu betrachten und zu behandeln, liegt nahe. (Die Kehrseite der Medaille solch idealistischer Sicht ist eine rein somatisch orientierte "Apparate-Medizin"!)
Selbstverständlich zensiert unter den gegebenen Bedingungen der "Geist" unbesehen die Regungen des "Leibes" und sortiert auch die Gefühle nach seinem Urteil. Was sich dem Primat des Geistes (und seinen Idealen) unterordnen läßt, erhält, kraft des Geistes, höheres Lebensrecht; was sich ihm nicht fügt, und wo gar der Leib mit seinen "Leidenschaften" zu deutlich mitredet, wird tabuisiert. Nicht zufällig hat die christliche Tradition mit der eindeutig leib-lichen Dimension der "Liebe" in Gestalt der Sexualität ihre Mühe. Nicht von ungefähr schreckt sie vor einer "Psychologie" zurück, welche die Illusion, die lebendige Seele könne sich der Verabsolutierung des "Geistes" fügen, zerstört und die tiefe Korrespondenz von "Leib" und "Geist" in Ge-

stalt des sogenannten "Unbewußten" aufdeckt.

Bis auf den heutigen Tag zieht sich durch die christliche Tradition eine eigenartig mehrgleisige Einstellung zum Phänomen der Aggression. In der Dimension des "Geistes" erscheint Aggression weitgehend erlaubt. Seelsorge kann z.B. als "Kampfgeschehen" charakterisiert werden.[1] Aggression als ursprünglich leibhaftige Reaktion der Selbstwahrung wird dagegen in hohem Maße tabuisiert, und das in ihr psychologisch enthaltene Moment der Annäherung ist so gut wie ganz aus dem Blick. Der Gott, der den Gegnern "in die Fresse haut" - will mit Ps 3,8 sagen: ihnen "auf die Backe schlägt" und die "Zähne zerschmettert" -, paßt nicht ins feingeistige Bild absolut gezügelter Leidenschaften. Er bereitet zwangsläufig überall auch dort Mühe, wo "Liebe" und leibhaftige Vitalität keine Verbindung haben.

Devitalisierte Leidenschaft setzt in der Regel die Zeichen nicht auf Herangehen[2], sondern auf Rückzug aus der Beziehung. Ich schütze mich z.B. im Zorn des Verletztseins durch Rückzug und lebe meine Wut verdeckt aus, indem ich durch eigenes Idealverhalten "feurige Kohlen auf das Haupt" des Gegners[3] sammele. Der Volksmund rät: "Sei nett zu deinem Feind, das ärgert ihn am meisten." Hintan gehaltene Aggression ist aber nicht aus der Welt, sie beherrscht "hinterhältig" die Szene weiter. Wie viel mehr kann hier für die Liebe, d.h. die gute Bezie-

---

[1] Um geistiger oder gar geistlicher Werte willen, wird Aggression möglicherweise sogar bedingungslos zugestanden. Man beobachte nur einmal theologische Debatten! Unter "Bibelorientierten" habe ich in diesem Zusammenhang gerne das Zitat von Hebr 4,12 (vom Wort Gottes, das "schärfer als jedes zweischneidige Schwert" sei) als Rechtfertigung gehört. Und in der Tat wird dann im Streit um den rechten Glauben oft kräftig und schmerzlich die "Seele" vom "Geist" "getrennt". - Daß das Wort Gottes zugleich auch ein "Richter" über die unbewußten "Pläne des Herzens" ist, müßte dann freilich mitbedacht werden!

[2] "Aggression" kommt von (lateinisch) 'ag-gredior'="(her-)angehen". Die deutsche Bedeutung "Angreifen" gibt das Leibhaftige des Vorgangs und den Tatbestand der Annäherung direkt wieder: "an-greifen"= an-fassen, an-rühren.

[3] Das hier herangezogene, auch von Paulus Röm 12,20 zitierte Wort aus Spr 25,20f. überantwortet Gott die "Rache" und zielt darauf ab, im Sinne etwa auch von Mt 6,21, sich das Gesetz des Handelns/der Beziehung nicht aus der Hand nehmen zu lassen bzw. nur zu re-agieren (bzw. dem Rache-Zwang zu unterliegen). Eine Beziehung zum "Feind", welche "liebevoll" auf die Rache Gottes spekuliert, dürfte den circulus vitiosus der Re-Aggression nur auf höherer Ebene weiterpflegen.

hung, durch einen Gefühlsausbruch bzw. echten Angang zur rechten Zeit getan werden! Daß Aggressionshemmung wohl auch von traumatischem Erleben von Aggression (fremder und eigener) herrühren kann, verlieren wir deswegen nicht aus dem Blick.[1]

Wie viele seelischen Störungen rühren daher, daß eine lebendige Korrespondenz von "Leib" und "Geist" durch Verabsolutierung der einen oder anderen Dimension gestört ist. Wieviel Wahrheit des Lebens, und damit Leben selbst, bleibt auf der Strecke, wo, bewußt oder unbewußt, entweder das materialistische oder das idealistische Prinzip die Sicht bestimmt![2]

Der biblische Befund von "Seele" weist hier Wege. Lesen wir nach, was da steht, bevor des Gedankens Blässe das Zeugnis ankränkelt, begegnet uns volles Leben, kommen uns Leidenschaften, Affekte und Emotionen in unzensierter Selbstverständlichkeit entgegen, klingt Sinnlichkeit durch[3], und nichts "Menschliches" ist fremd. Eines ist es, zu sehen (und als vorhanden zuzulassen), was ist, ein anderes, der "Sünde" der Verabsolutierung e i n e r Dimension um des Lebens der "Seele" willen zu wehren. Wieviel "Sünden"-Problematik stammt nicht aus der handgreiflichen 'sarx', sondern aus einer Verabsolutierung des "Geistes" und der verklemmten Beziehung zum "Leib", welche daraus folgt! Mißachtung oder gar Feindschaft sind schlechte Voraussetzungen, um förderlichen Einfluß zu nehmen. Verdrängung macht abhängig, nicht frei. Paulus stellt bezeichnenderweise z.B. die Frage des Umgangs

---

1) Dazu s.u.S.246
2) Auch die Geschichte der modernen Psychologie und die Frage, welcher Fakultät (der Geistes- oder der Naturwissenschaft) sie zuzurechnen sei, spiegelt das Dilemma der alternativen Sicht. Die Seelsorge-Lehre konnte sich vermutlich so lange aus allem heraushalten, solange sie "Seele" rein "geistlich" begriff. Wie willkürlich das ist, wird spätestens dann deutlich, wenn die Auswirkung von Psychopharmaka, oder auch nur körperlichen Ausnahmezuständen, auf das Glaubens- und Gotteserleben erlebt wird.
3) Viele Menschen haben das Hohelied Salomos nie gelesen und wissen gar nicht, wie viel Erotik, um nicht zu sagen "Sex", in der Bibel Platz hat. Nicht nur, daß die "feurige Glut" der Liebe hier als "Flamme des Herrn" besungen werden kann (Hhl 8,6). Das Lob des "Sexappeals" klingt eindeutig an, wenn es (Hhl 8,8.10) heißt: "Unsere Schwester ist klein und hat keine Brüste...Ich bin eine Mauer und meine Brüste sind wie Türme. Da bin ich geworden in seinen Augen wie eine, die Frieden findet."

mit Sexualität unter den Leitsatz: "Alles ist erlaubt, aber es soll mich nichts gefangen nehmen".[1] Unter diesem Leitsatz kann von Leib- oder Sex-Feindlichkeit keine Rede sein, wohl aber von Verantwortung für und in Beziehung.

Auch wer den "Leib" und seine Bedürfnisse verteufelt, verabsolutiert ihn in gewisser Weise. Nicht Verneinung, sondern Integration ist das leitende Stichwort. Nicht Verabsolutierung, sondern Relativierung ist geboten. Relativierung heißt in unserem Zusammenhang, dem "Leib" seinen rechten und unverzichtbaren Platz zuzuweisen als tragende Dimension des Lebens - aber eben in Korrespondenz zu den anderen tragenden Dimensionen. Und jede Dimension singt dann gleichsam mit im Konzert des Lebensvollzugs, und welche den Cantus firmus übernimmt, entscheidet sich an dem, was dran ist um des lebendigen Lebens willen.

Was um des Lebens in seiner gottgewollten Mannigfaltigkeit willen dran ist, hat jeweils auch persönliche Prägung. "Jeder (soll) so leben, wie der Herr es ihm zugemessen, wie Gott einen jeden berufen hat", sagt Paulus 1.Kor 7,17. Weil "das Wesen dieser Welt vergeht" (1.Kor 7,31), klingt dabei unter allem Leben das Continuo der Gottesbeziehung. Um des Lebens in Gott, um der bleibenden vertikalen Beziehung willen, relativiert sich das vergängliche horizontale Leben-in-Beziehung insgesamt. Vom "Haben, als hätte man nicht", spricht Paulus hier (1.Kor 7,29ff.), von der Freiheit derer, die, um der Vollendung des Lebens-in-Beziehung willen, loslassen können, was fesselt. Loslassen-können und Mißachten ist indes unbedingt zweierlei. Ob - mit der alten Formel zu reden - der "Erdenrest zu tragen peinlich" oder "schmerzlich" ist, ist ein bedeutsamer Unterschied. Das Gebot der Selbstliebe schließt auch die Liebe zum eigenen Leibe und das Sich-kümmern um ihn ein.

---

[1] 1.Kor 6,12 - und er begründet daraufhin sein Urteil über die Hurerei als "Sünde" mit dem Argument, daß den Leib aus Beziehungen herauszuhalten nicht möglich ist. Eine allein auf Geschlechtsverkehr, d.h. den rein funktionalen Körper-Kontakt, angelegte Beziehung versündigt sich am (eigenen und anderen) Leibe bzw. an dessen Bestimmung, Organ der "lebendigen Seele", d.h. aber v i e 1-dimensionaler Beziehung zu sein.

Wohlgemute Identifikation mit der eigenen Gestalt (auch als Mann oder Frau!) ist ein wesentlicher Teil der Selbst-Beziehung. Wie viele Menschen vermögen ihr eigenes Photo oder Spiegelbild z.B. nur mit Befangenheit oder gar mit Unbehagen zu betrachten! Narziß (im griechischen Mythos) hat seine Folie. Der absoluten Selbst-zuneigung (bis zum Reinfall und zum Ertrinken) steht die hemmungslose Selbst-abneigung gegenüber. Frage einen Menschen, ob er sein Spiegelbild (auch) selbstverständlich wohlwollend anzuschauen vermag, und Du weißt, wie er's mit der Selbstliebe hält. Was christliche Sitte in diesem Zusammenhang über das Verdikt der "Eitelkeit"[1] am Leben gesündigt hat, zeugt deutlich von den Altlasten der Tradition - und führt uns zugleich zum Phänomen der Lerngeschichte der "Seele" in der Korrespondenz von "Geist" und "Leib".

Was an lebendigem Ausdruck der "Seele" aktuell zur Verfügung steht, ist immer auch Ergebnis ihrer Lerngeschichte. In dem Maße, in dem es dem "Geist" obliegt, die Regungen des "Leibes" zu regulieren - bei Tieren tut das der ererbte Instinkt automatisch -, in dem Maße prägen auch die früh erlernten Normen bzw. Erfahrungen das Gefühls- und Ausdrucksrepertoire. Viel an Gefühl, und damit viel "Seele", kommt möglicherweise nicht zum Leben, weil es hier sozusagen schon bei Vater und Mutter und in der Gesellschaft klemmt.[2] Niemand sage im Ernst, ein mitteleuropäischer Christ lebe der Bibel nahe. Die ersten Christen grüßten einander mit dem "heiligen Kuß".[3] Verbundenheit

---

1) Daß "alles ganz eitel" ist, sagt der Prediger (Pred 1,1), und aus seinen Worten spricht der Abstand des abgeklärten (re-signierten) alten Mannes vom Getriebe der Welt. Unsere Sprache kennt jedoch das Adjektiv "eitel" nicht nur im negativen Sinn. "Eitel Freude" ist "reine" und "lautere" Freude, Freude ohne jede Prise von Bitterkeit. - Patienten, die nach elendem Krankenlager wieder anfangen "eitel" zu werden, zeigen dem Arzt, daß sie ihre Vitalität zurückgewonnen haben. Es gibt eine Achtlosigkeit gegenüber dem eigenen Anblick, welche an Mißachtung der eigenen Person und Verachtung der Mitmenschen grenzt, denen das eigene Ungepflegtsein zugemutet wird.
2) "Ein Junge/Mann weint nicht...Frauen sind für Gefühle zuständig" - aber: "Zornige Frauen sind lächerlich"..."Erwachsen zu werden heißt, seine Gefühle zu beherrschen"..."Gefühle hat man vielleicht, aber man zeigt (lebt) sie nicht..." - und was dergleichen Devisen mehr sind.
3) Vgl. Röm 16,16 und Apg 20,37. Jesus läßt die Sünderin selbstverständlich seine Füße küssen (Lk 7,36ff.).

dergestalt leibhaftig zu leben, oder etwa einen einfachen Mitmenschen "zu trösten, wie einen seine Mutter tröstet"[1], ist wahrlich nicht an der Tagesordnung und kann auch nicht einfach "gemacht" werden.[2] Welche Kluft zeigt sich zwischen der emotionalen Lebendigkeit der Psalmen und dem gängigen Ideal der Selbstgefaßtheit![3] Nicht der Geist der Bibel, sondern die Stoa mit ihren Prinzipien der Selbsterlösung durch Fassung und Distanz[4] läßt grüßen, suchen wir die mitteleuropäische Christenseele bei sich zuhause auf.

Wie devitalisierend eine einlinige Liebesethik wirkt, erwähnte ich schon. Wie folgerichtig eine Verabsolutierung der "Demut" das natürliche Geltungsbedürfnis der "Seele" in den Untergrund treibt und ein gebrochenes Verhältnis zur "Macht" zeitigt, wäre eine eigene Betrachtung wert. Auch mit (den Gelüsten nach) Macht kann förderlich nur umgehen, wer im offenen Gespräch mit dem eigenen Herzen ist. Es braucht keine wissenschaftliche Psychologie, um zu verstehen, daß sich der Fluß des Lebens staut, wenn er nicht fließen kann. Falsche Dämme wirken über kurz oder lang Zerstörung, nicht Schutz. In diesem Zusammenhang könnte nicht nur dem Stichwort "Aggression" ein ganzes Kapitel gewidmet sein.

Jesus sagt dem faulen Frieden einer absoluten Anpassung energisch den Kampf an[5] und bezeugt damit, daß aktive Auseinandersetzung, sogar mit den nächsten Menschen, um des Lebens (und um des Bestandes echter

---

1) Jes 66,13 - Die Mutter nimmt ihr Kind in den Arm, streichelt es und sagt: "Heile, heile Segen..."
2) Daß neue Formen und Erfahrungen eines lebendigen (spontanen) Umgangs miteinander erst von der "Seele" gelernt werden, also langsam wachsen müssen, übersieht, wer vom Kirchentag heimgekehrt alsbald Kirchentagsatmosphäre in der Ortsgemeinde fordert. Auf dem Kirchentag kommen bewegliche Leute zusammen. In der Ortsgemeinde leben viele Boden-ständige.
3) "Cool" (d.h. "kaltblütig") zu sein, ist unter Jugendlichen mit das höchste Prädikat. Es paßt zu einer computergesteuerten Welt. Daß sich hinter solchem "Ideal" auch Angst vor Verletzung verbirgt, ist klar. - Den Emmausjüngern "brennt" das Herz (Lk 24,32). 2.Kor 11,29 verwendet Paulus "brennen" als Ausdruck seines leidenschaftlichen Mitempfindens.
4) S.o.S.56ff.
5) Mt 10,34f.: "Ihr sollt nicht meinen, daß ich gekommen bin, Frieden zu bringen..." - Nicht von ungefähr nennt Jesus Vater und Mutter als Gegenüber der Auseinandersetzung. Sie sind die ursprünglichsten Beziehungspersonen, Autoritäten und Repräsentanten der Tradition.

Liebe) willen notwendig sein kann. Was im Zusammenhang der Selbstbeziehung allgemein gilt, gilt im besonderen auch für die Selbstfindung der Seele gegenüber ihrer Prägung. Wie viele Menschen kennen "Aggression" z.B. nur eingebunden in den schlimmen Zirkel von Verklemmung: Aggression kann nicht sein, weil sie nicht sein darf. Sie staut sich und tritt dann zwangsläufig verletzend (traumatisch) in Erscheinung. Der Schrecken der Zerstörung von Beziehung gräbt sich tief ein. Die gebrannte Seele scheut das Feuer - nicht nur bei anderen, auch bei sich selbst - und friedet sich ein.

Aus dem Fried-hof des Gelernten heraus-, und in eine lebendige (mündige) Selbstbeziehung mit der ihr notwendig auch eigenen Konfliktfähigkeit hineinzukommen, kann ein weiter Weg sein. Und dieser Weg läßt sich allenfalls "im Geiste" mit Siebenmeilenstiefeln zurücklegen. Eingelebtes Altes will Schritt um Schritt über-lebt, und Neues will Schritt um Schritt er-fahren sein. Diesen Weg kann nur weisen, wer selbst "das Herz auf dem rechten Fleck hat" und auch von der Last der Prägungsgeschichte weiß. Der Apostel Paulus empfiehlt sich selbstbewußt als Vorbild (Phil 3,17). Aber vorher sagt er von sich: "Nicht, daß ich's schon ergriffen habe oder schon vollkommen sei; ich jage ihm aber nach, ob ich's wohl ergreifen könnte, weil ich von Christus Jesus ergriffen bin" (V.12).

d) Nachlese: Von der Korrespondenz der Beziehungsdimensionen und der Übereinstimmung biblischer und humanwissenschaftlicher Sicht

Ich ging der Selbst-Beziehung der Seele so ausführlich nach, weil mir daran liegt, "Seele" als Lebendig-sein-in-Beziehung möglichst gründlich zu erfassen. Seelsorge kümmert sich um dieses Leben-in-Beziehung. Sie muß wissen, was es mit ihm auf sich hat. Wer in-Beziehung helfen will, kann das wirkungsvoll nur tun, wenn er auch die Zusammenhänge durchschaut.

Wir sahen, wie schlüssig sich Biblische Psychologie auch im Zusammenhang der Fragen der Selbst-Beziehung entfaltet. Weil Biblische

Psychologie "aus dem Leben" stammt, gliedern sich auch Erkenntnisse der modernen Humanwissenschaft selbstredend in sie ein. Eine Bedingung gilt dabei freilich: Was Humanwissenschaft feststellt, muß ebenfalls aus dem Leben stammen und darf nicht ideologisch quer stehen. Dabei sehen wir, nüchtern und selbstkritisch zugleich, daß auch die Theologie im Laufe ihrer Geschichte Querstände ideologischer Art gezeitigt hat.

Ein wesentlicher Punkt im Verständnis der Selbstbeziehung der Seele ist die Einsicht, daß jedes In-Beziehung-sein auch einen Prozess mit Geschichte darstellt. Beziehungsfähigkeit hängt von dieser Geschichte ab. Erlebnisse prägen Leben. Störungen im Beziehungsgefüge heute werden häufig schnell durchsichtig, wenn deutlich ist, welche Beziehungmuster die Seele einst, d.h. von Kindesbeinen an, gespeichert hat und aktuell er-innert. Es ist zweifellos hilfreich, die Spur solcher Einsicht bis in die ausgereiften Erkenntnisse der psychologischen Wissenschaft zu verfolgen.

Das Doppel-, oder besser: Dreifachgebot der Liebe bindet selbstverständlich die Dimension der Gottes-, der Selbst- und der Fremdbeziehung aneinander. Jesus sagt in der Bergpredigt schlicht: "Alles, was ihr wollt, daß euch die Leute tun sollen, das tut ihnen auch!"[1] Dieses Jesuswort hieße nicht die "goldene Regel", wäre es nicht natürlich, daß sich Fremdbeziehung nach dem Muster der Selbstbeziehung gestaltet, vorausgesetzt - darauf zielt ja Jesu Wort -, keine Dimension wird verabsolutiert. Zugleich ist deutlich: Störungen der Selbstbeziehung bewirken zwangsläufig auch Störungen der Fremdbeziehung. Hier gelten auch unbewußte Zusammenhänge. Nicht selbstverständlich kommt in dieser gefallenen Welt mit dem, was meine Seele unbesehen "will, daß ihr getan werde", auch ein lebensförderliches Programm zum Zuge. Bewußtes und Unbewußtes, "Geistes"- und "Seelen"-Logik sind möglicherweise durchaus zweierlei. Seelsorger und Psychotherapeuten wissen davon zu berichten.

---

1) Mt 7,12 - Der Volksmund kennt die sog. "goldene Regel" in negativer Fassung: "Was du nicht willst, das man dir tu', das füg' auch keinem andern zu". Es ist nach Strack-Billerbeck (65, zur Stelle) auch diejenige Fassung, welche Jesus schon vorliegt.

Jesus spricht den "blinden Flecken" der Selbst-Wahrnehmung und den seelischen Mechanismus der "Projektion" an, wenn er (Mt 7,3) dem im Auge des anderen bemerkten "Splitter" den unbewußten "Balken" im eigenen Auge gegenüber stellt. Im Anderen spiegelt sich das Selbst. Seelsorge, oder: Hilfe zum Leben-in-Beziehung, fängt bei der Auseinandersetzung mit der eigenen Seele und möglichen Störungen der eigenen Selbstbeziehung an. Anderes nennt Jesus "Heuchelei".[1]

Wie Selbst- und Fremdbeziehung nicht voneinander zu lösen sind, so auch Selbst- und Gottesbeziehung. Auch die Gottesbeziehung der Seele ist verwoben in Geschichte und Prozeß der Selbstbeziehung. Sicherlich: Gott ist 'extra nos'. Aber in-Beziehung begegnet der "Schatz in irdenen Gefäßen" (2.Kor 4,7), und die Seele hat ihre eigene Geschichte mit sich selbst als "Gefäß" - bis eine mündige, d.h. selbständige Beziehung zu Gott in ihr geworden ist.[2]

Die moderne Kommunikationswissenschaft lehrt, wie wir sahen, die Unterscheidung von "digitaler" und "analoger" Kommunikation. Wir können sagen: Das WORT ist im Kontext einer Beziehung immer auch leibhaftig, d.h. "Fleisch", andernfalls bleibt es abstrakt. Auch abstrakt mag es richtig sein, aber es ist in seiner Wahrheit nicht wahr-nehmbar bzw. zu be-greifen. V o r aller Kommunikationswissenschaft bezeugen Joh 1,1ff. und 1.Joh 1,1 das Prinzip der Leibhaftigkeit auch für die Gottesbeziehung.

Gott "b e s u c h t" sein Volk, sagt der alte Zacharias[3], und cha-

---

1) Mt 7,5: "Du Heuchler, zieh z u e r s t den Balken aus deinem Auge; danach sieh zu, wie du den Splitter aus deines Bruders Auge ziehst." - Wie viele Seelsorger haben Mühe, für sich selbst Seelsorge in Anspruch zu nehmen! Ihr Altruismus billigt ihnen dies nicht zu. Nur, wie steht es dann mit der "goldenen Regel", die nach Jesu Worten (Mt 7,12) ja "das Gesetz und die Propheten" für sich hat? Es ist folgerichtig, wenn Seelsorger, welche Seelsorge an sich selbst für entbehrlich halten, auch von Zweifeln am Wert ihres seelsorgerlichen Einsatzes für andere (über Wirklichkeit und Recht dazu hinaus) geplagt sind.
2) 1.Kor 3,1ff. spricht diesen Entwicklungsprozess bzw. die Rücksicht auf ihn anschaulich an. 1.Kor 13,11 nennt das Ziel: die erwachsene, reife, authentische Beziehungsfähigkeit.
3) Siehe das "Benedictus" Lk 1,67ff. - V.68 u. 78. Das nämliche Wort für "besuchen" ('episkeptomai') begegnet auch in der von uns bereits betrachteten Rede des Weltenrichters (Mt 25,31ff). S.o.S.165ff.

rakterisiert damit die Heilsgeschichte[1], d.h. die Geschichte von der Seel-Sorge Gottes. Besuch, leibhaftige 'koinonia', ist das biblische Muster der Sorge um "Seele". Wo die Lehrtradition das Denken in "Bereichen" und die Scheidung von "Leib" und "Geist" aufgearbeitet hat, greift die Inkarnationstheologie (Chalkedon!) auch schlüssig bis zur Psycho-logie durch und der Theologe läßt sich gerade auch dort auf diese ein, wo sie - möglicherweise in gänzlich unbiblischen Worten - "Finsternis und Schatten des Todes" im sog. "Unbewußten" sichtbar macht. Wer mit Paulus (Gal 2,20) sagen kann: "Ich lebe, doch nun nicht ich, sondern Christus lebt in mir", weicht auch der Konfrontation mit dem eigenen "Schatten" (C.G. Jung) nicht aus und überwindet die Angst vor der Tiefenbegegnung mit sich selbst. "Auf Gott hoffe ich und fürchte mich nicht; was können mir Menschen tun?", heißt es Ps 56,12. Lebendige Gottesbeziehung bricht auch die Gefangenschaft im eigenen Menschsein und das Ausgeliefertsein an das eigene alte dunkle Selbst auf.

5. Dimension der Beziehung zum Mitmenschen

Wir erinnern uns: In-Beziehung-sein zu anderen "Seelen" gehört zum Leben der "Seele" wie das tägliche Brot. Ohne Beziehung verkümmert die Seele. Am In-Beziehung-sein entscheidet sich die Qualität des Lebens. Wir kennen das Phänomen des "sozialen Todes". Die biblische Rede weiß davon.[2] Aus der Gleichung Seele=Leben=In-Beziehung-sein ergibt sich die grundsätzliche Folgerung: "Lebendige Seele" hat Beziehungs-Bedarf. Beziehungs-Fähigkeit ist gleichbedeutend mit Lebens-Fähigkeit. Beziehungs-Mangel gefährdet die Seele. Beziehungs-Ver-

---

1) Das Evangelium von der Liebe Gottes überliefert sich ursprünglich in Gestalt von Geschichten der Begegnung mit Jesus Christus. Sich in diese Geschichten einzuleben, gleichsam in ihre Erfahrungen einzutauchen, ist der Weg des Glaubens. "Lehre" verdeutlicht "digital", sie ersetzt den "analogen" Weg der Erfahrung des Evangeliums nicht.
2) S.z.B.o.S.208 Anm 1

lust führt sie in die Krise. Beziehungs-Störungen kränken die Seele und bringen dementsprechend, je nach Schweregrad, das Leben an seine Nullinie heran.

a) Grundpolaritäten des Lebens in-Beziehung

Ich sprach schon von der Grundpolarität von ICH und WIR, Selbst- und In-Gemeinschaft-sein, Individualisation und Partizipation.[1] Aber nicht nur diese Polarität bestimmt das In-Beziehung-sein der Seele als etwas Dynamisches. Leben ist als solches dem Prozess von Entstehen, Bestehen und Vergehen unterworfen.[2] Auch das In-Beziehung-sein ist sozusagen eingebunden in die polare Spannung zwischen S t ä n d i g k e i t und V e r ä n d e r u n g des Lebens. Bleiben-in-Beziehung gibt es nur unter der Bedingung von Veränderung. Beziehungsfähigkeit entscheidet sich an dem Vermögen, mit dieser Gegebenheit umgehen zu können.

Noch eine dritte Polarität begegnet uns (speziell) im Zusammenhang von Beziehung, und zwar diejenige von N ä h e und D i s t a n z. Lebendige Beziehung ist zugleich von beidem bestimmt. Wird ein Pol, bzw. Element, verabsolutiert, pervertiert Beziehung entweder zur Verschmelzung oder zur Nicht-Beziehung. Auch am Umgang mit Distanz und Nähe entscheidet sich die Fähigkeit, in-Beziehung zu leben.

Über "Liebe" als Beziehungskategorie dachten wir schon nach.[3] Spätestens bei der Frage der Selbst-Liebe dürfte deutlich geworden sein, daß "Liebe" als Inbegriff lebensfördernder Beziehung nicht allein Nähe meint, sondern auch Distanz einschließt. Nur unter solcher Voraussetzung ist Liebe zum Nächsten w i e zum Selbst möglich. Es kennzeichnet ein gängiges Mißverständnis von "Liebe", zu meinen, sie sei durch das Gefühl bzw. die Empfindung der Zuneigung allein abge-

---

1) S.o.S.221
2) Der Prozess vollzieht sich, mit Tillich zu reden, unter der Polarität von "Form" als Kategorie des Bestehenden und "Dynamik" als Kategorie der Veränderung. Siehe dazu 81,S.210ff.
3) S.o.S.170f.

deckt. Solche Vorstellung ist einseitig und unvollständig. Achtung oder auch Respekt gehört z.B. gleichermaßen zur Liebe.[1] Andernfalls greift Liebe durchaus über den Rahmen lebensfördernder Beziehung hinaus, und zwar in dem Maße, in dem die ihr beigeordnete gute Distanz nicht mehr gilt. Wir kennen die verschlingende, fesselnde, symbiotische Liebe. Als ihr Schatten begegnet der Haß. Zu-neigung im Übermaß wirkt Ab-neigung.

Zum Wesen des polaren Horizontes lebendigen Lebens gehört das Mit-, In- und Nebeneinander unterschiedlicher, ja scheinbar einander ausschließender Empfindungen. Sie repräsentieren sozusagen den jeweils unterschiedlichen emotionalen Standort zwischen den Polen des Lebens. Der Volksmund spricht z.B. vom "lachenden und vom weinenden Auge". Aber Freude und Trauer lassen sich, wie andere gegensätzliche Gefühle, nicht gleichzeitig ausleben. "Ein jegliches hat seine Zeit", sagt der Prediger[2], "geboren werden hat seine Zeit, sterben hat seine Zeit;...töten hat seine Zeit, heilen hat seine Zeit; abbrechen hat seine Zeit, bauen hat seine Zeit; weinen hat seine Zeit, lachen hat seine Zeit; klagen hat seine Zeit, tanzen hat seine Zeit; ...schweigen hat seine Zeit, reden hat seine Zeit; lieben hat seine Zeit, hassen hat seine Zeit; Streit hat seine Zeit, Friede hat seine Zeit." Lebendige Seele deckt alle diese "Zeiten" bzw. Stationen oder Variationen des Lebens ab. Die polare Struktur lebendigen Lebens im Blick zu haben, ist lebens-not-wendig.[3]

b) Korrespondenz der Beziehung Selbst - Mitmensch - Gesellschaft

Wenn wir die Dimension der Außenbeziehung der Seele, d.h. hier: der mitmenschlichen Beziehung, betrachten, halten wir uns zugleich gegenwärtig, wie selbstverständlich diese und die vorher verhandelte Selbst-Beziehung zusammenhängen. Innen- und Außenbeziehung korrespon-

---

1) Das begründet die Rede von der "Gottesfurcht". S.o.S.210f.
2) Pred 3,1-4.7f.
3) Was ich zum Prozess der vitalen Gottesbeziehung im Gebet (o.S. 214ff.) herausarbeitete, belegt das.

dieren unweigerlich miteinander. Unser letzter Abschnitt machte das sichtbar.

Weil Störungen der mitmenschlichen Beziehung z.B. niemals nur ihre objektive Seite haben, d.h. ausschließlich am anderen Beziehungspartner oder an den Verhältnissen liegen, deshalb hilft Seelsorge auch dort zum Leben, wo sie "objektiv" und "materiell" möglicherweise nichts ändert. Es hat gute Gründe, wenn sich Sorge um Seele im gegebenen Fall einmal ganz auf das "Innen" konzentriert und gezielt einzig sozusagen im Selbst aufzuräumen hilft. Die Selbst-Beziehung ist ein auch für sich bedeutsames Arbeitsfeld der Seelsorge. Schon deshalb ist es gerechtfertigt, nicht DIAKONIA, sondern KOINONIA als Leitkategorie der Seelsorge zu wählen, lenkt DIAKONIA doch den Blick notwendig nach außen.

Daß auch 'diakonia' im Horizont der Seelsorge liegt, ist deswegen unbestritten. Nicht nur die Leibhaftigkeit der "Seele" fordert dies, auch die Tatsache, daß lebensfeindliche (seelenlose) Strukturen bzw. Verhältnisse niemals allein als Schicksal betrachtet werden können, mit welchem sich abzufinden das einzige Gebot des Umgangs wäre. Gerade mit Blick auf eine mögliche Konzentration auf das "Innen" gilt: Seelsorge hat - wie Diakonie auch - durchaus politischen Horizont. Daß dieser nicht Aktions-, sondern e i n Zielhorizont der 'cura animarum specialis' unter anderen, ist, macht jene deswegen nicht zum Erfüllungsgehilfen einer quietistischen Lebenshaltung.

Quietismus, die Lebenshaltung, welche einzig "ein ruhiges und stilles Leben...in aller Gottseligkeit und Ehrbarkeit"[1] führen möchte und sich jeden politischen Engagements enthält, ist eindeutig Erbe einer falsch verstandenen Zwei-Reiche-Lehre. Quietismus entspricht einem Verständnis von "Seele", welches die Gottes-Beziehung verabsolutiert. Spätestens Dietrich Bonhoeffer hat deutlich gemacht, daß "Ergebung" in die Verhältnisse nicht alles ist. "Widerstand" gehört gleichermaßen zum lebendigen Leben.[2] Quietismus stellt eine Variante der

---

1) 1.Tim 2,2 nach der älteren Lutherübersetzung. Vgl. die 2. Strophe des Liedes "Verleih uns Frieden..." EKG Nr. 139
2) Dietrich Bonhoeffers "Briefe und Aufzeichnungen aus der Haft" in den Jahren 1943/44 erschienen 1951 als Buch unter dem Titel: "Widerstand und Ergebung".

Weltflucht dar. Ohne Zweifel begegnen wir in ihm den Altlasten der Seelsorgetradition.

c) Seelsorge als Beziehungsgeschehen

Die volkstümliche Vorstellung von Seelsorge ist, daß einer beim Seelsorger (1.) sein "Herz ausschütten" kann, dieser einen (2.) "tröstet", einem (3.) möglicherweise "den Kopf wäscht" und dann u.U. (4.) auch sagt, wo es (am besten) lang geht für die "Seele". Das erste ("Aussprache") gehört eindeutig zum Zuhören des Seelsorgers. Das dritte (Konfrontation) und vierte (Rezept/Weisung) ist eindeutig seinem Reden zuzuordnen. Das zweite ("Trösten") kann entweder dem Zuhören oder dem Reden zugeschlagen werden. Was im Streit der gelehrten Meinungen um Rangfolge und Gestalt von Zuhören und Reden des Seelsorgers keineswegs immer klar herauskommt, ist die Tatsache, daß Seelsorge, was auch immer in ihr passiert, ein Beziehungsgeschehen ist und als solches Leben-in-Beziehung realisiert. D e s h a l b heißt die Leitkategorie der Seelsorge KOINONIA.

Ob die seelsorgerliche Beziehung der Seele Raum zum lebendigen Leben eröffnet, ist nicht nur eine dogmatische, sondern auch eine pragmatische Frage, denn Seel-Sorge wird er-lebt, und Erleben ist die Nagelprobe der Wahrheit. Ist es richtig, daß sich in jeder Fremdbeziehung die Selbstbeziehung der Seele spiegelt, dann finden wir in der seelsorgerlichen Beziehung (wie in Fremdbeziehungen sonst auch) natürlich auch mindestens zwei Selbstbeziehungen auf dem Plan. Ob sich der Seelsorger dessen bewußt ist oder nicht, seine Selbstbeziehung bestimmt mit, was geschieht. Der Raum, den der Seelsorger seiner eigenen Seele zum Leben gewähren kann, ist zugleich der Raum, den er der anderen gibt - und umgekehrt. (Das Phänomen, daß sich der Seelsorger selbst durch eine seelsorgerliche Begegnung beschenkt fühlen kann, rührt daher.) Welche Folgerungen daraus notwendig für die praktische Seelsorge-Lehre zu ziehen sind, wird uns später noch im einzelnen beschäftigen. Schreiten wir jetzt die Dimension der mitmenschlichen Beziehung der Seele ab, soweit wir das nicht schon in den vorhergehenden Abschnitten getan haben.

Ich sagte: Beziehungsmangel gefährdet die Seele. Es reicht in der Regel nicht aus[1], Gott zum Freund zu haben und in lebendiger Beziehung zu ihm zu sein. Der Mensch ist 'naturaliter' ein 'animal sociale'. Ausdrücklich hebt Jesus den "Besuch" als Werk der Lebenshilfe hervor. Was wir im Kontext von Mt 25,31ff. herausfanden, braucht nicht wiederholt zu werden. Auch, was wir im Zusammenhang der Gottesbeziehung (Kontext: Gebet) zum Wesen der Aussprache entdeckten, gilt - der Strukturanalogie des 'extra nos' gemäß - für die Dimension der (horizontalen) Fremdbeziehung gleichermaßen. Einen Zuhörer zu haben, ist deshalb tröstlich, weil hier ein offenes Ohr der Seele Raum gewährt, herauszubringen und damit aus-zuleben, "wes das Herz voll ist". Nur, was ausgesprochen und damit öffentlich geworden ist, ist auch zu er-ledigen möglich.

Es hat gute Gründe, wenn das Beichtsiegel die Öffentlichkeit auf vier Augen begrenzt. A u s-sprechen bedeutet Konfrontation mit sich selbst. Ohne den Schutz des Beichtsiegels wird die Pein-lichkeit dieser Konfrontation für die wirklich geängstete Seele unkalkulierbar.[2] An dem, was der Aussprache folgt, erfahren wir dann freilich

---

1) Die Mönchsregel des Benedict von Nursia befaßt sich im 1. Kapitel mit der Frage des Einsiedlertums und stellt deutlich fest, daß dies wahrlich nicht jedermanns Sache sei.

2) Werden unter ausdrücklicher Berufung auf das Beichtgeheimnis nur (für den Seelsorger offenkundige) "Bagatellen" mitgeteilt, sagt dies zunächst etwas darüber, wie wenig innere Freiheit der Gesprächspartner hat. Das Beichtgeheimnis kann freilich auch dazu benutzt werden, den Seelsorger zum Mitverschworenen zu machen und ihn dadurch an sich zu binden. Wenn "eigentliche Seelsorge" erklärtermaßen auf Beichte "zielt", vergewissere ich mich der Nähe meines Seelsorgers natürlich, indem ich "in Beichte mache". Ich will schließlich keinen "uneigentlichen" Zuhörer.

Über die Bedeutung des Beichtsiegels, bzw. über die angemessene Wahrung von Beichtgeheimnis und Amtsverschwiegenheit wäre natürlich etliches zu sagen. Im Kern gilt die goldene Regel nach Mt 7,12: Zumindest, was ich selbst hier an Gewissenhaftigkeit von meinem Seelsorger erwarte, bin ich verpflichtet gegenüber demjenigen zu beobachten, der sich mir als Seelsorger anvertraut. Die seelsorgerliche Verschwiegenheit bleibt indessen, was wir auch immer dazu meinen, ein Theoretikon und ständig durch praktische Achtlosigkeit gefährdet, solange der Seelsorger nicht aus eigenem Erleben weiß, was es heißt, wirklich auf seelsorgerliche Diskretion angewiesen zu sein.

auch, ob die Seele damit neuen, weiteren Raum zu gewinnen sucht, oder nur[1] den alten "Spielraum". Es gibt tiefe Gründe, Aufbruch zu vermeiden. Nicht jede Seele ist ein Abraham, der sofort herauszuwandern vermag "aus seinem Vaterland und von seiner Verwandtschaft und aus seines Vaters Hause in ein Land, das" er nicht kennt.[2] Änderung des Sinnes heißt wesentlich Aufbruch aus alter Prägung.

d) Beziehungsstörung und Prägungsgeschichte

Beziehungsmangel gefährdet die Seele. Deshalb ist auch der undramatische Besuch "Seelsorge". Wie viele Menschen haben nicht gelernt, dem Mangel ihrer Seele von sich aus abzuhelfen. Vielleicht verwöhnte man ihre Seele im Elternhaus und/oder wachte eifersüchtig darüber, daß sie nicht "fremdging". Vielleicht hat ihre Seele vor allem gelernt, daß Beziehung gefährlich ist, Verletzung bringt und Unfreiheit. Sich dann wie ein Igel zu verhalten, wenn ein Mensch nahekommt, ist Überlebensstrategie aus dem Lehrbuch der Urerfahrung. Wie tief kann sich der Schmerz des Beziehungsverlustes in die Seele eingraben! Um einer Wiederholung des Schmerzes vorzubeugen, verwaltet manche Seele lieber einfach ihren Mangel. "Angst" und "Enge" sind ursprünglich das gleiche Wort.[3] Wer Fremdbeziehung mit der Erfahrung bedrängender Nähe verbindet, wer tief in sich nur weiß, daß die Nähe des "Nächsten" Atem-beraubend ist, für den ist Fremdbeziehung angstbesetzt. Sie von sich aus zu suchen, fällt doppelt schwer.

Der Verlust tragender Außenbeziehung bedeutet immer eine akute Krise für die Seele. Verarbeitet ist diese nur, wenn die Beziehung sozu-

---

1) Das Problem der Daueranrufer in der TS ist eben dieses.
2) 1.Mose 12,1 - Abraham läßt seine ganze Selbst-Geschichte hinter sich, und damit alles, was ihn bisher trägt. - Nach Ps 18,30 mit seinem Gott "über Mauern (zu) springen", z.B. die Mauer der Prägung, die Mauer der vertrauten Lebensdeutung u.a.m., ist wirklich schwer und setzt ein besonderes Maß an ICH-Stärke voraus. Wer hier mit Sprüchen schnell zur Hand ist, mag prüfen, wie er selbst es sonst mit seinen eigenen "Mauern" hält - z.B. seiner theologischen Bindung. Abraham hat ja auch die Glaubensbindung seines Vaterhauses hinter sich gelassen.
3) "Angst" heißt althochdeutsch "angust". Das lateinisch Wort 'angustiae' (Plural) bedeutet "Enge", "Engpaß", im Singular bedeutet es auch "Angst".

sagen von außen nach innen genommen werden kann, und das braucht nicht nur Zeit, sondern wiederum Raum für die Arbeit der Seele. Es gehört zum Lebensschicksal der Seele, daß sie mit dem Altwerden einer Zeit zuwandert, in der Lücken der Beziehung nicht mehr (neu) zu schließen sind. Des einsamen Lebens müde zu werden, ist ein natürlich Ding[1], gleichermaßen naturgemäß ist, daß die Gottesbeziehung im Alter an Bedeutung gewinnt[2].

Viel ließe sich hier weiter ausführen. Es mag an anderer Stelle geschehen. Mir geht es mehr darum, Linien zu zeichnen und sichtbar zu machen, wie selbstverständlich sich Biblische Psychologie, lebendige Erfahrung und moderne wissenschaftliche Erkenntnis miteinander verbinden. Man braucht z.B. nicht Sigmund Freud gelesen zu haben, um zu begreifen, wie selbstverständlich in jeder Außenbeziehung auch die persönliche Urgeschichte der Seele mitspielt und die Seele unbewußt diese ins Jetzt von Beziehungen "überträgt".

Das Urerleben der Seele ist mächtig. Seine gefühlsgeladenen Bilder wirken zwingend, d.h. eventuell verzerrend und störend, in die Gegenwart von Beziehung hinein - solange das Bewußtsein sie nicht ganz konkret kennt und damit zu kontrollieren vermag. Auch die Gottesbeziehung ist davon betroffen. Das 2. Gebot des Dekalogs (nur im Reformierten Katechismus enthalten[3]): "Du sollst Dir kein Bildnis noch irgendein Gleichnis machen...", ist eine Mahnung für das Leben in j e d e r l e i Beziehung. Daß meine Seele ihre Prägungsgeschichte hat, ist nicht ihre persönliche Schuld, sondern Schicksal. Dieses Schicksal zu verabsolutieren und damit den Auftrag, erwachsen und mündig zu werden, nicht anzunehmen, das ist allerdings "Sünde". Gott und Mitmensch und die Seele-selbst haben ein Recht auf eine

---

1) Es zeugt von einem seelen-losen Verständnis von Leben, wenn die Ansicht vertreten wird, der einzelne Alte habe in einem gut geführten Altersheim doch alles, was er zum Leben brauche, und könne fröhlich 100 Jahre alt werden. Das ist allenfalls bei originalen Einzelgängern so. Wer seine Angehörigen und Freunde (Altersgenossen) überlebt hat, hat ein Recht darauf, sich selbst "überlebt" zu fühlen und dieses Zustandes müde zu sein.
2) Ps 71 betet ausdrücklich (V.9): "Verwirf mich nicht in meinem Alter, verlaß mich nicht, wenn ich schwach werde".
3) Heidelberger Katechismus, Frage 92

authentische Beziehung. Sie wollen nicht Abziehbilder von gestern sein.

e) Kränkung, Schuld und Vergebung als Beziehungsphänomene

Kränkung

Ich sagte: Störungen der Beziehung kränken die Seele. Sie krankt an ihnen möglicherweise bis zur Notaufnahme im Krankenhaus. Dem Phänomen der sogenannten "Kränkung" bis in seine tiefen Verästelungen nachzugehen, wäre ein eigenes Kapitel. Ich belasse es bei Notizen.
Sich einer Kränkung zu erwehren, ist schwer, denn "Seele" ist immer zugleich Subjekt und Objekt. Als "Subjekt" vermag sie sich vielleicht zu distanzieren, d.h. eine Beziehung auf dasjenige Maß von Abstand zu bringen, welches Verletzung unmöglich macht.[1] Als "Objekt" leidet sie evtl. spätestens unter der Distanzierung, so nötig diese u.U. auch ist. Kränkbarkeit offenbart die Schwachstellen in der Selbstbeziehung der Seele. Der "Feind", der von draußen eindringt, hat deshalb so leichtes Spiel, weil drinnen längst das trojanische Pferd der Selbstzweifel bzw. "Komplexe" stationiert ist. Wir sprechen dann von (besonderer) "Empfindlichkeit".
Wieviel Zorn, ja Haß, Kränkung auszulösen vermag, belegt der 109. Psalm. Der Beter hatte es gut gemeint (V.5). Enttäuschte Liebe (V.4) bringt ihn nun zu hemmungslosen Verwünschungen. Er wünscht dem Gegner Gottes Gegnerschaft (V.6f.), Entfernung aus dem Amt und frühen Tod (V.8), Unglück für Frau und Kinder (V.9-12) und überhaupt für alle Nachkommen (V.13). Selbst die Vorfahren werden mit Verwünschung bedacht (V.14). Im Folgenden kann der Beter dann auch von seinem eigenen Zustand sprechen. "Mein Herz ist zerschlagen in mir. Ich fahre dahin wie ein Schatten, der schwindet...Meine Knie sind schwach

---

[1] Eine Haltung nach dem Motto: "Was kümmert's die Eiche, wenn sich die Sau an ihr schabt!?", gibt solche Distanzierung wieder. Daß sie nicht ohne Bitterkeit ist, verdeutlicht die "Sau". Eiche und Sau haben im übrigen nichts gemein!

vom Fasten, und mein Leib ist mager und hat kein Fett...", lesen wir da (V.22ff.). In diesem Psalm ist von lockerem Abstand keine Rede. Eindeutig schlägt die Kränkung dem Beter auf den Magen.

Schuld

Daß "Schuld", wie "Liebe" und "Sünde", ein Beziehungsbegriff ist, kam schon zur Sprache.[1] "Schuld" bezeichnet, was einer dem anderen bzw. der guten Beziehung "schuldig blieb", so daß die Beziehung nunmehr gestört ist. Gelebte Sünde (d.h.: Verabsolutierung einer Dimension und damit Mißachtung der anderen - z.B. der Beziehung zum Mitmenschen) zeitigt den Tatbestand der Schuld. Schuld setzt einen Vertrag, eine Norm, oder auch eine einverständige Erwartung darüber voraus, was ein Beziehungspartner dem anderen schuldet. Im Alten Testament kennzeichnet das Wort "Bund" ('berit') den Vertragszustand. Die 10 Gebote repräsentieren die Normen eines förderlichen Lebens-in-Beziehung. Im Liebesgebot läßt sich alles zusammenfassen, was dem Leben-in-Beziehung dient. Die Rede vom "Naturrecht" hebt auf ein originales Wissen der Seele von dem, was hier recht und billig ist im Leben, ab.
Es ist wichtig, zu sehen, daß Schuld in allen Dimensionen von Beziehung entstehen kann. Es gibt Schuld sich selbst gegenüber. Es gibt auch ein ererbtes Teilhaben an Schuld und ein unwillkürliches Hineinwachsen in Schuld. Wer nicht ausdrücklich gegen die Verzerrung von Beziehung aufsteht, ist mitschuldig an dieser. Schuldfähig zu sein, ist Ehrentitel der "Seele" vor Gott, vor sich selbst und vor den Mitmenschen. Wer antworten kann, ist ver-ant-wortlich. "Seele" zu sein, in-Beziehung-sein heißt: verantwortlich sein.
Schuld ist als das, was Beziehung stört, zwangsläufig nicht einfach nur etwas Objektives. Mein Empfinden, dem anderen etwas schuldig zu bleiben, ist möglicherweise völlig subjektiv. Mein Gewissen betrachtet und branntmarkt etwas als Schuld, was niemand sonst als solche

---

1) S.o.S.169

wahrnimmt. Oder der Mitmensch reklamiert vielleicht eine Schuld bei mir, welche er allein empfindet. Die Frage nach dem Umgang von "Starken" und "Schwachen" miteinander[1] rührt an diesen Zusammenhang. Rücksicht auf die Störanfälligkeit des "Schwachen" zu nehmen, ist ein Gebot der Nächstenliebe. Diese Störanfälligkeit zu verabsolutieren, ist freilich um der Selbstachtung der ("starken") Seele, und wiederum um des Nächsten willen nicht möglich.

In der Schuldfrage wird unweigerlich die Korrespondenz von Selbst- und Außenbeziehung der Seele bedeutsam. Diese im Blick zu haben, hilft, angemessen mit der Unterscheidung von ("echter") Schuld und ("bloßem") Schuldgefühl umzugehen, welche wir aus der modernen Psychologie kennen. Der Soziologie verdanken wir die Erkenntnis, daß eine Fülle gesellschaftlicher Normen relativ, d.h. nur in einem bestimmten Bezugssystem verbindlich sind. Was hier als Schuld empfunden wird, erscheint dort möglicherweise als Verdienst; Theologen tuen gut daran, so etwas wahrzunehmen. Sitte und Moralvorstellungen wandeln sich. Nicht jeder Wandel steht unter dem Vorzeichen der Sünde. Das ändert andererseits aber nichts an der Tatsache, daß es Schuld objektiv gibt, als Schuld am Leben-in-Beziehung. Das Liebesgebot läßt sich in der Tiefe seines Sinnes nicht überholen. Es ist sozusagen mit der "Seele" auf die Welt gekommen und gibt Kriterien des Urteils über Schuld an die Hand.

Schuld bedeutet Beziehungsstörung. Um die Störung zu überwinden und zum guten Leben-in-Beziehung zu finden, muß Schuld wahrgenommen und bekannt werden, bekannt im umfassenden Sinne von Benennen, Ansprechen und Dazu-stehen ("Bekennen"). Hilfe dazu ist ein wesentliches Element von Seelsorge und schließt immer auch Konfrontation ein. Konfrontation mit Schuld bedeutet eine Zu-mutung. Dem Schuldigen wird zugemutet, wahrzunehmen, daß etwas bei/mit ihm nicht "in Ordnung" ist. Demjenigen, der das Schuldbekenntnis hört, wird zugemutet, dieses zu ertragen.

Der Umgang mit Schuld in der Seelsorge ist deshalb so schwer, weil die Konfrontation mit Schuld a l l e Beteiligten zu ihrer Angst vor

---

1) Vgl. Paulus in Röm 14

Verurteilung (und Strafe) führen, bzw. mit dem Gefühl eigener Nichtigkeit in Berührung bringen kann. Die Scheu zahlreicher Seelsorger vor der Konfrontation anderer mit deren Schuld, und ihre Tendenz, gestandene Schuld nicht ernst zu nehmen, d.h. entweder zu relativieren und zu bagatellisieren, oder sie mit schnellem Gnadenzuspruch sogleich zuzudecken, rührt aus ihrer Projektion, der Schuldige müsse unter dem Gewicht seiner Schuld ins Bodenlose versinken. Die Botschaft des Evangeliums, von der Gnade Gottes auch "in der Tiefe" getragen zu sein, hat in diesem Fall das Herz des Seelsorgers selbst noch nicht erreicht. So bedient er sich der "billigen Gnade" seines Kopf-Wissens. Weiß auch sein "Herz" von der Gnade Gottes, weiß er, daß der Abgrund der Schuld nicht bodenlos ist. Er verkündigt zunächst dies, indem er Schuldaussprache er-trägt und sogar Konfrontation wagt.

In der Seelsorge-Tradition finden wir die Ansicht, alle Probleme der Seele seien auf die Sünden- bzw. Schuldproblematik zurückzuführen. Folge ich hamartiologischer Engführung, muß ich diese Ansicht schlüssig nennen. Folge ich ihr nicht, bemerke ich darin einen Kurz-Schluß, denn sie läßt keinen Raum für die wichtige Unterscheidung zwischen objektiver und subjektiver Schuld. Es gibt ein biblisch belegtes Recht der Seele, die leidvolle Störung einer Beziehung, und damit ihres Lebens, wesentlich dem Gegenüber anzulasten.[1] Daß nicht jede Seele dann sogleich "den Staub" der mißlungenen Beziehung "von den Füßen (zu) schütteln"[2], bzw. sich klaglos von dieser zu lösen und zu distanzieren vermag, ist ebenfalls biblisch. Jeremia verflucht z.B. in seinem Leid den Tag, an dem er geboren ist.[3] Sicher ließe sich eventuell sagen: "Du bist selbst schuld an deinem Leid, wenn Du Gefühle hast", aber solch ein Satz offenbart stoisches Ethos, nicht das Ethos der Bibel.

---

1) Der oben (S.257f.) erwähnte Ps 109 belegt dies u.a. - Man vergegenwärtige sich im übrigen, mit welcher Vehemenz z.B. der Prophet Jeremia sich mit den Kränkungen auseinandersetzt, die ihm sein Prophetenamt einbringt. Jeremia scheut dabei nicht vor Vorwürfen gegenüber Gott zurück. Vgl. z.B. Jer 20,7ff.
2) Mk 2,11 Par
3) Jer 20,14

Ich sagte: Schuld will bekannt sein, soll die Beziehungsstörung bereinigt werden. Die "Sünde zu bekennen", die "Missetat", d.h. die im Mißverhältnis zur Beziehung stehende Tat, nicht zu verhehlen, ist Voraussetzung für das (Weiter)Leben-in-(guter)Beziehung. Indem ich meine Schuld einge-stehe, vergewissere ich zugleich meinen Partner, daß die Beziehung auch für mich dergestalt verbindlich ist, wie er sie sieht.[1] Und damit habe ich zur Heilung der Beziehung getan, was von meiner Seite her möglich ist. Selbstverständlich schließt das verantwortliche Schuldgeständnis nicht nur Reue, sondern auch den festen Vorsatz ein, daß sich der Schuldfall nicht wiederholen soll.

Vergebung

Mit seiner Vergebung besiegelt der Partner das Ende der Beziehungsstörung von seiner Seite her. Die Beziehung lebt wieder. Die "Sünde ist bedeckt", um in der Sprache der Psalmen zu reden.[2] Derjenige, dem die Schuld ver-geben wurde, darf wieder erhobenen Hauptes leben und seinem Partner frei gegenübertreten. Er darf der bereinigten Beziehung sicher sein. Die Beziehung ist wieder heil. Schuld, welche vergeben ist, ist auch in dem Sinne ver-geben, daß sie nicht mehr als Vorwurf dazwischen gebracht werden und die Beziehung erneut vergiften kann. Wo nach dem Motto: "Vergeben, nicht vergessen", alte Rechnungen immer wieder hervorgeholt werden, war die Vergebung nicht echt.

Etwas anderes ist es, Leben-in-Beziehung realistisch einzuschätzen. Jesu Aufforderung (Mt 18,22) 70x7mal zu vergeben, ist mit Sicherheit nicht die Aufforderung, sich einem unbelehrbar rücksichtslosen Mitmenschen bedingungslos auszuliefern. Sie mahnt vielmehr, eine Beziehung keinesfalls unter den Anspruch der Perfektion zu stellen. Weil

---

1) Die Redensart: "Ich entschuldige mich für..." verbindet das Schuldbekenntnis mit der Folgerung, daß damit die Dinge wieder in Ordnung sind. Daß der andere die "Ent-schuldigung annimmt", muß in gewichtigeren Fällen allerdings auch zum Ausdruck kommen.

2) Ps 32,1: "Wohl dem, dem die Übertretungen vergeben sind, dem die Sünde bedeckt ist!" - von Paulus Röm 4,7 im Zusammenhang des Rechtfertigungsgedankens zitiert. Vgl. auch Ps 85,3.

Leben=In-Beziehung-sein ständig durch Sünde bedroht ist, deshalb bedarf es immer wieder der Vergebung, und die Bitte um Vergebung - verbunden mit der Bereitschaft, selbst seinen "Schuldigern" zu vergeben - gehört bezeichnenderweise ebenso zum "Vaterunser" wie die Bitte um das "tägliche Brot". Gute Beziehung ist das tägliche Brot der Seele.

Schuld(gefühl) als Problem der Selbst-Beziehung

Vergebene Schuld ist objektiv "bedeckt". Wie oft es gleichwohl geschieht, daß sich die dergestalt ent-schuldigte Seele weiterhin mit ihrer Schuld herumquält, zeigt, daß Schuld eine subjektive Dimension hat, und macht deutlich, wie selbstverständlich auch Vergebung mehrdimensional gesehen werden muß.

Vergebung will nicht nur in der Beziehung zu Gott und zum Mitmenschen gelebt sein. Sie betrifft wesentlich auch die Selbst-Beziehung der Seele. Vergebung mag "im Geiste" im Blick auf Gott und den Mitmenschen schnell realisiert sein, echt, d.h. ganz und wahrhaftig vollzogen ist sie erst, wenn sie auch mit "Leib und Seele" vollzogen ist. Ps 32 bezeugt diese Erkenntnis in seiner Weise: "Wohl dem Menschen", sagt er gleich zu Anfang[1], "dem der Herr die Schuld nicht zurechnet, in dessen Geist kein Trug ist!" Sich "im Geist" nichts vorzumachen, auch sich selbst "von Herzen" vergeben zu können, wenn Gott und Mitmensch objektiv die Schuld vergeben, ist die Probe der Wahrheit der Vergebung für die Seele. Vergebung anzunehmen bedeutet möglicherweise, ein Selbstbild aufzugeben, das im Grunde schon kein Schuldigsein zulassen konnte. Wer Vergebung realisiert, "ver-gibt sich" genau dieses dabei. Er begibt sich eines unangemessenen ICH-Ideals und zugleich der Selbst-Verdammung.

Folgen wir den Spuren der Biblischen Psychologie, führt Auseinandersetzung mit Schuld unweigerlich auch in Fragen der Selbst-Beziehung

---

1) V.2 - Ps 38,3 spricht von den "Pfeilen", die tief im schuldbeladenen Beter "stecken".

der Seele und ihrer Geschichte, und damit in das Gebiet hinein, das lange Zeit sozusagen Domäne der wissenschaftlichen Psychologie war und für viele immer noch ist. Biblische Psychologie war schon da, ehe es solche Domänen gab, und sie nimmt objektive Schuld und subjektive(s) Schuld(gefühl) gleichermaßen als Störung von Leben-in-Beziehung bzw. Unheil der "Seele" wahr und ernst. Nach ihr will Vergebung mit Leib, Seele und Geist und in allen Dimensionen von Beziehung verifiziert sein.

Die Auseinandersetzung mit Schuld in der Dimension der Selbst-Beziehung setzt psychologische Weisheit voraus.[1] Im Sinne der Biblischen Psychologie gehört zu dieser Weisheit auch die Bereitschaft, die Selbst-Beziehung der Seele von Altlasten der christlichen Tradition zu sanieren - z.B., wo der "Geist" uralter leibfeindlicher Normen wider natürliche Lebensäußerungen des "Leibes" streitet. Jesus sagt (Joh 10,10): "Ich bin gekommen, damit sie das Leben und volle Genüge haben sollen."

6. Dimension der Beziehung zu Mit- und Umwelt

Unser Gang durch die Dimensionen von Leben-in-Beziehung ist nicht vollendet, ehe wir nicht auch eine Dimension in Blick genommen haben, welche bis vor wenigen Jahren fast völlig im Schatten der Tradition verblieb und erst mit der ökologischen Krise ins Bewußtsein rückt: die Dimension der Beziehung zu dem, was ich bisher undifferenziert "Umwelt" nannte. Ich meine die Beziehung zu Tieren und Pflanzen, zur

---

[1] Es gehört Übersicht dazu, z.B. den circulus vitiosus zwischen objektiver Schuld, subjektivem Schuldgefühl und subjektiver Schuldzuweisung zu erkennen, der sich leicht im Zusammenhang notwendiger Abgrenzung etabliert. Beispiel: Die Mutter umklammert das Kind mit ihrer Liebe. Das Kind wehrt sich gegen diese atemberaubende "Liebe" schließlich aggressiv überschießend. Die Mutter ist verletzt. Ihre Vorwürfe haben "objektiven" Anhalt am ungebührlichen Benehmen des Kindes. Sie verstärken damit erstrecht die Schuldproblematik im Kinde, spürt dieses unbewußt inzwischen möglicherweise doch auch Haß gegenüber einer Mutter, die "immer nur lieb" ist...

Natur, welche den Menschen mit ihrem Leben umgibt, aber auch zu den Dingen, denen wir normalerweise und unbesehen keine Lebendigkeit zusprechen, weil sie "sächlich" verstanden werden. Nur - was ist nicht "lebendig", wenn es um Beziehung geht? Auch "Sachen", auch Gegenstände werden liebgewonnen, ohne daß die Beziehung zu ihnen gleich in Fetischismus ausarten müßte. Wer einen Umzug zu bewältigen hat und sich bei dieser Gelegenheit von "altem Trödel" trennen möchte, entdeckt dies möglicherweise als Last. Am achtlosen Umgang mit den "Sachen", die uns umgeben, kann nicht nur nüchterne "Sachlichkeit" sichtbar werden, es kann sich darin auch eine seelen-lose Haltung widerspiegeln.

a) Mit- und Umwelt als "Leib" der Schöpfung - Auseinandersetzung mit der Geistestradition

Urtümliches Denken gibt den Wesen und Dingen der Umwelt gerne Namen und Stimme. Im Mythos ist die Natur gott-durchwirkt. In den Fabeln sprechen die Tiere. Im Märchen vermögen Gegenstände zu tanzen. Klage kann, nach alter Redensart, sogar "Steine erweichen". Wer sein Leben mit einem Hündchen oder einem Wellensittich teilt, spricht natürlich auch mit ihm. Für Pflanzenfreunde ist selbstverständlich, daß Pflanzen auch Ansprache und Berührung brauchen, wenn sie gedeihen sollen. "Heimat" umschreibt Umwelt, die ein vertrautes Gesicht hat. Die Gleichnisse vom Verlorenen Brautschmuck ("Notgroschen") und vom Verlorenen Schaf (Lk 15,1-10) heben sicher nicht nur auf den materialen Wert des Gesuchten ab, sondern auch auf die Beziehung zu ihm.
Wenn ich von "Umwelt" spreche, dann rede ich damit zunächst vom "Leib" der Schöpfung. Die Tradition ist, wie wir sahen[1], geneigt, Leibhaftiges zu verobjektivieren. Materialität mit Objektivität gleichzusetzen, liegt nahe. Auf dem Boden der christlichen Geistestradition entwickelt sich in dem Maße, in dem hier Subjekt und Objekt auseinandertreten, auch die Tendenz, alles "Leib"-haftige seiner

---

1) S.o.S.173ff.

"Seele" zu entkleiden. Verabsolutierung des "Geistes" und eine totale Versachlichung der Schöpfung hängen zusammen. Dementsprechend kommt uns aus der Tradition auch eine Haltung über, welche den Auftrag Gottes an den Menschen, sich die Erde "untertan" zu machen (1.Mose 1,28), nur im Sinne absolut selbstherrlichen Verfügens über die außermenschliche Schöpfung zu deuten vermag. Daß solche lieb- und respektlose Haltung nicht auf der Linie des biblischen Begriffs von Schöpfung und Leben liegt, beginnt sich im Zusammenhang einer neuen Umwelt-Theologie herumzusprechen.

Eines ist es, die Natur zu entgöttern, Gott der Schöpfung gegenüber zu sehen und auch dem Menschen (als Ebenbild Gottes) eine besondere Stellung gegenüber der Natur zuzumessen. Ein anderes ist es, die Schöpfung zu versachlichen und den Menschen aus der Solidarität aller Kreatur herauszunehmen. Was sich da dergestalt von der Schöpfung abzusetzen vermag, ist, bei genauerem Zusehen, nämlich nur der verabsolutierte "Geist", nicht der leibhaftige Mensch und nicht seine "Seele".

Am Ende des Abenteuers der sogenannten "Aufklärung" steht die Erkenntnis von der wechselseitigen Bezogenheit alles Lebendigen, sei es nun organischer oder anorganischer Natur. Der mißhandelte "Leib" der Schöpfung reklamiert seine Beziehung zum "Geist". Die "Seele" der Schöpfung meldet sich zu Wort.[1] Sie bedarf der Sorge. Achtloser, d. h. seelenloser Umgang mit der Umwelt fällt auf den Menschen zurück. Der Tod der Umwelt ist der Sold der Sünde der Selbstverabsolutierung des Menschen, genauer: seiner gestörten Beziehung zur Leibhaftigkeit des Lebens.

---

1) Paulus konnte Röm 8,22 noch einfach davon sprechen, daß die ganze Schöpfung mit dem Menschen "seufzt und sich ängstet" in den Geburtswehen der Erlösung. Inzwischen ist die Todes-Drohung/Angst der Beziehungslosigkeit mit dem Sterben der Umwelt unheimlich real geworden.

b) Beziehung zu den Dingen: Relativierung - nicht Verneinung

Wir sahen: Der Mensch lebt nicht vom Brot allein, aber er bedarf doch des täglichen Brotes. Jesus relativiert den Besitz. In seinem Wort vom Sorgen, bzw. von der Nicht-Sorge (Mt 6,25ff.), wendet er sich deutlich dagegen, Wohl und Wehe der Seele ausschließlich an materielle Dinge zu hängen. Das Gleichnis vom reichen Kornbauern veranschaulicht, daß Besitz nicht alles sein kann.[1] Die Gefahren des Reichtums sind immer wieder Thema in der Bibel. Es sind die Gefahren der Verabsolutierung des Besitzes, will sagen: dessen, was sich "haben" und worüber sich ungefragt verfügen läßt.

Wenn Leben Sein-in-Beziehung ist, kann es seine Sicherheit nicht im materialen Haben gewinnen, ja überhaupt nicht im Haben. Denn jedes Haben ist, statisch bzw. quantitativ angelegt, wie es ist, von Vergänglichkeit bedroht. Deshalb redet Paulus dem "Haben-als-hätte-man-nicht"[2] sogar in den (horizontalen) Beziehungen das Wort.

Doch Relativierung bedeutet nicht Verneinung. Einer Perversion von Beziehung dadurch vorzubeugen, daß überhaupt jegliche Beziehung zu den Gütern dieser Welt vermieden wird, heißt, den Teufel der Verabsolutierung des "Fleisches" mit dem Beelzebub der Verabsolutierung des "Geistes" auszutreiben. Wieviel Lebensangst und Lieblosigkeit kann sich hinter Enthaltsamkeitsidealen verbergen! Der Jesus, der auf der Hochzeit zu Kana Wasser in Wein verwandelt, wo die Gäste erklärtermaßen schon "betrunken werden" (Joh 2,10), kann sicher nicht zum Zeugen einer gebrochenen Beziehung zu den Dingen dieser Welt gemacht werden.[3]

---

1) Lk 12,16-21 - vgl. dazu o.S.35f.
2) 1.Kor 7,29ff. - s. dazu o.S.243
3) Daß die Anrede als "Fremdlinge und Pilger" (1.Petr 2,11 vgl. Ps 39,13) die Mahnung, sich der "fleischlichen Begierden" zu enthalten, "die gegen die Seele streiten", einleitet, ist nicht zufällig. Die schmalgespurte Tradition ist hier durchaus konsequent.

c) Beziehung im Verbund der Dimensionen - Zur Wiederentdeckung
des Symbolischen

In der Beziehung zu Wesen und Dingen der Natur, wie zu Wesen und Dingen der Kultur lebt die lebendige Seele und spiegelt sich ihr Wesen - wie in allen anderen Dimensionen des Lebens. Es entspricht der lebendigen Bezogenheit aller Dimensionen des Lebens aufeinander, daß Störungen in dieser Beziehungsdimension das Leben der Seele ebenso betreffen, wie in den anderen.
Wer wäre nicht schon Menschen begegnet, die nur deshalb noch am Leben sind, weil ihr geliebtes Haustier auf sie wartet, oder weil sie ihr vertrautes Gehäuse, die Bücher, die alten Möbel oder ihren Spazierweg noch haben? Die Übersiedlung in ein Altersheim bedeutet deshalb nicht einfach nur einen tiefen Einschnitt im Leben. Sie hat mindestens die Qualität der ersten Stufe des eigenen Todes.
Manch einer rettet seine aktive Gottesbeziehung nicht über einen Umzug hinweg, weil die neue "Kirche" ihn nicht "anspricht". Derartige Bindung an den Kirchraum früherer Tage zeigt natürlich einen Mangel an Beweglichkeit und Reife. Aber - wie gesagt[1] - das Beispiel Abrahams, der "aus seines Vaters Hause" herauszuwandern vermochte allein auf Gottes Verheißung hin, ist ja auch kein alltägliches. Daß Unabhängigkeit vom umgebenden Raum auch Mangel an Beziehung zum Behaustsein bedeuten kann, ist sozusagen die andere Seite der Medaille. Sowohl der Begriff des "Hauses" (griechisch: 'oikos') als auch der der "Kirche" sind bezeichnenderweise mehrdeutig bzw. mehrdimensional und beziehungsträchtig.
Es besteht ein Zusammenhang zwischen dem Ende des Zeitalters der "Aufklärung" und des "Programms der Entmythologisierung", dem neuen ökologischen Bewußtsein und der Wiederentdeckung des Symbol-Begriffs, bzw. einer anderen als der "objektiven", d.h. seelenlosen Beziehung zu Dingen und Handlungen. Dem Symbolischen nachzugehen, heißt Bezogenheit wahrzunehmen. Das Symbol repräsentiert neben dem Sichtbar-

---

1) S.o.S.255 Anm 2

Leibhaftigen auch eine geistige Dimension. Wo es lebendig ist, spricht es die Seele an.

Ich breche hier ab, nicht weil es nichts mehr zu sagen gäbe, sondern weil ich mich darauf beschränken will, die Linien bis dorthin auszuziehen, wo ihr Verbund sichtbar wird. Beim Stichwort "Symbol" ist das gegeben.[1] Ziehen wir jetzt also Bilanz, und wenden wir uns damit dem letzten Kapitel dieser Arbeit zur Seelsorge-Lehre zu.

E. Bilanz - Auf der Brücke zwischen Dogma und Pragma der Seel-Sorge-Lehre

In den letzten Abschnitten gingen wir gesondert die Dimensionen durch, in welchen "Seele" (in-Beziehung) lebt. Daß wir damit zugleich die Dimensionen der S o r g e um Seele vor uns haben, ergibt sich nach unserem Ansatz selbstverständlich, desgleichen, daß keine Dimension ohne grundlegenden Schaden für die Sache der Seelsorge aus dem dimensionalen Verbund herausgelöst werden kann. In der konkreten Sorge um "Seele" mag diese oder jene Dimension in den Vordergrund der Beachtung treten, gleichwohl bleibt der Verbund konstitutiv, wenn anders Seelsorge mit der "lebendigen Seele", bzw. mit Leben-in-(mehrdimensionaler)Beziehung zu tun hat.

Aus dem Wesen von "Seele" ergibt sich, daß Seelsorge im Sinne der 'cura animarum specialis' nicht anders als in-Beziehung geschieht und geschehen kann. In-Beziehung-sein ist das tägliche Brot der Seele.

---

1) Das Nachdenken über Begriff und Sache des "Symbols" ist wesentlich von Paul Tillich geprägt. Den Einstieg bildet dabei der Vortrag, den Tillich im September 1928 auf der Berneuchener Konferenz zum Thema "Natur und Sakrament" hielt (jetzt in: 77,Bd.VII, S.105-123). Daneben veröffentlichte er im gleichen Jahr auch einen Aufsatz über "Das religiöse Symbol" (77,Bd.V, S.196-212). 1962 bringt der Verlag Vandenhoeck & Ruprecht ein Sammelbändchen von Tillich unter dem Titel "Symbol und Wirklichkeit" heraus (80). Was Tillich in seiner Systematischen Theologie zum Symbol sagt, zitierte ich bereits o.S.222 Anm 1. Vgl. im übrigen die schon erwähnte Arbeit von Werner Jetter von 1978 zu "Symbol und Ritual" und schließlich die von mir besprochenen Arbeiten von Thilo und Scharfenberg aus dem Jahre 1985.

Deshalb stellt KOINONIA auch die angemessene Leitkategorie der Seelsorge dar. 'Martyria', 'diakonia' und 'leiturgia' vermögen vielleicht zu beschreiben, was jeweils besonders dran ist, die Funktion der Leitkategorie aber können sie nicht übernehmen, weil sie jeweils nur anteilig abzudecken in der Lage sind, was Sorge um "Seele", im Sinne der Gleichung: Seele=Leben=In-Beziehung-sein, beinhaltet. Nicht zufällig wohnt jeder der drei von der Tradition überkommenen Leitkategorien im übrigen die Neigung inne, die Seele als "Objekt" der Sorge zu sehen. Sie können ihren Sitz im Leben eines Seelsorge-Verständnisses, das von der "Sorge" her entwickelt wurde, nicht ohne weiteres abstreifen. Unter der Leitkategorie der KOINONIA hingegen gewinnt Seel-Sorge m.E. theologisch wie psychologisch angemessenes und praktisch eindeutiges Profil.

Mein Bemühen gilt einer theologischen Grundlegung der Seelsorge, genauer, es geht mir darum, die Lücke zwischen theologischer Theorie und (pastoral-)psychologischer Praxis bzw. zwischen Dogma und Pragma der Seelsorge zu schließen. Wie sich gezeigt hat, ist dies ohne systematische Verrenkungen möglich, sobald wir vom biblischen Begriff der "Seele" ausgehen. Nicht nur ein angemessener allgemeiner Seelsorge-Begriff ('cura animarum generalis') stellt sich ein und kennzeichnet Seelsorge umfassend als "Lebenshilfe", auch Seelsorge im Sinne der 'cura animarum specialis' ist einleuchtend zu bestimmen. Wenn "Seele" im besonderen "Leben-in-Beziehung" bedeutet, dann definiert sich die spezielle Sorge um "Seele" folgerichtig als Hilfe oder Bemühen im bzw. um das In-Beziehung-sein des Menschen in allen Dimensionen seines Lebens.

Wie selbstredend alte theologische Grundbegriffe neu zu leuchten beginnen und sich einfügen - unter der Bedingung des Denkens in "Dimensionen", und als Beziehungsbegriffe gefaßt -, hatten wir gesehen. Die Rede vom Tod als "der Sünde Sold" wird anschaulich. Das Dreifachgebot der Liebe als "Summe des Gesetzes" ist evident. Der theologische Dual 'sarx'("Fleisch")-'pneuma'("Geist") erweist sich als Schlüssel der Dogmengeschichte der Seelsorge.

In diesem Zusammenhang bleibt eine Auseinandersetzung mit der Lehrtradition und ihren Auswirkungen bis heute nicht aus. Ihre Grunderkenntnisse lassen sich festhalten, ihre Dilemmata überholen. Auf dem Boden mehrdimensionaler Sicht schließen sich Einsichten der modernen Humanwissenschaft anstandslos mit Folgerungen der Biblischen Psychologie zusammen. Ist es richtig, daß "Sünde" Negation von Beziehung bzw. Verabsolutierung e i n e r Dimension des Lebens meint, dann erwachsen aus solchem Verständnis nicht nur Anfragen an eine betont säkular verschlossene Psychologie, sondern auch an die theologische Tradition der Seelsorge bzw. ihrer Lehre. Es ist, so kann man hinsichtlich deren Geschichte sagen, die Theologie gewesen, welche die Psychologie in die säkulare Emigration gedrängt hat. Lassen wir die Urkunde des Glaubens original und umfassend zu Wort kommen, erweist sich "Pastoralpsychologie" als original theologisches Geschäft.

Die Lücke zwischen D o g m a und P r a g m a der Seelsorge zu schließen, heißt auch, sich derjenigen Lücke anzunehmen, die möglicherweise zwischen Dogma und Pragma der Seelsorge-L e h r e klafft. Ich bemühte mich um eine theologische Grundlegung der Seelsorge, und damit darum, schlüssig darzulegen, was Seelsorge nach theologischem Verständnis ist, wie sie sich begründet und welche Kategorien das Nachdenken über sie leiten. Dies kann jedoch nicht alles sein. Sicher ist es gut, schwarz auf weiß nachhause zu tragen, was Wissenschaft auf die Flaschen des Geistes zu ziehen vermag. Aber die "Sache" der Lehre verlangt mehr, denn die Sache der "Seele" will nicht nur mit dem "Kopf", sondern mit dem "Herzen" begriffen sein. Was Sorge um "Seele" sei, zu vermitteln, kann daher nicht im wissenschaftlichen Diskurs erledigt sein, wenn anders Seelsorge eine p r a k t i s c h e Disziplin der Theologie ist. Seelsorge-Lehre ist aufgefordert, sich um ihre praktische Evidenz zu kümmern. Es muß ihr Anliegen sein, die Bedingungen mit zu bedenken, unter denen sie nicht nur mit dem Intellekt, sondern auch "mit Leib und Seele" begriffen wird, damit das "Herz" dem "Kopf" nachkommen und die Sache ganz ankommen kann.
Eine in diesem Zusammenhang begründete praktische Entscheidung ist,

die Lehre von der Seelsorge nicht in die Gestalt eines Kompendiums zu gießen, sondern es im theologischen Diskurs bei grundsätzlicher Auseinandersetzung und beim Aufzeigen von Zusammenhängen zu belassen. (So wird der Leser z.B. vergeblich einen Abschnitt zum Stichwort "Amt" suchen.) Auch eine umfassende Aufbereitung humanwissenschaftlicher Einsichten liegt nicht auf der Linie meines Verständnisses von Praktischer Seelsorge-Theologie. Nicht nur, daß eine solche, kurz gesagt, dem "Lehrling" der Seelsorge unmittelbar nichts nutzt, bzw. allenfalls den Kopf schwer macht. Sie würde ihn auch in seinem ureigenen Lernprozess behindern, gehört zu diesem doch immer auch das Werk der eigenen Auseinandersetzung mit der reichlich vorgegebenen theologischen und humanwissenschaftlichen Literatur und die Arbeit der persönlichen Theoriebildung - jeweils zu gegebener Zeit.

Eines ist es, dies und jenes zu w i s s e n, ein anderes, es zu e r f a h r e n. Erst unter Beteiligung der eigenen Seele wird totes zu lebendigem Wissen. Das Herz denkt, und der Geist leiht ihm Worte und Kategorien. Wissenschaft für sich kann die Wahrnehmung schärfen, aber auch die Seele überfremden. Relevante Seelsorge-Lehre folgt m.E. notwendig dem Kriterium der Evidenz. Sie stößt deshalb immer auch in den Prozess der inneren Korrespondenz von leibhaftigem Erleben und geistiger wie geistlicher Auseinandersetzung hinein. Sie ist nicht in sich geschlossen, sondern offen auf Erleben und Dialog hin.

So schließt sich denn der theoretische Kreis einer L e h r e von der Seel-Sorge dergestalt, daß wir Bedingungen erörtern, unter denen Erkenntnis von der Seelsorge ins Leben kommt, d.h. in die "Seele" des Seelsorgers. Denn eben diese ist das "Instrument" der Seelsorge. Und dieses Instrument sachgerecht zu bilden, muß Ziel der Seelsorgelehre sein. M.a.W. Seelsorge-Lehre bewahrheitet sich selbst als Seelsorge am Seelsorger.

Doch schauen wir im einzelnen, wie sich aus dem gegebenen Ansatz die Gestalt p r a k t i s c h e r Lehre von der Seelsorge entwickelt, und überschreiten wir damit exemplarisch die Brücke zu einem längst etablierten Modell der praxis-bezogenen Seelsorge-Ausbildung - wohl wissend, daß es inzwischen durchaus noch andere prinzipiell vergleichbare Modelle gibt.

F. Praxisbezogene Seelsorgeausbildung als Konsequenz des theologischen Ansatzes

Über praxisbezogene Seelsorge-Lehre bzw. Ausbildung ist seit dem Aufbruch der sogenannten Seelsorgebewegung schon etliche Literatur erschienen.[1] Unser Modell ist unter dem Kürzel "KSA" vertraut. Hans-Christoph Piper weist in seiner Habilitation über dieses "pastoraltheologische Modell" nach, daß es praxisbezogene Seelsorge-Lehre nicht erst seit 1925 und dem Amerikaner A.Th. Boisen gibt, sondern dergleichen bereits 1781 in Göttingen bei H. Ph. Sextro zu finden ist.[2] Daß Sextros Lehransatz im 19. Jahrhundert wieder von der Bild(ungs)fläche verschwand, ist eine Folge dessen, was ich die Dominanz des "Geistes" in der Seelsorgetradition nannte. "Für eine Didaktik des Lernens mittels eigener Erfahrung", schreibt Piper[3], "war im 19. Jahrhundert immer weniger Raum. Der 'Bildungsidealismus' gewann immer mehr Einfluß; der Geist eilte der Praxis wieder davon." Doch lassen wir die Literatur beiseite. Ich ziehe einfach die Linien aus, welche sich aus dem eigenen Ansatz bei der Biblischen Psychologie ergeben.

Seele, sahen wir, ist "Leben-in-Beziehung". Seelsorge bestimmt sich als Hilfe oder Bemühen im bzw. um das In-Beziehung-sein des Menschen in allen Dimensionen seines Lebens. Die Leitkategorie der Seelsorge ist dementsprechend KOINONIA. Seelsorge geschieht in-Beziehung, sie eröffnet Raum für das lebendige In-Beziehung-sein der Seele. Praktische Seelsorge-Lehre, bzw. Ausbildung zum Seelsorger, bedeutet nichts anderes, als daß dem allem erfahrend nachgegangen wird. Was es um die "Seele" ist, läßt sich theoretisch leicht sagen. Aber es bleibt unpraktisch, solange der Seelsorger es nicht an und mit seiner eigenen Seele begreift. So führt ihn praktische Seelsorge-Lehre notwendig ins Erleben und leitet ihn an, das Erleben wahrzunehmen und auszuwerten,

---

1) Ich verweise z.B. auf die Titel Nr. 6,19,26,47 und 91 des Literaturverzeichnisses. Es gibt natürlich weitere.
2) 47,S.14ff.
3) 47,S.26

damit aus dem Widerfahrnis Erfahrung werden kann.[1]

Seelsorge-Ausbildung lehrt, Beziehung wahr-zunehmen im doppelten Sinn: des Verstehens und des Realisierens. Sie bemüht sich um die Beziehungsfähigkeit des Seelsorgers, den einfachen Grundsatz vor Augen, daß mir Sorge um und Hilfe für die Seele des anderen nur in dem Maße möglich ist, in dem meine eigene Beziehungsfähigkeit gilt. Niemand kann einen Raum eröffnen, der ihm selbst nicht zugänglich ist. Keiner vermag Störungen zu überwinden helfen, der sich selbst eben darin nicht auskennt. Jede Seele, und damit auch diejenige des Seelsorgers, hat ihre Geschichte. Eigenen Störungen lebendiger Beziehungsfähigkeit auf die Spur zu kommen und an Lebendigkeit der Seele hinzuzugewinnen, ist ein wesentliches Lernziel. Wie alle Dimensionen von Beziehung miteinander korrespondieren, so auch die Gottes-, die Selbst- und die Fremdbeziehung des Seelsorgers.

1. Lehrelement: Gesprächsanalyse

An der Weise, wie sich eine seelsorgerliche Begegnung gestaltet, wird nicht nur sichtbar, was es mit dem Seelsorgepartner auf sich hat, sondern auch, wie beziehungsfähig der Seelsorger ist, d.h., wie e r Beziehung auf- und wahrzunehmen vermag. Praktische Seelsorge-Lehre bedient sich hier z.B. der sogenannten Gesprächsanalyse. Dabei wird ein Ausschnitt der Praxis des Seelsorgers anhand eines wortgetreuen ('verbatim') Protokolls einer Begegnung eingehend durchleuchtet.

Schon die Vergegenwärtigung einer Begegnung durch ihr anschließendes Protokollieren kann dem Seelsorger neue Einsichten bringen. Er hört sozusagen noch einmal zu, hat vor Augen, was er aufnahm und wo Lücken sind, und wiederholt sein eigenes Erleben der Begegnung noch einmal im Abstand. Seine Wahrnehmung bleibt freilich auf die ihm eigenen Möglichkeiten beschränkt. Hier gibt es "blinde Flecken". Zudem ist

---

1) Ich lehne mich hier an die hilfreichen Ausführungen von H.-Chr. Piper in: 47, S.44ff. an.

Gesprächsführung auch ein "Handwerk", dessen "Kunstgriffe" darauf warten, bekannt, vertraut und erprobt zu werden. So ist die Lerngruppe der vorzügliche Ort für die allseitige Durchleuchtung einer seelsorgerlichen Begegnung, und als Möglichkeit, Alternativen vorzustellen und zu erproben, erscheint das sogenannte R o l l e n - s p i e l. Am eigenen Leibe erlebt hier der Seelsorger, was es mit seinen Gesprächsreaktionen auf sich hat. Im Spiegel der Wahrnehmung der Gruppe werden seine "blinden Flecken" sichtbar.

Es entspricht dem, was wir zur Korrespondenz von Selbst- und Fremdbeziehung herausfanden, daß die Analyse einer seelsorgerlichen Begegnung drei Schwerpunkte der Aufmerksamkeit zeitigt. Zum einen wird der Gesprächspartner, zum anderen der Seelsorger, und zum dritten das interaktionale Geschehen, bzw. die Kommunikation zwischen den beiden, besonders in Blick genommen werden. Natürlich hat das Verstehen des Gesprächspartners eine diagnostisch-fachliche Seite, und die Gestaltung der Interaktion schließt von Seiten des Seelsorgers auch handwerkliche bzw. methodische Fertigkeiten ein. Nur läßt sich "Fachkunde" wohl abstrakt verhandeln, aber eben nicht abgesehen vom leibhaftigen Seelsorger realisieren. Hand-, Geistes- und Seelen-Werk bilden eine Einheit. Immer ist der Seelsorge-"Lehrling" (wie alle Beteiligten der Seelsorge-Lehre) nach seiner Selbst-Beziehung gefragt.

2. Lehrelement: Selbst-Erfahrung

Auf der Fährte der Korrespondenz von Selbst- und Fremdbeziehung schreiten insbesondere die sog. Selbsterfahrungs-Einheiten in der Gruppenarbeit voran. Seelsorge vollzieht sich als Beziehungsgeschehen. Die Ausbildungsgruppe repräsentiert mit ihren Teilnehmern ein konkretes Beziehungsgefüge.

Wie sich das einzelne Gruppenmitglied in der Gruppe bewegt, erlebt, einbringt, auseinandersetzt, verhält, wie es agiert und reagiert in-Beziehung zu den anderen, ist ein tatsächlicher Spiegel seiner

Beziehungsfähigkeiten, -möglichkeiten und -behinderungen. Im Gruppengeschehen treten Probleme der Selbst-Beziehung ans Licht. Die Prägung des einzelnen und seine Selbst-Geschichte kommen zutage. Dies alles genauer wahrzunehmen, hilft die Metakommunikation. Unter behutsamer Anleitung teilen die Gruppenmitglieder einander mit, was sie erleben, bei sich selbst und mit sich selbst, beim anderen und mit dem anderen, im Zusammenhang mit diesem oder jenem Thema, und endlich bei der Art, wie es verhandelt wird. Damit wird das Beziehungs- und Erlebnisgefüge sichtbar. Muster des Verhaltens zeichnen sich anschaulich ab. Was sonst möglicherweise im Dunkel des Unbewußten oder einfach ausgeblendet blieb, kommt dergestalt zur Wahrnehmung, wird reflektierbar und gegebenenfalls auch disponibel. Alternativen können erprobt werden, und der Beziehungsspielraum weitet sich.

3. Einzelsupervision (Seelsorge am Seelsorger)

Daß in diesem Zusammenhang auch ein besonders geschützter Raum zu persönlicher Auswertung und Auseinandersetzung unter vier Augen bereitsteht, ist mit dem Ausbildungselement der sogenannten Einzelsupervision aufgenommen. Hier stellt sich der Ausbildungsleiter mit seiner Übersicht über das Gesamtgeschehen ("Super-vision") dem einzelnen Seelsorge-Lernenden als Gesprächspartner zur Verfügung und begleitet diesen auf seinem intimen Lernweg mit sich selbst als Seelsorger.
"Supervision" bildet Seelsorge an Seelsorgern-auf-dem-Wege ab. Sie beginnt praktisch schon vor der konkreten Ausbildungsarbeit. Der Teilnahme an einer Seelsorge-Ausbildung, wie wir sie hier im Blick haben, geht sinnvollerweise eine Begegnung zwischen Leiter und Ausbildungsinteressent voraus, in der sich beide - gemäß Lk 14,28 - "hinsetzen und die Kosten überschlagen". Wer sich aufmacht, um Seelsorge nicht nur mit dem "Kopf", sondern "mit Leib und Seele" zu lernen, macht sich zwangsläufig auch auf aus "Mutterland" und "Vaterhaus" seines Selbst. Nicht jedermanns Sache ist es, dies zu tun. In

jedem Fall ist er nicht nur selbst davon betroffen, sondern auch sein "Haus". Selbst- und Fremdbeziehung korrespondieren, wie gesagt, miteinander. Jeder Wandel der Selbst-Beziehung wirkt sich zwangsläufig besonders auf die Beziehung zu den nächsten Bezugspersonen aus. Es gehört zur Verantwortung gegenüber der Sache, zu prüfen, ob und wie diese nächsten Bezugspersonen den Aufbruch aus dem vertrauten Gehäuse vertragen. Aber auch die Selbstbeziehungs-Toleranz des Ausbildungsinteressenten steht in Rede. Fortzuschreiten ist nur bei Veränderung des Gleichgewichts (von einem Fuß auf den anderen) möglich. Bringt dies im Zusammenhang des seelischen Gefüges unabsehbare Probleme, ist nicht Ausbildung, sondern Therapie angezeigt.

4. Geistliches Leben

Praktische Seelsorge-Lehre umgreift - wie könnte es anders sein! - nicht nur die horizontalen Dimensionen von Leben-in-Beziehung, sondern auch die Vertikale. Es ist ihr von Hause aus angelegen, diese selbstverständlich zu integrieren, ja eben damit erlebbar werden zu lassen, wie lebensnah die Rede von der vieldimensionalen Bezogenheit ist.
Selbstverständlich bildet die Ausbildungsgruppe 'koinonia', will sagen: konkrete Gemeinschaft des Glaubens bzw. "Kirche" ab. Sie tut das nicht nur als Raum, in dem über und aus Glauben gesprochen werden kann und theologischer Austausch geschieht, sondern auch im praktischen Vollzug von Liturgie in Gestalt einer täglichen gemeinsamen Andacht. Indem z.B. die Leitungsverantwortung für diese regelmäßige 'Praxis pietatis' reihum geht, hat jedes Gruppenmitglied Raum und Gelegenheit, nachzuspüren und zu erproben, was es um 'leiturgia' im alltäglichen Leben und in der Seelsorge konkret ist, und was die eigene geistliche Teilhabe und Teilgabe erschwert oder lebendig macht. Daß wirksames Glaubenszeugnis ein sehr persönlich Ding ist, ist eine wichtige Erfahrung.

5. Lehrelement: Predigtanalyse

Die Seelsorge-Lehre der Väter stellte Seelsorge unter die Leitkategorie der Verkündigung bzw. MARTYRIA. Wir hatten uns entschieden, davon abzurücken und die umfassendere Kategorie der KOINONIA zu wählen. Auch Verkündigung, auch Predigt oder geistliche Ansprache ist ein Beziehungsgeschehen. Der "Schatz" des Wortes Gottes begegnet nun einmal im "irdenen Gefäß" der Rede eines konkreten Menschen. Davon absehen zu wollen, hieße theologisch, gnostischen Tendenzen zu folgen, und bedeutete psychologisch, die "Seele" vom "Leib" zu trennen.

Schon die rhetorische Seite der Predigt bringt die Tatsache nahe, daß Probleme ihres Ankommens nicht mit der Bitte um den Heiligen Geist erledigt sind. Predigt hat immer auch einen handwerklichen Aspekt. Daneben und zugleich aktualisiert sie als Beziehungsgeschehen Gottes-, Selbst- und Fremdbeziehung des Predigers in unmittelbarem Verbund. Der Theologe, der Glaubende, der als Redner im Amt der Verkündigung Vorgesetzte, der Mitmensch und erste Hörer seiner selbst, begegnen im Geschehen der Predigt und bestimmen mit, was überkommt. So selbstverständlich verkündigende Mitteilung zur Seelsorge gehört, so selbstverständlich kümmert sich Seelsorge-Ausbildung auch um Verkündigung als Beziehungsphänomen und geht dem in Gestalt der sogenannten Predigtanalyse nach.

Aus dem Echo des unmittelbaren Erlebens der Gruppe als Hörer[1], erfährt der Prediger, ob und wie er mit seiner Person (und Redeweise) der Botschaft, welche er weitersagen will, im Wege steht, und kann sich dann damit auseinandersetzen. Stimmt unsere These von der Korrespondenz aller Dimensionen von Beziehung, dann spiegeln Störungen beim Predigthörer - von den aus seiner eigenen Selbst-Geschichte herrührenden einmal abgesehen - immer auch Beziehungsschwierigkeiten im Prediger selbst. Ihnen nachzugehen führt an den Nerv der Gottes-

---

1) Der Prediger hört sich auch selbst, wenn die Predigt über eine Tonbandaufnahme präsentiert wird. Ist es eine Video-Aufnahme, ist die Selbst-Konfrontation des Predigers umfassend.

und Selbstbeziehung des Seelsorgers und bedarf besonders des Schutzraumes, den die 'koinonia' der Ausbildungsgruppe zu bieten vermag.

6. Lehrdimension: "Geist" und "Leib"

Praktische Seelsorge-Lehre folgt dem Prinzip des ganzheitlichen Lernens und bewahrheitet damit die Erkenntnis selbstverständlicher Korrespondenz von "Geist" und "Leib". Dem entspricht es auch, Raum zur geistigen bzw. theoretischen Erörterung zu geben - freilich dem Bedarfsgrundsatz und dem Stande der Lernentwicklung entsprechend. Die vorliegende Untersuchung mag zeigen, wieviel es hier von theologischer Seite einzubringen gibt. Eingebettet in den Zusammenhang unmittelbaren Erlebens und aus ihm erwachsender Fragen, erweist sich deren theoretische Aufbereitung schlicht als Nahrung für den "Geist" und als Hilfe, Denkschneisen in den zunächst unübersichtlichen Wald der praktischen Widerfahrnisse zu schlagen. Einem unseelsorgerlichen Überhang an Theorie wehrt die lebendige Seele selbst (wenn man sie zu Wort kommen läßt). Die Methode der "themenzentrierten Interaktion" legt sich in diesem Zusammenhang nahe.

Zu einer umfassenden praktischen Seelsorge-Ausbildung gehört unweigerlich auch, auf den "Leib" acht zu geben. Es geschieht über die Anleitung zum Beobachten der Körpersprache und über nonverbale Übungen. Leibhafte Wahrnehmung ist selbstverständlich. Praktische Seelsorge-Lehre kennt das Angebot von speziellen Körperübungen. Sie wird in jedem Fall Raum für Erholung, Spiel und Feiern freihalten. Daß - mit Ps 51,10 zu reden - "die Gebeine fröhlich werden", gehört zu einer lebenstragenden Gottesbeziehung!

7. Lehrdimension: "Zeit"

Wer von der vertrauten Geistestradition herkommt und Begriffsvermögen mit Intelligenz gleichsetzt, hat keinen Maßstab für die Zeit, deren die Seele zum Lernen bedarf. Eine ausgewachsene Handwerks-Lehre dauert 3 Jahre. Wer sich im Sport vervollkommnen will, trainiert jahrelang und muß im Training bleiben, will er seine Kondition nicht verlieren. Lernen der Seele ist ein Reifungsprozess. Was einer gesunden lebendigen Seele über Versuch und Irrtum im Laufe eines langen Lebens an Erfahrung bzw. Reife zuwächst, verdichtet gezielte Seelsorgeausbildung sozusagen. Im Bilde gesprochen gleicht sie einem guten Gewächshaus, in dem die Pflanze lebendiger Beziehungsfähigkeit herangezogen wird. Freilich dürfen wir uns dabei keine Saisonpflanzen vorstellen, sondern haben an Lebensbäume zu denken. Wenn das klassische Modell der "KSA" z.B. die Zeit von 12 Wochen für einen Grundkurs vorsieht, ist das sicher für eine solide Grundlegung nicht zu viel.

8. Maßstäbe

Praktische Seelsorge-Lehre führt unweigerlich auch Maßstäbe ein. Aus der ältesten Tradition der Kirche stammt bereits der Maßstab, daß jeder, der Seelsorge treibt, auch selbst der Seelsorge bedarf. Dieser Maßstab gilt bis heute. Früher sprach man vom "Beichtvater" des Seelsorgers. Ein geschwisterliches Verständnis der seelsorgerlichen Beziehung überholt den "väterlichen" Begriff. Aus der Beratungsszene kommt heute der Begriff des "Supervisors" zu und hält das Moment der Übersicht und der notwendigen Distanz des kundigen Gesprächspartners im Fremdwort fest. Das Wort ist nicht wichtig, die Sache gilt. Wer Seelsorge-Lehre als Lehre mit "Hand und Fuß" will, ist im übrigen auch gehalten, sich die kundige Seelsorge an Seelsorgern jenseits spezieller Ausbildung angelegen sein zu lassen.
Wer die Sache der Seelsorge lernend, lehrend oder auch einfach in kirchlicher Verantwortung treibt, weiß mit Psalm 127,1: "Wenn der Herr nicht das Haus baut, so arbeiten umsonst, die daran bauen!" - Aber auch dies ist gegenwärtig. Daß Arbeit ohne Gottes Geist umsonst ist, kann nicht bedeuten, sie zu unterlassen. Kein solides Haus entsteht von Geisterhand. Beten u n d Arbeiten gehören auch in der Verantwortung um Seelsorge zusammen.

Schlußwort

Wir sind am Ende eines längeren Weges angekommen. An seinem Anfang stand die neue Begegnung mit dem Wort "Seel-Sorge" im Zusammenhang der Frage nach dem, was "Seelsorge" sei. Wir folgten der Logik der "Sache". Wir untersuchten den biblischen Begriff von "Seele" und erhoben die Biblische Psycho-Logie. Auf der Grundlage der Biblischen Psychologie gerieten wir zwangsläufig auch in eine kritische Auseinandersetzung mit der Lehrtradition. Auch vor dem Hintergrund dieser Lehrtradition entwickelte sich dann, was zu Sorge um "Seele" auf dem Boden der Biblischen Psychologie zu sagen bzw. zu bedenken ist. Dabei kamen wir selbstredend an die Schwelle, wo Seelsorge-Lehre nicht mehr auf Papier, sondern nur noch ins Herz geschrieben werden kann, und vergegenwärtigten uns die Bedingungen praktischer Seelsorgeausbildung.

Im Sinne der Biblischen Psychologie geht es in meiner Arbeit um praktisch-theologische Prolegomena der Seelsorge. Sie wendet sich an den "Geist" des Seelsorgers. Daß dieser "Geist" nicht vom "Leibe" getrennt werden kann, daß er eine lebendige Dimension der "Seele" ist, wurde indessen hoffentlich auch für jeden spürbar, der meinen Weg mitvollzog, - in dem Empfinden, wie spannend es ist, nach dem theologischen Grunde der Seelsorge zu fragen und dabei in direkten Kontakt mit der Urkunde des Glaubens zu treten.

Natürlich ist das Unternehmen nicht abgeschlossen. Der Dialog geht weiter. Daß er nicht allein "geistig" geführt zu werden vermag, dürfte dabei klar sein. Was zu Seelsorge heute zu sagen ist, sollte - ich folge inzwischen vertrauter analoger Rede - s o w o h l theologischen Kopf, a l s a u c h Hand und Fuß praktischer Evidenz haben, u n d es sollte, wenn möglich, auch das Herz des Seelsorgers (bzw. der Seelsorgerin) nicht außer acht lassen.

In diesem Sinne einen Beitrag zur Praktischen Seelsorge-Theologie geleistet zu haben, ist meine Hoffnung. Mich selbst als Praktiker hat das beschriebene Modell, Seelsorge-Theologie zu fassen, meines Theologe-Seins wieder froh gemacht. Möge es wenigstens etlichen Leserinnen und Lesern damit ebenfalls so gehen!

LITERATURVERZEICHNIS

1. ADAMS, Jay E., Befreiende Seelsorge. Theorie und Praxis einer biblischen Lebensberatung, 5. Aufl., Gießen/Basel 1980
2. ALLWOHN, Adolf, Das heilende Wort. Zwiesprache mit dem ratsuchenden Menschen unserer Zeit, Göttingen 1958
3. ASMUSSEN, Hans, Die Seelsorge. Ein praktisches Handbuch über Seelsorge und Seelenführung, 2. Aufl., München 1934
4. AUGUSTINUS, Confessiones/Bekenntnisse. Lateinisch und Deutsch, Eingeleitet, übersetzt und erläutert von Joseph Bernhardt, 2. Aufl., München 1960
5. BAUER, Walter, Wörterbuch zu den Schriften des Neuen Testaments, 4. Aufl., Berlin 1963
6. BECHER, Werner (Hrsg.), Klinische Seelsorgeausbildung. Clinical Pastoral Education, Frankfurt/Main 1972 (Schriften der Evgl. Akademie in Hessen und Nassau Heft 98)
7. Die BEKENNTNISSCHRIFTEN der evangelisch-lutherischen Kirche. Herausgegeben im Gedenkjahr der Augsburgischen Konfession 1930, 4. Aufl., Göttingen 1959
8. BERNE, Eric, Spiele der Erwachsenen. Psychologie der menschlichen Beziehungen, Hamburg 1970 (rororo Sachbuch 6735)
9. BOHREN, Rudolf, Daß Gott schön werde. Praktische Theologie als theologische Ästhetik, München 1975
10. BONHOEFFER, Dietrich, Widerstand und Ergebung. Briefe und Aufzeichnungen aus der Haft, Herausgegeben von Eberhard Bethge, 7. Aufl., München 1956
11. BONHOEFFER, Thomas, Ursprung und Wesen der Christlichen Seelsorge, München 1985
12. BOVET, Theodor, Lebendige Seelsorge. Eine praktische Anleitung für Pfarrer und Laien, 3. stark überarb. u. erw. Aufl., Tübingen 1962
13. BULTMANN, Rudolf, Die Geschichte der synoptischen Tradition, 4. Aufl., Göttingen 1958
14. --, Theologie des Neuen Testaments, 3. Aufl., Berlin 1959
15. CLEMEN, Otto (Hrsg.), Luthers Werke in Auswahl, 2. Bd, 5. verb. Aufl., Berlin 1959
16. CLINEBELL, Howard J., Modelle beratender Seelsorge, München/Mainz 1971
17. DENZINGER, H. - SCHÖNMETZER, A. (Hrsg.), Enchiridion Symbolorum etc., 34. Aufl., Freiburg 1965
18. DUDEN, Fremdwörterbuch (Der Große Duden Band 5), 2. verb. u. verm. Aufl., Mannheim 1966
19. FABER, Heije - v.d. SCHOOT, Ebel, Praktikum des seelsorgerlichen Gesprächs, 3. Aufl., Göttingen 1971
20. GASSMANN, Lothar (Hrsg.), Gefahr für die Seele. Seelsorge zwischen Selbstverwirklichung und Christuswirklichkeit. Mit Beiträgen von Sven Findeisen, Lothar Gassmann, Gerhard Maier und Claus-Dieter Stoll, Neuhausen-Stuttgart 1986
21. v.d. GEEST, Hans, Du hast mich angesprochen. Die Wirkung von Gottesdienst und Predigt, Zürich 1978
22. --, Unter vier Augen. Beispiele gelungener Seelsorge, Zürich 1981
23. GIRGENSOHN, Herbert, Heilende Kräfte der Seelsorge, in: Wort und Dienst, Jahrbuch der Theol. Schule Bethel, NF 4. Band 1955, S.53-64
24. HAENDLER, Otto, Grundriß der Praktischen Theologie, Berlin 1957 (7. Kapitel: Die Seelsorge der Kirche (Poimenik) S.309-377
25. HASENFRATZ, Hans-Peter, Die Seele. Einführung in ein religiöses Grundphänomen, Zürich 1986

26 HOCH, Dorothee, Offenbarungstheologie und Tiefenpsychologie in der neueren Seelsorge, München 1977 (Theol. Existenz heute Nr. 195)
27 JENTSCH, Werner, Handbuch der Jugendseelsorge Teil II: Theologie der Jugendseelsorge, Gütersloh 1963
28 JETTER, Werner, Symbol und Ritual. Anthropologische Elemente im Gottesdienst, Göttingen 1978
29 JOSUTTIS, Manfred, Praxis des Evangeliums zwischen Politik und Religion. Grundprobleme der Praktischen Theologie, München 1974
30 KANT, Immanuel, Kritik der praktischen Vernunft, Königsberg 1787 (Philos. Bibliothek Felix Meiner, Bd 38, Hamburg 1959)
31 --, Die Religion innerhalb der Grenzen der bloßen Vernunft, Königsberg 1793 (Philos. Bibliothek Felix Meiner, Bd 45, Hamburg 1955)
32 KIERKEGAARD, Sören, Die Krankheit zum Tode / Furcht und Zittern, Herausgegeben von H. Diem und W. Rest, Frankfurt/Hamburg 1959 (Fischer Taschenbuch 267)
33 KÖHLER, Ludwig, Wahres Leben, Witten/Ruhr 1954
34 KRAUS, Hans-Joachim, Psalmen 2. Teilband, 3. Aufl., Neukirchen/Vluyn 1966 (Biblischer Kommentar AT, Bd XV/2)
35 LÄPPLE, V. - SCHARFENBERG, J. (Hrsg.), Psychotherapie und Seelsorge, Darmstadt 1977 (Wege der Forschung Bd 454)
36 v.d. LEEUW, G., Phänomenologie der Religion, 3. Aufl., Tübingen 1970
37 LEMKE, Helga, Theologie und Praxis annehmender Seelsorge, Stuttgart 197 (Urban-Taschenbücher T-Reihe Nr. 635)
38 LÜCHT-STEINBERG, Margot, Seelsorge und Sexualität. Gesprächsanalysen aus der Klinischen Seelsorgeausbildung, Göttingen 1980
39 LUTHER, Martin, Die gantze Heilige Schrifft Deudsch, Wittenberg 1545, Darmstadt 1972 (Sonderausgabe der Wissenschaftl. Buchgesellschaft)
40 METZGER, Manfred, Die Amtshandlungen der Kirche als Verkündigung, Ordnung und Seelsorge, Bd I: Die Begründung der Amtshandlungen, 2. Aufl., München 1963
41 MOSER, Tilmann, Gottesvergiftung, Frankfurt/M 1976
42 MÜLLER, Alfred Dedo, Grundriß der Praktischen Theologie, Berlin 1954
43 OFFELE, Wolfgang, Das Verständnis der Seelsorge in der pastoraltheologischen Literatur der Gegenwart, Mainz 1966
44 PIPER, Hans-Christoph, Gesprächsanalysen, Göttingen 1973
45 --, Predigtanalysen. Kommunikation und Kommunikationsstörungen in der Predigt, Göttingen 1976
46 --, Gespräche mit Sterbenden, Göttingen 1977
47 --, Kommunizieren lernen in Seelsorge und Predigt. Ein pastoraltheologisches Modell, Göttingen 1981
48 --, Der Hausbesuch des Pfarrers. Hilfen für die Praxis, Göttingen 1985
49 PIPER, Ida und Hans-Christoph, Schwestern reden mit Patienten. Ein Arbeitsbuch für Pflegeberufe im Krankenhaus, 2. Aufl., Göttingen 1980
50 RENSCH, Adelheid, Das Seelsorgerliche Gespräch. Psychologische Hinweise zur Methode und Haltung, 2. verb. Aufl., Göttingen 1967
51 RIECKER, Otto, Die seelsorgerliche Begegnung, Gütersloh 1947
52 RIESS, Richard, Seelsorge. Orientierung - Analysen - Alternativen, Göttingen 1973
53 RIESS, Richard, (Hrsg.), Perspektiven der Pastoralpsychologie, Göttingen 1974
54 RÖSSLER, Dietrich, Der "ganze" Mensch. Das Menschenbild der neueren Seelsorgelehre und des modernen medizinischen Denkens im Zusammenhang der allgemeine Anthropologie, Göttingen 1962
55 SCHARFENBERG, Joachim, Johann Christoph Blumhardt und die kirchliche Seelsorge heute, Göttingen 1959

56 SCHARFENBERG, Joachim, Seelsorge als Gespräch. Zur Theorie und Praxis der seelsorgerlichen Gesprächsführung, Göttingen 1972
57 --, Einführung in die Pastoralpsychologie, Göttingen 1985 (Uni-Taschenbücher 1382)
58 SCHLEIERMACHER, Friedrich, Über die Religion. Reden an die Gebildeten unter ihren Verächtern, Berlin 1799 (Philos. Bibliothek Felix Meiner, Bd 255, Hamburg 1961)
59 SCHMIDT, Karl Ludwig, Der Rahmen der Geschichte Jesu. Literarkritische Untersuchungen zur ältesten Jesus-Überlieferung, Berlin 1919
60 SCHMIDT, Kurt Dietrich, Grundriß der Kirchengeschichte, 4. Aufl., Göttingen 1963
61 SCHNIEWIND, Julius, Theologie der Seelsorge, in: Evangel. Theologie 1946/47, S.363ff.
62 SCHÜTZ, Werner, Seelsorge. Ein Grundriß, Gütersloh 1977
63 SCHULTZ, Hans Jürgen (Hrsg.), Was weiß man von der Seele? Erforschung und Erfahrung, Stuttgart 1967
64 SEITZ, Manfred, Praxis des Glaubens. Gottesdienst, Seelsorge und Spiritualität, Göttingen 1978
65 STRACK, H. - BILLERBECK, P., Kommentar zum Neuen Testament aus Talmud und Midrasch, Bd I-III, 5. Aufl., München 1969
66 STOLLBERG, Dietrich, Therapeutische Seelsorge. Die amerikanische Seelsorgebewegung. Darstellung und Kritik, 3. Aufl., München 1972
67 --, Seelsorge durch die Gruppe. Praktische Einführung in die gruppendynamische Arbeitsweise, 2. Aufl., Göttingen 1972
68 --, Mein Auftrag - Deine Freiheit. Thesen zur Seelsorge, München 1972 (Claudius Thesen Heft 5)
69 --, Wenn Gott menschliche wäre... Auf dem Wege zu einer seelsorgerlichen Theologie, Stuttgart 1978
70 TACKE, Helmut, Glaubenshilfe als Lebenshilfe. Probleme und Chancen heutiger Seelsorge, 2. Aufl., Neukirchen/Vluyn 1979
71 THEOLOGISCHES WÖRTERBUCH zum Neuen Testament, Hrsg. v. G. Kittel/ G. Friedrich, 10 Bde, Stuttgart 1933-1979
72 THILO, Hans-Joachim, Beratende Seelsorge. Tiefenpsychologische Methodik dargestellt am Kasualgespräch, Göttingen 1971
73 --, Die therapeutische Funktion des Gottesdienstes, Kassel 1985
74 THURNEYSEN, Eduard, Rechtfertigung und Seelsorge, in: Zwischen den Zeiten, H.6 1928, zitiert nach: WINTZER, Friedrich (Hrsg.), Seelsorge. Texte zum gewandelten Verständnis und zur Praxis der Seelsorge in der Neuzeit, München 1978, S.73-94
75 --, Die Lehre von der Seelsorge, München 1948
76 --, Seelsorge im Vollzug, Zürich 1968
77 TILLICH, Paul, Gesammelte Werke, Stuttgart 1959ff.
78 --, In der Tiefe ist Wahrheit. Religiöse Reden 1. Folge, 4. Aufl., Stuttgart 1952
79 --, Liebe. Macht. Gerechtigkeit, Tübingen 1955
80 --, Symbol und Wirklichkeit, Göttingen 1962 (Kleine Vandenhoeck-Reihe 151)
81 --, Systematische Theologie Bd I, 3. Aufl., Stuttgart 1956
82 TRILLHAAS, Wolfgang, Der Dienst der Kirche am Menschen. Pastoraltheologie, München 1950
83 UHSADEL, Walter, Evangelische Seelsorge, Heidelberg 1966 (Praktische Theologie Bd 3)
84 WATZLAWICK, Paul u.a., Menschliche Kommunikation. Formen - Störungen - Paradoxien, 4. Aufl., Bern 1975

85 WESTERMANN, Claus, Leib und Seele in der Bibel, in: SCHULTZ, H.J. (Hrsg.), Was weiß man von der Seele?..., S.167-176
86 WILCKENS, Ulrich, Das Neue Testament. Übersetzt und kommentiert, Hamburg 1970
87 WINKLER, Klaus, Die Funktion der Pastoralpsychologie in der Theologie, in: RIESS, Richard (Hrsg.), Perspektiven der Pastoralpsychologie, Göttingen 1974, S.105-121
88 --, Seelsorge im Vergleich, Berlin 1979 (Berliner Hefte für Evangelische Krankenhausseelsorge Nr. 45)
89 WÖLBER, Hans-Otto, Das Gewissen der Kirche. Abriß einer Theologie der Sorge um den Menschen, 2. Aufl., Göttingen 1965
90 WULF, Hans, Wege zur Seelsorge, Theorie und Praxis einer offenen Disziplin, Neukirchen/Vluyn 1970
91 ZIJLSTRA, Wybe, Seelsorge-Training. Clinical Patoral Training, München/Mainz 1971

REGISTER DER BIBELSTELLEN

1.Mose
   1,20.21.24: 15
   1,21: 198
   1,26f.: 87
   1,28: 265
   2,7: 15f.,24,30,59,87,159
   2,18: 235
   2,24: 235
   3: 136
   4,1: 47,153
   4,7: `136
   6,3: 18,24
   11,5: 214
   12,1: 235,255
   12,5: 16
   18,23-33: 215
   27,25: 17
   32,26ff.: 215
   34,3: 17f.
   41,8: 23

2.Mose
   1,5: 16
   20,3: 21
   20,10: 26,232
   24,10: 22
   32,9: 21
   33,14: 21
   34,7: 234
   35,21: 24

3.Mose
   5: 16
   26,41: 19

4.Mose
   6,6: 16
   16,22: 24
   19,3: 16
   21,4: 15
   27,16: 24
   31,19: 16
   31,32ff.: 16

5.Mose
   6,4: 17,19
   9,6: 21
   10,22: 16
   22,6f.: 26
   28,50: 21

Josua
   23,11: 16

1.Samuel
   1,5: 17
   1,15: 18
   6,6.10: 24
   23,16: 22
   24,6: 19
   25,37: 18f.

2.Samuel
   15,6ff.: 19

1.Könige
   19,3: 16

Nehemia
   8,9ff.: 216

Hiob
   19,13ff.: 208
   19,25f.: 208
   21,2: 216
   21,23: 22

Psalm
   3,8: 241
   6,3f.: 23
   6,6: 26
   8,6: 214
   13: 215f.;219
   16,10: 207f.
   18,30: 255
   22: 217
   22,15: 151
   22,18: 23
   23: 64,164,219
   27,8: 19
   27,10: 233
   27,12: 17
   28,1: 27
   31,6: 44
   31,9: 22,156
   31,11: 22
   31,13: 26,166
   31,16: 191
   32,1f.: 261
   32,3: 22,26,216
   34,19: 24
   35,9f.: 23
   37,15: 18
   38: 216f.
   38,3: 262
   39: 41
   39,5: 210

Psalm
39,13: 41,266
40,13: 19
42,3: 17
42,5: 18,217
42,6: 30
46,3: 18
49,8f.: 34
49,10: 27
49,13: 209
49,16: 209
51,10: 23,278
51,12f.: 19,46
51,15: 136
56,12: 249
62,9: 18
71,9: 256
73,2: 22
73,25f.: 208
76,6: 22
77,3: 137
84,3: 17f.
85,3: 261
86,4: 17
88: 219
90,12: 210
103: 217
103,13: 23
104,15: 19
104,29: 24,87,160
105,25: 19
107,5-9: 17,163
109: 257f.,260
111,10: 210
116,1f.: 216
118,5: 22,216
119,28: 17
119,58: 21
121: 221f.
127,1: 279
130: 194
131: 209
139,14: 152

Sprüche
4,26: 33
6,30: 17
14,27: 210
15,13: 20
15,32: 19
16,9: 19
16,24: 22

19,6: 21
25,20f.: 241

Prediger
1,1: 244
3,1: 191
3,1-4.7f.: 251

Hohelied
8,6.8.10: 242

Jesaja
1,5: 19
6,10: 19
11,2: 25
26,9: 17
29,10: 24
35,3f.: 22,33,39
38,1ff.: 215
38,18f.: 26,169
40,6: 18,209
42,1-4: 30
50,7: 21
58,7ff.: 165,187
66,13: 245

Jeremia
2,24: 17
3,3: 21
4,19: 19
6,16: 29
15,9: 15
17,5: 18,175
20,7ff.: 260
20,14: 260
31,29ff.: 234
32,4: 21

Kl.Lieder
3,20: 17

Ezechiel
3,8.9: 21
11,19f.: 19
18,2ff.: 234
27,4: 18
35,26: 19
37,1-14: 24,27,208

Hosea
4,12: 24

Matthäus
1,25: 153
2,20: 28
4,4: 163
5,3: 45
5,8: 32
6,5f.: 218
6,21: 31,241
6,25ff.: 28,30,163,266
6,33: 163
7,3: 127,248
7,5: 248
7,12: 247f.,254
9,4: 31
9,36: 33
10,28: 38
10,34f.: 245
10,37ff.: 235
11,28ff.: 236
11,29: 29
12,18: 30
14,9: 164
15,18: 31
18,20: 223
18,22: 261
19,4ff.: 235
19,8: 31
22,37: 32
22,40: 211
24,48: 31
25,31-46: 8,165f.,185ff.,248,254
26,38: 30
27,24: 33
27,50: 44

Markus
1,9-11: 47
2,8: 44
2,11: 260
2,17: 188
2,23-28: 29
3,1-6: 29,162f.
3,4: 51,145
4,30ff.: 195
6,30-44: 164
6,34: 33
6,36: 164
6,52: 31
7,21f.: 31
8,12: 45
8,34ff.: 34ff.,63,87,159,208f.,212,235
8,35: 35ff.,42,97,125

8,36: 29,34
10,13ff.: 209
10,17: 170
10,45: 29
12,28ff.: 170,211
12,34: 211
15,37: 44
16,15: 65

Lukas
1,46f.: 24,30,45
1,68.78: 248
2,19: 31
2,35: 30
4,23: 121
5,4f.: 38
7,36ff.: 244
8,14: 142
8,15: 31
8,55: 44
9,11: 121
9,14: 163
9,25: 29
9,55: 46
10,21: 45
10,28: 170
10,33: 33
11,5-8: 215
12,16-21: 266
12,19f.: 30
14,28: 275
15,1-10: 264
18,1-8: 215
19,8: 198
23,46: 44
24,25: 32
24,32: 32,245

Johannes
1,1ff.: 248
1,14: 52,179
2,10: 266
3,8: 47
3,16: 210
4,23: 46
10: 71
10,10: 263
11,33: 45
12,25: 38f.,125
12,27: 30
13,21: 45
14,17: 46
14,26: 137

Johannes
14,27: 31
15,26: 46
16,6: 31
16,22: 31
19,30: 44
20,22: 47

Apostelgeschichte
1,18: 33
2,41: 29,69
7,14: 29
11,23: 32
14,17: 31
17,16: 45
17,22ff.: 205
19,21: 45
20,10: 28
20,37: 244
27,10: 28f.
27,22: 29

Römer
1,3: 52
1,4: 47
1,9: 46
1,24: 31
2,9.13: 29
2,12ff.: 198
2,15: 32
2,29: 32
4,7: 261
4,17: 207
5,5: 32
5,14: 200
5,20: 89
6,8-11: 209
6,23: 52,169,197
8,2: 48
8,3ff.: 52
8,9: 47f.
8,10f.: 52
8,11: 47,51
8,15: 48
8,16: 46ff.
8,22: 265
8,31-39: 210
9,2: 31
10,9: 48
10,10: 32
10,17: 206
12,15: 140,187
12,20: 241
14: 230,259
14,8: 209
15,7: 133
16,16: 244

1.Korinther
2,9: 32
2,11: 182
2,11ff.: 48
2,14: 49,180f.
3,1: 52
3,1ff.: 248
3,3: 181
3,16: 48
4,21: 45
5,3: 46
5,4: 46
5,5: 52
6,12: 243
6,15.19: 48
7: 49
7,17: 243
7,29ff.: 243,266
7,34: 45,48
12,10: 46
13,1: 8,186
13,5: 228
13,7: 228f.
13,11: 225,248
13,12: 207
13,13: 211
15,22: 208
15,44f.: 49
15,45: 30,200
15,44-49: 181
15,50: 30
15,56: 209
16,18: 45

2.Korinther
2,12f.: 45
3,5f.: 180
3,18: 47
4,7: 248
4,13: 48
5,16: 200
6,11f.: 33
7,1: 45,48
7,3: 31
7,13: 45
9,7: 32
11,4: 46
11,16ff.: 230

2.Korinther
 11,29: 245
 11,29f.: 230
 12,5ff.: 230
Galater
 2,20: 249
 4,1ff.: 211,230
 4,3: 234,236
 4,5f.: 48
 4,6: 48
 5,1: 48
 5,22: 48
 5,25: 48
 6,1: 45
 6,18: 45
Epheser
 3,17: 32
 4,23: 45
 6,4: 235
 6,6: 31
 6,10: 230
 6,22: 32
Philipper
 1,7: 31
 1,27: 45
 2,1: 48
 3,12.17: 246
 3,20f.: 41
 4,7: 32
 4,23: 45
Kolosser
 2,5: 46
 3,21: 235
 3,23: 31
1.Thessalonicher
 2,8: 30
 2,17: 32
 5,23: 37
1.Timotheus
 1,5: 32
 1,10: 83
 2,2: 252
 2,8: 33
2.Timotheus
 1,7: 48
 3,16f.: 83,135,149
 4,1ff.: 83
 4,2: 191
 4,3: 83

Titus
 1,7ff.: 83
 1,9: 83
 2,1: 83
 2,10f.: 83
Philemon
 25: 45
Hebräer
 4,12: 241
 4,15: 200f.
 5,12: 84
 6,19: 39
 10,30: 40
 11,1: 210
 12,3: 39
 12,12f.: 33
 13,7.17: 40,84
 13,9: 32
Jakobus
 1,21: 40
 1,27: 178
 2,15ff.: 92
 2,26: 44
 3,15: 145,181
 4,8: 33
 5,19f.: 64,84
 5,20: 42
1.Petrus
 1,9: 40,51,84,145
 1,21-23: 40
 2,9: 40
 2,11: 41.51,64,266
 2,25: 41,64
 3,4: 45
 3,15: 32
 4,8: 198
 4,19: 41
 5,6: 33
2.Petrus
 2,8: 42
 2,14: 31,42
1.Johannes
 1,1: 156,248
 2,17: 211
 3,6: 211
 3,16: 29
 3,20: 32
 4,1ff.: 46
 4,2: 48

1.Johannes
    4,16:   211
    4,17f.: 211
    4,19:   229
    4,20:   212
3.Johannes
    2:   42f.,63,84
Judas
    18f.:   181
    19:   49,145
Offenbarung
    6,9f.:   39
    11,11:   44
    12,11:   **38**f.
    18,3:   38
    18,14:   41
    20,4:   39
    21,5:   207

REGISTER DER NAMEN

Adams, J.E.: 68,**134**ff.,149,193,281
Allwohn, A.: **101**f.,103,193,281
Althaus, P.: 142
Aristoteles: 55
Asmussen, H.: 7,71,85,**88**f.,90ff.,281
Augustinus, A.: 59,281
Barth, K.: 85,87,94,207
Bauer, W.: 135,281
Becher, W.: 281
Beck, T.: 66
Benedikt v.N.: 254
Berne, E.: 188,281
Blumhardt, J.Chr.: 102f.,126,282
Bohren, R.: 281
Boisen, A.Th.: 272
Bonhoeffer, D.: 252,281
Bonhoeffer, Th.: **82**,84f.,94,281
Bovet, Th.: 68,71,**103**ff.,188,281
Brahms, J.: 209
Buber, M.: 22
Bultmann, R.: 174,192,281
Clinebell, H.J.: 68,**122**f.,281
Descartes, R.: 60,161
Faber, H. - v.d.Schoot, E.: 6,67,**117**ff.
                        137,281
Feuerbach, A.: 210
Findeisen, S.: **144**ff.,282

Franz von Assisi: 65
Freud, S.: 101,122,143,256
Gassmann, L.: 146,281
v.d. Geest, H.: **137**ff.,281
Girgensohn, H.: 70,**97**f.,101,103,281
Goethe, J.W.v.: 7,231
Gogarten, F.: 94
Haendler, O.: **99**ff.,103,124,126,281
Hasenfratz, H.-P.: 281
Hegel, F.: 173
Hoch, D.: 67,282
Iwand, H.J.: 133
Jentsch, W.: **107**ff.,130,133,282
Jetter, W.: 222,268,282
Josuttis, M.: 282
Jung, C.G.: 114,116,205,249
Kant, I.: 204,210,282
Kierkegaard, S.: 202,282
Köhler, L.: **97**,103,234,282
Kraus, H.-J.: 163,282
v.d. Leeuw, G.: 282
Lemke, H.: 67,282
Lücht-Steinberg, M.: 67,282
Luther, M.: 34,36,114,149,159,183,189,199
           210,281f.
Maier, G.: 68,**144**,281
Marx, K.: 173
Mezger, M.: 70,122,137,282
Morgenstern, Chr.: 213
Moser, T.: 214,218,282
Müller, A.D.: 69,71,**94**ff.,97,103,109ff.,129
           130,134,205,282
Nietzsche, F.: 214
Offele, W.: 128,282
Piper, I.: 137,140,282
Piper, H.-Chr.: 132,**137**ff.,140,272,282
Platon: 55,68,75f.,79,82
Rensch, A.: 67,**111**f.,127,193,282
Riecker, O.: **89**f.,111,136,282
Riess, R.: **128**f.,282
Rössler, D.: 103,**106**f.,108,122,126,130,282
Rogers, C.: 67
Scharfenberg, J: 11,**102**f.,**125**ff.,136,**140**ff.,
           222,282
Schleiermacher, F.: 186,283
Schmidt, K.D.: 77,283
Schmidt, K.L.: 192,283
Schniewind, J.: 136,283
Schütz, H.: 208
Schütz, W.: **130**ff.,283
Seitz, M.: **132**ff.,137,283

Sextro, H.Ph.: 272
Stählin, W.: 142
Stoll, C.-D.: 145,281
Stollberg, D.: 8,68,71f.,116,**119**ff.,133, 193,283
Strack, H. - Billerbeck ,P.: 247,283
Tacke, H.: 71,**129**f.,132,133f.,137,283
Thilo, H.-J.: 68,**124**f.,**140**ff.,222,283
Thurneysen, E.: 6f.,67,69ff.,85,**86**f.,**91**, 94f.,97,100,104f.,108f.,120,124, 149,193,199f.,283
Tillich, P.: 6,94f.,103,105,114,123f., 126,171,204,209,221f.,236,250,268, 283

Trillhaas, W.: 69,**92**ff.,109,118,283
Uhsadel, W.: 66f.,**113**ff.,141f.,222,283
Watzlawick, P.: 20,238f.,283
Westermann, C.: 127,284
Wilckens, U.: 29,34,64,284
Winkler, K.: 225,284
Wölber, H.-O.: **109**ff.,284
Wulf, H.: 214,284
Zijlstra, W.: 137,284

STICHWORTREGISTER

Abgrenzen/ung 60,85,88ff.,96,100,103f., 106ff.,110,113,120,126,129f.,142, 146,177,179,211f.,223f.,263
Abhängigkeit 224,228,234f.
Abnabelung 235
Abraham 215,255,267
abstrakt/Abstraktion 16,19,25,33,36,45, 47,57f.,60f.,63,74,80,90,95,113, 132,150,153f.160f.,172,**173**,182,205, 238,242,248,274
Abwertung (des Leibes) 27,29,37,51, 57f.,63,78,173,177,181f.,213,227
Adam (-Christus) 160,199f.,208
Ärger 23
Affekt(e) 17,30,56,213,242
Aggression 215,241f.,245f.,263
Alltag/alltägliche 48,50,90,132,166, 193f.
- pastoraler 121,125,196
- Seelsorge 140,**186**ff.,194ff.,276
Alter(sheim) 256,267
alternativ(e Sicht) 76,78,105,110,121, 126,134,139,165,178,182,194,240
Altruismus 214,228,240,248
Amt 89,114ff.,271
Amtshandlungen 124

analoge 249
- Begriffe/Sprache 20,22,25,33,151,157, 215
- Kommunikation 238f.,248
Angst 20,22,31,163,210f.,216,249,254, 259
Anklage 189,215
Anknüpfung 89,179
Annehmen (Akzeptanz) 133,165,229
Anpassung 245
Anthropologie 149
- allgemeine 25
- anthropozentrische 108
- biblische 69,134
- christologische 120,199,201
- mehrdimensionale 105
- seelsorgerliche 103ff.,199
- theologische 120
Arbeitsteilung (der Fakultäten) 76,113
Artikel (des Glaubensbekenntnisses) 46, 59,62ff.,160
asketisch(e Sicht) 37,49,213
Aspekte (der Seele) 150
Auferstehung(sleib) 24,27,37,49,52,170, 175,206ff.
Aufklärung 265,267

Auseinandersetzung 6,11f.,14,**66**ff.,73,
    75,86,94,109,163,178,187,192,194,
    198,211,214f.,218f.,221,223,239,245,
    247,262ff.,269ff.,280
Aushalten 219f.
Aussprache 17,215ff.,219,253f.,260
authentisch 256f.
Autonom(ie) 227
autoritär(e Züge) 72,210
Autorität(skonflikt) 211,224,245

Barmherzigkeit (Werke der) 33,165,186,
    228
Begegnung(scharakter der Seelsorge) 8,
    90f.,95,126,138,153f.,193f.,239,249,
    253,273f.
Begierde(n) 41,55,64,170,213,266
Beicht-
- geheimnis/siegel 254
- gespräch 193,254
- kind 189
- raum 190
Bekehrung(s-Seelsorge) 41f.,84,90,111
Bekenntnis-
- bewegung 144ff.
- Sünden/Schuld- 198,259ff.
Belastung/barkeit 220,229
beratende Seelsorge/Beratung 68,117,
    123ff.,130,134
Bereich(s-Denken) **75**ff.,79,88f.,97,105,
    107,144ff.,150,176,194,203,249
Berühren/ung 153f.,167,264
Besitz 266
Besuch(en) 8,114,116,**165**ff.,168,185f.,
    190,248f.,254f.
Beziehung(s) 146,165,168,222
- Außen-Innen (s. Korrespondenz) 202,
    226f.
- bedarf 190,216,223,249
- Bedeutung der (s. 'koinonia') 188
- Dimensionen von 18,25,32,35,52,60,65,
    94,133,168,178,184,186,202,211,263
- fähigkeit 17,27,36,196,225,247ff.,
    273,275,279
- Feind- 241
- Fremd- 20f.,223,229,255
- gefälle 189
- geschichte (s. Prägung) 233ff.,247
- Gottes- 19,21,35f.,41,48f.,98,118
    203,**205**ff.,243

- innermenschliche 182
- losigkeit 36,169,174f.,179f.,208,249,
    265
- mangel 188,217,249,254f.
- mitmenschliche 19,41,98,118,166,186,
    217,221,**249**ff.
- muster 247,275
- partnerschaftliche 196
- seelsorgerliche 219,**253**f.
- Selbst- 41,48,118,172,203,223,**226**ff.
- störung 168ff.,172,194,196,201,203,
    210,217,224f.,230f.,234,236,246ff.,
    250,252,255f.,258ff.,267,273,277
- struktur 173
- Umwelt- 25f.,41,**263**ff.
- verlust 166,168,201,249f.,255f.
Bibel (als Quelle/ Urkunde des Glaubens)
    9,12,68,73,100,135,144,147ff.,192,
    222,244,270
- orientiert 134,145f.,148,160,241
Bleiben(d) 39,209ff.,243,250
Brevier 219
Briefe (späte neutestamentliche) **39**ff.,
    64,**82**ff.,145f.,212
Brot (der Seele) 163ff.,168,185,187,
    249,262ff.,266,268
Bruch(-Linie im Gespräch) 67,77,89,91
Buchstabe (s. Verabsolutierung des Wor-
    tes) 179f.
Bund 258
Bußpsalmen 216

Chalkedon(ensische Christologie - s.
    Zwei-Naturen) 77,79,81,87,120ff.,
    124,126ff.,132,139,144,189f.,193,
    199ff.,249
Christologie (Ansatz der Seelsorge)
    77,81,120,128,130,149,199ff.
Computer 238,245
Confessio Augustana 113
Counseling 117f.,126
Credo (persönl.) 225
'cura animarum' 69,84,92,121,133f.,191,
    269
- 'generalis' 70,113f.,156,167
- 'specialis' 70,167f.,185,252,268
Curriculum (d. Seelsorge / d. Training)
    90,193

Dämonisches/Dämonisierung 103,177f.,
    181f.

Daueranrufer   255
defizitär(e Seele - s. Mangel/Not)   71,
    189
Demut   229,245
Depression/Depressivität   193,214
'diakonia' (s. Leitkategorie)   92,134,
    252,269
Diakonie   85,88,123,167,187,252
- psychologische   82,84
Dialektische Theologie   73,76,79f.,
    92ff., 109,124,177,182,205
Dichotomie (s. Dualismus)   25,60,75,79
digital(e Kommunikation)   238,248f.
Dilemma (der Tradition)   76ff.,88,103,
    117,124,144,173,176,183f.,194,199f.,
    242,270
Dimension (als Denkkategorie)   75,**77**f.,
    80,110,118,123,176f.,203,269
Dimensionen   75,184,196,201
- der Beziehung/des Menschlichen   25f.,
    167,171,175f.,202,211,236f.,258,267
- der Seele   60,100,115,118,150,154,
    160f.,163,170,172,192,268
dimensional   78,80,98,105ff.,173,179,
    182,197,201,203,226,237
- ein-   78ff.,86ff.,95,98,106f.,110,113,
    117f.,121f.,124,127f.,130,134,
    143ff., 155,178ff.,212
- mehr-/viel-   60,93,96,113f.,116f.,123,
    126,129f.,133,139ff.,144,148,150ff.,
    157,160,164,170,174f.,183,185,191,
    204,206, 212,243,262,267f.,270,276
direktiv   102,110ff.,125,131
Diskretion   254
Distanz
- Nähe-Polarität   211,250f.
- nehmen/halten   245,257,260
- therapeutische   122,190
Dogma (Ursprung des)   149,182
Dogma - Pragma (Relation in der Lehre)
    67,**73**f.,93,111f.,115ff.,121,125,
    131f.,137,253,**268**ff.
Dogma(tismus)   127,131,172,202,225,239
Doketismus   120
Doktrinarismus   90
Du(-Beziehung)   186,204,227f.
Dummheit   31
Dualismus/duales Denken   35,37,56,64,
    75,80,92f.,100,109f.,119f.,145f.,
    177,181ff.,212ff.,249,277

Egoismus   213,228,231,240
Ehe   235
Ehrfurcht (s. Respekt)   210,214
Eifersucht   229
eigentlich(e)-uneigentlich(e Seels.)   7,
    29,42,57,78,84,87,92f.,98,105,108f.,
    112f.118,125,140,146,189f.,254
Eitelkeit   244
ekklesiogene Neurose   214
Eltern (s. Primärbeziehung)   235,255
Emanzipation   72,221,224,235
Emotionalität (s. Gefühle)   19,25f.,45,
    242,245,251
Empfindungen (s. Gefühle)   31,33,218,251
Engführung (der Seelsorge)   106
- dogmatische   142
- geistliche   42,85,91,93,96,99f.,104f.,
    109,**183**f.
- hamartiologische   181,184,188,190,
    193,230,260
- kognitive   115
- soteriologische   188,196
- supranaturale   124
- verbale   108
- vertikale   84,87,89,92ff.,98ff.,110,
    115,119,127,146,148,184
Enthaltsamkeitsideal (verkehrtes)   266
Entmytholgisierung(sprogramm)   115,267
Entweder-Oder   77,194
Erbsünde   102
Erfahrung   5,8,12,72ff.,100,111,117f.,
    140,142,147f.,151,153f.,157,**182**f.,
    195,198,231ff.,244,246,249,255f.,
    271ff.
Ergebung   252
Erinnerung (s. Prägung)   231,247
Erkenntnis
- ganzheitliche (leibhaftige)   47,138,
    153,155,231f.
- geistliche   200
- Gottes-   48,152,155
- identifikatorische   11,142
- kognitive   113,154,230
- lebendige   138,153ff.,171,271
- partizipative   222
- psychologische   112
- seelsorgerliche   271
- Selbst-   198
- theologische   12
- vertikale   180
- wissenschaftliche   143,148,256

Erkenntnistheorie 142,**151**ff.,157,171f.
Erleben/Erlebnis 8,61f.,73,150,153f.,
  172,182,186,194,198,219,224f.,
  231ff.,247,253,271ff.
Erlösung (s. Rettung) 29,57f.,102,207,
  210,265
Erotik 242
Erweckung/erwecklich 11f.
Erziehung 71,**82**ff.,85,89f.,135ff.
eschatologisch/Eschatologie 63,91,192,
  226
Ethik 55
Evangelium 30,34,120,123,130,137,197f.,
  230f.,236,249,260
Evidenz 117,154,186,270f.,280
exklusiv (s. Engführung) 78,84,105,114,
  121,126,148,184
'extra nos' 47,126,129,177,**178**ff.,184,
  200,202ff.,207,210,222,248,254

Feind 241,257
Fleisch (s. 'sarx') 18,24,30,51,85,110,
  160,174ff.,183,213,266
Fleisch-werdung (s. Inkarnation) 65,95,
  101,133,199,201
= Verleiblichung 120
= Verkörperung 139,201f.
Freiheit 39,48,211,224,230,**234**f.,243,
  254
Fremdbestimmung 223f.
Freude 17,20,22,31,187,215f.,239,244,
  251
Friede 251
- fauler 245f.
Frömmigkeit 5f.
Fürsorge (s. Sorge) 69,71,114,119,163
Furcht 39,210f.

Ganze Bibel 11,73,146,148
Ganzer Mensch 23,25,29,48,57,60,69,
  74ff.,88,91,98f.,101,103f.,106ff.,
  113,115,134,138,156,161f.,237
Ganze Seele 43,50,86,88,103,105,140,
  142,148,150,167,232
Ganze Wirklichkeit 143
Gebet(s) 33,64,89,93,**214**ff.,**219**f.,223,
  251f.
- gemeinschaft 218
- Tisch- 220

Gebot(e) 170,210,258
- Bilder- 256
- Eltern- 235
- Liebes- 170,211f.,**227**ff.,247,258f.,
  269
- Sabbat- 26,29
Gefälle (der Beziehung/Wertung) 70f.,
  76f.,100,109,134,146,173,177,189,195
Gefangenen-Seelsorge 166,186,188
Gefühl(e s. Empfindungen) 17,24,31,33,
  55,58,62,136,213,215,240,244,250f.,
  260
Gehorsam 84,137
Geist **23**ff.,**43**ff.,161,280
- (ver)absolut(iert)er 47,61,80
- dominierender (s. Geistestradition)
  56,58,74,116,240,272
- Fleisch-Polarität (s. Dualismus) 25,
  52,56,75,145,175ff.,269
- Heiliger (s. 'pneuma') **45**ff.,49,75f.,
  78,81,137,155,176,178,180,183,277
- Mehrdimensionalität des 181f.
- menschlicher (s. 'nous') 47,49,74ff.,
  81,135,138,154f.,175,178,180,183
Geistestradition 54,89,93,109f.,116,
  125,127,135,152f.,155,161,173,182,
  199,204,**240**ff.,263ff.,278
Gemeinschaft (der Heiligen - s.
  'koinonia') 166f.,218,221,223,225,
  276
Gerechter - s. Rechtfertigung/'simul...'
Geschlechtlichkeit (als Frau/Mann) 244
Geschöpf 24,28,47,152,210
Gesellschaft 244,251f.
Gesetz 32,170,180,190,197f.,211,230f.,
  236,269
Gespräch(s) 89,91,99f.,102,117,125ff.,
  167,219,223
- protokoll/analyse 124,**273**f.
Gewissen 19,31f.,74,83,136,198,233,258
Glaube(ns) 5,31f.,39f.,42,48,65,73,84,
  119,163,182,193,207,210,231
- bekenntnis (s. Artikel) 222,225
- hilfe 71,74,95ff.,111,129f.,163
- leben 64,242
- lehre 84,214
- weg 249
- zeugnis 104,111,276
Gnade 53,58,137,232f.,260
Gnosis/gnostisch 48,**56**f.,58,89,145,174,
  181,200,277

Gottes-
- angewiesenheit/bedürftigkeit 43,96, 109,134,160,170,204,210
- beziehung (s. Beziehung) 32,36f., 39f.,46,48,59,64,81,84,91,96,98,112, 118,129,131,151f.,155,160,163,168, 175,180,186,194,200ff.,**205**ff.,233f., 243,248,251f.,254,256,267
- bild 223ff.,234
- dienst 141,221ff.
- erkenntnis 152
- furcht 210f.,251
- liebe (s. Gebote) 210f.,232
Grenzen (des Seelsorgers/der Seelsorge) 131
griechisch(er Einfluß) 15,28,37,43,47, 52,**54**ff.,58f.,62f.,75,85,234
Gruppendynamik 90,120,144f.,274f.

Haben 61,85,167f.,209,243,266
Habitus 102,126,156,199,239
Härte 191,215
Hamartiologie/hamartiologisch 63,84, 149,184,207,230
Handlungsanweisung (s. Rezeptur) 74,93, 127
Handwerk (der Seelsorge) 7,74,147,274
Haß 37f.,215,251,257
Haus 165,267
Hausbesuch 8,125,131,140,189
Heil(s) 40,50,82,84,89,98,108,111ff., 121,189,191f.,194ff.,198,201,212,261
- geschichte 249
- werk Christi 209
Heilige Schrift 11,162
Heiligen/ung 32f.,90,136,193,251
Heilung/heilen 29,50,97f.,101,103, 121f.,124,126,162,164
Helfer- 232
- dynamik 195f.
- symdrom 214
Hermeneutik 99
hermeneutisches Prinzip 149
Herz 17,**18**ff.,24,**31**ff.,44,55,62,74,96, 110,142,151ff.,156,159,161,163,165, 198,204,215f.,221f.,231f.,239,241, 253f.,260, 262,270
hierarchisch(e Sicht s. Gefälle) 35, 55f.,75,85,93,96,105,113,130,153, 170,173,189,240

Hilfe 71,90,97,104,110,145,185ff.,219
Hilfswissenschaft 91,100
Hoffnung 40,52,210,215
'homo incurvatus' 36,52,169,201
Horizontale (s. Dimension) 75.78ff.,88, 92,95,100f.,105,107,113f.,118f., 123,137,139,142,176ff.,181,189,212
Humanwissenschaft(en) 13,73,86,105f., 120,123,126,148,179,184,**246**f.,270f.
Hunger 17,30,163,187

Ich (s. Selbst) 17,29,45,47,55f.,153, 161,174,204,210,214,221,226,**227**ff., 236,250
- Stärke 213,**229**f.,255
idealistisch/Idealismus 37,61,81,85f., 113,135,168,173,240,242,272
identifikatorisch 11,142
Identität/Identifikation 244
- der Person 17,20
- der Seelsorge 76,86,98,106,113,126, 143
Ideologie/ideologisch 202,247
Immanenz/Immanentismus 125,130,194
Imperativ 193,232f.
Indikativ 232
Individu-
- um/ell/alität 16,26,36,55,58,60,160, 203,223,227
- alisation 221f.,250
- alismus 19,203,224
Inkarnation/inkarnatorisch 7,48,81,120, 124,128,133,179,199,249
Innerlichkeit 29,203
Integration/integrieren 105,107,113, 119f.,137,239,243,276
Intellektualität 24ff.
Intellektualismus (s. Geist, dominanter) 95,115,138
Intimität 217f.

Jenseits(vorstellung/orientierung) 54f.,57,64f.,207f.

Kairos (s. Zeit) 191,206
Kampf(geschehen der Seelsorge) 125,179, 193f.,241
Katechismus
- Heidelberger 206,209,256
- Lutherischer 187ff.,209
kausal-mechanis(tis)ch 106,130,173

Kenosis 199
kerygmatisch(e Seelsorge) 128,130,
　139f.,195
Kind(lich/e Beziehung) 209,233,235,
　247,263
Kirche(n) 9,68,93,115,146,225,276
- farben 194
- geschichte 202
- jahr 115,141,194
- raum 267
- tag 245
- zucht 71
Klage 215,217,219f.,251,264
Klerikalismus 115
klientenzentrierte Seelsorge 6f.,67,191
Körpersprache 239,278
'koinonia' (s. auch Leitkategorie) 10,
　123,129,186ff.,191,193,198,232,249,
　278
Kommunikation(s)/kommunikativ 120,139,
　274
- bedarf 188
- christliche 110
- echte 119,122
- des Evangeliums 222
- geschehen 99,126
- gesetze 191
- Meta- 275
- (non)verbale 9,129
- seelsorgerliche (s. Begegnung) 239
- unbedachte 179
- wissenschaft 237,**238f**.,248
Komplexe 104,143,257
Kondeszendenz 120
Konfliktfähigkeit/scheuheit 191,214,
　245f.
Konfrontation 21,131,180,191,249,253f.,
　259f.
Korrelation, Methode der 94,105,114,
　123,126,133,(143),178,204
Korrespondenz (Verbund von)
- Denken-Erleben 12,271
- der Dimensionen 183,205,211,246,
　267f.,273,277
- Geist-Leib 61f.,171ff.,182,204,226f.,
　236ff.,263,278
- Gottes-/Selbstbeziehung 213,217,
　233f.,247f.,277
- Innen-/Außenbeziehung 202f.,251
- "Seele"-/"Sorge"-Begriff 73f.
- der seelsorgerlichen Zielsetzung 190

Korrespondenz
- Selbst-/Fremdbeziehung **226**f.,236,
　247f.,253,259,274,276f.
- Selbst-/Fremdwahrnehmung 274
- Selbst-Mitmensch(-Gesellschaft)
　251ff.
- Subjekt-Objekt 173
Krank(en)-
- heit 29,101f.,104,257
- salbung 64
- (haus)seelsorge(r) 93,111,131,166,
　186,188,190
Kränkung (Verletztsein) 21f.,241,245,
　250,**257**f.,260
KSA (Klinische Seelsorge-Ausbildung) 6,
　7,67,117,137f.,**272**ff.
Kultur 94,267
Kuratel (Seele unter der Sorge) 70,72,
　86
- Amtsträger 88
- dogmatische 87f.,102,127,143
- des 'nous' 135
- therapeutische/kerygmatische 121
Kurzschluß
- geist-licher 112,231
- Dogma-Pragma 132
- hamartiologischer (Horizontale='sarx')
　102,176,179,193,260
- soteriologischer 187ff.
- vertikaler 179

Laien(seelsorger) 11,131
Leben 183,186
= 'bios' 141f.
= In-Beziehung-sein 26,60f.,160,**164**ff.,
　168,171,174,177,184ff.,189,191,196,
　201,211,223,225,231,238,243,246,249,
　266,268f.,272
= 'nefesch' (s.'nefesch') 159
= 'zooè' 38f.,124,141f.
- erfülltes 36,170
- ewiges 38,51,87,96f.,104,114,170,199,
　201,206f.,211
- leibhaftiges 28f.,36,161ff.,264f.
- reduziertes 161ff.
- nach dem Tode (s. Bleiben) **26**ff.,43,
　49ff.,57,170,**206**ff.,210,212
Lebens-
- angst 266
- feindlich 41,51,213,238,252
- fern 113

Lebens-
- freundlich/förderlich   41,163,247, 250f.,258
- gefühl   220
- geschichte   227
- hilfe   95ff.,111,114,129f.**162**ff.,188, 252,254,269
- kraft (s. Vitalität)   19,44,46,54f., 105,214,228
- nah   247
- tüchtig   73,154,185,239
- qualität   34f.,50,168,227,249

Lehramt   82
Lehre = Dogma   8,63,87,102,154,182f.,249
- gesunde   71,**82**ff.,93,142,164
- praktische   157,270
- reine   74,112,142,182,214

Lehre von der Seelsorge   5,12f.,73ff., 86,100f.,106,112ff.,116,122,128,132, 135,137,147ff.,156f.,172,176,199, 205,239,242,253,**268**ff.

Lehrtradition   **66**ff.,**82**ff.,107,113, 115ff.,125,131,136,161,172,176,184, 187,192,197,206ff.,212,249,270

Leib (s. Dimension)   38,163,239
- Beziehung zum   63,65,162,**240**ff.
- der Schöpfung   **264**ff.

Leib(es)-
- feindlich   39,213,242f.,263
- Fleisch (s.'sooma'-'sarx')
  (identisch)   45f.,48,52
  (unterschieden)   52,75,**172**ff., 176f.,181,183
- Sprache des   **20**ff.,**33**f.,215
- Seele-Geist-Einheit   17,37,44,48,56, **60**ff.,75f.,90,98,155,160,183,187, 226,237

leibhaftig/Leibhaftigkeit   8f.,16,**20**ff., 25,27f.,32,34,36f.,45,47ff.,52,57, 60ff.,91f.,160ff.,164,170,172, 174f., 215,227,**237**ff.,245,248,252,264f., 268

Leidenschaft   31,213,240ff.
Leistungsdruck   195,232
- gesellschaft   232f.

Leitkategorie der Seelsorge   7f.,74,120, 138,**185**f.,192,269
= DIAKONIA   92f.,114,118ff.,123,128, 139f.,189,252
= KOINONIA   129,139,**185**f.,191f.,196,239, 252f.,269,272,277

Leitkategorie der Seelsorge
= LEITURGIA   114f.
= MARTYRIA   87,92,96,98f.,101,104,108, 113f.,118,120,124,128f.,134,139, 189,191,206,239,277
'leiturgia'   206,221f.,224,269,276
Lernen, ganzheitlich   117,138,278
Lerngeschichte (s. Prägung)   244
Liebe(s)   31,48,105,**170**f.,183,186,191, 198,209ff.,215,229,241f.,250f.,258
- "Affen"-   228
- Bruder-   40f.
- ethik   245
- Feindes-   241
- Gottes-   17,32,210f.,249
- Mutter-   263
- Nächsten   214,228,231,250,259
- Selbst-   214,**227**ff.,236,240,243f.,250
- sexuelle   17,240f.
- symbiotische   251
Liturgie   45,115,141f.,**221**ff.,276
Loslassen   243
Lust   17,41,215
Lutherische Tradition   92

Macht   180,214,245
Mangel(situation der Seele - s. Not)   70,71,104,163,249
'martyria' (s. Leitkategorie)   99,124, 132,191,206,269
Materie/ales   55f.,75,79f.,173f.,264
Materialismus/materialistisch   35,37,61, 165,173,178,242,266
Medizin (moderne)   237,240
Methode   74,111f.,274
missionarisch   42
Modell (anthropologisch/der Seele)   75, **79**ff.,85,92f.,96,109,113,130,204, 226,237
Moral (Werte)   259
Moralisieren   131
Moraltheologie   93
Mündigkeit/mündig   224,230,248,256
Mutterleib   23,33,232f.
'mutuum colloquium'   223
Mythos/mythologisch   54f.,57,115,141ff., 264

Nachfolge 34,208f.,
Nähe 9
- bedrängende (s. Haß) 255
- (polar zu) Distanz 250f.
Natur
- Beziehung zur (s. Umwelt) 65,264ff.
- recht 258
- wissenschaft (objektive) 104f.,115, 128,142
"natürliche" 263
- Anthropologie 76,181
- Theologie 100,182
'nefesch' 15ff.,24,30,49,114,132,134, 137,152,160,163,181,187,191
Neues Leben 43ff.,51f.,65,200
Nirwana 210
nonverbal 10,129,278
Normen 224,244,258f.,263
Not 29,71,119,121,131,162,166,**187**ff.
'nous' (s. Geist, menschlicher) 37,45, 56,75,135

Objekt (s. Subjekt-Objekt-Beziehung) 173
Objektiv(ität/ierung) des/der (s. seelenlos) 154,174
- Beziehung 62,180,267
- Glaubens 84
- Gottes 152
- Kommunikation 238
- Lehre 184
- Leibhaftigkeit 240,264
- Naturwissenschaft 142
- Seelsorge 93,125,130,167
Odem (Gottes) 15f.,24,44,105,160
Offen(heit) 36,105,126,216,229
Opfer(haltung) 218,228
Osterbotschaft 231

Pädagogik (s. Erziehung) 76,84f.,
'parakalein'/'paraklesis' 83,136f.
parakletische Seelsorge 133,136f.
Paränese 33
Partizipation **221**ff.,250
partnerschaftlich/zentriert 117,128,196
Pastoral-
- briefe 83
- psycholog(i)e/sch 6ff.,72f.,101,115, 118,124ff.,132ff.,140ff.,149,190, 222,269f.,
- theologie 92f.,99,125

Paternalismus 82,235
Perikopen 192
Person/alität 16f.,21,29,44,60,69,85, 99.104f.,108,160f.,167f.,226
phänomenologisch 8,99,119,124f.,134, 144,185,203
Phasen (der Seelsorge s. Stufen) 118, 131
Philologie 116
Philosophie **54**ff.,75,80,85,115f.,204, 210
'pneuma' (s. Geist) 37,43ff.,56f.,75, 200
Pneumatologie 65
Polarität/e Struktur 108,170f.,221ff., **250**f.
Polarisierung (der Positionen) **37**ff., 51, 64f.,127ff.,139,200,212
politisch 203,252
postlapsarisch 199f.,205
Prägung (Selbst-Geschichte) 5,11,218, 227,231,234,246f.,**255**f.,275
pragmatisch/Pragmatismus (s. Dogma-Pragma) 12,67,72,118f.,123,**137**ff.,148
Praktische Theologie 6,10,12,73,88, 94f.,**155**f.,172,182,271
Praxis pietatis 220,276
Predigt/Prediger 6,93,139,164,232,277f.
- amt 87,113
Priestertum, allgemeines 11,114,119
Primärbeziehungen 233,235f.,245f.
Projektion 106,161,248,260
Proprium (der Seelsorge) **75**ff.,78,85, 87,106f.,116,129,133f.,184,205
Protestantismus (vulgär) 244
protologisch (s. Art. des Glaubensbek.) 192,226
Psalmen/Psalter 33,169,194,215,217,220, 245,261
Psyche 13ff.,80,86,119,168,179,199,204, 237,**240**ff.
'psychikos' (-'sarkikos') 49,181ff.
Psychoanalyse/tisch 23,104,125f.,141, 143
Psychologie (Wissenschaft) 69,72,75f., 85f.,88ff.,97,99f.,109,111,114, 116,118,120,122,128,130f.,141,143f., 146,178,183,185,194,199ff.,203,213, 237f.,239,**240**ff.,245,247,249,259, 263, 270
- Ich- 230

Psychologie
- Gesetz der   216
- Gestalt-   239
- Religions-   114,205
- Tiefen-   101,125,140,142,234
Psychologisierung   76,104,118,120,133
psycho-somatisch   66,101f.,106,190,217, 237
Psychotherapie/eut   8,112,118f.,121,127, 205,213

Quietismus   252f.

Randaussage   53,58f.,63,145
Rationalismus   115
Raum (für die Seele)   186,215ff.,219, 224,253ff.,272f.
Rechtfertigung(s-Lehre)   6,65,87,149, 193,230,232,261
Regelkreis
- der dimensionalen Bezogenheit   150
- der Erkenntnis   153
Regression   215
Reich Gottes (s. Zwei-Reiche-Lehre)   30, 42f.,163f.,195,211
Reife/ung (der Seele)   211,225,228,279
Relativierung   51,59,63,180,208,235,243, **266f.**
Religion/isität   63,81,142,186,204f.,224
Respekt   210f.,251
Retten/ung   29,32,34,36,38ff.,52,84,162, 193,209,212
Reue   261
Rezept(ur)   102,112,116,253
Ritual   222
Rollenspiel   123,274
Rückzug   241
Ruhe (s. Sabbat)   232,236

Sabbat(gebot s. Gebot)   162f.,233
Säkular/isierung/ismus   89,115,270
Sakrament   93,119,122,129
'sarx' (s. Fleisch)   52,75,174,181, 201f.,242
Schatten (C.G. Jung)   116,249,251
Schichten   55,76f.,79,92,97
Schicksal   234,252,256
Schock, ontologischer   209
Schriftprinzip   11,147f.,225
Schöpfer   24,40,47,160,210

Schöpfung   82
- Beziehung zur (s. Umwelt-Beziehung) 65,**263**ff.
- Erhaltung der   188
- fortgesetzte   160
- Gegebenheit der   186,192
- Leib der   264f.
- Würde der   152
Schuld/schuldig   16,22,26,131,166,169, 183,193f.,197,217,256f.,**258**ff.
- bewußtsein   32,102,193
- gefühl   259,**262**f.
Schule (dogmatische/theologische)   6, 103,172,180,190
Schwäche/Schwacher   18,200,230,259
Seele   13,74,**79**ff.,147,150
- empirische   86
- enger (geist-licher)Begriff (s. Engführung)   53,56,64,66,75f.,78,81, 95ff.,110,113,116,118f.,124,127,131, 146,149,155,172,**183**ff.,188,191,242
- individuelle   222
- natürliche   205
- originale   167,198,258
- Struktur der   200
- weiter Begriff   66,116
Seelenführung   71,85,88,90,112,116,190
seelen-los   61f.,173ff.,184,238f.,252, 256,264f.,267
Seel-Sorge-Begriff (s. 'cura animarum') 66ff.,73f.,98,119,123,130,141,212, 269
- im Titel (Literatur)   68,92,109,117, 122,129
Seelsorge
- Definition der   74,77f.,82,95,130,138, 162,164,166,185f.,188f.,192,195f., 203,205,224f.,230,235,246,252f., 268f.,272
- Literatur   9f.,148,185,272,**281**ff.
- am Seelsorger   248,271,275f.,279
- Selbst-   217,248
- spezielle (s. 'cura animarum specialis')   **164**ff.,167,192
- Spezifikum der (s. Proprium)   76f., 98f.,184
- Theologie   12,106,140,148,184
- Wissenschaft   13
Seelsorgebewegung, neue   6,72,113, 117ff.,123,129,132ff.,137,144,272
Sektor/ierung   77,79,150,212

Selbst   22,29,44
- abneigung   244
- armut   198,231
- beziehung (siehe Beziehung, Selbst-)
    30,169,203f.,**226**ff.,240,244,246,
    257,262f.274
- bild   256f.,262
- erfahrung   7,123,**274**f.
- erlösung   57f.,200,210,245
- findung   224,235,246
- gefaßtheit   245
- Geschichte (s. Prägung)   227,**230**ff.,
    255ff.,263,275
- herrlichkeit/mächtigkeit   207,210,265
- mord   231
- preisgabe/-opfer   36
- ruhm   175,180,230
- verabsolutierung/schlossenheit ('homo
    incurvatus')   35f.,175f.,198,201,
    208ff.,216,218,227,230,265
- vergewisserung   218
- verwirklichung   144,214,281
- wahrnehmung   248,273ff.
Seligkeit   84,145,194,206
Sexualität   17,33,170,213,240,242f.
Sicherheit   266
'simul iustus/peccator'   193f.,236
Sinnlichkeit   55,242
Sitte   259
'sooma' (s. Leib)   38,56,174
somatisch   76,86,98,151,162,240
Sorge (um Seele s. Kuratel)   12,70f.
    107ff.,125,127,133ff.,163,189,269
Soteriologie/soteriologisch   63,84,108,
    121,149,187ff.,192,206
Sozialisation   166,233
Sozialität   26,60,203f.,254
Soziologie   259
Spiritualisierung (s. Engführung, geist-
    liche)   92
Sprache
- des Gebets   219
- des Leibes (s. analoge)   18,**20**f.,**33**f.,
    62,215,239
"Sprüchemacherei"   219
Ständigkeit (s. polare Struktur)   250
Stärke/Starker   188,216,227,259
Sterben/Sterblichkeit   36,49ff.,63,136,
    208,251
Stoa/stoisch   **55**f.,213,245,260
Störung (s. Beziehung)   26,242

Streit (s. Aggression/ Konflikt)   100,
    241,251
Strukturen (soziale)   252
Stufe(n der Seelsorge)   77,93,110,118,
    170
Stundengebet   220
Subjekt   17,60,161,173
- Objekt(Beziehung/Spaltung)   **61**f.,142,
    152f.,172f.,202,217,226f.,233,257,
    264
Sucht   228
Sünde(n)   51,63,89,110,169ff.,174,183,
    190,197ff.,201f.,206,208ff.,216,
    234,242,256,258ff.,265,270
- bekenntnis (s. Bekenntnis)   194,217
- fall   136,199,201
- Lehre (s. Hamartiologie)
Sünder(-Seele)   42,84,88,90,96,100ff.,
    125,136,169,181,**183**f.,190,193f.,
    198,230,232
Supervisor/ion   **275**f.,279
supranatural   124
symbiotisch (s. Liebe)
Symbol/isch   141f.,221f.,**267**f.

Tabu(isierung)   62,240f.
Technisierung (der Seelsorge)   74,143
T(hemen)Z(entrierte)I(nteraktion)   278
Theologie, kritische   5f.,11
Theorie-Praxis (s. Dogma-Pragma)   7,138,
    156,269
therapeutisch(e Seelsorge)   8,68,74,97,
    101,119ff.,133,139ff.,190,195f.
Tod/Toter/es   16,26,30,52,169,171,175,
    180,183,197,201f.,208,265,269
- boteneffekt   190
- Leben nach dem   **27**,36ff.,55,63,174,
    206ff.
- sozialer   53,208,249,267
- verfallenheit (s. Sterblichkeit)   63,
    174,209
Toleranz(schwelle)   229,276
Tradition (s. Lehr-Tradition)   60,71f.,
    75f.,78,81,**82**ff.,86,88,92f.,96,98,
    100,121,123,129f.,137,140,142,144,
    148f.,159,167,175ff.,181,183,187ff.,
    220ff.,**223**ff.,227ff.,260,263ff.,
    269,280
- Altlasten der   206,**212**ff.,227f.,236,
    240ff.,244,253,263

Tradition
- Naturgesetz der   235f.
- Träger der   245
Training (Programm der "Heiligung")
    136,193
Transzend-
- entalismus   194
- enz   142
- ieren   80,141,204
Trauer (s. Weinen)   10,20,31,215f.,251
Traum   203
Trichotomie (Leib/Seele/Geist-Schema)
    25,60f.,75,79f.,114,122,145,150,
    172,204,237
Trieb(e)   17,30f.,41,62f.,85,101,213
Trost/trösten   93,111,116,137,216,223,
    245,253f.

Überführung (des Sünders)   83,193,198
Übertragung   131,256
Übung   220
Umwelt (s. Beziehungsdimensionen)   53,
    65,152,263ff.
Unbewußt(es)   112,143,213,241,247ff.,
    256,275
Unsterblichkeit/unsterbliche Seele   37,
    39,49,52,55,57,85,207,210
Urtext   50f.,59,145,159f.

Vaterunser   221,262
Verabsolutierung (s. Sünde/'sarx')   61,
    174,197,225,250
- d. Besitzes   209,266
- einer Beziehung/Dimension   164,170,
    175,184,197,202,212,235f.,242,247,
    252,258,270
- d. EXTRA NOS   179
- d. Geistes   153,172f.,175,180,183,
    200,231,238ff.,265f.
- d. Gesetzes   180
- d. Leibes   174,240,243,264
- d. Nächsten   228,259
- d. Horizontalen   175,178,212
- d. Primärbeziehung   235
- d. Schicksals   256
- d. Schwachen   259
- d. Selbst (s. Selbst-)   17
- d. Tradition   180,225,236,239
- d. Vertikalen   179,213f.,
- d. Wortes (Buchstaben)   179f.

Veränderung (s. polare Struktur)   250,
    276
Verantwortung/lich   16,112,197f.,217,
    234,243,258
Verbalinspiration (Dogma der)   83,135,
    149,179
Verdrängung   242
Vergänglichkeit (s. Relativierung)   18,
    30,41,59,243,250,266
Vergebung   82,101,124,131,193,257,261ff.
verhaltenstherapeutisch   136
Verkündigung(sseelsorge) (s. Leitkatego-
    rie MYRTYRIA)   74,83f.,87f.,90f.,94,
    100f.,108f.,115,117f.,121f.,124,
    126,139,185,190f.,193,206,260,277
Verletzlichkeit (s. Kränkung)   219,255,
    257
Verloren(e/r/s)   96,109f.,264
Verlust (Beziehungs-)   213
Vermittlung (s. Anknüpfung)   144,172,183
Versachlichung (s. Objektivierung)
    264f.
Verstehen (s. Erkenntnistheorie)   151,
    273f.
Verteilschrifttum   219
Vertikale (s. Dimension)   23,75,78,84,
    90,105,120,123,126,129,139,142,
    176ff.,189,204,212,276
Vertrauen   231
Verwöhnung   228,255
Verzweiflung   215
Vitalität   36,63,160,213,214ff.,227,
    241,244,251
Vollendung   84,93,243
Vorbehalt   207
- geistlicher (pneumatolog.)   155,183f.,
    189
- eschatologischer   196
Vorbild Jesu   192f.,199

Wächter(amt)   40,47,145
Wahrheit (s. Evidenz)   84,232,239,242,
    248,253,262
Wahrnehmung   19,23,59,139,153,173,195,
    217,237,259,271ff.
Weinen   17,187,251
Welt/welt- (s. Zwei-Reiche)   51,112,
    131,213,266
- entfremdete   198
- feindlich(e)   38f.,177
- ferne   244

301

Welt/welt-
- flucht   213,253
- fremd   41,51,177f.,266
- lich   89,92,99f.,106,146
Werk Gottes (der Seelsorge)   78,88,96
Werte (s. Moral)   29,76,165,241,264
Widerstand   7,252
Wille   31,55
Wir(-Beziehung)   186,**221**ff.,250
Wirklichkeitsverlust   121f.,195
Wissen, totes   154,172,271
Wissenschaft   5,11,154f.,271
- moderne   105,114,150,256
- theologische   155
- theoretische   270
Wohl   42f.,165,189,194
Wort Gottes   40,104,163,179,231,241
- leibhaftiges/fleischgewordenes   199, 248,277
- objektiviertes   179
- Theologie   73,87,90,94f.
Würde   85,152,(258)

Zartheit/Zärtlichkeit   215,239
Zeit (s. Kairos)   251,278
Zensur   213,215,240,242
Ziel (des Glaubens/der Seelsorge/Lehre)
    12,40,66,73,84,112,124,131,139f.,
    145,188,190,196,206,248,252,271,273
Zirkel
- der Dimensionen   150
- theologischer   152f.
Zorn   10,20,216,241,257
Zuhören   216,219,253
Zukunft   19,30,163
Zwang/Zwänge der/des/zur   24
- Abgrenzung   91,105f.
- Denkens in Bereichen   88,126,205
- dogmatische   140,184,190,194
- elementare ('stoicheia')   236
- Lehrtradition   121
- Objektivität   173
- Selbstverabsolutierung   209
- Verkündigung   126
Zwei-Naturen-Lehre (s. Chalkedon)   77, 79,120f.,201
Zwei-Reiche(-Lehre)   63,75,118,145,180, 252